Eglal Errera, geboren 1950 in Alexandria/Ägypten. Anthropologin und Schriftstellerin. Mitherausgeberin von „Israël et ses populations" (1977), Autorin des Gedichtbands „Daoudi Daoudi" (1983), Co-Autorin des Films „Kafr Quar'a, Israël" (1988). Lebt in Paris.

Eglal Errera

# Isabelle Eberhardt

*Eine Biographie*
*mit Briefen, Tagebuchblättern, Prosa*

Aus dem Französischen
von Giò Waeckerlin Induni

Lenos Verlag

Der Verlag dankt der Stiftung Pro Helvetia und dem Migros-Genossenschafts-Bund für ihre Unterstützung bei der Herausgabe dieses Werkes.

Titel der französischen Originalausgabe:
*Sept années dans la vie d'une femme. Isabelle Eberhardt. Lettres et journaliers*


Satz und Gestaltung: Lenos Verlag, Basel
Umschlag: Konrad Bruckmann
Printed in Germany
ISBN 3 85787 181 4

Für Tamara und Suzie
Für Malka und für Paul
Und Jean-Luc Seigle, Camille Serres und Christine Laurent,
denen mein besonderer Dank gilt.

INHALT

1. KAPITEL

# Leben, schreiben

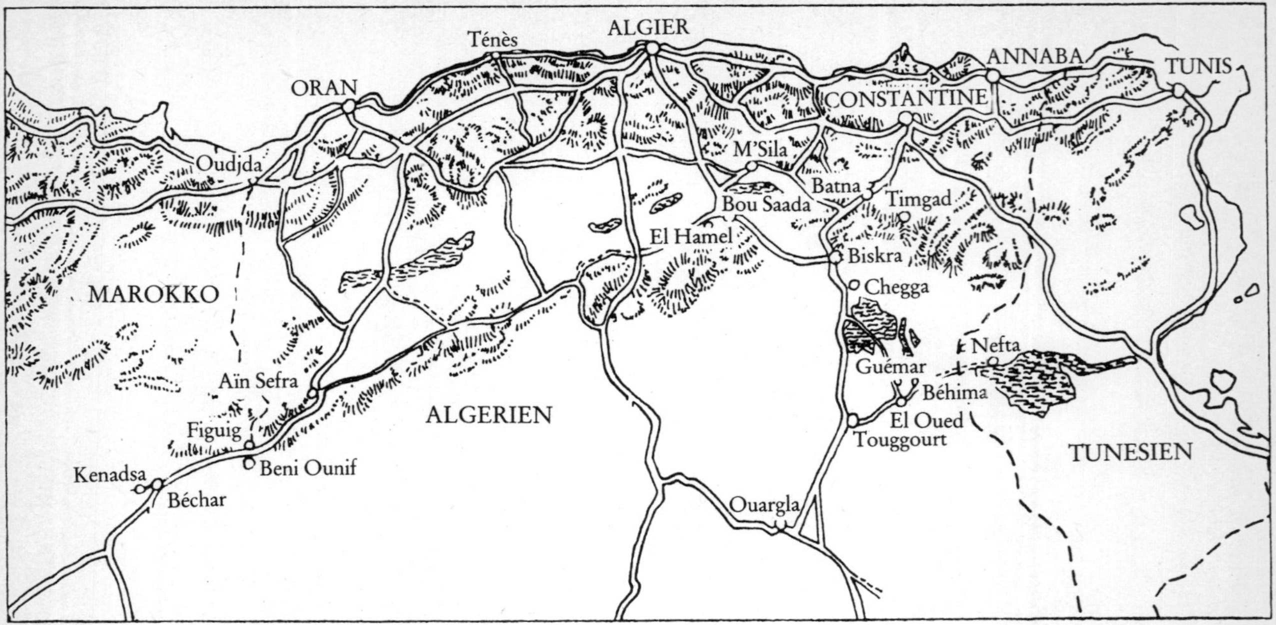

ALGIER
Ténès
ORAN
ANNABA
TUNIS
CONSTANTINE
Oudjda
M'Sila
Batna
Timgad
Bou Saada
El Hamel
Biskra
Chegga
MAROKKO
Nefta
Guémar
Béhima
Aïn Sefra
ALGERIEN
El Oued
Touggourt
Figuig
TUNESIEN
Kenadsa
Beni Ounif
Béchar
Ouargla

*Verloren in der Unendlichkeit der ockerfarbenen Sanddünen des südlichen Oran, angeschmiegt an den Hängen des Dschebel Mekter – das ist Aïn Sefra, die Gelbe Quelle.*

*Zu Recht trägt Aïn Sefra diesen Namen, ganz besonders aber an diesem 21. Oktober 1904, als der zum reissenden Fluss angeschwollene Oued, der durch die Ortschaft führt, in wenigen Minuten die „mindere Stadt" überflutet und sie unter Sand und Wasser, unter einer kupferroten todbringenden Schlammschicht begräbt.*

*Von den hochgelegenen Stadtvierteln aus, die von der Überschwemmung verschont geblieben sind, haben die Männer von General Lyautey – auch sie von der plötzlichen Wucht der Wassermassen überrascht – das ausgetrocknete Flussbett zu einem reissenden Strom anschwellen sehen. Siebenundzwanzig Menschen sind bei diesem Unglück, das als die „Katastrophe von Aïn Sefra" in die Geschichte eingehen wird, ums Leben gekommen.*

*Tage später suchen die Soldaten immer noch in den Schlamm-Massen des Oued. Im angrenzenden, besonders gefährdeten Stadtteil ist merkwürdigerweise nur ein einziges Haus zerstört worden. Haus ist wohl zuviel gesagt, eine Lehmhütte vielmehr, jetzt nur noch eine unter Schlamm und Geröll begrabene Ruine. In den Trümmern des eingestürzten Gebäudes finden die Soldaten unter Bergen von Schutt die Leiche einer jungen Frau, die zu suchen der General sie abkommandiert hat.*

*General Lyautey telegrafiert der Agentur Havas; die Nachricht wird in Algier und in Paris unverzüglich von der Presse aufgenommen und kommentiert: „Die sterblichen Überreste von Isabelle Eberhardt unter den Trümmern ihres Hauses in Aïn Sefra gefunden."*

Akhbar, *die von Victor Barrucand gegründete zweisprachige Wochenzeitung, deren Mitarbeiterin die junge Frau gewesen ist, veröffentlicht die Nachricht in einem schwarzumrandeten Kästchen:*

*Aïn Sefra, 27. Oktober 1904*

*„Heute morgen um 9.15 Uhr wurden die sterblichen Überreste von Isabelle Eberhardt gefunden. Ihre Leiche lag am Fuss der Treppe ihres Hauses unter den Schuttmassen begraben. Alle Anwesenden waren tief ergriffen. Die militärische Obrigkeit hat die Beisetzung auf dem muslimischen Friedhof veranlasst."*

*Da ruht sie nun, Isabelle, die seit über einem Jahr – seit er begonnen hat, von eben diesem Aïn Sefra aus die „Befriedung" des Südens von Oran voranzutreiben – General Lyauteys Freundin gewesen ist; da ruht sie nun, auf einem Wüstenfriedhof unter einem schlichten weissen Grabstein mit der nüchternen Inschrift in Isabelles zwei Sprachen – Französisch und Arabisch:*

*(a) Si Mahmud Es-Saadi (a)**
*Isabelle Eberhardt*
*Gattin des Ehnni Suliman*
*Gestorben mit 27 Jahren*
*in der Katastrophe von Aïn Sefra*
*am 21. Oktober 1904*

*Isabelle-Mahmud. Viele haben sie geliebt, viele haben sie verachtet, wenige, sehr wenige haben sie wirklich gekannt und verstanden. Ihr Leben ist stürmisch gewesen wie die Fluten, denen sie zum Opfer gefallen ist: brandend, zügellos, wunderbar, rauschend.*

*Seit ihrem Tode haben Generationen versucht, das Schweigen zu ergründen, das über diesem allzu kurzen Leben lastet; haben versucht, die Widersprüche zu verstehen, die Isabelles Wesen ausmachten und die sie mit der ihr eigenen Masslosigkeit noch vertiefte. Ihr Schicksal und ihre aussergewöhnliche Charakterstärke wecken in uns das Bedürfnis, das Beste in uns selbst zu ergründen, dem Bedrohenden zu trotzen, dem Mythos zu widerstehen, den wir mit dem etwas kannibalischen und sehr grausamen Geist der Lebenden nähren.*

*Am 2. April 1905 schreibt Lyautey an Victor Barrucand:*

*„Wir haben uns gut verstanden, die arme Mahmud und ich; ich werde unsere abendlichen Gespräche in teurer Erinnerung behalten.*

*Sie ist für mich das gewesen, was mich auf der Welt am*

* Mit (a) eingeschlossene Wörter: im Originaltext von Isabelle Eberhardt in arabischer Schrift; (r): im Originaltext von I.E. in russischer Schrift.

*meisten fasziniert: eine Aussenseiterin. Was für ein Geschenk, einen Menschen zu treffen, der ganz er selbst ist, jenseits aller Vorurteile, aller Heuchelei und vorgefassten Meinungen, und der von allem befreit wie ein Vogel in der Luft durch das Leben geht!*

*Ich habe sie geliebt für das, was sie war, und für das, was sie nicht war. Ich habe ihr wunderbares Künstlertemperament geliebt, aber auch ihre einzigartige Gabe, Notare, Korporale, Philister jeglicher Schattierung aus der Fassung zu bringen.*

*Arme Mahmud!"*

*Lyautey kannte Isabelle gut genug, um zu wissen, dass man unter den Trümmern ihres Hauses weder nach Möbeln noch nach wertvollen Gegenständen noch nach Kleidern suchen musste, dass es keinen Nachlass zu verwalten gab, denn sie war eine Besitzlose gewesen und hatte in ihren letzten Lebensjahren in grösster Armut gelebt.*

*In ihrem Haus in Aïn Sefra wie auch in den anderen behelfsmässigen Unterkünften, wo sie sich jeweils während ihrer Irrfahrten niederliess, stand jeweils nur ein Bett zum Schlafen und zum Lieben, nur ein Tisch zum Schreiben. Sie reiste mit einem einzigen Gepäckstück, mit einer Kiste, in der sie ihre Papiere aufbewahrte: unvollendete Romanmanuskripte, Novellen, Reisenotizen, Tagebücher, Reportagen, Briefe, ein paar Zeichnungen ...*

*Isabelle Eberhardt hat mit dem Bleistift in der Hand gelebt, immer bereit, Gesehenes, Gedachtes, Gefühltes festzuhalten, mit einem gewissen Talent, zweifellos, doch ohne übermässige Begabung ausser vielleicht ihrer Hartnäckig-*

*keit, ihrer Unerbittlichkeit, ihren ethischen und literarischen Ansprüchen, ihrer Liebe zum Schreiben – ihrem berühmten „Künstlertemperament".*

*In treuer Freundschaft und die Berufung seiner Freundin respektierend, befiehlt Lyautey seinen Männern, die Suche fortzusetzen. Nach Isabelles sterblichen Überresten will er nun auch ihre Manuskripte finden. Im oberen Stockwerk kommen sie schliesslich zum Vorschein, lehmverkrustet, zerrissen, teilweise zerstört und unleserlich. Einen wahren Schatz finden die Soldaten von General Lyautey in diesem Herbst 1904 im Schlamm; nicht nur das Werk eines ganzen Lebens, sondern das Spiegelbild dieses Lebens selbst: das Chaos, die zerrissenen Blätter, die von Wasser und Sand unleserlich gewordenen Seiten, die hundertmal wiederholten Wörter, die immer wieder neu formulierten Sätze, die flüssige, empfindsame Handschrift Isabelles.*

*Die in Aïn Sefra gefundenen Manuskripte, zusammen mit den anderen Texten, die unversehrt mehr als zehn Jahre in einer den Wasserfluten des Oued entgangenen Tasche überdauert haben, fügen Isabelles Leben, das allzuoft schroff abzubrechen scheint, wieder zu einem Ganzen zusammen, verleihen ihm eine gewisse Kontinuität, eine Art Frieden. In ihren letzten Lebensjahren hat Isabelle ihrem Drang zum Schreiben bis zur Besessenheit nachgelebt. Erschöpft von den vielen kaum überwindbaren Schicksalsschlägen, krank, zerbrechlich, hat sie so viele beschriebene Blätter zusammengetragen, wie sie nur konnte. Isabelle hat alles aufbewahrt, als hätte sie ein Zeugnis ihrer selbst hinterlassen und Schutz hinter diesen Seiten suchen wollen, die in der Einsamkeit, in der sie langsam unterging, die einzige Wirklichkeit bleiben sollten.*

*Fast ihr ganzes Lebenswerk lag unter den Trümmern von Aïn Sefra an Isabelles Seite begraben. Sie hat zu Lebzeiten wenig veröffentlicht: ein paar Novellen, Reportagen für* Akhbar *und* La Dépêche algérienne ... *Der Grossteil ihrer Schriften ist erst nach ihrem Tode zusammengetragen und veröffentlicht worden.*

*Im Jahre 1921 gelangt der französische Schriftsteller Louis René Doyon anlässlich eines kurzen Aufenthaltes in Bône in den Besitz der berühmten, den Fluten entgangenen Tasche, die Isabelles Schwager zehn Jahre nach dem Unglück einer gewissen Chloé Bulliod verkauft hat. Darin entdeckt Doyon Hefte, Aufzeichnungen, Briefe ... bunt durcheinander. Vier unversehrte Hefte, vom verblassten Einband abgesehen, bilden das, was Isabelle* Mes Journaliers – *Tagebuchblätter – genannt hat; sie erscheinen 1923. Zwei Jahre später gelingt es ihm, zehn Novellen von Isabelle, die sie im Laufe verschiedener Lebensabschnitte geschrieben hat, in der ursprünglichen Fassung zu rekonstruieren. Er fasst sie in einem Novellenband zusammen, den er 1925 unter dem Titel* Contes et paysages *[Erzählungen und Landschaften] herausgibt.*

*Die sehr viel komplexeren literarischen Eingriffe Victor Barrucands in Isabelle Eberhardts Werk hingegen sind von verschiedenen Seiten sehr angefochten worden.*

*Nachdem die unter den Trümmern gefundenen Papiere einigermassen geordnet worden sind, überlässt sie Lyautey im Einverständnis mit Ehnni Suliman, Isabelles Gatten, Victor Barrucand, dem Herausgeber von* Akhbar, *und bittet ihn, sich um den literarischen Nachlass zu kümmern. Barrucand stellt aus den vollständigeren Manuskripten einen Band zusammen, der 1908 unter dem Titel* Notes de route *[Unterwegs] erscheint.*

*Was die übrigen, die beschädigteren Blätter angeht – und es sind deren viele –, gestaltet sich die Arbeit schwieriger. Aus ergebener Freundschaft, das ist unbestritten, macht sich Victor Barrucand an die Korrektur der ihm anvertrauten Manuskripte, einzelne schreibt er sogar neu. Er vervollständigt die unvollendeten Novellen, ergänzt die weissen Stellen auf den fleckigen Seiten im Sinn der Autorin. Er setzt seinen Namen neben den von Isabelle und verewigt dadurch ihre gegenseitige enge Freundschaft, die nahezu drei Jahre gedauert hat. Er wird dafür angegriffen und des geistigen Betruges angeklagt werden, des literarischen Diebstahls, des Verrats.*

*1906 erscheinen nun also* A l'ombre chaude de l'Islam *[Im heissen Schatten des Islam] und 1908* Pages d'Islam *[Islamische Blätter] unter den Namen von Isabelle Eberhardt und Victor Barrucand. In den Manuskripten dieser zwei Werke lässt sich die doppelte Autorenschaft eindeutig nachweisen: Die vom Journalisten in den Originaltexten angebrachten Korrekturen, Ergänzungen und Kommentare sind deutlich erkennbar. Nicht genug damit:* Trimardeur, *Isabelle Eberhardts unvollendeter Roman, erscheint 1920 – nachdem mehrere Verlage ihn abgelehnt haben – in einer von Victor Barrucand bearbeiteten Ausgabe.*

*In den Archiven von Isabelle Eberhardts Nachlass findet sich eine Notiz aus Victor Barrucands Feder, ein paar Zeilen der Rechtfertigung:*

*„Ich habe von Isabelle Eberhardt das gesagt, was der Erinnerung an sie am besten dienen mag, und ich habe von ihren Essays nur jene veröffentlicht, die ihr literarischen Ruhm sichern würden. In diesem Sinne glaube ich, all jenen zuvorgekommen zu sein, die mich von ihr trennen möchten. Ihre Anschuldigungen sind in den meisten Fällen ungerecht.*

*Sie haben sie nicht gekannt, ihre Freundschaft ist mir immer heilig gewesen."*

*Heute – nahezu ein Jahrhundert nach Aïn Sefra – weisen Isabelles Manuskripte da und dort noch Schlammspuren auf. Sie sind für uns ebenso kostbar, wie sie es für andere gewesen sind; sie bleiben für uns ebenso neu, wie sie es für frühere Generationen gewesen sind. Sie erzählen von sieben Jahren im Leben einer Frau – von der Ankunft der Zwanzigjährigen in Algerien im Mai 1897 bis zu ihrem Tod. Leben und Schreiben waren für Isabelle eins: Sie hielt auf dem Leben den Ton an und rechtfertigte so das Schreiben ...*

*Von Bône aus, ihrem ersten Wohnsitz in Nordafrika, schreibt sie in einem ihrer Briefe:*

... Ich schreibe, weil ich den „Prozess" der literarischen Schöpfung liebe; ich schreibe, wie ich liebe, wahrscheinlich ist dies mein Schicksal. Und dies ist mein einziger wirklicher Trost.

*Und weil sie sich selbst so sah – schreibend und lebend –, haben wir versucht, diesem Bild gerecht zu werden. Über ihre Person ist sehr viel geschrieben worden, über ihr literarisches Werk jedoch, in dem sich ihr ganzes Wesen offenbart, sehr wenig.*

*Isabelle hat nie aufgehört zu schreiben, unermüdlich, als wachse durch das Schreiben eine Leidenschaft in ihr, unaufhaltsam – und um Leidenschaft handelt es sich tatsächlich, um ihre grosse Liebe zu Afrikas Erde, und eben diese Liebe ist es, die sie uns in ihrem Werk hat mitteilen wollen. Die Menschen, die Wüste ... hat sie nicht als kleines Mädchen während ihrer Kindheit in Genf davon geträumt?*

*Das vorliegende Buch enthält eine Auswahl aus dem erzählerischen Werk von Isabelle Eberhardt (Tagebücher, persönliche Aufzeichnungen, Reportagen). Wir haben ihr literarisches Schaffen – Jahr für Jahr – wiederaufgearbeitet und unter Weglassung der Korrekturen und Ergänzungen von Victor Barrucand in der ursprünglichen Fassung, untermalt von biographischen Anmerkungen, wiedergegeben. Wir glauben, dass dies am ehesten dazu beitragen kann, Isabelle Eberhardt dem Leser nahezubringen.*

2. KAPITEL

# Genf

*Genf, 1877*

*„Am Samstag, den 17. Februar 1877 um 6 Uhr in der Früh, wurde in Genf geboren Eberhardt Isabelle Wilhelmine Marie, nichteheliche Tochter der Nathalie Charlotte Dorothée von Moerder geborene Eberhardt, Partikularin, Witwe des Paul von Moerder, verstorben am 27. April 1873 in Moskau. Die Richtigkeit obiger Angaben wurde durch Doktor François Vielliet, Arzt, wohnhaft in Genf, bezeugt, der bei der vorgängig erwähnten Geburt anwesend war."*

*Isabelle – ausserehelich geboren von einer blonden, schlanken, grossgewachsenen Nathalie deutscher Abstammung und lutheranischen Glaubens, auch sie aussereheliche Tochter eines Fräulein Eberhardt und eines russischen Juden namens Nikolas Korff.*

*Um das Jahr 1860 heiratet Nathalie Eberhardt den russischen Senator und General im Dienste des Zaren Paul Karlowitsch von Moerder. Der Ehe entspringen drei Kinder: 1864 wird Nikolas geboren, 1865 Olga und 1868 Wladimir. Als Nikolas ins schulfähige Alter kommt, engagieren seine Eltern einen gewissen Alexander Trofimowskij als Hauslehrer, einen ehemaligen russisch-orthodoxen Priester, einen Philosophen und hochgebildeten Mann, der Türkisch, Arabisch und Deutsch ebenso fliessend spricht wie Russisch. Er geht auf die Fünfzig zu; er ist ein stattlicher, gutaussehender Mann von gewandtem Auftreten.*

*Nathalie hat ihrem Gatten lange Zeit ihre jüdische Abstammung und aussereheliche Herkunft verschwiegen. In den Kreisen der intoleranten, antisemitisch eingestellten russischen Aristokratie hätte eine solche unstandesgemässe Ehe die Karriere des Generals ernsthaft gefährden können. Als Paul Karlowitsch die Wahrheit erfährt, droht die Ehe daran zu scheitern; doch er verstösst Nathalie nicht, denn er ist seiner Gefährtin aufrichtig zugetan. Sie ist es, die ihn verlässt.*

*Trofimowskij – er lässt in seiner Heimatstadt Kherson eine Frau und vier Kinder zurück – kehrt zusammen mit Nathalie und ihren drei Kindern Russland den Rücken. Was die beiden zu ihrer Abreise bewogen haben mag, ist nicht ganz klar. Was für eine Rolle hat Trofimowskij, ein Freund Bakunins und Anhänger Tolstojs, innerhalb der revolutionären Bewegungen des damaligen Russland gespielt? Die Flucht ins Exil könnte für ihn nicht nur ein Liebesabenteuer, sondern vielmehr eine lebensrettende Notwendigkeit gewesen sein. Doch Isabelle schweigt sich in ihren Aufzeichnungen darüber aus, und bis heute haben sich keinerlei Hinweise finden lassen, die Licht in diese Angelegenheit bringen könnten. Isabelle erwähnt auch die jüdische Abstammung ihrer Mutter mit keinem Wort; es finden sich in ihren Papieren keinerlei diesbezüglichen Angaben, weder über die Familie Nathalies noch über deren erste Ehe, aus der ihre Geschwister hervorgegangen sind.*

*Isabelle hüllt sich oft in Schweigen, wenn es um schmerzliche Erinnerungen geht, die für sie unerträglich und allzu verwirrend sind. Das Dunkel, das ihrer Geburt vorangegangen ist, überspielt sie, ohne sich länger dabei aufzuhalten. Vielleicht ist es eben diese Ungewissheit, auf welche – zum Teil wenigstens – die Unbeständigkeit ihres Charakters zurückzuführen ist; diese innere Rastlosigkeit, der sie später ihr Bestes verdanken wird; diese seelische Zerbrechlichkeit, die in ihr bereits die Aussenseiterin weckt, zu der Lyautey sich so sehr hingezogen fühlen wird.*

*Trofimowskij und Nathalie reisen nach Istanbul, halten sich eine Zeitlang in Neapel auf und gelangen nach einer Reise durch ganz Italien in die Schweiz. Verzweifelt folgt Paul von Moerder dem seltsamen Paar von Station zu Station. Er versucht, sich mit seiner Gattin auszusöhnen. Getreu seinen anarchistischen Ansichten – oder vielleicht ganz einfach aus Geldmangel – begünstigt Trofimowskij das Wiedersehen zwischen den Ehegatten.*

*Diesem nur wenige Wochen dauernden Zusammenleben entspringt ein Sohn, Augustin, der von Paul von Moerder anerkannt wird. 1873 – ein Jahr später – stirbt der General und hinterlässt seiner Frau ein beträchtliches Vermögen.*

*Nahezu vier Jahre lang reisen Trofimowskij, Nathalie und die Kinder kreuz und quer durch Europa. Von Zeit zu Zeit kehrt Alexander, der, mit einer Vollmacht ausgestattet, schlecht und recht Nathalies Vermögen verwaltet, nach Russland zurück.*

*Während einer seiner Abwesenheiten bringt Nathalie eine Tochter zur Welt: Isabelle. Ganz im Sinne seiner anarchistischen Prinzipien, vielleicht aber auch aus Provokation, weigert sich Trofimowskij, das Kind anzuerkennen. Isabelle wird den Namen ihrer Mutter tragen.*

*Isabelles Geburt hat Anlass zu den vielfältigsten Spekulationen gegeben. Gewisse Biographen haben gar die unsinnige Behauptung aufgestellt, sie sei die Tochter von Arthur Rimbaud, mit dem sie oft verglichen wird.*

*Es kann als sicher angenommen werden, dass Alexander Trofimowskij Isabelle Eberhardts Vater ist, und als solchen betrachtet sie ihn denn auch, ohne ihn selbst je Vater zu nennen. Für sie, wie auch für die Kinder von Paul von Moerder, ist Alexander „Vava", der Alte.*

*Wenn die junge Isabelle von ihm spricht oder später in Algerien, lange Zeit nach dem Tod des alten Mannes, ist er der „Ziehvater", der „alte Onkel", der ihr den Vater ersetzt habe.*

*Isabelle ist Meisterin im Verwischen von Spuren, im Ändern von Namen und Identität – je nach der Lebensphase, in der sie sich befindet, und je nach der Person, mit der sie sich gerade unterhält. Sie tut es leichthin, unbeschwert, als handle es sich um ein Spiel, von dem man nicht genug bekommen kann; sie meint es aufrichtig, gewiss, und misst dem Ganzen nicht zu viel Bedeutung bei, als ob es ihr nichts ausmache ...*

*Doch in einer Novelle, die sie kurz vor ihrem Tod geschrieben hat, erzählt Isabelle die Geschichte eines Legionärs, der nach der endgültigen Weigerung seines Vaters, ihn anzuerkennen, verzweifelt Selbstmord begeht. Zum ersten Mal spricht sie vom Verhängnis, das vielleicht auch das ihre gewesen ist: über die Tragik, als Bastard geboren worden zu sein.*

*Vava bleibt zweifellos die dominierende Persönlichkeit in Isabelles Kindheit. Er erzieht sie, er formt sie, und alles, was später aus ihr werden wird, hat seine Wurzeln in der Villa von Meyrin bei Genf, die Alexander und Nathalie kurz nach Isabelles Geburt erwerben.*

*Die von Treibhäusern umgebene „Villa Tropicale" verdankt ihren Namen den seltsamen exotischen Pflanzen, welche frühere Besitzer aus fernen Ländern mitgebracht haben. Als die Familie sich dort niederlässt, heisst das Haus „Villa Neuve".*

*Vava wendet sich nun ganz der Botanik zu und pflegt mit fanatischer Hingabe seine Pflanzen, die das Haus überwuchern und es von Tag zu Tag mehr von der Aussenwelt isolieren.*

*Eine unbehagliche Stimmung soll in der „Villa Neuve" geherrscht haben, erzählt ein Besucher von damals, und im Salon, wo sich die Familie Trofimowskij und ihre bunte Gästeschar rund um den Samowar versammelten, soll eine unglaubliche Unordnung geherrscht haben. Eine Art Seidenraupenkokon, diese „Villa Neuve", in den man sich einspinnt ...*

*Trofimowskij ist überzeugter Anarchist, und in diesem Sinne erzieht er Isabelle.*

*Schule? Kommt nicht in Frage. Er unterrichtet das Kind in Philosophie, in Geschichte, in Geographie, in Chemie und führt sie auch in die Medizin ein. Isabelle erzählt später, sie sei in Genf Medizinstudentin gewesen, was zweifellos nicht den Tatsachen entspricht. Diese Halblüge passt jedoch sehr gut zum Rätselhaften, mit dem sie ihr Leben oft zu umgeben pflegt, vor allem, wenn es um ihre Kindheit und ihre Herkunft geht.*

*Vava bringt Isabelle Sprachen bei: Griechisch und Latein, Türkisch und Arabisch, Deutsch, Italienisch und natürlich Russisch. In der Familie ist er der einzige, der an seiner Muttersprache festhält. Nathalie und die Kinder sprechen Französisch, wie es sich für Adlige gehört.*

*Isabelle ist eine begeisterte, aufmerksame Schülerin; sie füllt Heft um Heft mit Aufzeichnungen über Geschichte, Geographie, Literatur. Sie liest viel; Pierre Loti bleibt zeit ihres Lebens ihr Lieblingsautor; auf seine Romane „Der Spahi" und „Aziyadé" kommt sie immer wieder zurück. Sie versieht die Bücher mit Anmerkungen und schreibt ganze Abschnitte daraus ab. Ihr ganzes Werk ist stark von Lotis Einfluss geprägt. Die Memoiren der Gebrüder Goncourt sind für sie bereits zu einer Art intellektuellem Verhaltenskodex geworden. Sie studiert sie aufmerksam und versucht, sich daran zu halten. Eugène Fromentin, die Bibel, D'Annunzio, Dostojewskij, Hugo, Richepin, Daudet, Zola – Isabelle liest bunt durcheinander, was ihr in die Hände kommt.*

*In ihrer Freizeit zeichnet sie, malt und arbeitet im Garten, denn Vava, bestrebt, seinen Traum vom einfachen Landleben zu verwirklichen, hält die Kinder, Jungen wie Mädchen, wenn immer möglich zur Arbeit in der freien Natur an.*

*Sie klettert mit ihrem Bruder Augustin – ihrer Jugendliebe – auf Bäume, sie spaltet Holz und reitet. Die anarchistische Doktrin macht keine Unterscheidung zwischen den Geschlechtern, hat doch Bakunin, Vavas Freund und Meister, die wesentliche Aufgabe des Erziehers folgendermassen definiert: Bereite jedes Kind, unabhängig von seinem Geschlecht, sowohl auf eine intellektuelle als auch auf eine praktische Tätigkeit vor, damit alle im gleichen Masse zu vollständigen Menschen heranwachsen.*

*Gemäss dieser Maxime kleidet sich Isabelle als Junge und verschmäht jegliches weibliche Zubehör. „Im Hof war ein Junge damit beschäftigt, Holz zu hacken; grossgewachsen, kräftig, ungefähr sechzehn Jahre alt; volles rundliches Ge-*

*sicht, bartlos, dunkles Haar ... Es war Isabelle Eberhardt. Ich kam im ersten Moment gar nicht auf den Gedanken, dass es sich um ein Mädchen handeln könne", erzählt ein Besucher von damals.*

*„Haben Sie meine Tochter gesehen?" fragte mich Trofimowskij. „Sie trägt Männerkleidung, was komfortabler ist, wenn sie in die Stadt geht."*

*Anarchistisch erzogen und als Aussenseiter, so wachsen die Kinder in der „Villa Neuve" heran. Schon sehr früh lernt Isabelle, frei von Zwängen und bürgerlichen Konventionen zu leben. Die einzige Autorität, die sie kennt, ist die von Vava. Die sanfte und ergebene, die liebevolle und duldsame Nathalie hingegen wird von ihren Kindern vergöttert.*

*Ausser Isabelle bringt niemand in der Familie Vava Zuneigung entgegen. Die Kinder von Paul von Moerder begegnen ihm mit ausgesprochener Ablehnung. Die älteren zwei, Nikolas und Olga, empfinden für den Lebensgefährten ihrer Mutter so etwas wie Hass. Wladimir irrt wie eine arme Seele im Fegefeuer verstört von Zimmer zu Zimmer. Er hat nur eine Leidenschaft, eine Marotte: die Kakteen in den grossen Treibhäusern im Garten der „Villa Neuve". Vava nennt ihn zynisch seinen „Kaktophilen".*

*Nathalie scheint von der übermächtigen Persönlichkeit ihres Gefährten eingeschüchtert zu sein, an die Wand gedrückt von seiner unerbittlichen Strenge und Gefühlskälte, die auf eine innere Verletzlichkeit schliessen lassen, die er vergeblich zu unterdrücken versucht.*

*Isabelle erinnert sich noch lange an das entsetzliche „Jesus-Christus Hundsfott" – Fluch und Versöhnungsschrei in ei-*

*nem –, das Trofimowskij durch die „Villa Neuve" schleuderte. Isabelle fürchtet den Alten zwar auch ein wenig, doch sie kennt ihren Vater; sie hegt für ihn eine* seltsame und schmerzliche Liebe, *die er leidenschaftlich erwidert.*

*In ihrem unvollendet gebliebenen Roman* Trimardeur *zeichnet sie ein rührendes und respektvolles Bild von ihm. Sie lehnt sich in keiner Weise gegen die etwas rauhe Erziehung auf, die Vava ihr aufzwingt. Im Laufe ihrer Jugendzeit kennt Isabelle wohl Augenblicke der Verzagtheit, des Unbehagens, die durch die stickige Stimmung in der Villa noch verstärkt werden, doch eine wirkliche Ablehnung ihres engsten Familienkreises kommt bei ihr nie zum Ausdruck. In* Trimardeur *beschreibt sie nicht ohne einen gewissen Stolz die Welt Orschanows, des Helden ihres Romans:*

Trotz der glühenden Leidenschaftlichkeit seines Wesens blieb er in seinen Ansichten in höchstem Masse lauter, getragen von seiner Umgebung, wo die Frau, dem Manne gleichgestellt, als Genosse behandelt und als solcher geachtet wurde.

*Gewiss, Isabelle leidet unter der Erschöpfung ihrer Mutter, unter der Tyrannei und den Ausbrüchen ihres Vaters; das in der Villa herrschende Chaos belastet sie, doch diese in sich geschlossene, wirre, von Pflanzen überwucherte, etwas schmuddelige Welt, die überall herumliegenden Bücher und Papiere, die Lethargie, die auf dem Haus lastet – das alles ist der Humus, in dem ihre romantische slawische Seele gedeiht. Sie träumt von Ferne, und in diesem frühen Jugendtraum erkennt sie den Leitspruch ihres späteren Lebens:*

Ibo singulariter donec transeam
Einsam werde ich bis zum Tode gehen

*Mit fünfundzwanzig erinnert sie sich in Ténès im algerischen Tell-Gebirge:*

Nomadin war ich, als ich, ganz klein noch, die Landstrassen betrachtete; Nomadin werde ich mein Leben lang bleiben, hingerissen von den blendenden Horizonten, von der unerforschten Ferne ...

*Vava ausgenommen, träumen wohl alle Bewohner der Villa von Flucht. Olga Pawlowa, die älteste der Geschwister, geht als erste. 1888 heiratet sie, ohne Einwilligung des Patriarchen, Jules Perez Moreyra, einen jungen Genfer bescheidener Herkunft. Vava tobt. Nathalie ist verzweifelt. Olga verlässt das Haus, in das sie nie wieder einen Fuss setzen wird. Die Familiensaga macht aus Jules Perez Moreyra einen Offizier der kaiserlichen Armee und erzählt, Olga sei nach Russland, in ihre Heimat, zurückgekehrt.*

*Isabelle ist elf Jahre alt, als ihre Schwester die Villa verlässt. Sie wird nie über diesen Vorfall sprechen. Bestimmt haben die Härte Trofimowskijs und seine Intoleranz zum lastenden Schweigen in der Villa beigetragen; von Kind an hat Isabelle gelernt, zu schweigen und alles zu verdrängen, was zur Verschlechterung der Stimmung innerhalb der Familie beitragen könnte.*

*Von der Aussenwelt dringt wenig in die „Villa Neuve". Sie ist gleichsam der Resonanzkasten einer verschlossenen, unterirdischen Welt, einer Welt, in der sich Randexistenzen und Heimatlose bewegen.*

*Ende des neunzehnten Jahrhunderts suchen Immigranten aus ganz Europa in Genf Asyl: Gegner des zaristischen Regimes, aus Sibirien entkommene, aus Polen geflüchtete Revo-*

*lutionäre, Jungtürken im Kampf gegen die Gewaltherrschaft Abdul Hamids ... Viele dieser Verfolgten und Gejagten tauchen in der Villa in Meyrin unter, finden in Vava einen mitfühlenden Freund, in Isabelle und ihren Brüdern begeisterte Zuhörer. Für die Heranwachsende stellen sie ein hinreissendes, faszinierendes Bindeglied zur Aussenwelt dar. In ihrer Gesellschaft formt sich ihr Geist, entwickelt sich ihr Bewusstsein, verstärkt sich ihre Empfindsamkeit und der Drang nach Freiheit und Ablehnung jeglicher Autorität, den die Erziehung Vavas in ihr bereits geweckt hat.*

*In ihrer ersten Erzählung* Doctorat *beschwört Isabelle den Geist dieser Begegnungen herauf, die ihre Jugendzeit so nachhaltig geprägt haben:*

In der engen, in sich geschlossenen Welt der russischen Studenten, die vom sozialistischen Traum eingenommen waren oder leidenschaftlich nach dem noch höheren Ziel der Anarchie strebten, herrschte eine grosse aufrichtige Überzeugung.

*Dann umreisst sie in knappen, zutreffenden Worten das, was sie zutiefst bewegt – und was später ihr eigentliches Wesen ausmachen wird:*

... alles Leiden trifft mich zutiefst, ich leide ... wenn ich leiden sehe.

*Ihr späteres Leben hat seine Wurzeln in den Gegensätzen der autarkischen Welt, in der sich ihre Familie bewegt: abgeschnitten von jeder anderen Realität als der ihren und trotzdem den ständigen Übergriffen einer feindlichen und unbarmherzigen Welt ausgesetzt.*

*Isabelle identifiziert sich bereits mit dem Paria, mit dem Ausgestossenen, mit dem* Anderen; *sie ist ganz offen, begie-*

*rig, verletzlich, von Leidenschaft erfüllt – und nichts wird je etwas daran ändern können.*

*Doch bereits sucht sie jenseits der Mauern der „Villa Neuve" eine andere Welt.*

*Eugène Letord, ein junger, im Süden Orans stationierter französischer Offizier, sucht mittels einer Anzeige im* Journal de Genève *eine junge Briefpartnerin aus Europa.*

*Isabelle antwortet, und so nimmt eine aussergewöhnliche Freundschaft ihren Anfang. Eugène Letord wird für sie der treuste Freund bleiben, er wird sie später, wenn sie in Not ist, moralisch und finanziell unterstützen. Merkwürdigerweise werden sich ihre Wege selten kreuzen, und die beiden werden sich erst einige Jahre später zum ersten Mal treffen. Isabelle zeichnet ihre Briefe an Eugène Letord mit* Nadia, *ihrem ersten Pseudonym vielleicht. Sie wird sich noch andere zulegen.*

*Eugène erzählt ihr in seinen Briefen von Algerien, vom Süden Constantines, einer Gegend, die niemand so gut kennenlernen wird wie Isabelle. Es ist anzunehmen, dass er sie eingeladen hat, ihn in Nordafrika zu besuchen. Träumen nicht Isabelle und Augustin, ihr engster Vertrauter und Komplize, von Algier, von Istanbul?*

*Stambul ...*

*Zur gleichen Zeit ungefähr lernt Isabelle Rahib Bei kennen – Archavir –, einen jungen Armenier, Attaché am türkischen Konsulat. Sie verliebt sich in ihn. Doch er erwidert ihre Gefühle nur zögernd, und als er sich später seinerseits in sie verliebt, ist sie es, die auf der rein geistigen Freundschaft beharrt, die im Laufe der Zeit zwischen ihnen entstanden ist.*

*Jahre später begegnen sich Archavir und Isabelle wieder in Genf; der junge Mann wird einen entscheidenden Einfluss auf seine Freundin ausüben, die wachen Geistes nur darauf wartet, sich zu entwickeln, eine andere zu werden.*

*In Meyrin lernt sie in seiner Gesellschaft Türkisch, und er führt sie in die Lehren des Islam ein. Ihre Neigung zum Mystizismus ist bereits sehr stark ausgeprägt und wird durch die skurrile Abgeschlossenheit der „Villa Neuve", in der sie zu ersticken droht, noch verstärkt, durch die revolutionären, fast religiösen Ideale, in denen sie sich verliert, und durch die unnachgiebige, radikale Einstellung Vavas. Zwischen der Hinwendung zum Islam und ihrem ständig wachsenden politischen Engagement besteht keinerlei Widerspruch.*

*Das ausgehende 19. Jahrhundert ist in den muslimischen Ländern von erwachendem Nationalismus gekennzeichnet, der sich vor allem und hauptsächlich im Islam manifestiert. Die* Nahada, *eine vom Philosophen Dschamaladdin el-Afghani gegründete Bewegung, welche eine Renaissance des Islam anstrebt, verurteilt die westliche Zivilisation und versucht sich durch die religiöse Auseinandersetzung und durch eine Reform des Islam zu profilieren. Das Gedankengut der* Nahada *findet in Europa zahlreiche Anhänger. Auch Isabelle begeistert sich dafür.*

*1895 ist Isabelle achtzehn, ihr Bruder Augustin dreiundzwanzig.*

*Geben die zwei sich damit zufrieden, in der Runde um den Samowar den Schilderungen der Kämpfe zu lauschen, die sich in ihrer nächsten Umgebung abspielen, jenseits der Mauern der „Villa Neuve"? Kaum. Alles in ihnen drängt nach Abenteuer, nach Tat. Doch was geht in ihnen tatsächlich vor? Wir bleiben auf Vermutungen angewiesen.*

*In jenem Jahr verschwindet Augustin. Einmal mehr lässt Vava seinem Zorn freien Lauf. Nathalie bricht zusammen. Es sind schreckliche Stunden für Isabelle. Sie erlebt zum ersten Mal bewusst, wie alles um sie herum einstürzt.*

*Es ist anzunehmen, dass sie von den Fluchtplänen ihres Bruders gewusst hat, bestimmt hat sie ihm dabei geholfen, hat sie ihm doch immer sehr nahegestanden. Augustin hätte ihr nichts Ernsthaftes verschweigen können, und die Angelegenheit scheint ernsthaft gewesen zu sein. Es ist sehr wohl möglich, dass er sich einer Gruppe militanter russischer Anarchisten angeschlossen hat, die in der „Villa Neuve" ein- und ausgegangen sind. Unter dem Druck der Ereignisse, über die nichts Genaues bekannt ist, hat er vielleicht aus Sicherheitsgründen die Schweiz verlassen müssen. Diese Annahme wird durch die Aufzeichnungen Isabelles bestätigt, die ihre Themen immer aus ihrer Vergangenheit und sehr oft aus der Welt ihrer Kindheit geschöpft hat; in ihrem* Trimardeur *ist es eben dieses Ereignis, die Flucht Augustins, um die sich die Geschichte dreht: Dimitri Orschanow ist Mitglied einer anarchistischen Untergrundorganisation. Zusammen mit seinen Genossen organisiert er die Flucht der nach Sibirien deportierten politischen Gefangenen, er wird verraten, flüchtet nach Genf, tritt schliesslich der Fremdenlegion bei und geht nach Nordafrika.*

*Isabelle erhält von Augustin ein paar heimliche postlagernde Briefe. Doch sie hat keine Ahnung, wo er sich versteckt hält. Wenige Wochen später trifft eine kurze Mitteilung ein, die sie in Verzweiflung stürzt:*

*Sidi Bel Abbès (Dept. Oran), den 12. November*

*Schwesterherz,*

*Augustin von Moerder, Soldat im 1. Regiment der Fremdenlegion, 18. Kompanie, Matrikelnummer 19686, stationiert in Sidi Bel Abbès, Oran (Algerien).*

*Das ist die ganze traurige Wahrheit, Schwesterherz. Und ich sage mir immer wieder:* Hieme et aestate, et prope et procul, usque dum vivam et ultra [Winter und Sommer und nah und fern, solange ich lebe und darüber hinaus], *glaub mir.*

*Augustin*

*Isabelle antwortet ihm unverzüglich, aus ihrem Brief spricht tiefe Niedergeschlagenheit. Sie deutet auch ihre unerwiderte Liebe zu Archavir an und wendet sich mit zärtlichen, überschwenglichen und schwärmerischen Worten an ihren Bruder, ihren Vertrauten und Komplizen:*

24. Dezember 1895, 6 Uhr abends

Das Wetter ist grau und traurig, die Erde mit Schnee bedeckt. Heute nacht, Liebster, werden die Gedanken meines verzweifelten Herzens bis zu Dir dringen. Ich werde fast die ganze Nacht ausser Haus verbringen, denn ich besuche in Begleitung unserer alten Magd die Mitternachtsmesse in der katholischen Kirche ... Es ist das erste Mal, Bruderherz, dass wir das Fest nicht gemeinsam verbringen, vielleicht für Zeit und Ewigkeit getrennt! Wer weiss, ob wir uns je wiedersehen, uns jemals wieder herzen, küssen wie an jenem Samstagabend, es war der 12. Oktober, unter der Tür; fast drei Monate sind seither vergangen, wir sind nie so lange getrennt gewesen! Ich bin so unglücklich, so verzweifelt; wie traurig, düster, unendlich trostlos doch alles ist. Keine Hoffnung und kein Glaube. Kein Gott, der den Schrei unseres wortlosen Schmerzes hört. Der Himmel ist stumm und leer – nichts, niemand weit und breit. Vollkommene Einsamkeit umgibt uns, erinnere Dich daran! Niemand wird je unseren Schmerz verstehen, unsere Sehnsucht und unsere Verzweiflung.

Warum, warum muss das Schicksal uns trennen? – Gott, o Gott! – ein gedankenlos hingeworfener Satz! Gott!

Wo sind unsere Träume, unsere Hoffnungen, unsere Zukunftspläne geblieben? Tino, Liebster, die Blätter, die wir am 21. September 1894 gemeinsam unterschrieben haben – erinnerst Du Dich? Haben wir uns damals nicht gefragt, wo wir ein Jahr später wohl sein und womit wir uns beschäftigen und in wen und in was wir dann unsere Hoffnungen setzen würden? Die Zukunft, das Morgen, ein unergründliches Geheimnis! Ein Jahr und ein paar Tage später bin ich nun allein und unendlich einsam zurückgeblieben!

Und Du bist Soldat, weit weg, im Maghreb, auf dem Boden des Dar el-Islam, erinnerst Du Dich unserer gemeinsamen Heiligen Ka'aba?

Rufe Dir den Satz in Erinnerung, der mit *maghrebinische Visionen* endet: *(a) Menschliche Seelen, die ihr nur für die Zeit eines einzigen Tages lebt, wo seid ihr morgen, und wo wird eure Erinnerung sein? (a)*

Erinnerst Du Dich an den Tag, als wir Seite an Seite in jener einsamen Waldschneise sassen, im Schatten der hellglänzenden Ahornbäume und des Goldregens, der an den Hängen um Collonges wächst? Und um uns nur das Schweigen. Wir waren allein in der tiefen, unendlichen Stille: *(a) angesichts des grossen Berges. (a)*

Durch die Jahrhunderte ist es immer das gleiche gewaltige, düstere Kredo geblieben; doch werden wir jemals wieder gemeinsam die staubige Landstrasse, die nach Collonges führt, die stillen Pfade entlanggehen? Werden wir noch ein einziges, ein einziges Mal die Strasse nach Savoyen einschlagen, auf der anderen Seite von Bellegarde, dort wo sich das Rhonetal öffnet? Noch einmal vereint sein, Liebster, im Schatten des grossen, schweigenden Kredos! Nein, ach nein, bestimmt nie mehr! Nie! Welch ein Abgrund des Schmerzes in diesem einzigen Wort: nie – und das Alpha und das Omega allen menschlichen Leidens, aller menschlichen Qual ...

Und wer wird jemals die schreckliche Verzweiflung, den stechenden Schmerz ermessen, die sich in mir regten, als ich kürzlich in einem alten Tagebuch diesen Satz wieder las: *Und gegenüber, am anderen Ufer, die winzigen Boote, festgezurrt am Kai* ... Die Segelboote am anderen Ufer! Es war ein strahlender Tag, ein Sommertag ... Wir irrten beide über die ausgestorbene Hafenpromenade von Paquis, es war Mittag, und wir betrachteten die Segelboote am savoyischen Ufer ... Der See war strahlendblau, die Sonne leuchtete ... Wo ist er geblieben, dieser bereits ferne Tag, dieser sonnendurchflutete Tag? Du warst auf dem Weg nach Chênes, ich ging nach Carouge ... Wo ist das letzte gemeinsame Abendbrot mit Mussa geblieben, wenige Tage vor Deiner Abreise? Alles ist im düsteren freudlosen Nebel, im tödlichen Nebel der Gegenwart untergegangen! Wann werden wir uns wiedersehen? Werden wir uns jemals wiedersehen?

Doch bitte, verzage trotz der Entfernung nicht ... Niemals, denn das ändert nichts.

Ich leide. Die Gegenwart ist ohne Horizont, eintönig, trostlos, düster.

(a) Mein Körper ist im Okzident
Und meine Seele im Orient
Mein Körper ist im Land der Ungläubigen
Und mein Herz in Stambul
Und mein Herz ist in Oran (a)

In Stambul! Du weisst warum ... Du hast zweifellos die Wahrheit erraten, die ganze, traurige, unfassbare Wahrheit, die ich Dir über ... erzählt habe. Du hast bestimmt verstanden und erraten ... Doch nein, diese Liebe, diese verzweifelte, nie erwiderte Liebe ist nichts, verglichen mit der selbstlosen Liebe, die ich für Dich empfinde. *Wenn es eine Ewigkeit gibt, mit welcher von beiden würde ich dort weiterleben, mit ihr, kleine Aziyadé, oder mit dir?*

Wenn es die Ewigkeit gibt, mit wem von Euch beiden würde ich dort weiterleben, mit ihm, Bruderherz, oder mit Dir? Mit Dir, o ja, mit Dir und immer nur mit Dir. *[An dieser Stelle übernimmt Isabelle in Griechisch das* hieme et aestate ... *aus Augustins Brief.]*

Jenseits. Wo? Dort, in der unergründlichen Zukunft des Morgen und über das Grab hinaus. Wo auch immer ich bin, was auch immer ich tue, was auch immer ich hoffen mag – mit Dir, immer mit Dir.

Und wenn es die Ewigkeit gibt, diese selbstlose, tiefe und unerklärliche Liebe muss mit uns weiterleben ... Nur diese Liebe vermag uns das grosse Erzittern vor dem Unbekannten zu vermitteln, die verschwommene Vorahnung eines

Morgen, eines verlockenden, geheimnisvollen Jenseits. Die einzige Liebe, eine andere Liebe ... unsere Liebe und jene Leidenschaft, die in mir für den Levantiner mit den braunen Augen erwacht ist. *Ist es das höchste Streben der Seele nach dem Himmlischen oder das blinde Gesetz der Natur? (Loti, Aziyadé)*

Doch immer, immer mit Dir, ob nah oder fern, immer und ewig.

*In Isabelles Briefen, die sie hinter Vavas Rücken an Augustin schreibt, finden sich geheimnisvolle Sätze, in denen sie ihren Bruder beschwört, endlich dem* Alten *zu schreiben, aber* unter gar keinen Umständen *ihre Briefe zu erwähnen.* Sonst, *schreibt sie*, bin ich hier verloren.

*Wovor fürchtet sie sich? Vor dem Zorn ihres Vaters? Ist es nur das? Oder steckt sie vielleicht in den gleichen Schwierigkeiten wie ihr Bruder Augustin?*

*Es ist auch von Schulden die Rede und später, auf Vavas Rat, von Verzicht auf die russische Staatsbürgerschaft. Doch aus den Dokumenten, die nach Isabelles Tod in ihrem Hause in Aïn Sefra gefunden worden sind, geht nichts klar hervor.*

*Tapfer versucht sie in den folgenden Monaten, ihrem Bruder immer wieder Mut zu machen. Augustin ist niedergeschlagen, krank, schwach.*

Bruderherz,

... fasse Mut. Arbeite. *Fac et spera!* Auch ich werde arbeiten. Vor allem, zweifle nie an mir, nie, nie, nie! Wenn die geheimnisvolle Inschrift der Thermen des Caracalla für Dich gilt, wisse, dass sie für mich ebenso Gültigkeit hat.

Dieses Jenseits, dieses abgrundtiefe Jenseits weckt Träume in mir ... Jenseits! Und wer weiss, wer weiss ...?

Mut, Liebster, Bruderherz sei stark. Vor allem aber desertiere nicht, ich flehe Dich an, desertiere nicht!

Das würde den Tod bedeuten!

Ich verlasse mich darauf, ganz und gar, dass Du mir das nicht antust. Wenn hier erst einmal alles geregelt ist, werde ich Dir ein Paket schicken mit den Dingen, die Dir am meisten am Herz liegen, bestimmte Bücher usw. Ach ja, Bücher ... jene, die in uns die gleichen Empfindungen weckten – waren wir uns doch so ähnlich –, die gleichen Ängste, die gleiche drängende Sehnsucht nach dem Unbekannten, nach dem Anderswo!

Die Landstrasse, o Gott, die Landstrasse, die Landstrasse! Die Furcht vor der Landstrasse ... ich bin allein, und ich fürchte mich noch mehr.

Erinnere Dich an den grossen Berg, min al-Gabal al-kabīr, damals in Collonge.

Erinnere Dich an das, was er gesprochen, was er zu uns gesagt hat, der Berg damals ... und die ganze ahnungsschwere Philosophie unserer beiden Leben hat sich dort offenbart, damals, auf den Landstrassen Frankreichs ... weiter, weiter, immer weiter! wie Azarfet.

... Deine Schwester, die Dich anbetet, die Dich liebt in Zeit und Ewigkeit.

*Und Isabelle zeichnet mit ... Myriam, einem Namen, den sie später oft unter ihre Briefe setzen wird.*

*Augustin wird entlassen, doch in seinem desolaten Zustand kann er unmöglich nach Genf zurück. Er durchstreift das Tell-Gebirge von Sidi Bel Abbès bis Tunis. Isabelle ermuntert ihn aus der klösterlichen Abgeschiedenheit der „Villa Neuve", sich aufzufangen, doch etwas zu unternehmen, eine Farm in Algerien zu gründen – warum nicht? –, Land zu bebauen, Vavas alter Traum ... Auch sie wird immer wieder darauf zurückkommen, doch verwirklichen wird sie diesen Plan nie.*

*In einem ihrer Briefe versucht Isabelle, an ihre früheren gemeinsamen literarischen Interessen anzuknüpfen. Sie haben so oft zusammen gelesen, als sie noch Kinder waren. Augustin hat ihr Lesestoff besorgt, ihr Bücher geliehen, mit ihr darüber diskutiert.*

Die Literatur, *schreibt Isabelle,* ist von allen Berufen derjenige, der die geringsten Aufwendungen nach sich zieht.

Du machst Dir kurze Notizen über Menschen, Dinge, Sprache, Begebenheiten, Eigentümlichkeiten, denen Du auf Deinen Reisen begegnest, und ich schreibe den Text nach dem Geschmack des französischen Publikums um. Wir könnten auch afrikanische Skizzen in russischen Zeitschriften veröffentlichen.

*Um den Depressionen zu entgehen, in die sie zu versinken droht, arbeitet Isabelle mehr denn je. Sie schreibt, sie zeichnet und widmet sich dem Studium der Medizin. Sie beschliesst, ihre Arabisch- und Türkischkenntnisse zu vervollkommnen, was eine fruchtbare Begegnung und einen unerwarteten Briefwechsel zur Folge hat.*

*James Sanua, ein Jude ägyptischer Herkunft – besser bekannt unter dem Namen Abu Naddara, der „Mann mit der Brille", den er seiner Kurzsichtigkeit verdankt – lebt seit 1878 in Paris im Exil.*

*Als enger Vertrauter von Dschamaladdin el-Afghani und dessen ägyptischem Schüler Abdalmuhammad ist er einer der Drahtzieher der erwachenden nationalistischen Kräfte in Ägypten gewesen und ein erbitterter Feind von Chediw Ismail, dem Herrscher über das dem ottomanischen Reich angeschlossene Ägypten. Dieser Abu Naddara hat eine eigene Zeitschrift gegründet,* Le Journal de Abu Naddara, *der in Paris in Orientalistenkreisen ein gewisser Erfolg beschieden ist. Er etabliert sich als Arabischlehrer und veröffentlicht in seiner Zeitschrift Anzeigen, in denen er verspricht, Interessenten in dreissig Lektionen Arabisch beizubringen, und zwar unter Berücksichtigung sämtlicher regionaler Besonderheiten.*

*Isabelle schreibt ihm schlecht und recht in einer Mischung aus klassischem Arabisch und Dialekt und bittet ihn um Rat hinsichtlich der Anschaffung eines türkischen Wörterbuches. Ihr erster Brief trägt das Datum des 19. Oktobers 1896.*

Aller Preis gehört Allah, dem Herrn der Welten

*Gemäss arabischer Gepflogenheit folgen sieben oder acht Zeilen der Begrüssung und verschiedene Segenssprüche.*

Sie sind ein gelehrter Mann, bewandert in der arabischen Sprache und Religion ... Aus diesem Grunde wende ich mich an Sie mit der Bitte um fachmännischen Rat. Es drängt mich, die türkische Sprache zu erlernen ... ich habe kein türkisch-französisches Wörterbuch zur Verfügung und auch kein türkisch-deutsches ... Daher hoffe ich, dass Sie die Güte haben werden, mir den Rat zu geben, um den ich Sie gebeten habe.

... ich werde alles daran setzen, den Orient zu bereisen

und ihn kennenzulernen. Ich bin Autodidakt, ich habe mir im Selbststudium bescheidene Kenntnisse der arabischen Sprache angeeignet ...

*Isabelle zeichnet den Brief mit*

N. Podolinskij (I. von Moerder)

Villa Neuve, Meyrin, Genf, Schweiz

*Der Brief ist mit einer schönen, gezierten Handschrift geschrieben und mit geometrischen Ornamenten und Arabesken in reinstem orientalischem Stil geschmückt.*

*Am 26. des gleichen Monats antwortet Abu Naddara. Wohlwollend schliesst er seinen Brief mit einem Lob:*

*„Ich kann es mir nicht versagen, Ihnen zu versichern, wie sehr mich Ihr Stil und Ihre Schrift entzückt haben.*

*So habe ich denn Ihr einzigartiges Schreiben als mir sehr teure Erinnerung zu den Originalhandschriften unserer östlichen und westlichen Gelehrten gelegt.*

*Empfangen Sie, sehr geehrter Herr, den Ausdruck meiner aufrichtigen Hochachtung."*

*J. Sanua Abu Naddara*

*Sofort nach Erhalt des Briefes antwortet Isabelle am 29. Oktober dem ehrwürdigen Scheich.*

Dem Manne mit dem untadeligen Ruf und dem edelmütigen Herzen ... Ich danke Ihnen von ganzem Herzen für die grosse Ehre, die Sie mir erwiesen haben ... ich bin erst zwanzig ... hinsichtlich des türkischen Wörterbuches werde ich mich an Ihren guten Rat halten ... Ich werde Ihnen eine christliche Hymne aus meiner Heimat Russland schicken, die ich ins Arabische übertragen habe ...

*Und sie zeichnet auch diesmal mit:* N. Podolinskij, *fügt aber* Fräulein I. von Moerder *hinzu.*

*Obwohl keine Belege vorliegen, muss der Briefwechsel weitergeführt worden sein. Der nächste Brief trägt bereits das Datum des 16. November 1896. Abu Naddara scheint zu diesem Zeitpunkt die Identität seiner Briefpartnerin zu kennen.*

*Paris, den 16. November 1896*

*Teures Fräulein,*

*Meiner Freude über Ihre einzigartigen Texte und meinem Entzücken über Ihre Kalligraphie und Ihre Zeichnungen werde ich in arabischer Sprache Ausdruck geben. Leider habe ich nicht alles entziffern können, denn meine Augen sind schwach. Doch das Blatt mit Ihrer Unterschrift habe ich ganz gelesen und, mit Ausnahme einer Stelle, auch verstanden, glaube ich: Sind Sie zwanzig Jahre alt oder beschäftigen Sie sich seit zwanzig Jahren mit orientalischer Literatur mit dem Ziel, sie dem französischen Leser nahezubringen? Das zweite Blatt, jenes mit Ihrem gütigen Lob über meine Zeitschrift, habe ich ebenfalls teilweise entziffert und, wenn auch nicht ganz, so doch ziemlich gut verstanden. Kurz, Sie haben mich bezaubert, und da Sie mich bitten, Ihnen arabisch zu antworten – wenigstens glaube ich das Ihren wunderbaren Manuskripten zu entnehmen –, füge ich einen Brief in meiner bescheidenen Versprosa bei, in dem ich meiner Freude und meinem Bedauern Ausdruck gebe: Freude darüber, es mit einer jungen Dame zu tun zu haben, und Bedauern, ein alter Mann zu sein und mein Herz nicht einer solch vollendeten Person zu Füssen legen zu können. Doch ich schliesse meinen Brief mit den aufrichtigsten Wünschen; mögen Sie glücklich werden, und ich verspreche Ihnen eine Ode in sechs Sprachen zu Ihrem Hochzeitstag ...*

*Inzwischen empfangen Sie meinen aufrichtigsten französischen Gruss.*

*J. Sanua Abu Naddara*

*Die folgenden Zeilen in arabischer Sprache sind nichts anderes als ein überschwengliches Lob auf die Klugheit und die Bildung der jungen Dame.*

*Am 30. Dezember 1896 antwortet ihm Isabelle, französisch diesmal:*

Verehrter Meister,

Es ist mir ein Bedürfnis, Ihnen und Ihrer Familie zum Anlass des bevorstehenden Jahreswechsels die besten Wünsche zu entbieten, auch möchte ich Ihnen ganz herzlich für die Zeitschrift danken ...

*Dann bittet sie ihn um die Adresse einer jungen Türkin, über die sie in der* Revue moderne *gelesen hat.*

... es wäre mir eine Freude, eine gebildete und intelligente Briefpartnerin unter meinen orientalischen Schwestern zu haben. Sie finden sicher nichts Schlechtes dabei, da Sie ja nun wissen, dass der junge Mann, der mit N. Podolinskij zeichnet, lediglich ein (a) bescheidenes (a), sehr unerfahrenes junges Mädchen ist – Russin zwar, aber erfüllt von tiefster Verehrung für den Islam –, das sich dem Studium der Islamwissenschaften zuwenden wird ...

Gestatten Sie mir, Sie noch einmal meiner vollkommenen Aufrichtigkeit zu versichern und meiner stetig wachsenden unverbrüchlichen Treue Ihnen und den Ihren gegenüber. Sie sind einer der wenigen Menschen gewesen, die mir Mut gemacht und mich in meinem Studium, das mir so sehr am Herzen liegt, unterstützt haben.

Ich werde das nie vergessen und werde immer Ihre achtungsvolle und ergebene geistige Tochter bleiben. Ich hoffe, Ihnen dies eines Tages beweisen zu können, (a) so es Gott gefällt (a).

Mit all meinen Gedanken die Ihre

Isabelle von Moerder

*Diesem Brief fügt Isabelle ein Blatt mit sorgfältig gezeichneten arabischen Schriftzeichen bei, die mit vierfarbigen Arabesken eingerahmt sind.*

(a) Geschrieben im Haus des Krieges am 30. Dezember 1896, im Jahr der Hidschra 1314 (a) ...

*Nach mohammedanischer Sitte datiert sie den Brief nach dem Jahr der Hidschra, als Aufgabeort führt sie Dar el-Harb auf – das Haus des Krieges, was „aus einem dem Islam noch nicht unterstellten Gebiet" bedeutet.*

*Nach Augustins Flucht bemüht sich Isabelle, möglichst viele Kontakte mit der Aussenwelt anzuknüpfen, die es ihr ermöglichen, der erdrückenden Atmosphäre der „Villa Neuve" zu entrinnen.*

*Im Sommer 1896 schickt sie einige ihrer Manuskripte an die* Société Libre d'Editions de Gens de Lettres *und ersucht um Aufnahme in die Vereinigung.*

*Am 29. November schliesslich trifft eine Antwort ein, gerichtet an Nikolas Podolinskij.*

*„Lieber Dichterkollege,*

*Seien Sie beruhigt, Ihre Manuskripte sind geprüft und in die Liste der zu veröffentlichenden Werke aufgenommen worden."*

*Ein paar Wochen später veröffentlicht die Literaturzeitschrift* L'Athénée *in der Januarausgabe 1897 Gedichte des Russen Simon Jakowlowitsch Nadson in der Übersetzung von Nikolas Podolinskij samt einem Nachwort des Übersetzers: ergreifende, ahnungsschwere Zeilen, aus denen eine romantische Seelenverwandtschaft mit dem verstorbenen Dichter spricht.*

Ich schicke Ihnen gleichzeitig zwei, drei kurze Gedichte von Nadson, die ich in aller Eile schlecht und recht zu übersetzen versucht habe ... (Ich hasse das Übersetzen, wie jede Unterordnung übrigens!) Doch es liegt mir sehr daran, in Frankreich die stattliche Anzahl unserer unbekannten zeitgenössischen Dichter bekannt zu machen. Wie Sie sehen, unterscheiden sich Nadson und die anderen modernen russischen Dichter sehr von den Ihren ... ihre Sensibilität ist sehr verschieden ... jede Prosaübersetzung eines in Versen geschriebenen Werkes stellt zwangsläufig eine Verstümmelung dar. Den göttlichen Rhythmus und die wunderbare Harmonie der Gedichte Nadsons vermag meine blasse Prosa nur schwach wiederzugeben: Nadson, unser Dichter, der Dichter der Frauen unseres Heiligen Russland, Genie und Märtyrer, Sänger unserer Trauer, unserer unterdrückten Hoffnungen, unserer leidenschaftlichen Auflehnung und unserer glühenden Gedanken ... der Worte fand für die tiefe, in unserer slawischen Seele schlummernde Sehnsucht ...!

Und N., mit vierundzwanzig in der vollen Blüte seiner einmaligen Begabung, hätte die Schwindsucht ihn nicht dahingerafft, hätten Elend und sinnlose Verfolgungen nicht dazu beigetragen; dieser blasse junge Mann mit den sanften Gesichtszügen eines Apostels (hat er nicht ausgesehen wie Christus selbst?) wäre einer der bewegendsten, einer der tiefgründigsten und der wahrhaft begnadetsten Barden geworden, den die Welt je gehabt hat!

Doch es musste nicht sein, ein verhängnisvolles Schicksal lastet auf dem Erhabenen und auf der Kunst ... *Odi profanum vulgus et arcis* ... Und das Gewöhnliche obsiegt nichtsdestotrotz, durch Brutalität, durch Verfolgung und Hunger.

Meine Trauer und mein unversöhnlicher und erbitterter Hass gegen jegliche geistige Unterdrückung haben mir diese Zeilen diktiert, verehrter Kollege.

Verzeihen Sie meinen russischen Überschwang ... und seien Sie eines kräftigen und kameradschaftlichen Händedrucks versichert seitens Ihres ergebensten

N. Podolinskij

*Zu diesem Zeitpunkt – Isabelle ist nun zwanzig – geht ihr erstes Leben zu Ende. Ihr Schicksal hat bereits einen abenteuerlichen Verlauf genommen, und die düsteren, oft schmerzlichen Ereignisse ihres späteren Lebens werden an der aussergewöhnlichen Persönlichkeit der jungen Frau nichts mehr ändern.*

*In Meyrin scheinen alle Faktoren zusammenzutreffen, die zu einer Existenz ausserhalb der bürgerlichen Norm führen. Die in der Isolation der „Villa Neuve" verbrachten Kinderjahre haben sie zu einer Einzelgängerin heranwachsen las-*

*sen, die sich nirgends verwurzelt fühlt: Isabelle ist eine Heimatlose. Der Anarchist Trofimowskij hat in seiner Tochter einen unbeugsamen Individualismus geweckt und geschürt, einen unstillbaren Drang nach Freiheit, ohne die Isabelle nicht leben kann.*

*Von Vava hat sie ihr aussergewöhnliches Temperament geerbt und eine starke Sinnlichkeit, die später oft Anstoss erwecken wird, aber auch ihr aufbrausendes Wesen, das sie zu unterdrücken versucht, eine gewisse Neigung zur Unbeständigkeit, die in ihren Tagebuchaufzeichnungen immer wieder durchschimmert. Isabelle, die zusammen mit einem vergötterten Bruder aufgewachsen ist, wird sich ihrer Lebtag zu den Männern hingezogen fühlen, sie wird ihnen Kamerad sein und aufmerksame Zuhörerin.*

*Durch die Sanftheit ihrer Mutter hat sich Isabelle die Fähigkeit bewahrt, mit anderen zu leiden. Dimitri, ihr* Trimardeur, *ist das Spiegelbild ihrer inneren Zerbrechlichkeit:*

Und in Orschanow, dem Sanften, erwachte der Wunsch, die aufgewühlten, zornerfüllten Massen sich durch die Strassen von Marseille wälzen zu sehen und die ganze Welt zu überfluten mit der Absicht, eine gewaltige Zerstörung herbeizuführen ... Doch nicht er würde sie anführen ... Und er würde weiterhin ihren ganzen Schmerz in sich aufnehmen, Tropfen um Tropfen, in seinem zum Kelch geöffneten Herzen.

*Eine romantische Seele, gewiss, die sich jedoch gegen jegliche Unterordnung aufbäumt. Isabelle wird sich nie einer Partei oder einer organisierten Bewegung anschliessen. Ihre Naivität und ihr grosses Mitgefühl gegenüber den Leidenden, ein gewisser Mangel an Wirklichkeitssinn und auch ihr*

*Mut werden sie wiederholt dazu verleiten, sich in gefährliche Abenteuer mit ungewissem Ausgang zu stürzen, denen sie nicht gewachsen ist ... wie 1895 in Meyrin, als Augustin flüchten musste.*

*Für die in ihrem engsten Familienkreis stark verwurzelte Isabelle bedeuten die Flucht ihres Bruders und sein Eintritt in die Fremdenlegion ein traumatisches Erlebnis, auf das sie in ihren Gesprächen und in ihrem literarischen Werk immer wieder zurückkommen wird.*

*Das Verschweigen ist ebenso aufschlussreich wie das, was sie quält, denn es ist offensichtlich der Ausdruck einer Weigerung und der Wunsch, alles von sich fernzuhalten, was sie einengen könnte. Isabelle verdrängt alles, was sie am Vorwärtskommen hindert – eine Flucht nach vorn aus Selbsterhaltungstrieb und mit dem Willen, sich selbst, unbestechlich und bis zum Äussersten, zu verwirklichen.*

*Kein Wort über die Herkunft und die jüdische Abstammung ihrer Mutter, über ihre eigene Geburt und die Nichtanerkennung durch ihren Vater, über das Schicksal ihrer Schwester Olga – Isabelle lässt uns darüber im Dunkeln. Vielleicht ist es ihre ganz persönliche Art, darüber zu sprechen, indem sie verschiedene Identitäten erfindet und Tatsachen verdreht.*

*Für Abu Naddara ist sie „Isabelle, Tochter des Paul", diese Formulierung legitimiert ihre Geburt, adelt sie gleichsam gegenüber dem alten Scheich.*

*Nadia, Myriam, manchmal Meriem, Nikolas – Namen, hinter denen Isabelle Zuflucht sucht vor einem Leben, auf das sie so schlecht vorbereitet ist; Zeichen einer gestörten Identität, aber auch Schutz ihrer Anonymität und daher Garanten ihrer Freiheit.*

Orschanow, *schreibt Isabelle,* verstand es dank seiner slawischen Wandlungsfähigkeit, sich in allen Kreisen zu bewegen, er schien sich überall anzupassen, sich alle Sprachen anzueignen, und blieb doch immer er selbst.

*Nicht nur hinter Namen, auch hinter Kleidern verbirgt sich Isabelle, tritt sie doch meistens in männlicher Verkleidung auf. Sie ist wie ein Junge erzogen worden, was ihre Vorliebe für Männerkleidung erklären mag. Jene, die sie persönlich gekannt haben, erwähnen ihren Mangel an Weiblichkeit, ihr eher forsches Auftreten. Ein Foto von 1894 zeigt Isabelle im Matrosenanzug, einen Jüngling mit sanften Zügen: hohe Wangenknochen, helle Haut, in die Ferne gerichteter Blick und wunderschöne Augen, kurz geschnittenes gerades Haar, grossgewachsen, kräftig, feingliedrige, schmale Hände.*

*In Meyrin lässt sie sich von Louis David, einem Fotografen aus Blida, anlässlich seines Besuches in Genf Ende 1896, in arabischer Kleidung fotografieren, als Beduine, als Syrer. Das sind die wenigen Bilder, die uns von ihr geblieben sind.*

*Nathalie, verzweifelt über Augustins Weggang, ist des Lebens in Genf überdrüssig. Isabelle zieht es mehr und mehr nach Nordafrika.*

*Louis David schlägt Mutter und Tochter vor, ihnen sein Haus in Algerien, in Bône, mietweise zu überlassen. Sechs Monate später nehmen die zwei Frauen von der „Villa Neuve" Abschied und schiffen sich in Richtung Annaba ein.*

*Vava bleibt zusammen mit Nikolas und Wladimir in Meyrin zurück.*

3. KAPITEL: 1897

# Genf – Bône (Annaba)

*Im Mai 1897 gehen Nathalie und Isabelle im Hafen von Annaba im äussersten Osten von Constantine an Land; die Stadt zählt damals ungefähr fünfzigtausend Einwohner, darunter an die zwanzigtausend Europäer: Siedler, französische Beamte, ein paar Abenteurer ... Gleich von Anfang an meiden die zwei Frauen die Gesellschaft der Europäer, und man kann sich leicht vorstellen, was für Reaktionen das auslöst.*

*Wenige Wochen nach ihrer Ankunft verlassen Mutter und Tochter das Haus des Fotografen David im Europäerviertel und lassen sich am Rand des arabischen Stadtteils nieder. Sie beziehen ein einfaches, weissgetünchtes Lehmhaus mit dem traditionellen Flachdach und einem gefliesten Innenhof, in dem Zwergorangen wachsen ...*

*Isabelle und Nathalie verbringen glückliche Tage. Isabelle tauscht ihre europäische Kleidung gegen einen langen weissen Burnus. Sie raucht Kif und lernt erstaunlich schnell Arabisch.* Mich arabisch zu verständigen, ist mir nicht schwergefallen, *erklärt sie später,* ich habe es einfach gesprochen.

*Gleichzeitig vertieft sie ihre Kenntnisse der klassischen Hochsprache; sie beginnt bereits, die Bande zu diesem Land zu knüpfen, das sie dereinst als ihre Heimat betrachten wird.*

*Wahrscheinlich hat sich Isabelle während dieses ersten Aufenthaltes in Annaba zum Islam bekehrt und – unter dem Einfluss ihrer Tochter – offensichtlich auch Nathalie.*

*Die Gäste in der „Villa Neuve", Archavir vor allem, haben Isabelle mit der muslimischen Kultur vertraut gemacht. Die Anziehungskraft des Islam, verbunden mit der Verlokkung des Orients und der Romantik ferner Länder, haben Isabelle während ihrer Jugendzeit in Genf zweifellos entscheidend geprägt. Wie viele ihrer Zeitgenossen hat auch sie sich dem Einfluss der damals herrschenden Euphorie für den Orientalismus nicht entziehen können, doch Isabelle geht in allem, was sie unternimmt, den Dingen auf den Grund. Dank ihrer Kenntnis der Sprache des Korans ist zwischen ihr und der muslimischen Zivilisation eine tiefere Beziehung entstanden, als eine bloss oberflächliche Faszination hätte bewirken können. Isabelle ist vom Islam zutiefst überzeugt, gewiss, doch vor allen Dingen sehnt sie sich danach, in diese Gesellschaft aufgenommen zu werden, in der die Religionszugehörigkeit unabdingbar ist. Schon sehr bald ahnt Isabelle die Realität des Landes, das kennenzulernen sie sich anschickt; sie erfasst dessen wesentliche kulturelle Werte und versteht sie.*

*Unter den Muslims, mit denen Isabelle verkehrt, sind auch ein paar reiche Tunesier. Einer bittet sie um ihre Hand; sie lehnt ab. Trotz des Misstrauens, welches das Auftreten der jungen Frau zwangsläufig hervorruft, beginnt Isabelles Leben in Algerien feste Konturen anzunehmen; sie ist zwar eine Aussenseiterin und ebenso einsam wie in Meyrin, doch sie ist glücklich und von spontaner Lebensfreude erfüllt.*

*Die Wochen fliessen dahin. Doch dann wird Nathalie, die an einer Herzschwäche leidet, krank. Am Krankenbett ihrer Mutter schreibt Isabelle an Ali Abdalwahab, einen tunesi-*

*schen Gelehrten, den sie kurz zuvor in Bône kennengelernt hat. Diese ersten von Isabelle Eberhardt in Nordafrika geschriebenen Zeilen sind ein literarisches Kleinod.*

[...] ich spreche nicht, ich rühre mich nicht, ich studiere und schreibe. [...] Vielleicht haben Sie erraten, dass der Ehrgeiz, durch meine Feder zu Rang und Namen zu kommen (etwas, worauf ich mich übrigens nicht verlasse und was ich kaum zu erreichen hoffe), an zweiter Stelle kommt. [...] Ich schreibe, weil mich der „Prozess" der literarischen Schöpfung fasziniert, ich schreibe, wie ich liebe, weil dies wohl mein Schicksal ist. Und darin liegt mein einziger wirklicher Trost.

*Isabelle hat vermutlich während dieses ersten Aufenthalts in Bône mit der Niederschrift ihres Romans* Trimardeur *begonnen, dem sie zuerst den Titel* A la dérive *[Treibsand] gibt. Zur gleichen Zeit schreibt Isabelle die erste Version von* Yasmina, *einer langen Erzählung, die von der unmöglichen Liebe zwischen einem französischen Offizier und einer jungen Araberin handelt. Ein Thema, das sie besonders zu beschäftigen scheint und auf das sie immer wieder zurückkommen wird: die Metapher der schwierigen Begegnung zwischen den zwei Kulturen – ein Abgrund, den Isabelle in Bône bereits erfahren hat.*

*Beim Lesen von* Yasmina *findet man sozusagen unverändert Isabelles ganze Kindheit wieder: Olga, die ferne Schwester, Augustin, den Legionär ...*

Dort hatte sie ihre Kindheit verlebt, inmitten der trostlosen Ruinen, zwischen den Trümmern und dem Staub einer Vergangenheit, die in tiefstes Dunkel gehüllt war.

Es war, als sei von der morbiden Grossartigkeit ihrer Umgebung ein Übermass an Fatalismus und Traum auf sie übergegangen. Fremd, schwermütig unter den Töchtern ihres Volkes: Das war Yasmina, die Beduinin. [...] Yasmina hatte zwei ältere Brüder, beide Spahi im Dienste der französischen Fahne. Man hatte sie weit weg in die Wüste abkommandiert. Ihre ältere Schwester Fatima war verheiratet und lebte im Duar der Uled Meriem.

*Isabelle, androgyn und ungezügelt, was bei ihr die Sanftmut nie ausschliesst, ist gleichzeitig auch Jacques, der zum ersten Mal in Algerien stationierte französische Offizier.*

*Von Vava in der Liebe zum Studium erzogen, genährt vom revolutionären Gedankengut der jungen Anarchisten, die in der „Villa Neuve" ein- und ausgingen – wie könnte sich Isabelle dem neuen Universum verschliessen, das sich ihr hier auftut? Was jedoch zur Folge haben wird, dass sie sich dadurch noch tiefer in ihr Aussenseitertum verstrickt, aus dem sie hervorgegangen ist und dem sie ihrer Lebtag nicht entrinnen wird.*

Dieses Afrika, in das er freiwillig gekommen war, kam ihm immer noch wie eine Art Traumwelt vor, tiefgründig und unbekannt, und das arabische Volk stürzte ihn durch alle äusserlichen Manifestationen seines Denkens und Fühlens in fortwährendes Erstaunen. Da er kaum mit seinen Kameraden im Offizierskasino verkehrte, hatte er noch nicht gelernt, den so eindeutig und *a priori* allem Muslimischen und Arabischen feindlichen Klischees nachzueifern.

Er stand immer noch unter dem Sinneszauber, unter dem Rausch des Neuen, und gab sich ihm trunken hin ...

*Hingerissen wird er sich der leidenschaftlichen Liebe der*

*jungen Beduinin hingeben. Doch diese Liebe darf nicht sein, und die äusseren Umstände werden die zwei Liebenden trennen. Später vergisst, verleugnet Jacques seine Jugendliebe. Yasmina stirbt daran.*

*Europa – auch wenn es glaubt, offen und liberal zu sein – und Afrika können sich gegenseitig nur heftig anziehen, denn es ist eine Liebe, die zum Scheitern verurteilt ist. Was die inneren Widersprüche Isabelles angeht, sie bleiben unvereinbar und sind Teil des gnadenlosen Schicksals der jungen Frau.*

*Isabelle schickt ihre Erzählung einer algerischen Zeitschrift, die sie jedoch nicht veröffentlicht. Zwei Jahre später nimmt sie in Batna* Yasmina *wieder auf und gibt ihr offenbar die endgültige Form. Bei dieser Gelegenheit zeichnet sie zum ersten Mal mit Mahmud Es-Saadi, wohl, um ihre neue Persönlichkeit zu unterstreichen, was sie aber nur noch mehr zum Aussenseiter stempelt.*

*In einem Brief, den sie von Bône aus an Ali Abdalwahab schreibt, erwähnt Isabelle das schmerzliche Gefühl, abseits zu stehen, anders zu sein:*

Den Leuten gegenüber verstecken wir uns, ebensosehr aus Misstrauen als auch aus Furcht vor den banalen Tröstungen, mit denen man uns unweigerlich überschütten würde, hinter einer für all jene undurchdringlichen Maske, die wie die Mehrzahl, die gewaltige Mehrzahl der Menschen uns in nichts ähnlich sind. Bei Ihnen ist es die Maske der Unnahbarkeit, fast schon der Gleichgültigkeit. Bei mir ist es die einer gutmütigen Burschikosität, was meine ständigen Übertreibungen und Spässe erklärt. Sie und ich, wir sind vielleicht krank. Manchmal leiden wir unmenschlich, doch wir wollen kein Mitleid seitens unserer derart ungleichen Pseudo-Unseresgleichen ...

*Am 28. November 1897 stirbt Nathalie an einem Herzversagen. Isabelle ist verzweifelt, untröstlich ... für immer. In einsamen Stunden wird das Bild ihrer Mutter, die sie fortan russisch den* weissen Geist *nennt, ihr einziger Trost bleiben.*

*Nathalies Sterbeurkunde ist ziemlich ungewöhnlich:*

*„... von Nathalie Korff, ohne Beruf, 59 Jahre alt, geboren in Sankt-Petersburg, Tochter des Nikolas Korff und der ... (eine Eintragung fehlt), verwitwet von Moerder, wohnhaft in Bône, verstorben in Bône am 28. November 1897 ..."*

*Weniger ungewöhnlich vielleicht, wenn man sich vergegenwärtigt, dass das Dokument auf Grund von Isabelles Angaben ausgestellt worden ist. So ist nun Nathalie durch ihren Tod zur ehelichen Tochter des Nikolas Korff geworden, der Name Eberhardt ist mit keiner Silbe erwähnt.*

*Nathalie wird auf dem muslimischen Friedhof beigesetzt; auf den Grabstein lässt Isabelle den islamischen Namen ihrer Mutter anbringen: Fatima-Mannubiya. Doch für die Muslims von Annaba wird das Grab von Nathalie von Moerder immer das der Rumija bleiben ... das Grab der Fremden.*

4. KAPITEL: 1898

# Bône – Algier – Tunis

*Zu Beginn des Jahres 1898 hält sich Isabelle allein in Bône auf. Vava soll an der Beerdigung seiner Lebensgefährtin teilgenommen haben und dann wieder in die Schweiz in seine „Villa Neuve" zurückgekehrt sein.*

*Isabelle schreibt während dieser Zeit wenig. Zwar entsteht die erste Version eines Romans, den sie einmal* Rakhil, *dann wieder* Mukkadira *betitelt, doch sind davon nur drei Kapitel übriggeblieben. Isabelle scheint nicht mit grosser Begeisterung bei der Arbeit gewesen zu sein.*

*Sie erwähnt oft das Gefühl grossen Überschwangs oder tiefer Niedergeschlagenheit, das ihrem künstlerischen Schaffen förderlich sei und dem sie den Zustand bodenloser Schwermut gegenüberstellt, der sie apathisch und untätig mache. In diesen Phasen innerer Leere lässt sie sich treiben, trinkt, zerstört sich.*

*In Bône versucht Isabelle, gegen die Lethargie anzukämpfen, die seit dem Tode ihrer Mutter von ihr Besitz ergriffen hat. Eines Tages, als der Schmerz sie zu ersticken droht, schickt sie einen verzweifelten Hilferuf an Ali Abdalwahab, ihren treuen Freund, der unverzüglich herbeieilt.*

*Nach Isabelles Tod hat man in Aïn Sefra den Entwurf eines Briefes an Ali gefunden; Zeilen, die von einer durch das Elend geschärften geistigen Klarheit geprägt sind, in denen sie ihm für seine Treue dankt.*

Im übrigen besteht mein ganzes Leben nur aus Kontrasten und Antagonismen. Und doch, ich muss mich zum Arbeiten zwingen, das ist jetzt die Hauptsache, ich darf mich nicht in süssem Nichtstun gehenlassen, wozu ich mich damals (in Genf) nur allzusehr habe hinreissen lassen.

[...] denn, um die arme Isabelle nicht zu verurteilen, die tatsächlich verwirrt zu sein scheint, muss man etwas Verständnis aufbringen für sie.

Es gibt Dinge in mir, die mir noch nicht klar sind oder mir erst langsam klar werden. Und solche Geheimnisse gibt es viele. Doch ich bemühe mich nach Kräften, mit mir ins Reine zu kommen. *Erkenne dich selbst!* Ich wende meine ganze Kraft auf, um den Glaubenssatz der Stoiker in die Praxis umzusetzen. Eine schwierige Aufgabe, verlockend und schmerzlich zugleich. Die geradezu unwahrscheinliche Flatterhaftigkeit meines Wesens und die wirklich verzweifelnde Unbeständigkeit meiner Psyche, die sich in beängstigender Folge ablösen, beschäftigen mich am meisten. Ich leide darunter, und ich weiss kein anderes Mittel dagegen als die stumme Kontemplation der Natur, fern von den Menschen, allein mit dem *Unergründlichen,* der einzigen und alleinigen Zuflucht hilfloser Seelen. In verzweifelten einsamen Stunden, in den Stunden seelischen Schiffbruchs habe ich mich sozusagen an diesen letzten Rettungsanker geklammert, an diese letzte Hoffnung.

Sie fragten mich, ob es mich denn nicht befremde, dass ein junger Mann wie Sie, der doch nach europäischer Art erzogen worden ist, ein Gläubiger sei. Aber sie gehören doch einem Volk von Gläubigen an. Sie gehören zu den Glücklichen, zu den Auserwählten, zum Islam.

Und wenn ich Ihnen erzählte, dass ich, obwohl ohne Religion inmitten von Häretikern aufgewachsen und vom Unglück verfolgt, dass ich in der Tiefe meines Herzens das bisschen Glück, das mir auf Erden beschieden ist, einzig der Güte des Barmherzigen Gottes zuschreibe und all mein Elend diesem geheimnisvollen Mektub, gegen den es ganz und gar zwecklos, sinnlos ist, sich aufzulehnen. Dies mag mit ein Grund sein für die Achtung und die grosse Zuneigung, die ich dem Islam gegenüber empfinde – wenn nicht gar der wirkliche Grund.

Nun verstehen Sie bestimmt, warum ich es dem Willen Gottes zuschreibe, dass ich in das Land des Islam gekommen bin, dem Willen des Allmächtigen, der mich zweifellos eines Tages aus der Finsternis der Unwissenheit hat retten und auf den blühenden Pfad der Entsagung und des Friedens bringen wollen.

Nur Ihnen, Ihnen allein, lieber Ali, enthülle ich die Geheimnisse meines Herzens.

Nicht etwa weil ich mich schämte, mich offen zu einer Religion zu bekennen, die ich liebe und zutiefst achte, sondern vielmehr weil ich weiss, dass Sie der einzige sind, der mich versteht und der mein Geständnis nicht wie manche Muslims mit ungläubigem Staunen aufnimmt – oder gar mit Verachtung und Spott wie alle Christen. Nun fühle ich mich aber keineswegs verpflichtet, die Gandura zu tragen oder mich einzuschliessen und damit meine Zugehörigkeit zum Islam unter Beweis zu stellen. Diese Bräuche sind den moslemischen Frauen aufgezwungen worden, um sie vor möglichen Versuchungen zu schützen und ihre Reinheit zu bewahren. Genügt es denn nicht, diese Reinheit zu leben? Eine ungleich verdienstvollere Tat, weil aus freiem Willen und nicht aufgezwungen.

*Das ist ganz Isabelle: einerseits eine aussergewöhnliche Reife, die Weisheit eines Menschen, der seinen Weg geht, gepaart mit einer naiven, oft zügellosen Romantik. In schweren Zeiten schlägt sich ihr widersprüchliches Wesen in ihren Schriften nieder, aber auch ihr Hang zum Mystizismus, die einzige Zuflucht, die ihr hilft, den Schicksalsschlägen, die sie nicht meistert, einen Sinn zu geben.*

*Nach dem Tod ihrer Mutter versucht Isabelle sich aufzuraffen, doch gefangen in ihrer Trauer versinkt sie zusehends in Trübsal und Untätigkeit. Sie beschliesst, Bône zu verlassen und nach Algier zu reisen, wo sie sich eine Zeitlang aufhält. Dort erreicht sie die Nachricht eines neuen Dramas: Wladimir hat sich am 13. April das Leben genommen, hat sich mit Gas umgebracht. Vava ruft Fräulein Guillermet zu Hilfe, die Lehrerin von Meyrin: Mein Kaktophile ist tot, bitte kommen Sie!*

*Merkwürdig, die näheren Umstände dieses Selbstmordes: Der gewohnte depressive Geisteszustand des jungen Mannes scheint nicht der Anlass dazu gewesen zu sein.*

*Es gibt da ein geheimnisvolles Telegramm, datiert vom 26. Februar 1897, in welchem Nikolas seinen Bruder beschwört, abzureisen:*

*„Reise heute ab – wäre Wahnsinn, dringende Abreise zu verschieben – alle benachrichtigt – erwarten Ankunft am 18. – pass auf – Lage sehr ernst – sei vorsichtig – telegrafiere – reise unverzüglich ab."*

*Es liegt auch ein Brief Vavas vom 27. Dezember 1898 an*

*seinen Bankier in Moskau vor, in dem vom Tod des „sanften Wladimir" die Rede ist, der von Nikolas von Moerder und dem russischen Konsul – dem grausamen polnischen Grafen Prozof – gemartert worden sei. „Sie haben ihn am 14. Dezember 1897 gefoltert. Der Unglückliche entkam den Händen der Schergen, doch er hat dabei den Verstand verloren. Er verfiel in ein Delirium, das am 13. April zum Selbstmord geführt hat."*

*Paranoia? Verfolgungswahn Trofimowskijs? Oder hat Wladimir tatsächlich an verbotenen politischen Aktivitäten teilgenommen? Dann hat Augustin vielleicht doch recht gehabt ...? Tatsache ist, dass Nikolas nach dem Tode seines Bruders endgültig nach Russland zurückkehrt.*

*Ob die Söhne von Moerder während ihres Aufenthaltes in der „Villa Neuve" in Meyrin wirklich Mitglieder einer Untergrundorganisation gewesen sind, geht aus den Aufzeichnungen nicht eindeutig hervor. Und was ihre Schwester dabei für eine Rolle gespielt haben mag, ist noch ungewisser.*

*Zurückhaltend und schweigsam wie immer, wenn es um persönliche Dinge geht, erwähnt Isabelle die näheren Umstände von Wladimirs Tod nie, doch sie ist davon sehr betroffen.*

*Eugène Letord, den sie zu diesem Zeitpunkt noch nicht persönlich kennengelernt hat, schreibt seiner „Nadia" liebevolle, tröstende Briefe, und ihr geistiger Vater, Abu Naddara, spendet „islamischen" Trost.*

*20. April 1898*

*Geliebte Tochter,*

*Erinnern Sie sich der Verse eines unserer arabischen Dich-*

*ter: (a) „Denn die Zeit, in der wir leben, ist voll unfassbaren Grauens, und würde uns diese Welt im Traum erscheinen, wären wir darob zuhöchst erschreckt. Der Mensch ist dermassen unglücklich, dass man jene, die sterben, glücklich wähnen sollte." (a)*

*Ihr innigst geliebter Bruder, dessen Schicksal Sie mir mit ergreifenden Worten geschildert haben, hat in diesem Tal der Tränen so sehr gelitten, dass der Tod für ihn – Gott möge sich seiner erbarmen – eine Erlösung gewesen ist. „Beweinet nicht den Toten, der Euch verlassen hat, beweinet vielmehr die Lebenden hienieden"* (dieser Satz ist in hebräischer Schrift geschrieben), *hat der Psalmist David gesagt.*

*Ja, mein Kind, Sie sind es, die ich beweine, und gleichzeitig bete ich, dass seine Seele Friede finden möge im Himmel, im Kreise der Auserwählten, wo er Einlass gefunden hat kraft Ihrer glühenden Fürbitte, die bis zum Throne des Gnädigen und Barmherzigen Gottes vorgedrungen ist. Sie sind keine Waise, denn Sie haben in der Person Ihres Vormundes einen liebevollen Vater, den ich dank seiner Tugenden und hervorragenden geistigen Werte, die Sie mir so lobend schildern, überaus schätze und segne. Es sind Ihnen zwei Brüder geblieben, einer davon ist mein Sohn Ali. Und ich? Unnütz, ach, trotz der unermesslichen väterlichen Liebe, die ich für Sie im Herzen trage, unfähig, etwas für Sie zu tun. Doch nein, das bescheidene Haus des Heimatlosen steht Ihnen offen, unsere Kinder werden Sie wie eine ältere Schwester aufnehmen. Glauben Sie mir, an der Güte Gottes soll man nie zweifeln. Unser Dichter hat gesagt: „Weise durch Geduld die Schicksalsschläge ab / und vertraue auf die Barmherzigkeit des Einzigen Gottes / lasse Dich nie von der Verzweif-*

*lung treiben, auch wenn ein heimtückisches Geschick Dich bedrängt und von allen Seiten angreift / vergiss nicht, dass Gottes Wege für unsere Augen und unseren Geist unergründlich sind und nur Er, der Höchste, Dich von Deinen Leiden erlösen kann ..."*

*Mut, fasse Mut, geliebtes Kind! Sei stark im Leid und ergebe Dich dem geheimnisvollen Willen des Grossen und Allmächtigen. Er wird Dich mit dem Tau seines Trostes segnen. Es ist ein unfassbarer Schmerz, einen geliebten Bruder zu verlieren, gewiss; doch Er, der Ewige, wird den Schmerz durch einen unerhofften Gnadenbeweis lindern. Schreiben Sie mir, liebe Tochter, denn Ihre Briefe sind wie lindernder Balsam für mein Herz, das durch die schmerzlichen Vorgänge in meiner Heimat von Trauer erfüllt ist. Doch Gott ist gerecht, und Er wird Ihrem Leiden ein Ende bereiten.*

*Vertrauen Sie auf Ihn und nur auf Ihn allein, denn er ist der Vater der Waisen.*

*Ihr Vater, der Sie liebt*
*Abu Naddara*

*Über Isabelles Leben in den Monaten nach dem Tode ihres Bruders ist nicht viel bekannt. Sie verlässt Algier, hält sich eine Zeitlang in Tunis auf, wo es ihr zu gefallen scheint und wo sie ihr einundzwanzigstes Lebensjahr beschliesst.*

*Unter Isabelle Eberhardts Schriften, welche die Soldaten von General Lyautey aus den Schlamm-Massen von Aïn Sefra gerettet haben, befindet sich ein Manuskript, in dem die junge Frau diesen besonders unglücklichen Zeitabschnitt ihres Lebens schildert. Isabelle spricht darin von ihrer religiösen Ergriffenheit, von ihrer Faszination für die mystische Be-*

*trachtung, aber auch von ihrer Sinnlichkeit, die sie als die* männliche Seite *ihres Wesens bezeichnet. Sie führt den Leser mit ebensoviel Begeisterung durch die Unterwelt von Algier wie auch an Orte der Besinnung und der Andacht.*

*Victor Barrucand – wie immer darauf bedacht, alles aus Isabelles Leben zu streichen, was dem tugendhaften Bild abträglich sein könnte, das er sich von ihr machen wollte – hat es seinerzeit vorgezogen, diese paar Seiten aus Isabelle Eberhardts Nachlass nicht zu veröffentlichen.*

## DIE ZAWIYA

Jeden Tag setzte ich mich zur Stunde des Sonnenaufgangs in die Säulenhalle der Zawiya Sidi Abdarrahman.

Zur Zeit des Morgengebetes betrat ich im Schutze meiner Verkleidung den geweihten Ort.

Seltsam! Dort, im Schatten der Moschee, unter den Säulen dieser dem Islam heiligen Stätte, habe ich unvergessliche Stunden erlebt, während der Imam mit lauter und kräftiger Stimme die alten Worte des Islam psalmodierte und ich dem wunderbaren, tiefen, wohltönenden Klang der arabischen Sprache lauschte, mächtig wie der Wind der Wüste, wo sie zum Leben erwacht ist, woher sie gekommen ist, getrieben von dem einzigen menschlichen Willen, die Hälfte des Universums zu erobern ...

Ich lauschte diesen Worten, die ich schon bald verstehen und lieben lernen sollte ... Und ich betrachtete den Imam. Es war ein sehr alter Scheich aus dem Süden, ein Araber aus einem geschichtsträchtigen reinen Volk, in dessen Adern kein

Tropfen Berberblut floss. Sein Haar war schlohweiss, er hatte grosse, längliche, ausdruckslose, aber noch sehr dunkle Augen, in denen manchmal ein Licht aufleuchtete wie ein Funke, der von einem plötzlichen Windstoss angefacht aufflackert, und dann wurde sein Blick wieder starr und verwirrend tief.

Es waren meist wenig Leute zugegen.

Darunter hatte es echte Gläubige, überzeugte, die mit Ekstase die Worte des Imams in sich aufzunehmen schienen ... Ich erinnere mich vor allem an einen, wohl einen Fanatiker, einen Mosabiten, so um die vierzig, mit ausgeprägten Berberzügen. Er war Gemüsehändler in Mustapha und hiess Yussef ben el-Arbi. Er kam jeden Tag zur gleichen Zeit wie ich in die Moschee, und schliesslich begrüssten wir uns mit einem freundschaftlichen Salamalaik.

Dieser Mann machte während des ganzen Gebetes tatsächlich einen ekstatischen Eindruck ... Er wurde ganz blass im Gesicht, und seine Augen bekamen einen eigentümlichen Glanz, während er im Gegensatz zu vielen anderen mit Hingabe die rituellen Gesten vollzog.

Beim Hinausgehen schlüpfte er in seine abgetretenen Babudschi und vergass nie, den bettelnden Kindern ein paar Münzen zu geben ...

Wenn alle gegangen waren, setzte ich mich auf die Stufe zum Eingangsportal. Ich zündete mir eine Zigarette an, schlug die Beine übereinander und wartete auf den Geliebten, mit dem ich mich täglich an diesem heiligen Ort traf.

Wenn ich die Nacht an meinem offiziellen Wohnsitz am Quai de la Pêcherie verbracht hatte, musste ich auf dem Weg in die Zawiya zuerst an der Rue de la Marine bei einer Wäscherin vorbeigehen, einer gewissen Rosina Menotti, die einen Kellerraum bewohnte, wo ich meine Frauenkleider ablegte und in ein Gewand schlüpfte, das meinem Tagesablauf eher entsprach. Dann ging ich gemessenen Schrittes zur Zawiya.

Wenn ich jedoch die Nacht entweder auf nicht ungefährlichen Streifzügen durch die übelbeleumdeten Stadtviertel von Algier oder in einer meiner diversen Absteigen im oberen Stadtteil oder in Bab-Azun verbracht hatte, musste ich abenteuerliche Abkürzungen nehmen, um in die Zawiya zu gelangen.

Ich hatte ein Quartier bei einer Sängerin in Sid Abdallah. Ein anderes im Hause von Juden an der Rue Si Rhaman ... Ein drittes nicht weit weg von der Moschee El Kasbah Beruwi, die heute zweckentfremdet und in eine christliche Kirche umgewandelt worden ist.

Falls ich es für klüger hielt unterzutauchen, hatte ich auch noch die Möglichkeit, die Gastfreundschaft eines Sudanesen, eines Kohlehändlers, in Anspruch zu nehmen. Doch meist verbrachte ich die Nächte unterwegs oder in verrufenen Lokalen, wo ich oft Zeuge unglaublicher Szenen war, die nicht selten ein ziemlich blutiges Ende nahmen.

Ich kannte ein Unzahl von zwielichtigen Gestalten, leichten Mädchen und Vorbestraften – interessante Beobachtungsobjekte für meine unersättliche Neugier und bestens geeignet für meine psychologischen Analysen. Ich hatte auch ein paar verlässliche Freunde, die mich in die Geheimnisse und Laster der Unterwelt von Algier einführten.

Wenn ich die Nacht auf solchen Entdeckungszügen verbracht hatte, konnte es geschehen, dass ich am Morgen einen ziemlich weiten Weg bis zur Zawiya zurückzulegen hatte ...

Der malerische Platz und die Bäume des „Jardin de Marengo" strahlten im hellen Licht der Morgensonne. Der Himmel war immer unwirklich blau und traumhaft transparent.

Das Meer funkelte, opalfarben, klar, und in den Wellen spiegelte sich noch der zarte Rosaschimmer der Morgenröte. Der Hafen belebte sich, und im unteren Stadtteil, in Bab-Azun, auf dem Boulevard de la République und auf der Mole wälzte sich eine bunte Menge, es sah aus, als flössen zwei breite Ströme in entgegengesetzter Richtung.

Ich ruhte mich aus; es waren süsse, unendlich heitere Stunden. Meine Seele schien in der lockenden Unendlichkeit dieses von Licht und Leben überfluteten Himmels zu schweben.

Glückliche Stunden, Stunden der Betrachtung, kostbare Stunden, in denen sich mein ganzes Inneres erneuerte; es waren trunkene Stunden der Ekstase, die ich in meiner Verkleidung auf jener Steinstufe im kühlen Schatten der friedlichen Zawiya verbrachte. Von Sinnlichkeit durchdrungene Stunden – ich war jung, ich lebte!

Ich blieb manchmal lange dort sitzen, entspannt, wartend, ohne je ungeduldig zu werden. Ich war immer zu früh da, weil ich dem Gebet beiwohnen wollte.

Endlich! Auf der anderen Seite des Platzes sah ich die hohe, geschmeidige und schlanke Gestalt Ahmeds auftauchen.

Auch er hatte mich gesehen und winkte mir mit der rechten Hand zu. Er lief fast. Er war immer heiter, immer fröhlich. In seinem Blick, in seinen wunderbaren Augen lag Zärtlichkeit, und lächelnd sagte er zu mir:

– Bruder! Da bist du ja, und ich habe mich einmal mehr verspätet! *Salam alaiki, Habiba, Maschuki,* guten Tag, mein Herz!

Er setzte sich neben mich und zündete als erstes seine ewige *L'Orient*-Zigarette an meiner an. Dann plauderten wir, endlos und unendlich liebevoll.

Ich berauschte mich an seiner Stimme, am Klang der arabischen Sprache, die er ebenso fliessend beherrschte wie Türkisch, seine Muttersprache. Er entwickelte grossartige und scharfsinnige Theorien, über Kunst, über Philosophie, immer aufs neue faszinierend und stets von einem spöttischen, sinnlichen und etwas trägen Epikureismus durchdrungen.

Und wenn ich ihm dann von meinen Gedanken, meinen Zweifeln und meinen Versuchungen erzählte, hörte er zu, und manchmal sagte er zu mir:

– Was bist du doch für ein seltsames Wesen mit deiner durchdringenden Intelligenz ... ein unverbesserlicher Pessimist bist du, lastet auf dir doch die Schicksalsergebenheit deines Volkes.

Ich genoss es, ihm zuzuhören, wenn er auf französisch über all diese Dinge sprach, da er nicht für alle seine Gedanken arabische Bezeichnungen fand.

Aber er zog es vor, sich mit mir arabisch zu unterhalten, in seiner Lieblingssprache, die ich bereits recht gut verstand. Dann sagte er fröhlich wie ein Junge:

– Ich sterbe vor Hunger ... Komm, gehen wir essen.

Wir kehrten in irgendeiner einfachen Schenke im alten arabischen Stadtviertel ein und frühstückten in bester Laune. Meine Verkleidung und der *Sidi,* den die Einheimischen ahnungslos an mich richteten, lösten bei Ahmed Heiterkeit aus.

Er, der skeptische, zweifelnde Philosoph – ein für sein Volk geradezu abnormer Charakterzug –, hatte alle guten Eigenschaften seines Volkes beibehalten. Wenn er seine etwas spöttische Gelassenheit ablegte, hinter der sich Verletzlichkeit und oft tiefe Melancholie verbargen, konnte er von kindlicher Ausgelassenheit sein.

In der Liebe war er leidenschaftlich und verspielt, er war wie eine Überempfindsame, die bei jeglicher unsanften Berührung Schmerz empfindet. Seine Liebe, so ruhig und sanft sie auch war, war nichtsdestoweniger äusserst intensiv ...

Sinnliche Lust bedeutete für ihn nicht die vollkommene Erfüllung. Er brauchte dazu auch die geistige Erfüllung, die für ihn das Höchste bedeutete. Das Männliche in ihm schien zu schlummern, nicht mehr zu zählen, fast erstickt von einem mächtigen, scharfen und geradezu transzendentalen Intellekt.

– Du bist in deinem innersten Wesen viel männlicher als ich, und du bist viel besser für die harten und unbarmherzigen Kämpfe gewappnet, die uns das Leben abverlangt ..., sagte er oft zu mir.

Er war über meine Heftigkeit erstaunt. Ich war sehr jung damals, ich war noch nicht zwanzig, und der Vulkan, den seither die Asche unter sich begraben hat und der nur hin und wieder aufflackert, brodelte mit ungestümer Heftigkeit und riss mein ganzes Wesen in den Fluten seiner glühenden Lava in Richtung der Extreme ...

Manchmal setzte sich unser Bruder Mahmud zu uns – Mahmud, mit seinem fröhlichen Ungestüm und seiner überschäumenden Jugend.

– Mahmud hat ein rein männliches Wesen und ist tausend Meilen von mir entfernt, und dennoch liebe ich ihn grenzenlos! sagte Ahmed.

Wir spazierten dann alle drei zum moslemischen Friedhof Si Abdarrahman Bu Kubrija an der Strasse nach Hussein Dey.

Zwischen uns gab es auch ein verwirrendes „zweites Leben" – die Wollust, die Liebe. Die ungestüme, beängstigende Heftigkeit der Sinne, leidenschaftlich, masslos, ein betäubender Gegensatz zum beschaulichen Leben, das ich sonst führte. Trunkenheit! Ein Liebesrausch unter glühendem Himmel! Und auch ich, mein innerstes Ich, war glühend, und mein Blut floss rasend und fieberheiss durch meine von der Leidenschaft geweiteten Adern.

Ich ging verschwenderisch, ich ging sorglos um mit meiner Jugend, mit meiner Lebenskraft. Ich dachte manchmal – hatte ich es nicht schon erfahren? –, der Tag werde kommen, an dem ich von Ekel und Erschöpfung gepackt, von meiner angeborenen Unbeständigkeit fortgerissen würde und alles ein Ende fände ...

Doch in der Trunkenheit der Gegenwart vergass ich alles und vor allem die Zukunft. Oder vielmehr, die Zukunft kam mir wie eine endlose Fortsetzung der Gegenwart vor ... Es war eine Trunkenheit ohne Ende. Die Trunkenheit meines Herzens in diesem wunderbaren Land, unter dieser wunderbaren Sonne, wo die Gedanken in die Unendlichkeit der Illusion entschwebten – es war die Trunkenheit der Ekstase, vermischt mit der Süsse der Wehmut, es war die Ekstase der Kunst, die geheimnisvolle Quintessenz der Sinneslust überhaupt.

**Genf – Toulon – Marseille – Tunis**
**Batna – Timgad – Biskra – Touggourt**
**El Oued – Batna**
**Biskra – Bône – Tunis – Marseille – Paris**
**Marseille – Genf – Livorno**

*Anfangs 1899 verlässt Isabelle Tunis und reist nach Genf in der Hoffnung, den Nachlass ihrer Mutter endgültig zu regeln.*

*Vava, untröstlich über den Verlust seiner Gefährtin, lebt nun allein in der „Villa Neuve"; er leidet an Kehlkopfkrebs und ist sehr hinfällig. Isabelle und Augustin – endlich wieder in Meyrin vereint – pflegen ihn.*

*Das vernachlässigte elterliche Haus ist bedrückender denn je; der sich selbst überlassene Garten überwuchert das Gebäude und zerstört es nach und nach.*

*Auch Archavir hält sich in Genf auf. Es ist eine erwachsene, hübschere Isabelle, die ihm da entgegentritt, und diesmal ist die Liebe gegenseitig. Die Verlobung findet in Meyrin statt. Isabelles Glück scheint vollkommen zu sein, um so mehr, als Archavir mit einer Berufung in den Orient rechnet, wohin es Isabelle nach wie vor zieht. Doch schliesslich wird er nach Den Haag versetzt, und Isabelle verzichtet lieber auf die Heirat als auf ihren sehnlichsten Wunsch, in ein Land des Südens zurückzukehren.*

*Wie so manches in Isabelles Leben ist auch dieses Wiedersehen von Rätseln umgeben.*

*Archavir schreibt ihr in einem Brief aus Paris vielsagend: „Wer hat uns also nachspioniert und angezeigt ..."*

*Ist Isabelle einmal mehr in etwas verwickelt, was sie zwar nicht direkt betrifft, womit sie aber mit Sicherheit zu tun gehabt hat? Idealistin auf Grund ihrer Erziehung, ruhelos und naiv wie eh und je ... kaum vorstellbar, dass sich Isabelle während dieses Aufenthaltes in Meyrin eine Atempause gönnt.*

*Archavir hingegen könnte mit der Jungtürken-Bewegung in Verbindung gestanden haben, die sich der Herrschaft von Sultan Abdul Hamid widersetzte und damals in Europa besonders aktiv war.*

*Jungtürken ... Archavir, der Armenier ...? Wie auch immer ... diese Episode in Isabelles Leben bleibt im Dunkeln.*

*Die etwas larmoyanten Vorwürfe in Archavirs Briefen an die Adresse seiner* „Duschinka" *lassen im übrigen darauf schliessen, dass er offensichtlich Zweifel an Isabelles Treue hegte.*

*Treu nach der Vorstellung der Männer, die sie geliebt haben, das wird Isabelle allerdings nie sein. Ihre Gefühle sind zwar tief und aufrichtig, doch lehnt sie es ab, sich irgendwelchen Zwängen zu fügen, die ihre Freiheit einschränken könnten.*

*In ihrem Buch* Trimardeur *– in dem Isabelle einiges aus ihrem Leben durchschimmern lässt – schildert sie Dimitri als* Opfer seiner periodisch auftretenden erotischen Krisen. *Wie in all ihren Ansichten ist sie auch in der Liebe kompromisslos und gleichzeitig voller Widersprüche. Sie schwankt zwischen mystischer Askese, in der sie sich in der Entsagung und Loslösung von weltlichen Dingen übt, und leidenschaftlicher Sinnlichkeit, die sie in flüchtigen Begegnungen befriedigt.*

*Isabelle ist zwar eine anziehende junge Frau und lässt wenige Männer gleichgültig, doch sie ist keine Verführerin. Im übrigen scheint auch Ali Abdalwahab die junge Frau anlässlich einer Begegnung in Bône begehrt zu haben. Er entschuldigt sich nachträglich dafür, und Isabelle antwortet ihm vom Krankenbett Vavas aus und beschwichtigt ihn mit liebevollen schwesterlichen Worten, sein Verhalten habe keinen Einfluss auf ihre gegenseitige Freundschaft; sie erwähnt in neckendem Ton Aischa, Alis Braut, doch wie die Rede auf einen gewissen Khodscha kommt, in den sie verliebt zu sein scheint, spricht eher Betroffenheit aus Isabelles Zeilen.*

(a) Liebster (a)

Mein lieber kleiner Bruder! Eine Ewigkeit ist es her, zwei Wochen mindestens, dass ich nichts von Ihnen gehört habe, und das bereitet mir grossen Kummer, auch wenn Sie vielleicht nach dem, was zwischen uns vorgefallen ist, an meiner Aufrichtigkeit zweifeln: Sie sind davon überzeugt, ich liebe Sie nicht. Doch bitte, bitte glauben Sie mir – und wenn es Gott gefällt – (a) jetzt und für alle Ewigkeit (a), dass ich Sie liebe, *dass ich Sie ebenso liebe wie Augustin,* das heisst hundertmal mehr als irgend jemanden sonst auf dieser Welt, meinen armen, unglücklichen Ziehvater ausgenommen.

Meine Verzagtheit nimmt von Tag zu Tag zu, und die grausame Leere, die der Tod meiner Mutter in meinem Leben zurückgelassen hat, bedrückt mich immer stärker. Und das wird sich nie ändern. Gewiss, mein Schmerz wird sich nach und nach legen, doch er wird immer in mir sein, und erst wenn der glückliche Tag kommt, an dem auch ich an der Schwelle zur Ewigkeit stehe, werde ich von diesem unsäglichen Schmerz geheilt sein ... (a) so wahr mir Gott helfe (a), ich sehne mich mehr denn je nach einem Lebenszeichen von

Ihnen, damit ich mich nicht mehr so einsam fühle auf Erden. Sie allein können mich verstehen, besser als Augustin sogar, der noch unglücklicher ist als wir zwei.

Ich war der Meinung, Ihnen einen versöhnlichen Brief geschrieben zu haben, der ein für alle Mal die müssige Frage hinsichtlich Ihres Verhaltens in Annaba aus der Welt schaffen würde, (a) doch ich weiss wirklich nicht mehr (a), ob ich diesen Brief abgeschickt habe oder nicht. Mein Gedächtnis hat bedenklich nachgelassen nach all dem Unglück, das über mich gekommen ist, ich übertreibe nicht, denn ich vergesse alles innerhalb von fünf Minuten. Wie auch immer, hören Sie mir gut zu und machen Sie sich bitte keine Vorwürfe mehr: 1. Ich weiss und ich habe Verständnis dafür, dass Sie an jenem Tag nicht ganz auf der Höhe waren und dass Sie irgend etwas *quälte,* ich weiss immer noch nicht, was der Grund dafür war, doch ich habe es ganz klar gespürt. 2. Bitte versuchen Sie mich zu verstehen, auch wenn es Ihnen schwer fällt: Die Antwort, die ich Ihnen gegeben habe, war durch die Hochachtung bedingt, die ich Ihnen entgegenbringe, und weil ich auf unsere Freundschaft, die für mich zum Kostbarsten gehört, sehr grossen Wert lege, und auch durch die unumstössliche Gewissheit, dass mein Nachgeben in diesem ganz speziellen Fall *für immer* zerstört hätte, was Schicksal und Seelenverwandtschaft gefügt haben ... Stellen Sie sich das *Morgen* nach diesem Abend vor, hätte ich nachgegeben, und Sie werden mir bestimmt beipflichten. Es wäre verhängnisvoll gewesen, und zwar für uns beide, weil wir nicht einmal volle Erfüllung gefunden hätten ... was übrigens gar nicht immer so einfach ist wie gemeinhin angenommen. Sie werden vielleicht einwenden (nein, Sie werden es nicht tun!), Khodscha sei meilenweit von meiner geistigen Welt entfernt und Sie stünden mir viel näher ... Ein Grund mehr. Ich habe – unumwunden ausgedrückt – in Khodscha nur den Mann geliebt ... und vielleicht, *früher, ein wenig auch die Seele ...*

Das ist alles. Was ich an Ihnen schätze, ist Ihre Intelligenz und Ihren Geist ... Denken Sie darüber nach. Sie wissen, dass man in einem Brief nicht allzusehr ins Detail gehen soll. Wir werden uns eines Tages darüber unterhalten.

In *sechs Monaten* vielleicht, denn ich bereite bereits alles vor. Warum (a) schreibt Aischa nicht (a)? Ich denke, dass ich wie seinerzeit in Bône auch in Tunis (a) irgendeine arabische Schule (a) besuchen könnte. Jedenfalls werde ich bis dahin riesige Fortschritte gemacht haben, ich habe es mir fest vorgenommen und werde es schaffen, sonst gebe ich es auf. Ich werde Ihnen in ein paar Tagen zwei Texte schicken, die ich zu veröffentlichen gedenke; einen in *L'Athénée,* den anderen in *La Revue moderne.*

Ich habe schon seit drei Wochen nichts von Khodscha gehört, (a) und ich bin sicher (a), dass er wie üblich hoheitsvoll grollt. Wo sind die Zeiten geblieben, wo wir nachts im Garten Seite an Seite, Stunden und Stunden in den Augen des anderen das Paradies suchten?!!

Alles ist vorbei, entflohen in *die Friedhöfe vergangener Tage,* wie der grosse Goethe das genannt hat.

Und dennoch, dreifache Narren jene, die vorgeben, die Wollust der Liebe zu verachten, diesen verwirrenden, unerklärlichen Rausch, der für kurze, ach viel zu kurze Augenblicke allen Schmerz und alle Ängste vergessen lässt ... Greise sind das, Eunuchen oder verlogene Pharisäer – dies vor allem.

Erinnern Sie sich? Eines Tages sagten Sie im Zusammenhang mit irgend etwas, was Aischa wahrscheinlich nicht gebilligt hätte, „(a) bei Aischas Haupt (a)". Sie waren in jenem Moment wie ein Kind, das, um ein Stück Zucker zu bekommen, alle Heiligen des Himmels anfleht. „(a) Bei Aischas Haupt (a)", verzeihen Sie mir diese kleine Bosheit, und bezichtigen Sie mich nicht der Grausamkeit, Gott behüte mich davor! Doch mein Brief ist alles andere als fröhlich, und mit diesem kleinen Scherz möchte ich Sie lediglich etwas aufheitern. Es wäre viel eher an mir, Ihnen Grausamkeit vorzuwerfen oder zumindest einen offenkundigen Mangel an Vertrauen. Einmal, das liegt weit zurück (denn ich weilte damals noch am andern Ufer des Mittelmeeres, und Maman war noch von dieser Welt), haben Sie von mir verlangt, ich solle Ihre Intelligenz definieren. „Das wird mir helfen, einen Entschluss zu fassen, *was für einen, das verrate ich Ihnen nicht, das geht nur mich etwas an*", haben Sie zu mir gesagt.

Und diesen grausamen Satz haben Sie Ihrem kleinen Bruder Podolinskij geschrieben! Mein Gott, womit habe ich das verdient ... und ausgerechnet ich ... Bin nicht ich es gewesen, die Ihnen in Annaba drei Tage nach diesem weit zurückliegenden Abend anlässlich unseres nächtlichen Spazierganges an Bord der *Ville-de-Madrid* von meiner verbotenen Beziehung zu Khodscha erzählt habe ...?

Bruderherz, ich flehe Sie an, sollte sich dieser Entschluss darauf beziehen, vorzeitig aus dem Leben zu scheiden, so schwöre ich Ihnen auf den (a) Heiligen Koran (a), dass es ein Wesen gibt auf Erden, das sich tausendmal verwaister fühlen und bitter um Sie weinen wird ...

Und Aischa?

*Isabelle schliesst ihren Brief in arabischer Sprache und, wie es die Sitte will, mit vielen guten Wünschen an die Adresse von Ali und seiner Braut Aischa und zeichnet überraschend ... mit* Ihr N. Podolinskij!

In sechs Monaten *hofft Isabelle Nordafrika wiederzusehen. Doch es wird schneller gehen als erwartet, denn schmerzliche Ereignisse werden ihre Abreise beschleunigen.*

*In der Nacht vom 14. Mai bittet der todkranke Vava Isabelle und Augustin um das schmerzlindernde Chloral. Die Dosis ist zu stark.*

*Am 15. Mai stirbt Trofimowskij; fast auf den Tag genau ein Jahr und einen Monat nach dem Tod von Wladimir, seinem „Kaktophilen". Isabelle hat die Ereignisse der Nacht vom 14. Mai 1899 nur gegenüber wenigen engen Freunden erwähnt. Doch es liegen keinerlei Hinweise vor, die darauf schliessen lassen, dass der Tod des alten Mannes tatsächlich durch eine Überdosis beschleunigt worden ist oder dass die zwei Geschwister ihm vielleicht nur den Todeskampf haben erleichtern wollen.*

*Vava wird auf dem Friedhof von Vernier beigesetzt, und es ist Augustin, der die Todesurkunde aufsetzt: „Verstorben am 15. Mai 1899 um 9 Uhr vormittags Trofimowskij Alexander, Partikular, wohnhaft „Villa Neuve", Gemeinde Meyrin, Sohn des Nikolas Trofimowskij und der Marie ...?, Gatte der Akubina, gebürtig von Khison (Russland), domiziliert in Vernier, griechisch-katholisch, geboren in Khison, den ... 1826. Diese Erklärung wurde von Augustin von Moerder erlassen und unterzeichnet."*

*Tatsächlich war die „Villa Neuve" einst auf den Namen Trofimowskij gekauft worden, was „Isabelle Eberhardt,*

*Tochter der Nathalie von Moerder, und Augustin von Moerder, Sohn der Nathalie von Moerder und des Paul von Moerder, General im Dienste des Zaren" nun aus den amtlichen Dokumenten zur Kenntnis nehmen.*

*Doch Akubina, die legitime Gattin Trofimowskijs, ficht das Testament an.*

*Entmutigt gibt Isabelle ihrem Bruder eine Vollmacht, sie will nach Afrika zurück. In weniger als zwei Jahren ist für sie eine Welt zusammengebrochen ... und sie wird nie darüber hinwegkommen.*

*Vava, der „weisse Geist" und Wladimir verschmelzen für sie zu einer schmerzlichen Trilogie, in der sich ihre slawische Seele verliert – zu einem Beweis ihres gnadenlosen Schicksals. Sie wird immer wieder darauf zurückkommen und sich damit noch mehr Schmerz zufügen, im vollen Bewusstsein, dadurch eine Art Masochismus zu nähren.*

*Pathetisch war Isabelle schon während ihrer Kindheit im stickigen Klima der „Villa Neuve", jetzt ist sie es um so mehr – und sie ist auch einsam, an diesem 4. Juni 1899 bei ihrer Abreise aus Genf. Sie reist zuerst nach Toulon, dann nach Marseille und schifft sich anschliessend nach Tunesien ein.*

*Am 14. Juni kommt Isabelle in Tunis an, wo sie zwei Sommermonate verbringen wird; sie macht lange Spaziergänge, sitzt stundenlang kifrauchend in den maurischen Kaffeehäusern, diskutiert mit islamischen Gelehrten über den Koran ... Isabelle trägt in Tunis wie bereits in Bône und in Algerien arabische Kleidung, in der sie sich am wohlsten fühlt.*

*Sie hält sich vorzugsweise in den verrufenen Stadtvierteln auf, im alten muslimischen Friedhof von Bab el-Gordschani.*

*Sie wird überwacht. Die Franzosen misstrauen ihr. Man verdächtigt sie, Methodistin im Solde des* „perfiden Albion" *zu sein und die Armen und Elenden aufzuwiegeln. Sie geht verschwenderisch und freigiebig mit Geld um und gilt als reich. Sie wird später froh sein um diesen Ruf, denn Reichtum ist ein wirksamer Schutz gegen Verleumdungen.*

*Und es sind etliche – Europäer wie Araber –, denen dieser grossgewachsene Jüngling im langen weissen Burnus ein Dorn im Auge ist, dieser junge Mann mit dem etwas schroffen Benehmen und der näselnden Stimme.*

*Isabelle lernt, mit der Ablehnung zu leben, die sie während ihrer Jahre im Orient immer wieder erfahren wird und die sie zwei Jahre später um ein Haar das Leben kostet.*

*In Tunis jedoch findet Isabelle vorläufig eine Art Frieden, den sie in vollen Zügen geniesst und der sich in ihren Schriften niederschlägt.*

*Die Zeitschrift* La Revue blanche *beauftragt sie mit einer Schilderung ihres Alltags im Lande des Islam. Ihre tunesischen Erlebnisse sind in zwei russisch geschriebenen Broschüren festgehalten:* Sahara *und* Vagabondages, *in denen sie auch ihre Reise in den Süden von Constantine schildert.* Tunesische Stunden *erscheint 1902 in der* Revue blanche.
*Nach dem Tode Isabelles hat* L'Akhbar *den ersten Teil von* Tunesische Stunden *veröffentlicht, unter dem Titel* Unveröffentlichte Texte von Isabelle Eberhardt, zusammengestellt nach dem russischen Original.

## TUNESISCHE STUNDEN

Tunis, Juni 1899

Einen Monat bin ich nun schon hier und führe freiwillig ein zurückgezogenes, einsames Leben in einem schönen Haus im friedlichsten Teil der Altstadt von Tunis.

Meine Tage fliessen sorglos, ruhig und still dahin.

Eine alte, fünfundsiebzigjährige Maurin leistet mir Gesellschaft, die gute gebückte und taube Khaddudscha, und mein treuer struppiger Hund Dedalus, der einzige Freund, der mir noch geblieben ist, nachdem ich mein Heim und meine Familie verloren habe. Weder Khaddudscha noch Dedalus stören mich in meinen Träumereien.

Ich liege stundenlang, tagelang auf meinem arabischen Diwan und folge dem Flug meiner Gedanken. Mein Zimmer ist ein rechteckiger Raum, dessen mosaikbelegte Fussböden und Wände mit wunderbaren Arabesken geschmückt sind. In der Mitte der Zimmerdecke wölbt sich eine stuckverzierte goldene Kuppel, die durch die durchbrochenen Ornamente wie ein orientalisches Spitzengewebe wirkt. Der grosse Raum ist durch drei Fenster aufgelockert, und durch die immer heruntergelassenen Jalousien sickert gedämpftes, geheimnisvolles Licht. Das Zimmer liegt gegen ein enges, aber sehr sauberes Gässchen, in dem tiefe Stille herrscht: keine Geschäfte, keine Kaffeehäuser. Alte, moosbedeckte Torbögen, die sich über das Gässchen spannen, scheinen mein Haus und das gegenüberliegende zu stützen. In diesem Land sind die Häuser leicht gebaut, können aber Jahrhunderte überdauern.

Hin und wieder geht ein Wasserträger mit seinem Bardaq auf der Schulter vorbei. Man hört das Plätschern des Wassers, ein paar Worte am Brunnen, die den südlichen Akzent verraten, dann entfernen sich die Schritte, und kein Laut ist mehr zu hören. Diesseits der Strasse öffnet sich ein Durchgang, in dem Grabesstille herrscht.

Khaddudscha hat sich auf den Teppich gesetzt: Sie betet mit geschlossenen Augen und lässt die Holzperlen des Rosenkranzes durch die Finger gleiten. Der muslimische Rosenkranz besteht aus hundert Perlen. Jede Perle versinnbildlicht eine Eigenschaft Gottes: der Einzige, der Weise, der Allmächtige, der Grossmütige, der Schöpfer, der Dichter, der Herr aller Welten ... neunundneunzigmal, und die hundertste Perle, die etwas grösser ist, bildet den Abschluss: Allah!

Khaddudscha streckt ihre rissige Hand aus, nimmt einen kleinen, duftenden Kuchen aus einer Dose und wirft ihn ins Feuer, über dem ein kleiner Topf steht; ein leichter, bläulicher Rauch verbreitet sich im Raum, verflüchtigt sich und hinterlässt einen durchdringenden Geruch.

Dedalus liegt ausgestreckt neben meinem Bett; er scheint zu schlafen, doch er verfolgt träge aus halbgeschlossenen Augen die Fliegen im Raum. Am Mittag und um vier Uhr nachmittags wird die Stille von einer Stimme unterbrochen, von einem seltsamen Gesang, von einer unendlich sanften Melodie, die feierliche Melancholie auslöst. Dann erhebt sich die Stimme, als wolle sie sich zum Universum aufschwingen.

Es ist der alte Marokkaner, der Muezzin-Mufti in der Moschee Sid el-Baghdadi, der die Gläubigen zum Gebet ruft.

Und in der Ferne antworten andere Stimmen zum Lobe der Einheit Gottes, Grundsatz des Islam.

Dieser Gedanke ist es gewesen, der zuerst die grosse und geduldige Seele des Propheten erfüllt hat: Es ist die Essenz seiner Offenbarung. Und daher kommt es, dass der Koran immer wieder bekräftigt, Gott sei der Einzige und es gebe keinen Gott ausser IHM.

Doch der Aufschrei klingt ab, verliert sich, verstummt schliesslich ganz.

Diese langsam dahinfliessenden Stunden, diese nur hin und wieder vom geheimnisvollen Ruf unterbrochene Stille hüllen mich sanft und wiegend ein. Ich lasse mich ganz in der Ruhe meiner endlich wiedergefundenen Seele gehen.

*In Tunis findet Isabelle noch die Kraft zu schreiben.*
Bled el-Attar *ist eine von reinem Orientalismus geprägte Erzählung, es sind Seiten wie aus* Tausendundeiner Nacht, *und der* Suk el-Attarin *von Tunis, der* Markt der Wohlgerüche, *könnte der von Bagdad oder Basra sein.*

*Es ist die Jahrhunderte alte Geschichte einer leidenschaftlichen Liebe, die mit dem Tod der Heldin endet. Mannubiya, die schöne Maurin, wird auf dem Friedhof von Bône begraben, fern von den Ihren und fern von ihrem Geliebten – im Exil.*

*Zwei Jahre nach Nathalies Tod gibt Isabelle ihrer Heldin nicht nur den muslimischen Namen ihrer Mutter, sondern errichtet Nathalie auch einen Grabstein.*

*In* Bled el-Attar *beschreibt Isabelle mit grossem Zartgefühl den Friedhof von Annaba. Sie wird diesen Ort immer wieder aufsuchen und am Grab ihrer Mutter die Kraft schöpfen, die sie so oft dringend nötig hat.*

Hinter dem blauen, zerklüfteten Horizont des grossen, finsteren Dschebel Edough geht die majestätische Sonne unter, taucht die umliegenden Gipfel, den mit hohen, schwarzen Zypressen und verkrüppelten Feigenbäumen bestandenen Heiligen Hügel in Glut.

Dort schlafen die Gläubigen des Islam unter bunten, zierlich geformten Steinen den letzten, unergründlichen Schlaf.

Es gibt nichts Düsteres und nichts Trauriges in diesem blumenüberwucherten Friedhof, wo sich Reben und Büsche ranken, wo die fliesenbelegten Gräber, wo die weissen Grabsteine aus Marmor nur noch reine Flecken inmitten der pulsierenden Natur sind. Alles atmet majestätische Ruhe, Verzeihen, unerschütterlichen Trost.

Vor diesem Garten des ewigen Friedens breitet sich wie ein kostbarer, perlmutterner Saum der Golf aus, eine riesige, unbewegliche zartrosa Fläche, auf der azurblaue und goldene Strahlen spielen, und darüber spannt sich der leuchtende, grenzenlose, lichtdurchflutete Himmel.

Die dahineilenden maltesischen Fischerboote unter ihren archaischen Segeln scheinen zwischen zwei unendlichen Spiegeln im Äther zu schweben.

Dort oben auf dem Heiligen Hügel liegt ein blau-weisses Fayence-Grab unter einem jungen Feigenbaum: die Länge eines liegenden Frauenkörpers zwischen zwei Steinplatten mit einer schlichten arabischen Inschrift:

MANNUBIYA BENT AHMED
AUS CONSTANTINE
ZU GOTT KEHRT ALLES ZURÜCK
ES GIBT KEINE GOTTHEIT AUSSER IHM
UND MOHAMMED IST DER ABGESANDTE GOTTES

*Am 8. Juli verlässt Isabelle Tunis und reist in die Sahara, eine kurze Reise, die sich für ihr künftiges Leben als schicksalshaft erweisen wird; eine erste Fühlungnahme gewissermassen mit der Landschaft, die ihr zu einer zweiten Heimat werden wird und wo sie entscheidende – und oft auch glückliche – Stunden erlebt. Für die Reise schlüpft sie in die* geliebte Identität, *wie sie es nennt. Sie ist nun endgültig* Si Mahmud Saadi *(oder* Es-Saadi*).*

*Will Isabelle damit einfach provozieren? Victor Barrucand hat seine Freundin wohl richtig analysiert. Ihre Verkleidungen und die Annahme verschiedener Identitäten sind seiner Meinung nach nichts anderes als der Versuch, „sich mit anderen geistig zu messen, ohne sich selbst preiszugeben".*

*Isabelle bricht allein auf. Sie gibt vor, einer jener jungen arabischen Bürgersöhne zu sein, die ihre geistige Bildung durch Reisen in der Wüste zu vervollkommnen pflegen, wo die Marabuts sie in die heiligen Lehren einführen. Die Gegend zwischen Biskra und Touggourt, die Isabelle in jenem Sommer bereist, ist reich an religiösen Überlieferungen.*

*Ihre Reiseaufzeichnungen sind „knapp wie eine Reiseroute", schreibt Victor Barrucand, der ihre Notizen gewissenhaft durch seine eigene Korrespondenz ergänzt hat. Isabelle scheint die Reise zu geniessen, das Neue und die Gesellschaft einfacher Leute, deren Alltag sie teilt. Auch von ihrer angegriffenen Gesundheit ist die Rede, während dieser Reise treten nämlich bei Isabelle die ersten Anzeichen von Paludismus und Malaria auf.*

*[In den nachfolgenden Reiseaufzeichnungen sind I.Es mangelhafte Uhrzeit- und Datumsangaben beibehalten, beziehungsweise übernommen worden; Anm. d. Üb.]*

Timgad, den 12. Juli

Essensrast und Siesta unter dem Trajans-Bogen.

Biskra, den 14. Juli

Im Gasthaus in der Oase zu Abend gegessen; bei dieser Gelegenheit hat mir Hauptmann de Susbielle, dem ich unterwegs begegnet bin, vorgeschlagen, ich solle mich seiner Kolonne anschliessen, die ebenfalls nach Touggourt unterwegs ist. Ich habe zuerst angenommen, habe dann aber nachträglich meine Meinung geändert, denn anlässlich einer Unterhaltung mit Einheimischen habe ich erfahren, dieser Offizier sei sehr hart mit den Muslims. Ich habe keine Zeit gehabt, ihre Aussagen zu überprüfen, doch da ich sehr neugierig war, die südlichen Sitten kennenzulernen, wollte ich es nicht mit den Einheimischen verderben, und als der Hauptmann mich am folgenden Tag abholen wollte, entschuldigte ich mich und erklärte ihm, ich könne mich nicht seiner Kolonne anschliessen, weil ich in Biskra Nachrichten von Angehörigen erhalten hätte, die mich hier treffen wollten. Er sagte, er würde in Chegga auf mich warten, der zweiten Etappe auf dem Weg nach Touggourt.

Am 18. Juli abends Abreise (mit Salah und Bu Sa'adi Schlely ben Ammar) nach Touggourt. Meine Gefährten haben keine Eile aufzubrechen. Wir verspäten uns bis zwei Uhr morgens in einem Kaffeehaus im alten Stadtteil von Biskra bei einem Gespräch mit den Spahis und mit dem Sohn eines Marabuts.

Am 19. um neun Uhr Ankunft im Burdsch Saada (Teir-Rassou). Siesta, tiefer Schlaf in der Hitze nach dem nächtlichen Marsch. Träges Erwachen. Wir trödeln herum.

Mit den Schawiyas (Berber aus dem Aurès) einer Karawane, die neben dem Burdsch ihre Zelte aufgestellt hat, Karten gespielt.

Wir sind übereingekommen, dass ich ein junger tunesischer Gelehrter bin, der auf einer Bildungsreise unterwegs ist und die Zawaya im Süden besucht.

In Biskra hat mich Oberstleutnant Fridel im Arabischen Büro gefragt, ob ich etwa Methodist sei. Als ich ihm geantwortet habe, ich sei Russe und Muslim, hat er überhaupt nichts mehr begriffen. Wer nicht freiwillig in der Sahara ist, kann nicht begreifen, dass man von sich aus herkommt, besonders ausserhalb der „Saison". Unter diesem Blickwinkel hätte Fromentin allerdings nie seinen *Sommer in der Sahara* geschrieben. Es stimmt, ich bin zwar nicht Fromentin, aber irgendwann muss man ja anfangen. Und dann nimmt man mir übel, dass ich mich wie die Einheimischen kleide.

Der Scheich der Schawiyas ist ein komischer alter Mann, der sich bilden möchte. Er hat mich um drei Uhr gebeten, ihm eine Französischstunde zu geben ... und wir müssen uns im Maghreb (bei Sonnenuntergang) trennen.

Gegen elf Uhr dreissig in Bir Djedi angekommen, ruhen uns im Hof des Burdsch aus, wo es von Skorpionen wimmelt. Um meine Lehrzeit als Karawanenführer zu beginnen, habe ich mit meiner weissen Blechtasse die Gerba mit ausgezeichnetem Brunnenwasser gefüllt.

In der Nacht um zwei Uhr fünfundvierzig aufgebrochen. Unterwegs Angehörige der Strafkompanie angetroffen – man nennt sie *les joyeux,* die „fidelen Brüder" – sie kamen von Guémar, um sich beim General in Batna zu beschweren; es waren keine Offiziere dabei. Mit ihnen Kaffee getrunken.

Weiterreise am 20., fünf Uhr fünfundvierzig. Gegen elf Uhr in Bir Sthil angekommen. Gutes Wasser. Auseinandersetzung mit dem Wächter. Fieber, sehr durstig. Nichts zu essen gefunden (seit 18 Uhr abends nur von Brot gelebt). Um neun Uhr abends wieder aufgebrochen.

Um neun Uhr an der Telegraphenstation südlich von Sthil Karawane getroffen, Sha'amba, die von Barika nach Ouargla unterwegs sind. Scheich Abdalqadir ben Ali, ein Muster an Liebenswürdigkeit, anerbietet sich, mich mit seiner Karawane nach Ouargla zu bringen, unentgeltlich.

Gegen ein Uhr morgens mit meinem Pferd in einem Sabhka (verdunsteter Salzsee) östlich der Strasse beinahe umgekommen.

Um drei Uhr aus dem Sattel und mein Pferd einem Schawi überlassen, der uns zu Fuss begleitete, um nicht allein reisen zu müssen. Die Pflanzungen der „Société française" am Oued Rhir entlang gegangen, fühlte mich wie auf einem Spaziergang. Um fünf Uhr in El Merayer angekommen.

Um neun Uhr wieder weiter. Falsche Richtung eingeschlagen. Die Sha'amba gegen Mitternacht eingeholt. Begegnung mit Nomaden, Männer und Frauen, die unter der Führung von Abdu Fay, einem bewaffneten Schwarzen, auf dem Weg zur Dschami in der Nähe von Ourlal unterwegs sind, wo sie geschieden werden wollen. Gemeinsam weitergereist.

Am 22. gegen zwei Uhr am Brunnen angekommen. Rast mit den Scheidungswilligen. Um fünf Uhr morgens weiter über El Berd. Gegen sieben Uhr die Sha'amba eingeholt. Um neun Uhr Rast am ersten Brunnen in der Oase Ourlal.

Burdsch aufgesucht. Dort lag Weisung von Susbielle vor, mich nicht länger als 24 Stunden im Burdsch zu beherbergen. Verbringe den Tag im Schutz der Truppe, Fieber und Durst.

Bei Sonnenuntergang weitergereist. Über eine Stunde mit Hilfe eines Streichholzes die einzige trinkbare Quelle von Ourlal auf der Strasse nach Moggar gesucht. Gefunden. Unter Zuhilfenahme meines Kanisters Pferd und kranke Maultiere getränkt. Wasser in der Gerba ersetzt. Wortwechsel mit dem Scheich von Ourlal.

Gegen Mitternacht dem Kommandanten des Bezirks Touggourt begegnet, der mit dem Wagen auf Urlaub unterwegs war. Gegen zwei Uhr morgens Rast wegen Übelkeit, wir leiden alle drei unter Erbrechen und Schwindel. Mitten in der Wüste im Sand geschlafen.

Nach dem Aufwachen Tiere zusammengetrieben. Der Mann aus Bou Saada versucht, mit einem Schuss aus der Pistole eine Zigarette anzuzünden. L'Akhdar, den Brot- und Wasserträger, hinter uns gelassen.

Am 23., zwischen zwei und vier Uhr, den westlichen Zipfel des Schott Mérouan zurückgelassen. Ankunft (Salah und ich) um vier Uhr in Moggar. Im arabischen Rasthaus bei der Post Kaffee getrunken. Aufgebrochen, um Schlely zu suchen. Gefunden.

Moggar gegen sechs Uhr verlassen. Gegen elf Uhr in Touggourt angekommen. Den ganzen Tag geschlafen. Den Abend mit Aufzeichnungen über Szene *Frauen aus dem Süden* verbracht, mit Sängerinnen und Brigadier Smain.

Gegen vier Uhr haben mich Khalifa Abdalaziz und Dayira Suliman abgeholt, um mich zu Hauptmann de Susbielle zu begleiten. Unterhaltung dauerte fast zwei Stunden, zuerst heftig, dann liebenswürdiger von Seiten des Hauptmanns.

Höfliche, aber unwiderrufliche Weigerung, mich in Ouargla bleiben zu lassen, das heisst, meinen Führern die Erlaubnis zu geben, mich zu begleiten.

Also bis zehn Uhr abends auf der Suche nach den Sha'amba, um mit ihnen weiterzureisen, da ich meine Führer in Touggourt zurücklassen muss.

Schawi Taib getroffen, der mir mitteilt, Scheich Abdalqadir lasse mich grüssen und er sei gegen vier Uhr nach Asr weitergereist.

Am 25. morgens wieder im Arabischen Büro; ersuche dort um die Bewilligung, einen Führer für die Reise durch die Souf-Wüste anzuheuern. Genehmigt.

In Touggourt den 26., 27., 28. verbracht. Am 28. nach Témassine geritten. Am 29. um vier Uhr nachmittags nach El Oued. Hohes Fieber. In der Düne ungefähr bei der Gmira von Mhtil gestürzt. Mit dem schwarzen Kurier Amru gereist.

Am 31., zwei Uhr morgens, mit Kurier Bel-Kheir weitergereist. Gegen neun Uhr dreissig in Ferdjenn angekommen. Brigadier Osman und Spahi Mohammed ben-Tahar getroffen. Ganzen Tag Fieber.

Am 1. August um zwei Uhr dreissig morgens mit Führer Habib weitergereist. Ankunft um neun Uhr morgens in Moïet-el-Caid. Siesta. Nach dem Maghreb weitergereist. Gegen sieben Uhr in Ourmès angekommen. Tag im Garten des Scheichs verbracht. Streit und Prügelei zwischen den Führern und dem Sohn des Scheichs. Nacht vor dem Burdsch verbracht.

Am 3. Aufbruch fünf Uhr morgens. Um vier Uhr abends kurze Rast in Kouinine, um zu trinken. Unvergessliches Bild der untergehenden Sonne in der endlosen Düne.

Um sieben Uhr in El Oued angekommen. Muslimische Bestattung im Gange.

*El Oued, 4. August 1899*
*Die grosse Oase im Souf, die Pforte zum Süden, wird für Isabelle tatsächlich zu einem unvergesslichen Erlebnis. In El Oued entdeckt sie ihre Liebe zu der Wüste. Hier bleiben und nie mehr weiterreisen ...*

*Sie denkt ernsthaft daran, ein wenig erschrocken über die Grossartigkeit der Gegend und über die Leidenschaft, die in ihr erwacht ist. Zwei Jahre später, wenn die Ereignisse sie zwingen werden, Algerien erneut zu verlassen, wird sie sich in Marseille mit Wehmut an El Oued erinnern.*

## EL OUED

Es gibt geheimnisvolle, unergründliche Momente, Sternstunden, in denen eine Landschaft uns *ihre Seele* enthüllt, ihr ureigenes *Wesen* gewissermassen, und wir plötzlich und intuitiv die ihr innewohnende Wirklichkeit erfassen: ein Bild, das monatelanges geduldiges Studium nicht ergänzen und auch nicht korrigieren könnte. In diesen flüchtigen Augenblicken entgehen uns indessen die *Einzelheiten*, können wir doch, gezwungenermassen, die Dinge nur als Ganzes erfassen ... Geschärfte Aufnahmebereitschaft unserer Seele? Oder ein besonderer Blickwinkel, aus dem wir im Vorübergehen und immer nur *unbewusst* das Bild in uns aufnehmen?

Ich weiss es nicht ...

So hat sich mir anlässlich meiner *ersten* Ankunft in El

Oued – zwei Jahre sind es her – die öde und grossartige Wüstenlandschaft des Souf in ihrer unvergleichlichen Schönheit und auch in ihrer grenzenlosen Schwermut für immer und unauslöschlich eingeprägt.

Es war an einem warmen, klaren Abend im August 1899.

Nach der Siesta im schattigen Garten der Oase von Ourmès brach ich mit meiner kleinen Karawane nach Osten auf, in meinem Innersten ohne ersichtlichen Grund *ahnungsvoll* gespannt, als müsse sich mir ein Bild offenbaren, das an Herrlichkeit alles übertreffen würde, was ich bisher gesehen hatte. Der Pfad zog sich durch unwegsames Gelände, schlängelte sich einmal durch die fliehenden Hügelzüge der Dünen, kletterte dann wieder gefährlich über spitze Bergkämme auf unwahrscheinliche Höhen.

Nachdem wir langsam und wie im Traum die hinter Mauern versteckten, halbzerfallenen Städtchen in der Umgebung von El Oued passiert hatten – Kouinine, Tiksebt, Ghambra –, erreichten wir den spitz zulaufenden und seitlich steil abfallenden Höhenrücken der grossen Düne – Si Ammar ben Hussein hat man ihn benannt, nach einem Toten, der dort an der Stelle begraben liegt, wo er einst ermordet worden war.

Es war die gesegnete Stunde, die wunderbare Stunde, in welcher der riesige Feuerball der Sonne in diesem afrikanischen Erdteil am Horizont verschwindet und die Erde aufatmend im blauen Schatten der Nacht ruht.

Vom höchsten Punkt der Düne aus erblickt man das ganze Tal von El Oued, über das die trägen Wellen des riesigen grauen Sandmeeres zusammenzuschlagen scheinen.

Ein seltsamer Anblick, die am südlichen Abhang einer

Düne angeschmiedete Stadt mit den zahllosen kleinen Kuppeln, über die langsam die Dämmerung hereinbrach.

Auf dem Hügel erhob sich das weisse Minarett von Sidi Salem, leuchtete im Widerschein der untergehenden Sonne in allen Farben des Regenbogens, die nach und nach zu einem zarten Rosa verschmolzen.

Die Schatten wurden lang, wurden immer länger, verformten sich und verblassten auf der Erde, die ringsum zum Leben erwachte. Grabesstille.

Alle Städte in den Wüstenländern mit ihren aus getrocknetem Lehm gebauten Mauern machen einen verlassenen, trostlosen und altersschwachen Eindruck.

Und ganz in der Nähe Gräber und nochmals Gräber, eine ganz andere Stadt, die Stadt der Toten neben der Stadt der Lebenden.

Die niedrigen, langgezogenen Dünen von Sidi Mestour, die sich im Südosten der Stadt erheben, schienen sich jetzt in fliessendes, weissglühendes Erz zu verwandeln, in rot und violett flammende Feuerzungen von unwahrscheinlicher Intensität.

Um die kleinen, kuppelförmigen Dächer, um die halbzerfallenen Mauern, um die weissen Gräber, um die zerzausten Kronen der hohen Dattelpalmen rankten sich feurige Strahlen, verherrlichten die grauen Mauern der Stadt in einer glühenden Apotheose.

Das Labyrinth der Riesendünen, wo sich die andere Strasse nach Touggourt durch ein ausgestorbenes Sandmeer hindurchschlängelt, war in gelblich-silbernes Licht getaucht, und die Wellen zeichneten sich schillernd in zarten Farben gegen den dunklen Purpur der untergehenden Sonne ab.

Noch nie und nirgends auf der Welt hatte ich den Abend im Glanz einer solchen Pracht gesehen!

In El Oued gab es keine düsteren Dattelpalmen, die üblicherweise die Oasen-Städte in den steinigen Gegenden und in den Salzwüsten umgeben ...

Die graue Stadt, in der grauen Wüste verloren, bis in den verstecktesten Winkel vom funkelnden Licht und von seinem blassen Widerschein durchdrungen und sich darin spiegelnd, rosafarben und golden in den verzauberten ersten Stunden des Tages, weissgleissend und blendend in der Hitze des Mittags, purpurfarben und violett im strahlenden Abendlicht ... und grau, grau wie der Sand, aus dem sie geboren wurde, unter dem fahlem Winterhimmel!

Ein paar Dunstwolken segelten in der Glut des Himmels und entschwebten dann in andere Horizonte, purpurn und goldgesäumt wie die Schleppe eines kaiserlichen Mantels, auseinandergetrieben vom neckischen Atem der Brise ...

Und während all diese Verwandlungen sich abspielten, während dieses zauberhaften Schauspiels ... überall tiefe Stille, kein Lebewesen, kein Laut.

Die engen Gässchen mit den halbzerfallenen Häusern verloren sich, menschenleer, in der flammenden Weite der unbegrenzten Wüstenfriedhöfe.

Doch nach und nach verdunkelte sich das Purpurrot des Himmels, der sich im Gewirr der Dünen zu widerspiegeln schien, und wurde immer unwirklicher.

Die riesige, rote und strahlenlose Scheibe der Sonne ging endgültig hinter den flachen Dünen am westlichen Horizont unter, dort wo Alennda und Arair liegen.

Mit einemmal tauchten aus allen ausgestorbenen Gässchen lange Reihen von Frauen auf, stumm, nach alter Sitte verschleiert und in dunkle, blaue und rote Lumpen gehüllt, mit grossen archaischen Tonkrügen auf dem Kopf oder auf den Schultern ... in der gleichen majestätischen Haltung wie einst vor Tausenden von Jahren die Frauen des ausgewählten Volkes Sem, wenn sie an den Brunnen zu Kanaan Wasser schöpfen gingen.

Im unendlichen Ozean der Abendröte, welche die Stadt und die Friedhöfe überflutete, glitten sie spukhaft dem Boden entlang dahin, die in dunkle Tücher gehüllten Frauen, eilten schweigend zu ihren verborgenen Gärten in den lodernden Dünen.

Weit weg in der Ferne erhob sich das unendlich sehnsüchtige Weinen einer schlichten Rohrflöte, und die verhaltene, modulierte, schleppende und gleichzeitig von einem abrupten Schluchzer unterbrochene Melodie war der einzige Laut, der etwas Leben in diese Traumstadt brachte.

Nun ist die Sonne verschwunden, und die Glut der Dünen und Kuppeln lässt langsam, langsam nach, verwandelt sich in ein dunkles Violett, und die tiefen Schatten, die aus der Dunkelheit der Erde aufzusteigen scheinen, wachsen, klettern, löschen die letzten Lichter aus, welche die Gipfel vergolden, eines nach dem andern.

Die kleine Zauberflöte ist verstummt ...

Und da erhebt sich, plötzlich, aus den zahlreichen Moscheen eine andere Stimme, langsam und feierlich:

*Allahu Akbar! Allahu Akbar!* Gott ist der Grösste! verkündet der Muezzin in alle vier Himmelsrichtungen.

Wie fremd klingt der tausendjährige Ruf des Islam, entstellt und verdüstert durch die ungeformte und rauhe Stimme, durch den schleppenden Akzent der Muezzins in der Wüste!

Aus den Dünen, aus den versteckten Tälern, die ausgestorben zu sein schienen, steigt ernst und schweigend ein ganz in Weiss gehülltes Volk zu den Zawaya und zu den Moscheen herab.

Hier, fernab von den grossen Städten, trifft man keine jener abstossenden Wesen, jener missratenen Abkömmlinge einer entarteten Rasse von Mischlingen ... keine Bettler, fahrenden Händler, Lastenträger ... dieses schmutzstarrende und abstossende Gesindel der Uled el-Blassa.

Die unendliche und stumme Sahara mit ihrer ewigen Sehnsucht, mit ihren Schrecken und mit ihrem Zauber, hat eifersüchtig über das träumerische und fanatische Volk gewacht, das einst von den fernen Wüsten seiner asiatischen Heimat hierher gezogen war.

Und wie schön sie sind und stattlich, die Nomaden in ihrer biblischen Kleidung und in ihrer biblischen Haltung, die Männer, die da aus der Wüste auftauchen, um zu Gott, dem Einzigen zu beten, und kein Zweifel wird je ihr unverdorbenes und schlichtes Herz trüben.

Und sie gehören hierher, in die unendliche Grossartigkeit des grenzenlosen Horizontes, in das strahlende Königreich des Lichtes ...

Auf dem weissen Minarett von Sidi Salem, auf den Hügelkämmen der Dünen von Trifaoui, von Alennda und von Debila, ist der letzte violette Strahl erloschen. Jetzt ist alles in blaues, beinahe durchsichtiges Licht getaucht, und die sanftgewölbten, niedrigen Kuppeln verschmelzen mit den sanftgewölbten Gipfeln der Dünen, es ist, als ob die Stadt sich plötzlich in der Weite des Horizontes verlöre.

Die Sommernacht hat sich endgültig über die schlafende Erde gelegt ...

Die Frauen in ihrer biblischen Kleidung sind wieder in die halbzerfallenen Gässchen zurückgekehrt, und die undurchdringliche Stille, die einen kurzen Augenblick von menschlichen Stimmen aufgeschreckt war, senkt sich wieder über El Oued ...

Die unendliche Sahara scheint wieder zu träumen, ihren sehnsüchtigen, ihren ewigen Traum.

Zwei Jahre später war es mir vergönnt, während Monaten das sanfte Spiel der Morgenröte und das herrliche Schauspiel des Sonnenunterganges täglich neu zu erleben ... Jeder Widerschein, der sich Abend für Abend auf die gleiche Stelle legte, jeder Schatten, der an der gleichen Stelle und zur gleichen Stunde länger wurde, jede Kuppel in der Stadt und jeder Stein in den Friedhöfen, jede winzige Einzelheit meiner so sehr geliebten Wahlheimat war mir vertraut, und sie leben in der wehmütigen Erinnerung einer Heimatlosen weiter.

Doch die Seele dieser Sandlandschaft hat sich mir nie mehr so tief, so geheimnisvoll offenbart wie damals, an jenem weit zurückliegenden Abend.

Trunkene Stunden, die man dank eines einmaligen Zufalls erlebt, wiederholen sich nie ...

*Isabelle hält sich nur ein paar Tage in El Oued auf. Krank und fiebrig kehrt sie am 17. August nach Biskra und am 19. nach Batna zurück. Anschliessend bricht sie zu einem Ausflug in die Berge von Aurès auf.*

Am 25. das Territorium der Uled-Soltan betreten. Diyafa in Ras-el-Dschebel bei Scheich Suliman der Uled-Soltan.

Am 26. Dschebel Touggourt bestiegen. Nacht im Zedernwald. Am 27. Abstieg nach Barika. Am Abend in Khenchela zurück. Nacht im Funduq. Am 28. wieder in Batna.

*Am 29. August ist Isabelle in Bône, wo sie das Grab ihrer Mutter aufsucht. Sie begegnet bei dieser Gelegenheit zum ersten Mal Eugène Letord.*

*Am 2. September ist sie wieder in Tunis. Doch sie fühlt sich dort nicht wohl. Sie macht eine Zeit völliger Niedergeschlagenheit durch, in der ihr die Einsamkeit unerträglich ist und innere Zerrissenheit sie quält. Sie beschliesst, wieder abzureisen. Den Herbst verbringt Isabelle im tunesischen Sahel.*

*Während dieses Aufenthaltes entsteht eine Art Chronik in vier Teilen, die sie einige Zeit später überarbeitet. Isabelle erweist sich darin als scharfe Beobachterin, die mit grosser innerer Teilnahme sowohl Landschaften als auch Sitten und Bräuche der Leute aus dem Süden beschreibt.*

*„Niemand versteht Nordafrika so gut wie sie", wird Lyautey später von ihr sagen.*

## *EIN HERBST IM TUNESISCHEN SAHEL*

### DER TUNESISCHE SAHEL

Ich hatte eben eine jener seelischen Krisen durchgemacht, aus denen man mit geschundener Seele hervorgeht, in sich gekehrt und für lange Zeit unfähig, angenehme Empfindungen aufzunehmen, und nur für den Schmerz zugänglich ...

Und trotzdem, von den vielen Reisen, die ich gemacht habe, war dieser Aufenthalt im tunesischen Sahel vielleicht der unbeschwerteste.

Kaum sass ich im Zug nach Sousse, als sich eine Art plötzlicher Entspannung meiner bemächtigte ... Und ich verliess Tunis mit der grossen Begeisterung des Aufbruchs.

Der Zug fährt los, langsam, träge, hält in jedem Nest, an schönen, pflanzenumrankten Bahnhöfen. Zuerst kommt Radès Ez-Zahra, noch ganz in der Nähe, mit seinen kleinen, weissen Häusern am Strand, wo sich die Wellen brechen, und dahinter dehnt sich das weite Meer aus, während im Nordosten der unbewegliche Spiegel des Sees glänzt. Dann kommt Hammam-Lif, wo die reichen Muslims die Sommerfrische verbringen.

Weiter geht's, und der Zug entfernt sich von der Küste und dringt ins offene Land ein.

Hier entdecke ich mit Entzücken das vertraute Bild der nordafrikanischen Landschaft: rötliche Hügel, goldene Stoppelfelder, graue Weiden, Herden und Nomadenhirten ... Da und dort die unbewegliche und skurrile Silhouette eines Kamels ... Dazwischen überquert der Zug eine Eisenbahnbrücke, die einen unbekannten, von der Sommerhitze ausgetrockneten und von blühenden Oleandern überwucherten Oued überspannt.

Nach Bir-bou-Regba führt das Geleise wieder zum Meer, das in der Ferne ruhig und violett mit dem gnadenlos leuchtenden Sommerhimmel verschmilzt. Wir fahren durch sattgrüne Wiesen und kleine Olivenhaine, von denen die ersten Herbstregen das staubige Schweisstuch des Sommers abgespült haben.

Entlang der Küste zeichnen sich zierliche Buchten und zartgrüne Klippen ab gegen das unbewegliche Violettblau des Golfes von Hammamet. Da und dort auf einem Felsvorsprung oder halbversteckt in einer Bucht leuchten die makellosen, weissgetünchten Häuser eines kleinen Fischerdorfes, das sich im tiefen Wasser spiegelt.

Ruhige Bilder einer zeitlosen, in sich ruhenden Landschaft. Man wüsste nicht zu sagen, in welchem Erdteil man sich befindet, wären nicht die in ihre schweren Sefseris gehüllten Beduinen, die an den geschlossenen Bahnübergängen unbeweglich auf ihren mageren und struppigen Pferden geduldig warten ... Hagere und dunkelhäutige, oft bartlose Gestalten mit den ausgeprägten Gesichtszügen der Berberrasse ... Gleichgültig, meist finster blickend.

Nach Bou-Ficha dringen wir in die Olivenhaine, die sich endlos im tunesischen Sahel erstrecken.

In der stillen, warmen Nacht – Menzel und Dar-Bel-Ouar liegen hinter uns – steigt von den schlafenden Feldern allmählich ein aromatischer, schwerer, fast widerlicher Geruch auf: Wir nähern uns den zahlreichen Ölmühlen von Sousse.

Ich reiste durch diese Gegend, ohne jemanden zu kennen, ohne Ziel und ohne Eile, ohne feste Pläne vor allem ... Mein Herz war ruhig und allen ersehnten Empfindungen offen, welche die Ankunft in einem unbekannten Land weckt.

Sousse, eine arabische Stadt, anmutig an einen Hügel angeschmiegt, blendendweiss, ein Gewirr von Zinnen und steilen Gässchen, von einer alten Mauer aus der Zeit der Sarazenen umgeben. Am Hang, ausserhalb der Stadtmauer, riesige von versengten und verdorrten Kaktusfeigenhecken umgebene Friedhöfe. Noch weiter oben die roten Dächer und die niedrigen, langgestreckten Gebäude des Militärlagers.

Sousse ist schön. Einst nannte man es El-Dschohra, die Perle. Heute heisst es Susa, die Seidenraupe.

Die Strasse von Sousse nach Monastir führt zwischen Gärten und alten Mauern zum Meer. Dann dringt sie in eine unbewohnte und öde Gegend, wo sich unfruchtbare Felder ausdehnen, da und dort von kleinen, weissglänzenden Salzseen unterbrochen.

... Zum ersten Mal erlebte ich diese Landschaft an einem wolkigen, unfreundlichen Tag ... und sie dehnte sich bleiern, düster, im Licht der einbrechenden Herbstnacht ...

Doch dann fahren wir wieder durch Gärten und Olivenhaine, in deren Schatten die Beduinenkinder am Abend ihre Herden und ihre ungezähmten Pferde zur Tränke führen.

Monastir hingegen ist eine einzigartige Stadt, anmutig und traurig zugleich.

Sie liegt wie alle arabischen Küstenstädte nicht direkt am Meer und ist auf salz- und salpeterhaltigem Boden gebaut; mit seinen schmutziggrauen, einstöckigen Häusern und den ungepflasterten Strassen gleicht Monastir den trostlosen Oasen in der Sahara, am Rand eines Schotts im sonderbaren Oued Rhir wäre sie am richtigen Platz ...

Doch die Küste ist von Riffen gesäumt, und von der hohen Küstenmauer aus, welche die Altstadt vom kleinen, modernen Hafen trennt, hört man das ununterbrochene Grollen des Meeres ... Dieses ewige Rauschen, diese tiefe und sanfte Klage, sie klingt mir immer noch im Ohr, nach Jahren, so sehr hat sie mich entzückt, damals, während meiner einsamen und nächtlichen Spaziergänge und der stundenlangen Träumereien am Strand.

Die Einwohner von Monastir haben nichts mehr mit den verweichlichten Städtern von Tunis und Sousse gemein, die zwar liebenswürdig, höflich und entgegenkommend sind, denen aber die herbe Würde der unverfälschten arabischen Rasse abhanden gekommen ist, die Würde eines kriegerischen Volkes, dem die Gabe des Träumens angeboren ist.

Wie Sousse liegt auch Monastir in einer grossen, sanft geschwungenen und anmutigen Bucht, die sich gegen Osten öffnet.

Von Monastir nach Ksar-Hellal führt die Strecke wieder die Küste entlang durch gemähte Felder und Olivenhaine.

Frühmorgens, wenn die Sonne aus dem purpurnen Meer aufsteigt, wenn alles in zarte Regenbogenfarben getaucht ist, die sich nach und nach in Gold verwandeln, sieht man die Fischer im seichten Wasser bis in die Mitte der Bucht waten, mit grossen und kleinen Körben beladen, mit Netzen und einfachen Fallen.

Der verschwommene, meist unbelebte Horizont bevölkert sich abends mit unzähligen kleinen Segelbooten, zartrosa oder purpurrot in den letzten Strahlen der untergehenden Sonne. Es sind die Fischerboote und Tartane, die oft von sehr weit her kommen, von Sfax oder Zarzis.

Ksar-Hellal ... das Dorf liegt wie ein blendendweisses Tuch zwischen dem blauen Meer und den dunklen Olivenhainen. Über den flachen Dächern und den Kuppeln erhebt sich ein Minarett, und gleich daneben neigt sich eine einzige, einsame, traurige Dattelpalme ... Jeden Abend erglühen die hellen Häuser von Ksar-Hellal, lodern, während die Palme und das Minarett gegen die purpurne Glut des Himmels von einem rotgoldenen Schein umgeben zu sein scheinen.

Hinter einem sanften Hügel liegt das kleine Fischerdorf Saïada, und ihm gegenüber erheben sich die Inseln von Kuriate aus dem Meer, deren Leuchtturm man nachts leuchten sieht, auch die roten und unbeweglichen Feuer von Monastir kann man sehen und ganz in der Ferne das kreisende Feuer von Sousse, mit blossem Auge kaum sichtbar und nur, wenn das Meer ganz ruhig ist.

Saïada liegt verloren inmitten von Olivenhainen, von stacheligem Kakteengestrüpp, das nur Schakale und vagabundierende Beduinen zu durchdringen vermögen.

Die Mädchen von Saïada sind im ganzen Sahel für ihre Schönheit berühmt, und die Burschen von Moknine pflegen von ihren liebreizenden Nachbarinnen zu sagen: Wer einmal in Saïada den salzigen Geruch des Meeres und den betörenden Duft seiner Frauen geatmet hat, vergisst darob die heimatliche Erde.

Moknine liegt in einer ziemlichen Entfernung vom Meer in einem fruchtbaren Tal. Es ist eine entzückende kleine Handelsstadt, ganz im arabischen Stil gebaut. Auch dort weiss getünchte Wände, halbzerfallene Mauern, bröckelnder Sandboden und undurchdringliche Stille, die mich an die geliebten Oasen der heimatlichen Sahara erinnern.

In den Städten im Innern Tunesiens tragen die Leute vom Land und das einfache Volk nicht den majestätischen Burnus, in den sich auch der einfachste Algerier hüllt, oft eine Lumpentoga zwar, aber ungleich aristokratischer.

Die Armen und die Beduinen hüllen sich in ihren schwarzen oder weissen Sefseri, ein langes wollenes Tuch, gewöhnlich schlingen sie einen Zipfel um ihren kleinen Turban, eine Drapierung, die ihnen in Mondnächten in den ausgestorbenen Strassen und auf öffentlichen Plätzen das spukhafte Aussehen von Toten gibt, die in ihrem Kafan aus den Gräbern gestiegen sind ... Die Beduinenfrauen und die ärmlichen Stadtbewohnerinnen tragen wie überall die gleichen dunkelblauen oder roten Schleier, das gleiche komplizierte und schwere Gebilde aus pechschwarzen Haaren, Wollzöpfen, Schmuckstücken und Seidentüchern auf dem Kopf, den gleichen locker geschlungenen Gürtel, den sie um die Hüfte knüpfen.

In Moknine habe ich eine meiner orientalischsten Stunden verbracht, köstlich, versunken: Traumstunden in einer archaischen Umgebung, beim Klang von alten Instrumenten und Liedern aus früheren Zeiten ...

Alle Städtchen im Sahel sind wunderschön, weisse Perlen im dunklen, samtenen Schrein der Olivenhaine ... Alles ist lieblich an ihnen, sogar ihre wohlklingenden Namen: Ouardenine (die zwei Rosen), Souassi (kleine Sousse), Menzel-bir-Taïeb (das Dorf des guten Brunnens), Oued-Saya, Jemmal, Sidi-el-Hani, El Djem, Beni-Hassan ...

Die Schönheit dieser Landschaft ist einzigartig innerhalb der kargen und wunderbaren afrikanischen Erde: Alles ist sanft und leuchtend, und sogar die Wehmut der Horizonte ist weder drohend noch trostlos wie überall sonst. Die Luft des Sahel ist belebend und rein und der Himmel von unvergleichlicher Klarheit ...

Hinter Moknine, etwas höher gelegen, dehnt sich eine wilde und seltsame, von öden Tafelebenen unterbrochene Landschaft. Es ist das Land Amira.

Die Einwohner, Bauern oder Hirten, sind im ganzen Land gefürchtet, denn sie haben den Ruf, räuberisch und streitsüchtig zu sein.

## DIE MADSCHBA

Ich war mit dem jungen Khalifa von Monastir, Si l'Arbi Schabet, dort, um die noch ausstehende Madschba, die Kopfsteuer, einzutreiben, welche die einheimischen Landbewohner in Tunesien zu entrichten haben.

Si l'Arbi hat nie den geringsten Verdacht gehegt, dass ich eine Frau sein könne, er nannte mich Bruder Mahmud, und ich teilte zwei Monate lang sein Wanderleben und seine Pflichten.

Die finsteren Angehörigen der armen und unbotmässigen Stämme bereiteten uns überall einen wenig freundlichen Empfang. Einzig die roten Burnusse der Spahis und die blauen Burnusse der Dayira vermochten diese ausgehungerten Horden einigermassen einzuschüchtern ... Der gutherzige Si l'Arbi war niedergeschlagen, und obwohl er nur seine Pflicht erfüllte und ich ganz einfach neugierig war, schämten wir uns unseres Vorgehens wie einer bösen Tat.

Und dennoch habe ich in Amira wunderbare Stunden erlebt ... Gewisse Namen dieses Landes rufen in mir unzählige Erinnerungen wach.

Nach Moknine zieht sich die Strasse staubig und schnurgerade zwischen Olivenhainen und Feigenkaktushecken dahin, und die Olivenbäume scheinen sie zu begleiten, unendlich, wie Wellen wogend und mit silberglänzenden Kämmen wie ein Meer.

... eine kleine, schlichte Moschee, schmutziggelb, die an die Gebäude aus gebrannten Ziegeln im Süden erinnert, ein paar ockerfarbige Häuser, ein paar baufällige Mauern, da und dort ein paar verstreute Gräber: Wir sind im ersten Weiler von Amira – Sidi-Neya.

Vor der Moschee ein kleiner, von Unkraut überwucherter Hof, zuhinterst eine Art Gewölbe, und daneben breitet ein Feigenbaum seine grossen, samtenen Blätter aus. Dort befindet sich auch der Brunnen, tief und eiskalt.

Wir lassen uns auf einer Matte nieder. Si l'Arbi bittet mich, ihm zu helfen. Ich übernehme das Amt des Schreibers.

Die Spahis und die Dayira führen den Scheich, einen hochgewachsenen Greis mit Adlernase und wildem Blick, und die Stammesältesten und deren Söhne in den Hof, alles hochgewachsene, hagere Gestalten in zerlumpten Sefseris. Was für ein seltsames Gemisch von sonnen- und windgegerbten Gesichtern, von finsteren und verschlossenen Charakterköpfen, die nicht ungefährlich wirken.

Der Scheich gibt mit weinerlicher Stimme lange, wirre Erklärungen ab, unterbrochen von zornigen, drohenden Zwischenrufen, welche die jähe Heftigkeit dieses gewalttätigen Volkes ahnen lassen, das aus Schweigen und Traum zum plötzlichen Angriff übergeht. Alle beteuern ihre Armut.

Ich rufe nach einer Namensliste einen nach dem andern auf.

– Mohammed ben Mohammed ben Du'!

– *Ay na'am*, jawohl!

– Wieviel schuldest du?

– Vierzig Francs.

– Warum bezahlst du nicht?

– Ich besitze nur mein nacktes Leben.

– Du besitzest nichts, weder Haus noch Garten?

Der Mann hebt mit hoheitsvoller Ergebenheit die Hand.

– *El-hel hal Allah* – so will es Gott!

– Setz dich da hinüber!

Und in den meisten Fällen entfernt sich der Mann, ergeben, und setzt sich mit gesenktem Haupt; die Spahis legen einen nach dem andern in Ketten; morgen wird einer der roten Reiter sie nach Moknine führen und von dort in das Gefängnis von Monastir, wo sie Zwangsarbeit verrichten werden, bis die Schuld abgetragen ist ...

Jene, die gestehen, etwas zu besitzen – eine ärmliche Hütte, ein Kamel, ein paar Schafe –, werden freigelassen, doch der Khalifa lässt diesen bescheidenen Besitz beschlagnahmen und verkaufen ... Und unsere Herzen bluten doppelt, wenn die weinenden Frauen die letzte Ziege, das letzte Mutterschaf herbeiführen und sich zärtlich von ihnen verabschieden.

Dann ziehen wir weiter, von einer stumpfen und traurigen Kolonne von Männern in Ketten begleitet, die zu Fuss zwischen unseren Pferden gehen.

Schrahel, das die Gelehrten Ischrahil nennen.

Ein paar zwischen den Olivenhainen verstreute Häuser; die Bäume gedeihen hier üppiger als anderswo ... Wir stellen unser flaches, längliches Nomadenzelt aus Ziegenfell auf.

Die Spahis und die Dayira eilen in ihren bunten Uniformen geschäftig hin und her, sie machen Feuer, gehen die Diyafa eintreiben, die Willkommensmahlzeit, die uns wohl schweren Herzens zum Gruss dargeboten wird.

Si l'Arbi, Spahi Ahmed und ich machen bei Sonnenuntergang einen kurzen Gang durch das Dorf.

Wir begegnen einer jungen Frau, die Kaktusfeigen pflückt.

Ahmed tritt zu ihr hin:

– Gib uns Feigen, Katzenweib! Schäle sie, damit wir uns nicht stechen, o Schönheit!

Das Beduinenmädchen ist sehr schön, sehr ernst. Hasserfüllt blickt sie uns aus ihren grossen, schwarzen Augen an.

– Gottes Fluch laste auf euch! Ihr kommt hierher, um uns unsere Habe wegzunehmen!

Sie schüttet uns heftig den Inhalt ihres Körbchens vor die Füsse und eilt davon.

Der rote Reiter streckt mit einschmeichelndem Lächeln die Hand nach ihr aus, um das Mädchen um die Hüfte zu fassen, doch wir hindern ihn daran.

– Es genügt, dass wir die armen Alten verhaften, lassen wir die Frauen in Ruhe! sagt der Khalifa.

– Verzeihung, Sidi, ich wollte ihr nichts Böses antun!

Und doch gehören diese in grellen Uniformen gekleideten Männer zum gleichen Volke und wissen um das Elend ihrer Brüder, haben sie es doch am eigenen Leibe erlebt. Aber der Spahi ist kein Beduine mehr, und er ist überzeugt, seinen Brüdern überlegen zu sein, nur weil er Soldat ist.

Dann, nach dem Abendbrot, hören wir, träge auf unseren Teppichen ausgestreckt, dem Gesang der jungen Männer von Schrahel zu.

Die Leute im Sahel sind ausserordentlich musikalisch, und die Hirten aus diesem Volke komponieren heute noch wunderbar rhythmisch gegliederte Lieder, deren gesungene und rezitierte Texte von eindrücklicher Schönheit sind.

*– O Mutter, o Mutter, o meine Freundin! Seit man dich auf den Friedhof gelegt hat, lächelt mir nichts mehr auf dieser Welt ... Kummer wohnt in meinem Herzen, Tränen rinnen aus meinen Augen und verwandeln sich in bittere Bäche.*

## EIN ZWISCHENFALL

Wir waren am Abend vorher in Zuazra angekommen, dem Territorium des gleichnamigen Stammes, und wir hatten unser geräumiges Zelt aus Ziegenleder in der Nähe der Hütte von Scheich Si Amor aufgestellt.

Zuazra liegt mitten in einer fruchtbaren Hochebene und ist von dichten Olivenhainen umgeben, die dem tunesischen Sahel das Aussehen eines üppigen Gartens verleihen.

Zu unserer Linken, in einer Entfernung von ungefähr sechzig Metern, dehnten sich unendlich die Olivenhaine aus. Gegenüber, zu unserer Rechten, breitete sich die nordafrikanische Ebene aus, die, sobald sie nicht bepflanzt ist, unendlich trostlos wirkt ...

Die Nacht war schlaflos gewesen. Ein stürmischer Wind hatte wild an unserem Zelt gerüttelt. Es hatte geregnet; die aufgeschreckten Pferde wieherten verzweifelt und versuchten, ihre Hufe aus dem langen, dem Erdboden entlang gespannten Seil zu befreien.

Die Hunde strichen unruhig zwischen den Zelten umher und winselten klagend. Die Wächter, die wir um unser Camp aufgestellt hatten, behaupteten, verdächtige Schatten um die Gärten herumschleichen gesehen zu haben ...

Obwohl in unseren dicken Hiram gewickelt, hatten wir

unter der Kälte und der Feuchtigkeit gelitten. Wir waren im Morgengrauen mit steifen Gliedern und sehr schlecht gelaunt aufgestanden. Ahmed, der Bursche von Si l'Arbi, hatte den Leuten aus dem Dorf befohlen, vor unserem Zelt ein grosses Feuer anzufachen. Das feuchte Holz brannte schlecht, und der Wind trieb beissende Rauchschwaden in unser Zelt.

Ich entfernte mich von unserem Zelt und trieb mich am Rand der Ebene herum.

Die Wolken hatten sich aufgelöst, und der Tag brach an, friedlich und klar. Im Osten zeichnete sich das düstere Astgewirr der Olivenbäume schwarz gegen die zartrosa Helle des Himmels ab. Im Westen verblassten die Sterne im noch nächtlichen Schatten. Der tiefe herbstliche Frieden dieser Landschaft weckte traurige und zugleich süsse Erinnerungen in mir, Empfindungen, die mich an die Zeit in Bône erinnerten ... die gleiche Jahreszeit, an einem Ort, der in einer ganz anderen Richtung dieses unzivilisierten Küstenstriches liegt, der zu meiner auserwählten Heimat geworden ist, die ich mit all ihrer Wehmut und in all ihrer Vielfältigkeit liebe.

Ich kehrte zum Zelt zurück.

Die Sonne war strahlend und triumphierend aufgegangen.

Im Duar waren die Frauen an einem grossen Feuer emsig mit der Zubereitung unseres Frühstücks beschäftigt.

Der Khalifa, der sich nicht wohl fühlte, hatte sich vor unserem Zelt hingelegt und liess sich träge von der Sonne wärmen.

Die drei Reiter, die Burschen und die Maultierführer spielten Karten.

Ich fühlte mich unendlich frei, von tiefer Ruhe und Wohlbehagen erfüllt – wie immer übrigens, wenn ich inmitten der mir vertrauten Umgebung eines Nomadenlagers erwache.

Während wir mit etlicher Ungeduld auf das Frühstück warteten, sahen wir plötzlich einen Reiter auf uns zukommen, einen Beduinen auf einem weissen Pferd, ohne Sattel und ohne Zügel. Der Mann klammerte sich an die lange Mähne des Pferdes, sein Hiram flatterte im Wind; er trieb das Tier mit seinen nackten Füssen an und stiess unheimliche Schreie aus, eine Art monotoner, langgezogener Klage.

Als er näherkam, hörten wir, was er schrie:

– Mein Bruder ist tot! Mein Bruder ist tot!

Anstatt uns zu erklären, was er von uns wolle, liess er sich vom Pferd fallen und wälzte sich auf der Erde, rang die Hände und hörte nicht auf zu schreien, sein Bruder sei tot ...

## AMIRA

Während der ganzen Nacht hat ein heftiger Wind stürmische Regenböen vor sich her getrieben, hat die lettige Tafelebene und die kahlen Felder aufgeweicht, wo wir unsere Zelte aufgestellt haben, die finsteren Olivenhaine und die da und dort wuchernden Kaktusfeigenhecken sind regenschwer.

Unsere durchnässten bescheidenen Nomadenzelte liegen wie grosse, verschüchterte Tiere flach und schwer auf der roten Erde.

Eine fahle, triste Morgenröte bricht über diesem unkenntlich gewordenen Flecken afrikanischen Bodens an, über diesen von den kalten, am Horizont dahintreibenden Windstössen verunstalteten Feldern.

Übelgelaunt und starr vor Kälte sitzen wir um ein kraftloses, rauchendes Feuer und warten schweigend auf den Morgenkaffee, der uns wieder etwas Kraft und Wärme spenden soll.

Es ist eine jener schleichenden, grauen Stunden, wo die Seele in sich gekehrt mit schmerzlicher und düsterer Intensität die endgültige Nutzlosigkeit jeglichen menschlichen Tuns zu fühlen glaubt.

... Durch eine schicksalhafte Fügung meines unsteten Lebens kampiere ich seit zwei Monaten zwischen den unbotmässigen Stämmen des Hochlandes von Amira, welches die fruchtbaren Ebenen und die schattigen Haine des heiteren tunesischen Sahel überragt.

Weil ich einer Zeitung Reiseeindrücke aus dieser Gegend versprochen habe, habe ich mich einer kleinen Karawane angeschlossen, die im Auftrag der tunesischen Behörden bestimmte Nachforschungen anstellen und die Steuern eintreiben soll, mit denen die arabische Bevölkerung immer im Rückstand ist.

Zu unserer Truppe gehört der kleine Khalifa des Qayid von Monastir, ein Maure aus Tunis, ein zierlicher, schmächtiger, unscheinbarer und ziemlich gerechter Mann, der kein bisschen grausam und vor allem nicht allzu habgierig ist, dann noch zwei arabische Notare, sehr altmodisch, sehr alt, sehr wohlwollend und stets lächelnd. Ferner Ahmed, der Unteroffizier der Spahis, ein Oranier, eine eigenartige Mischung aus jugendlicher Anmut, oft grausamer Heftigkeit, Sorglosigkeit und einer für seine Abstammung ungewohnten tiefen Besinnlichkeit ... Schliesslich noch eine Anzahl Beduinen in roten oder blauen Burnussen, Spahis und Dayira aus dem Makhzen.

... Seit zwei Monaten verfolge ich als Zuschauer das Tun dieser Männer, die ich erst kenne, seit ich mit ihnen durch die Wüste wandere und ihren Alltag teile, die aber von mir nichts wissen ... Für sie bin ich Si Mahmud Saadi, der aus einem französischen Internat ausgerissene junge Türke ...

Und mein Notizbuch ist fast leer geblieben, trotz meines gelegentlich schlechten Gewissens und obwohl ich ab und zu das Bedürfnis gehabt habe zu schreiben ... das unbeschwerte, ungebundene und einschläfernde Nomadenleben hat mich einmal mehr gefangengenommen, hat mich berauscht, betäubt. Schreiben ... wozu?

Während ich fast ein wenig gelangweilt an mein gegenwärtiges Leben denke, werden wir plötzlich in ein Dorf am Rande der Ebene gerufen, einen Stamm zu besänftigen, der, um den Tod an einem der Seinen zu rächen, blutige Vergeltung plant ...

Wir müssen alles stehen und liegen lassen, das Zeltlager der Obhut eines Dayira anvertrauen, der sich am Abend um den Weitertransport kümmern wird, und dem Boten des Scheichs folgen ...

Ein wilder Ritt quer durch das Unterholz, durch die aufgeweichte und glitschige Ebene. Wir jagen auf den von Wind und Regen gereizten Pferden, die unseren Befehlen nicht gehorchen wollen, über Gräben und Kaktusfeigenhecken.

Wir erreichen den Duar der Hudschadsch: etwa hundert Hütten und niedrige Zelte auf einer Hügelkuppe inmitten einer trostlos kahlen Gegend, weit und breit kein Baum, kein Gras ...

Eine ungewohnte Geschäftigkeit herrscht im Duar, und wir hören zorniges Geschrei, das aus sehr grosser Entfernung zu uns dringt.

Männer in dunklen oder erdfarbenen, im Wind flatternden Hayiks stehen in Gruppen zwischen den Zelten herum und diskutieren wild gestikulierend, während andere, am Boden hockend, alte Steingewehre polieren und laden, Säbel mit Holzknäufen, Dolche und Sicheln wetzen. In der Dorfmitte umringen die in blaue oder rote Schleier gehüllten Frauen laut klagend einen schwarzen, blutstarrenden Hayik, der einen Leichnam bedeckt ...

Die Männer stossen drohende, rachsüchtige Schreie aus, und wie vor Urzeiten ihre Ahnen bereiten sie sich vor, sich mordend und plündernd am Stamm der Zarrat-Zarzur zu rächen, der seine Zelte weiter westlich, auf der anderen Seite einer abgrundtiefen, nahezu einen Kilometer breiten Schlucht, aufgeschlagen hat.

Der junge Scheich Ali, ein Gewehr in der Hand und vor Tatendrang und Erregung bebend, kommt uns majestätisch entgegen und erzählt, was vorgefallen ist.

– Heute morgen ist ein Bursche der Zarrat-Zarzur, Ali ben Hafiz, hiehergekommen, in unser Dorf, zusammen mit seinem Bruder Mohammed, um meinem Khodscha – da ist er –, zwei Mutterschafe zu verkaufen. Sie sind einem der Unseren begegnet, Hamza ben Barek, dessen Familie sie schon lange feind sind. Sie standen alle drei dort oben auf jener kleinen Anhöhe ausserhalb des Duar. Sie sind sich in die Haare geraten, und Ali ben Hafiz hat Hamza mit einem Knüppel niedergeschlagen ... Hier liegt die Leiche. Der ganze Stamm und vier Hirten des Stammes der Mallul sind Zeugen des Verbrechens, doch Ali und sein Bruder haben sich in die Schlucht geflüchtet. Nun wollen unsere Leute sich rächen und die der Zarrat-Zarzur niedermetzeln.

Während der Scheich mit uns spricht, sind die Männer nähergetreten, und im Duar herrscht grosse Stille, die nur von den Klagen der Frauen unterbrochen wird. Mit drohendem und entschlossenem Blick, die Waffen in der Hand, hören die Nomaden zu ... Kaum hat der Scheich zu Ende gesprochen, als das wilde Geschrei sich von neuem erhebt.

Die Gebärden, die Schreie sind von ungeahnter Heftigkeit, und die scharfgeschnittenen Gesichter der hageren Hudschadsch nehmen einen furchterregenden Ausdruck an. Scheich Ali wendet sich ihnen beschwörend und drohend zu ... Ich höre, wie ein hochgewachsener Alter mit einem Raubvogelprofil ihm beinahe verächtlich antwortet:

– Du bist jung, du weisst nicht! Es ist der Preis des Blutes ...

Und plötzlich stieben die Nomaden auseinander, eilen auf die Schlucht zu.

Doch auch die Spahis und die Dayira schwärmen in alle Richtungen aus, ebenfalls laut schreiend; sie sind glücklich, die Nomaden in der Uniform, sie sind glücklich, galoppieren, schreien zu dürfen, als seien sie im Krieg, sie sind glücklich, die bewaffneten Männer zu verfolgen, die sich jeden Moment gegen sie wenden und ihnen allein durch ihre Überzahl gefährlich werden könnten ... Sie sind berauscht von dieser Menschenjagd, und ihre Gesichter strahlen in trotziger, kindlicher Freude.

Ein wilder und grossartiger Anblick, diese tobende Szene unter dem düsteren grauen Himmel, und dazu das Heulen des Windes.

... Die Nomaden werden schliesslich überwältigt, in das Lager zurückgedrängt, unter Bewachung gestellt. Zwei oder drei werden gefangengenommen und gefesselt. Das Verhör kann beginnen, und zwei Spahis machen sich auf die Suche nach dem Mörder.

Er ist noch ein Kind, dieser Ali ben Hafiz, den man uns vorführt, keuchend, mit zerrissenen Kleidern, mit schweiss- und schlammbedecktem Gesicht, die Hände hinter dem Rücken gefesselt. Er ist blass, doch der Blick in der Tiefe seiner länglichen, bernsteinfarbenen Augen ist wild und entschlossen. Sein Bruder, ein hochgewachsener, hagerer Beduine mit dem düsteren Aussehen eines Strauchdiebes, in der Haltung eines in die Falle geratenen, sprungbereiten Raubtiers ... obwohl nicht er es gewesen ist, der getötet hat: Es war Ali, der kleine Nomadenjunge mit den goldenen Augen und dem bartlosen Gesicht.

Ali ben Hafiz antwortet einsilbig auf die üblichen Fragen zu seiner Person.

– Warum hast du Hamza ben Barek getötet? fragt der Khalifa.

Da scheint der Angeklagte in einem verzweifelten Verteidigungsversuch sich in sich selbst zu verkriechen. Er senkt den Kopf und starrt vor sich hin:

– Der Prophet Gottes ist Zeuge zwischen ihm und mir!

Von nun an, entgegen jeglicher Vernunft, gegen alle Zeugenaussagen, wiederholt er wie im Traum diesen einen armen kindlichen Satz, hartnäckig leugnend und ängstlich zugleich.

Er hat sein Verbrechen auf der nackten Hügelkuppe begangen; mehr als fünfzig Männer haben es mitangesehen. Er ist mit seinem Bruder geflohen und hat sich in der Schlucht versteckt. Seine Aussagen stimmen nicht mit denen seines Bruders überein, den man in seiner Abwesenheit verhört hat ... Doch nein! Auf alle Ermahnungen, auf alle Drohungen, auf alle Bitten antwortet er mit tonloser Stimme und starr vor sich hinblickend:

– Der Prophet Gottes ist Zeuge zwischen ihm und mir!

Wir bleiben drei Tage bei den Hudschadsch. Drei Tage endloser Diskussionen, drei Tage in ständiger Alarmbereitschaft ... Als schliesslich Ordnung und Ruhe wiederhergestellt zu sein scheinen, setzen wir unseren Weg nach Moknine fort, der Hauptstadt von Amira.

Das schöne Wetter ist zurückgekehrt. Es ist fast warm, und zartes, sattgrünes Gras spriesst überall aus der vom Regen befruchteten lehmigen, roten Erde.

Es ist noch früh am Morgen, die klare Stunde, in der das Land sich schattenblau unter dem rosaschimmernden, unendlich reinen, durchscheinend blassen Himmel ausdehnt, der noch grenzenloser scheint.

Unsere kleine Karawane kommt trotz der Ungeduld der übermütigen Pferde nur langsam vorwärts; wir führen einen stummen und düsteren Zug von fünfundzwanzig oder dreissig Gefangenen an, die wir unterwegs, da und dort in den verschiedenen Duars, festgenommen haben. Ergeben, gleichgültig, ohne ein Wort oder eine Gebärde der Auflehnung, schreiten die Männer zwischen uns, zu zweit an den Händen und Knöcheln zusammengekettet.

Ali, dem einzigen Mörder unter ihnen, hat man die Hände hinter dem Rücken zusammengebunden und die Füsse gefesselt, und er geht allein zwischen den Pferden und den Spahis. Er hat seine undurchdringliche Haltung nicht abgelegt, und wenn die Leute seines Stammes ihm von fern ein paar Abschiedsworte zurufen, antwortet er mit fester Stimme, als sei es die Wahrheit:

– Der Prophet Gottes ist Zeuge zwischen ihm und mir!

Die nunmehr besänftigten Hudschadsch schauen ihm schweigend nach, ohne Hass fast, denn Ali ist nun in den Händen der menschlichen Gerichtsbarkeit, die alle Nomaden ablehnen und vor der sie sich wie alle einfachen Menschen instinktiv fürchten, denn sie ist ihren Sitten und ihrer Gedankenwelt fremd. Ali ist für sie nun nicht mehr der Feind, den man – als Preis für das Blut – zu töten das Recht hat: Er ist ein Gefangener, ein Gegenstand des Erbarmens also, ein Opfer sozusagen dieses gefürchteten und gehassten Gespenstes: der Obrigkeit. Der Hass und die Rache der Hudschadsch würden sich jetzt eher gegen den ganzen Stamm der Zarrat-Zarzur richten als gegen Ali, wenn sie die Macht hätten, ihm zu schaden.

Mit einemmal taucht aus einer hinter den Kaktusfeigenhecken verborgenen Schlucht eine Gruppe von Frauen auf, die mit lautem Wehklagen auf uns zustürzen. Die älteste, die von einem kleinen, bildhübschen Mädchen mit schwarzen, feurigen Augen an der Hand geführt wird, ist blind. Ihr weisses Haar fällt ihr wirr in die ausgemergelte Stirn. Sie weint.

Vom kleinen Mädchen geführt, klammert sich die Alte an die Zügel des Pferdes und beschwört den Khalifa:

– Sidi, Sidi, Ruhe sei der Seele deiner Mutter, erbarme dich meines einzigen Sohnes, erbarme dich meines Ali! Habe Erbarmen, Sidi!

Unsere Karawane ist stehengeblieben, und die Männer blicken ernst. Unsere Herzen schnüren sich qualvoll zusammen angesichts des Schmerzes der alten, blinden, in Lumpen gehüllten Mutter. Dann wirft sich die Frau laut klagend an die Brust ihres Sohnes, als beweine sie einen Toten.

Der kleine Beduine ist ganz blass geworden, er zittert an allen Gliedern.

– Dein Vater liegt in der Hütte, sagt die Alte, und er ist krank, sehr krank. Seine Stunde ist gekommen. Er lässt dir sagen, du sollst gestehen, wenn du getötet hast, damit Gott sich unser erbarme und die Wizara Gnade walten lasse ...

Und dann, ganz plötzlich, bricht Ali in verzweifeltes, krampfhaftes Weinen aus, und sein junges Gesicht wird ganz kindlich. Er flüstert kaum hörbar:

– Verzeiht mir, Muslims! Ich habe eine Kreatur getötet!

Und die Reiter und die Beduinen, die nähergetreten sind, rufen sich gegenseitig freudig zu:

– Er hat gestanden! Er hat gestanden!

Es ist wie eine Erlösung, und Ali ist mit einemmal für alle diese Männer Gegenstand tiefsten Erbarmens geworden, der Fürsorge fast. Ahmed, der Unteroffizier, ein harter Mann sonst, bückt sich zu Ali hinunter und bindet ihm die Hände los.

– Verabschiede dich von der Alten, sagt er zu ihm.

Und der Abschied ist von Schluchzen, von Weinen, von herzzerreissenden Klagen begleitet ... Dann entfernt sich die mitleiderregende Gruppe, doch noch lange hört man die alte Mutter, die sich mit durchdringenden Schreien das Gesicht blutig zerkratzt.

Der Unteroffizier erlaubt den Leuten der Zarrat-Zarzur,

sich von Ali zu verabschieden, ihm ein paar Kupfermünzen für die Verpflegung im Gefängnis zuzustecken ... Unter denen, die dem Gefangenen ein Almosen spenden, erkenne ich zwei oder drei alte Hudschadsch, die am Tag zuvor sich an Ali und den Seinen blutig rächen wollten.

– Nimm das auf dem Pfade Gottes!

Dann entfernen sie sich, ernst, fast feierlich.

Doch schliesslich muss der Unteroffizier die Leute auseinandertreiben, denn die Menge der Uled-Zarrat-Zarzur wird immer dichter, und das könnte gefährlich werden ... Dann setzen wir unsere Reise nach Moknine fort, durchqueren fröstelnd im Morgentau die dichten Olivenhaine.

*Der Herbst geht zur Neige, und Isabelle kehrt nach Tunis zurück. Sie hat kein Geld mehr, die „Villa Neuve" ist ausgeraubt worden. Die junge Frau beschliesst, zurück nach Europa zu fahren.*

*In Genf beauftragt sie einen Nachbarn, einen gewissen Samuel, sich um die Villa zu kümmern.*

*Anfangs November ist sie in Marseille bei Augustin, der vor kurzem geheiratet hat. Isabelle ist von ihrer Schwägerin Hélène nicht sehr angetan; sie nennt sie in ihren Briefen herablassend die Arbeiter-Jenny. Die zwei Frauen geraten oft aneinander. Die Enttäuschung, Augustin mit dieser Hélène verheiratet zu wissen, ist so gross, dass Isabelle das Gefühl hat, ihren Bruder für immer verloren zu haben. Sie spricht in der Folge oft von ihm wie von einem Abwesenden, als ob es sich um ihre toten Eltern handle oder um Wladimir. Augustins Heirat bedeutet nicht nur eine Trennung, sondern viel-*

*mehr ein Verlassenwerden, einen Verrat fast ... und einen endgültigen Bruch mit der Welt ihrer Kindheit. Ihr Aufenthalt in Marseille ist von kurzer Dauer.*

*Am 20. November ist Isabelle in Paris. Einmal mehr ist sie von innerer Rastlosigkeit, von der Verzweiflung am Leben gepackt. Die grosse Stadt ängstigt sie. Sie reist wieder ab. In ihren Aufzeichnungen vermerkt sie:*

Am 17. Dezember 1899 Paris mit dem Expresszug verlassen. Am 18. in Marseille eingetroffen. Die folgenden zwei Wochen im Hotel Beauvau verbracht.

Am 29. nach Genua abgereist. Am 30. um elf Uhr morgens angekommen. Im Hôtel de France abgestiegen und den Tag in der Stadt verbracht. Am Abend des gleichen Tages an Bord der „Persia" nach Livorno. Am 31. morgens angekommen.

Sardinien lockt mich. Ich schiffe mich nach Cagliari ein.

*Ein Jahr geht zu Ende. Nach den Worten Isabelles* ein bewegtes, ganz anderes und intensiv gelebtes Jahr. *Ein schmerzliches auch.*

*Sie hat viel geschrieben. In der Wüste vor allem, in den Rasthäusern. In Batna im Souf hat sie* Yasmina *die endgültige Fassung gegeben und* Umm Zahar, *die Geschichte der toten Mutter, überarbeitet.*

Im grossen, niedrigen Raum mit den bröckelnden, ockerfarbenen Wänden aus gebrannten Ziegeln hatte man die Mutter auf eine Matte gelegt. Man hatte sie mit einem dunkelblauen Schleier zugedeckt, unter dem sich die erstarrten Linien ihrer unbeweglichen Gestalt abzeichneten.

Sie war tot.

*Der Schmerz wird die Seele der jungen Waisen Umm Za-*

*har läutern, und sie wird zu einer Heiligen des Islam erhoben werden, bevor der Tod auch sie dahinrafft. Isabelle Eberhardt spielt hier auf eine islamische Weisheit an, wonach künftige Prüfungen den Menschen stärken und bereichern.*

*1899, abgesehen von der beiläufigen Erwähnung von Nathalies Grab in* Bled El-Attar, *setzt sich Isabelle nun das erste und einzige Mal in ihrem erzählerischen Werk mit dem Tod ihrer Mutter auseinander. Im gleichen Jahr vollendet sie die erste der drei Fassungen ihres Romans* Trimardeur.

*Sie hat unermüdlich beobachtet, aufgezeichnet und Bilder festgehalten, in denen sie wirklichkeitsnah und ungezwungener endlich sich selbst zu vergessen scheint.*

## Cagliari – Marseille – Genf – Paris
## Genf – Paris – Genf – Marseille
## Algier – El Oued

*Man hat Isabelle gesagt, Sardinien weise Ähnlichkeit mit Afrika auf. Am 1. Januar 1900 geht sie in Cagliari an Land. Sie fühlt sich auf der Insel sofort heimisch, dieser Zwischenhalt bedeutet für sie eine Art Aufschub. Sie geht in sich, sie schreibt. Die Prüfungen der letzten Jahre, die Einsamkeit, der sie nicht entrinnen kann – das alles ruft in ihr Erinnerungen an die fernen Kindertage wach. Sehnsucht und Schmerz bemächtigen sich ihrer. Sie hält ihre Gefühle in einem Heft fest. Für Isabelle haben diese Aufzeichnungen – ihre* Tagebuchblätter *– eine befreiende Wirkung; alles, was sie seit der „Villa Neuve" hat unterdrücken und verschweigen müssen, vertraut sie nun diesen Blättern an.*

*Drei Jahre lang wird sie dieses Tagebuch führen, vor allem dann, wenn sie sich nicht in Afrika aufhält, wenn sie zu einem sesshaften Leben verurteilt ist, was ihr jeweils nicht gut bekommt. Im Laufe dieses Lebensabschnitts füllt sie vier Hefte mit schmerzlichen Selbstbetrachtungen; sie schreibt über ihre Wünsche, über ihre Entscheidungen, über ihre Beobachtungen. Doch wenn ihr die befreiende Stille der nordafrikanischen Landschaft fehlt, der direkte Kontakt mit dem Islam, der ihr so viel bedeutet, wirken die* Tagebuchblätter *oft unbeholfen und überladen. Isabelle schwelgt darin in erstaunlicher Selbstgefälligkeit, in romantischen Erinnerungen an die Vergangenheit, von der sie geradezu besessen zu sein scheint. Sie weiht diese Hefte einem richtiggehenden Totenkult und verliert sich in einer endlosen Litanei immer wiederkehrender Beschwörungen.*

*Aus ihrem Tagebuch spricht ihre innere Heimatlosigkeit, die jedoch nichts mit der Ungebundenheit zu tun hat, auf die sie so stolz ist und die sie von allen herkömmlichen sozialen Zwängen befreit. Doch es gibt auch Zeugnis von ihren hohen ethischen Ansprüchen, von der ständigen Arbeit an sich selbst. Isabelle scheut nicht davor zurück, ihre inneren Widersprüche zu analysieren, diese verwirrende Dualität, die zu ihrem Einzelgängertum beiträgt.*

*In den* Tagebuchblättern, *die während Isabelles Aufenthalt in Cagliari entstanden sind, ist von ihrer rastlosen und schicksalshaften Liebe zu jenem Archavir die Rede, dessen Wege die ihren immer wieder kreuzen. Sie spricht ständig von Freiheit, von einer* heiligen Pflicht, *die Nathalie und Vava ihr überbunden haben.*

*In Sardinien schreibt Isabelle – wie übrigens immer, wenn sie sich in Europa aufhält, das sie ihr „Exil" nennt – konsequent und sich selber treu in der männlichen Form, aber dahinter steckt wohl auch der Wunsch, fern vom geliebten afrikanischen Boden etwas von der Kraft Si Mahmuds zu bewahren.*

*Isabelle hält sich nicht sehr lange in Sardinien auf, knapp einen Monat. Sie verlässt Cagliari mit Bedauern. Abschiednehmen fällt ihr immer schwer, und Orte, die für sie zur Erinnerung werden, üben eine neue Faszination auf sie aus.*

*Am 25. Februar schliesslich, nach einem kurzen Zwischenhalt in Marseille, kommt Isabelle in Paris an, wo sie versuchen will, Zugang zu journalistischen Kreisen zu finden, sich die Unterstützung eines Verlegers zu sichern und genug Geld zu verdienen, um nach Afrika zurückkehren zu können – das vor allem, denn an literarischem Ruhm liegt ihr in Wirklichkeit nicht viel.*

*Der Verkauf der „Villa Neuve" ist ungewiss. Isabelle hofft, in Zukunft vom Schreiben leben zu können. In Paris besucht sie natürlich regelmässig den arabischen Salon von Abu Naddara. Der alte Scheich führt sie bei Lydia Paschkoff ein, einer damals berühmten Weltenbummlerin, Schriftstellerin und Korrespondentin für den* Figaro *in Sankt Petersburg, mit der Isabelle fortan in regem Briefwechsel steht. Lydia Paschkoff, die sich vorübergehend auf die Krim zurückgezogen hat, fasst eine etwas autoritäre Zuneigung – die nicht einer gewissen Rivalität entbehrt – zu ihrer jungen Kollegin. Sie überschüttet Isabelle mit brieflichen Ratschlägen, fest entschlossen, sie in das literarische Paris einzuführen, das ihr bestens vertraut ist.*

*Yalta, 18. März 1900*

*Sehr geehrtes Fräulein.*

*Ich kann Sie gut verstehen und habe volles Verständnis für ihre Reiselust. Reisen ist die Jagd nach* dem Glück. *Und was bliebe einem hier sonst zu tun* ausser träumen? *Ich spreche von den Intellektuellen. Doch* hélas, *der Körper ist leider ein hinderliches Gewicht. Sie sehen es selbst, denn Sie gehen nach Frankreich (wie ich 1889 nach Ägypten), um im Journalismus zu debütieren, den ich meinerseits aufgegeben habe; ein Beruf, den Abu Naddara und ich bestens kennen und von dem wir wissen, dass er nicht mehr bietet als* ein kümmerliches Dasein und Publizität. *Von Zeit zu Zeit erscheint dein Name in einer Zeitung, egal, ob in einem guten oder schlechten Sinn!*

*In Frankreich muss man* Französin *sein, um vom Journalismus leben zu können, und, wie man mir versichert hat,* einen Liebhaber aus den Zeitungskreisen *haben,* was ich nicht wollte. *Ein Ehemann, das ist schwieriger, doch jene, die einen Ehemann haben,* schaffen es nur ... *Niemals! Es ist besser, ich sage Ihnen mit aller Schonungslosigkeit, wie die Dinge liegen. Man hat mir gesagt, dass sogar George Sand ohne Sandeau, Musset usw. nichts hätte ausrichten können. S... hat es dank ihren Liebhabern Va... und Puy... geschafft. Ausserdem: Sie sind Französinnen!*

*Meine Stellung beim* Figaro *grenzte an ein Wunder. Die Redakteure waren gegen mich, und einer, der in mich verliebt war, strich mir die Texte zusammen, als er die Hoffnung aufgegeben hatte. Ich hatte* alle Russen *gegen mich, und als der Botschafter mich in die Botschaft einlud, hat das verheerende Folgen für mich gehabt. Die missgünstigen Russen haben mir alles verdorben. Meiden Sie die Russen. Sie bringen selbst ihre eigenen Landsleute um. Sie verleumden einen, machen einen überall schlecht, spucken Gift und Galle und geben sich erst zufrieden, wenn sie einem gewaltig schaden können. Die Russen, das ist die Pest, und vor allem die Russen in Paris. Graf Léontieff weiss ein Lied davon zu singen. Selbst ihn wollen die Russen nicht in Ruhe lassen, auch im fernen Afrika nicht.*

*Wenn Sie meine Meinung wissen wollen: Sie können sich in Paris einen Namen machen, gewiss, Geld verdienen jedoch, das nicht! Abgesehen von diesem Namen, den Sie sich durch Vorträgehalten erwerben können – ich werde Ihnen ein paar Empfehlungsschreiben für gewisse Leute geben, und ich werde diese Personen bitten, Sie weiterzuempfehlen, ich werde Ihnen auch gewisse Adressen geben, wo Sie sich direkt vorstellen können und wo man Ihnen diesen oder jenen Reisebericht abnehmen wird –, abgesehen davon, finden Sie vielleicht jemanden, der Ihnen einen Auftrag gibt und Sie auf Reisen schickt. Wenden Sie sich an die Forschungsreisenden: an* Prinz Roland, *an* Graf Léontieff, *an* Prinz Henri d'Orléans. *Ersterer und letzterer sind stattliche Herren. Der* Prinz von Monaco *übrigens auch. Sie müssen nur Mittel und Wege finden, bei den richtigen Leuten eingeführt zu werden, ohne dass man Sie für eine Abenteurerin hält. Ich werde Ihnen dabei helfen.*

*Die Franzosen sind trotz allem sehr spiessig und mögen lieber häusliche Frauen – die Frau am Herd. Gebildete Frauen betrachten sie als ein* überflüssiges *Phänomen. Zeigen Sie meinen Brief Abu Naddara, er wird Ihnen bestätigen, dass ich recht habe und dass ich* klar sehe – allzu klar.

*Zur Zeit wird Frankreich von inneren Kämpfen geschüttelt; die Weltausstellung wird einen Waffenstillstand bewirken; nachher wird alles wieder von vorn anfangen. Und wenn Frankreich den Parteien ausgeliefert ist, leiden die Kunst, die Literatur; wenige Ausnahmen ausgenommen, Sarah zum Beispiel, Rostand, Coquelin, in einem Wort: die Theaterwelt. Und auch dann muss man* Feuerwerke *auf die Bühne bringen, wie zum Beispiel* Der junge Aar, *oder Stükke, die dem breiten Publikum schmeicheln, wie* Cyrano *oder* Jean-Bart. *Ein Volk, das dem Untergang geweiht ist, liebt es, sich im Ruhm vergangener Zeiten zu sonnen.*

*Nun, vielleicht haben Sie Glück. Ich kann mich meiner-*

*seits rühmen, allen, die ich unter meine Fittiche nehme, zu einer erfolgreichen Karriere in Paris zu verhelfen,* wie und wo auch immer. *Um nur zwei, und zwar auf ganz verschiedenen Gebieten, zu nennen:*

Brieux, *den ich bei Madame Adam und anderswo eingeführt habe, ist ein grosser Dramaturg geworden. Die* Lahouriskaja, *die ich beim* Figaro *vorgestellt habe und bei Mariquita, hat ein Vermögen gemacht.*

*Ich werde Ihnen Empfehlungen für Brieux schicken, für Aurélien Scholl, für Delphine Ugalde, für de Santeuil, de Bois-Glavy, Bonvalot (den Forscher), Georges Calmann-Lévy. Bonvalot ist Mitglied der Geographischen Gesellschaft. Auch Sie können ihr beitreten, doch man muss 150 Francs Aufnahmegebühr bezahlen und einen Jahresbeitrag von 35 Francs. In Frankreich erreicht man* mit Geld alles, *ohne Geld nichts. Wenn Sie Russisch können, schreiben Sie für* Vremja, *um etwas Geld zu verdienen ... Sie müssen überall, wo sie hingehen, in einem eleganten orientalischen Gewand auftreten. Abu wird Ihnen bestätigen, dass seine schöne Kleidung ihn sehr bekannt gemacht hat. Ich werde Ihnen auch jene Leute nennen, bei denen man sich ohne Einführungsschreiben vorstellen muss.*

*Schreiben Sie mir; wie alt sind Sie?*

*Meiden Sie* La Libre Parole *wie die Pest. Man muss* mit den Juden auf gutem Fuss stehen; es sind gebildete Leute.

*Ihre ergebene*

*Lydia Paschkoff*

*Lydia Paschkoff schreibt unermüdlich. Sie empfiehlt ihrer jungen Brieffreundin,* in Paris ein Jahr zu opfern, *um zu ler-*

*nen, richtig aufzutreten ... auf das Risiko hin, ein paar Details ihrer Biographie ändern zu müssen, um bei den richtigen Leuten Interesse zu wecken. Was für Isabelle kein Problem sein dürfte.*

*Yalta, 7. April*

*Während ich Ihnen schreibe, tobt ein Sturm auf dem Meer, und in den Bergen kracht alles zusammen. In dieser Beziehung ist die Krim ein unerträgliches Land.*

*Vor allem: Verlassen Sie Paris vorläufig nicht. Sie würden sonst den genau richtigen Zeitpunkt verpassen, wenn Ihnen daran gelegen ist, einen gewissen Bekanntheitsgrad zu erreichen. Séverine kann Ihnen mit ihrer* Fronde *und mit ihren Zeitungen nützlich sein, doch nur, wenn Sie* etwas *unternehmen.*

*Prinz Roland Bonaparte ist Präsident der Geographischen Gesellschaft. Suchen Sie ihn doch auf, oder schreiben Sie ihm einen Brief, und bitten Sie ihn um eine Audienz, sagen Sie ihm, Sie kämen von der Sahara und möchten ihm gerne von Ihren Erlebnissen erzählen. Dazu brauchen Sie von niemandem eingeführt zu werden.*

*In der Anlage ein Brief für M..., Sekretär der Geographischen Gesellschaft. Doch ich würde an Ihrer Stelle geradewegs beim Prinzen vorsprechen.*

*Den Saal der Geographischen Gesellschaft kann man für 40 oder 75 Francs mieten ...*

*Bringen Sie die* Einladungen persönlich *bei den Zeitungen vorbei. Die Blätter werden über Sie schreiben und Ihre Vorträge ankündigen. Nur, Sie müssen vorher unbedingt Ihre kleine hübsche Geschichte schreiben, das heisst, alles das, was*

*Sie mir von Ihren Reisen zu Pferd durch die Sahara erzählt haben, und zwar für jede Zeitung. Auf den Redaktionen haben sie keine Zeit für solche Sachen.*

*Sie müssen dem Generalgouverneur von Paris ein Briefchen mit einer Eintrittskarte schicken. Zu meinen Vorträgen hat er jeweils einen Offizier delegiert.*

*... Ihre Mutter hat Sie anerkannt, Ihr Vater auch: Setzen Sie kühn* Tochter der Generalin von Moerder und des türkischen Arztes ... *darunter. Wenn man Sie nach bestimmten Einzelheiten fragt, antworten Sie:* Mein Vater hat meine Mutter vor dem Mulla geheiratet. Ich bin Muselmanin und vor dem muslimischen Gesetz die legitime Tochter meiner Eltern!

*Das allein schon ergibt interessanten Gesprächsstoff für die Zeitungen: ein philosophisches und zugleich humanitäres Thema.*

*Wenn Sie wüssten, wie die christliche Religion allen auf die Nerven geht, im Geheimen oder zugegebenermassen (sie ist gegen die Natur). Was mich angeht, ich hasse sie mitsamt ihrem Pharisäertum.*

*Suchen Sie B. auf, Berichterstatter bei der* Novoje Vremja. *Überbringen Sie ihm eine Einladung. Er wird über Sie schreiben, vielleicht nicht gerade schmeichelhaft. Das macht aber nichts.*

*Lydia Paschkoff*

*Diese Briefe und viele andere, herzlichere, die Lydia Paschkoff mit* Ich umarme Sie aus ganzem Herzen wie einen Abendstern in meinem Leben *schliesst, erreichen Isabelle in Paris nicht rechtzeitig.*

*Doch die Welt ist klein, und Isabelle trifft ohne Mühe alle jene einflussreichen Leute, mit denen ihre Freundin sie bekanntmachen wollte.*

*Tatkräftig knüpft Isabelle eine Menge Kontakte an, doch ihr Bemühen zeitigt oft enttäuschende Resultate. Vor allem die Journalistin Séverine vermisst bei Mahmud Saadi die Komplizenschaft und die Vergötterung, die sie von den feministischen Kreisen in Paris gewohnt ist. Die Gespräche zwischen den zwei Frauen sind eher kühl und wenig erspriesslich für die junge Russin.*

*Lydia Paschkoff hat richtig gesehen: Die Persönlichkeit von Isabelle Eberhardt weckt zwar Interesse und Neugierde, der erhoffte literarische und finanzielle Erfolg jedoch lässt auf sich warten.*

*Sie trägt sich mit dem Gedanken, Paris zu verlassen. Und das um so mehr, als eine Begegnung ihr erlaubt, ihre finanziellen Probleme zu lösen, und ihr den Vorwand liefert, sich wieder auf den Weg zu machen.*

*Die Herzogin Medora Mendes bemüht sich seit dem Tode ihres Gatten Antoine de Vallombrosa, Herzog von Morès, der im Jahre 1896 im Süden Algeriens ermordet worden ist, die Hintergründe seines Todes aufzuklären.*

*In letzter Zeit – nach der Ermordung der Mitglieder der „Mission Flatters" durch die Tuaregs – ist der französische Vormarsch in der Sahara ins Stocken geraten. Die Republik sah sich gezwungen, die „Missionen" in Nordafrika einzustellen.*

*Der Herzog von Morès, Royalist, Anhänger der Restaurationsbewegung des Prinzen Henri d'Orléans, heftiger Dreyfus-Gegner, etwas verschroben und sehr dekadent, hält die*

*Stunde einer politischen Opposition für gekommen. Er stellt ein Expeditionskorps auf die Beine, mit dem er sich in den Süden Tunesiens und in die Sahara begibt, wo er schliesslich den Tod findet.*

*Eine undurchsichtige Angelegenheit, die Affäre Morès, die in Paris grosse Wellen wirft. Man beschuldigt die republikanische Regierung, sie habe dem Herzog nicht den notwendigen Schutz geboten und nach seinem Tod nicht alle Hebel in Bewegung gesetzt, die Täter zu finden und gebührend zu bestrafen.*

*Die Herzogin Medora bittet Isabelle, in die Sahara zu reisen, um an Ort und Stelle zu versuchen, Licht in die Angelegenheit zu bringen. Die Summe von tausendfünfhundert Francs, die sie ihr dafür anbietet, ist für Isabelle ein Geschenk des Himmels. Sie nimmt das Angebot an und bricht unverzüglich Richtung Süden auf.*

*Zuvor hält sich Isabelle noch eine gewisse Zeit in Genf auf. Sie logiert in einem kleinen Hotel in der Rue de l'Arquebuse, trifft ihren geliebten Archavir und knüpft wieder mit den anarchistischen Kreisen an. Sie lernt Vera Popowa kennen, eine Medizinstudentin – eine Art intellektueller Apostel –, deren fanatische Unerbittlichkeit in Isabelle vertraute Klänge weckt. Die Freundschaft zwischen den zwei Frauen ist spontan und eng; Vera ist zweifellos die einzige Frau, deren Nähe Isabelle je geduldet hat.*

*In Algerien haben ihre Art, zu leben und Männerkleider zu tragen, Isabelle von der abgeschirmten und geheimnisvollen Welt der arabischen Frauen ausgeschlossen. Sie hat seit ihrer Kindheit unter Männern gelebt. Die Männer sind ihre Gefährten und ihre Freunde. Vava und Augustin sind die ersten gewesen.*

*Diese Wochen in Genf – wie könnte es anders sein – bedeuten für Isabelle eine nicht vermeidbare, schmerzliche Rückkehr in die Vergangenheit mit ihrer erdrückenden Schwere. Wie immer, wenn sie sich an der Stätte ihrer Kindheit befindet, versinkt sie in einen Zustand der Verwirrung, der Ziellosigkeit, der sich in ihren* Tagebuchblättern *niederschlägt. Ihr Verhältnis zu Archavir – zwischen Liebe und Freundschaft schwankend – und der intellektuelle Gedankenaustausch mit der anspruchsvollen Vera helfen ihr aber darüber hinweg. Isabelles ungebrochene Arbeitslust und die Leidenschaft, mit der sie alles anpackt, sprechen aus jeder Zeile.*

*Während dieses Genfer Aufenthaltes kann Isabelle zusammen mit Vera und Archavir ihren wachen Geist voll entfalten, ihre Fähigkeit, bei jeder Gelegenheit zu lernen, vor allem im Kontakt mit Leuten, zu denen sie sich hingezogen fühlt. Sie liest viel, schreibt die ersten Kapitel ihres Romans* Rakhil, *die sie als definitive Fassung ansieht. Sie reift.*

*Die „Villa Neuve" ist verkauft, die Kindheit entzieht sich ihr einmal mehr. Doch „Monsieur Samuel" ist mit dem Verkaufserlös verschwunden, und das Geld der Herzogin de Morès beginnt zu schwinden. Isabelle verlässt Genf. Es ist – wenigstens glaubt sie das – ein endgültiges Loslösen von Vera und Archavir, was ihr offensichtlich sehr schwer fällt.*

*Sie fährt nach Marseille, wo sie Augustin wiedersieht, der vor kurzem Vater einer kleinen Tochter geworden ist, in der Isabelle sich selbst erkennt und der sie zärtlich zugetan sein wird. Zu viele Dinge verbinden Isabelle noch mit Europa; dieser Abschied ist für sie schmerzlicher als alle vorangegangenen, um so mehr als jedermann versucht, sie zurückzuhal-*

*ten. Von Odessa aus schreibt Lydia Paschkoff einen Brief an Abu Naddara, der eigentlich für Isabelle bestimmt ist.*

*Odessa, 27. oder 28. Juni 1900*

*Lieber Abu Saida,*

*... ich schicke Ihnen diesen Brief mit der Bitte, ihn nach Marseille weiterzuleiten, denn er ist für Euch beide bestimmt, für Sie und für Mahmud.*

*Ich denke, wir zwei, Isabelle und ich, könnten uns zusammentun und gemeinsam versuchen, in Erwartung besserer Zeiten aus unserem Pech eine einigermassen erträgliche Existenz zu machen.*

Ich finde, ihr Plan, den Winter in Afrika zu verbringen, ist unnötige Zeitverschwendung. *Wir werden den ganzen Winter über mit China beschäftigt sein, journalistisch meine ich. Denn die Chinesen sind ein härterer Brocken als die Türken, sogar härter als die Buren. Diesen Winter wird sie es kaum schaffen, mehr als zwei Artikel über die Sahara unterzubringen. Man muss warten, bis die chinesische Angelegenheit abgeschlossen ist. Dann finde ich, dass sie damit* beginnen *sollte, sich als* arabische *Schriftstellerin einen Namen zu machen, wo sie doch Arabisch spricht und schreibt. Also, ich schlage ihr vor, den Winter in der näheren Umgebung von Alexandria zu verbringen und zwei oder drei Wintermonate in Kairo. Wir werden ganz arabisch leben, nicht in den teuren Europäervierteln. Ich für meinen Teil ziehe Alexandria vor. Doch sie wird nach Kairo gehen wollen [...] Sie kann ja für arabische Zeitungen schreiben und ich für französische. Was haben wir in Marseille oder an der Riviera verloren? Dieses Jahr wird düster sein für jene Städte, die nur von Lärm und*

*Luxus leben.* Unzeitgemäss *der Luxus dieses Jahr!* Eure Weltausstellung ist übrigens ein Schrecken. Ein Zwischenfall nach dem andern. *(Im Namen Allahs, meiden Sie sie!) Sollte Mahmud eine andere Stadt Nordafrikas vorziehen, so kann mir das recht sein, doch ich mag den französischen Krämergeist in Tunis und Algier nicht.*

*Wir könnten zusammen ein gutes Leben führen, das Essen ist nicht teuer in Ägypten. Wir könnten den Winter auch auf Korsika verbringen, wenn Ägypten ihr nicht passt, doch was kann man dort schon* Geistiges *unternehmen. Das Leben ist allerdings sehr billig.*

*Ich bin immer für Orte, wo man etwas verdienen kann. In Alexandria kann man das, und wenn auch nur mit ein, zwei Vorträgen ...*

*Wir könnten mit nur einer Lampe und mit einem Kochtopf auf dem gleichen Herd leben. Jede ihr eigenes Zimmer und ein luftiges Wohn-Arbeitszimmer in einem hübschen, weissgetünchten Häuschen in Komoldak oder am Meer. Wir werden oft Gäste haben. Glauben Sie mir. Im Sommer kann sie dann wieder in ihre Wüste zurück, wenn ihr der Sinn danach steht.*

*Abdalaziz Osman, den Isabelle offensichtlich in Paris getroffen hat, versucht, sie mit Schwüren ewiger Liebe zurückzuhalten. Diskreter, doch zweifellos auch ein wenig verliebt, fordert Abu Naddara sie auf, nach Paris zurückzukehren: „Gehen Sie nirgendwohin, bleiben Sie hier, wo Ihr schriftstellerisches Talent bereits sehr geschätzt ist. Doch", fügt er bei, „Sie sind intelligent genug, um zu wissen, was für Sie das beste ist. Ich bitte Sie einzig und allein, stürzen Sie sich nicht unüberlegt in gefährliche Abenteuer."*

## *CAGLIARI – PARIS – GENF – MARSEILLE*

### TAGEBUCHBLÄTTER
### ERSTES HEFT

Cagliari, den 1. Januar 1900

Ich bin allein, vor mir dehnt sich die graue Unendlichkeit des aufgewühlten Meeres ... Ich bin *allein* ... allein, wie ich es immer und überall gewesen bin, wie ich es immer und überall im grossen, verlockenden und ernüchternden Universum sein werde ... *allein,* mit einer Welt voller enttäuschter Hoffnungen hinter mir, voller toter Illusionen und von Tag zu Tag weiter zurückliegender Erinnerungen, die beinahe unwirklich geworden sind.

Ich bin allein ... und ich träume ...

Und trotz der tiefen Wehmut, die mein Herz überflutet, sind meine Träume weder verzweifelt noch trostlos. Nach diesen vergangenen sechs ach so qualvollen, so ziellosen Monaten fühle ich, dass mein Herz nun für immer gestählt ist und fortan unbezwingbar sein wird, dass es auch in den schlimmsten Stürmen nicht mehr verzagen wird, dass keine Demütigung ihm etwas anhaben kann, so gross das Leid auch sein mag. Dank der tiefen Lebensweisheit, die ich mir erworben habe (und wie viel Schmerz mich das gekostet hat, mein Gott!), und der subtilen Kenntnis der menschlichen Herzen kann ich mir den seltsamen und wohl auch traurigen Zauber der vor mir liegenden Monate vorstellen, die ich in dieser Gegend verbringen werde, wohin es mich unerwartet verschlagen hat, vor allem wohl durch meine sträfliche Sorglosigkeit gegenüber allem Irdischen, gegenüber allem, was nicht zu dieser ganz besonderen Geisteswelt gehört, zu dieser Welt von Empfindungen und Träumen, die mein wirkliches *Ich* darstellt und die sich – ausnahmslos – für immer *allen* neugierigen Blicken entzieht.

Nach aussen trage ich die Maske des Zynikers zur Schau, des Liederjans und des Sorglosen ... Noch niemand hat je diese Maske durchschauen und dahinter meine *wahre* Seele erkennen können, diese verletzliche und reine Seele, die doch so hoch über den niederträchtigen Demütigungen schwebt, in denen sich mein irdisches Wesen wälzt, der gesellschaftlichen Zwänge spottend und auch aus einem unbezwingbaren inneren Drang heraus, mir selbst Schmerz zuzufügen ...

Ja, niemand ahnt, dass in dieser Brust, die nur von Sinnlichkeit belebt zu sein scheint, ein mitfühlendes Herz schlägt, das einst vor Liebe und Zärtlichkeit überfloss, das jetzt immer noch von unendlichem Erbarmen für alle ungerecht Leidenden erfüllt ist, für alle Schwachen und Unterdrückten ... ein stolzes und unbeugsames Herz, das sich freiwillig einer geliebten Sache ganz geopfert hat ... der Sache des Islam, für den ich eines Tages unendlich gerne das ungestüme Blut vergiessen möchte, das in meinen Adern brodelt.

Niemand hat dies je verstanden und mich entsprechend behandelt ... ach, und niemand wird es je verstehen.

Ich werde also verbissen den Trinker mimen, den Wüstling, den Verirrten, der seinen trunkenen und verlorenen Geist im vergangenen Sommer in der verwirrenden Unendlichkeit der Wüste berauschte und dann im Herbst in den Olivenhainen des tunesischen Sahel.

Wo sind die lautlosen Nächte, die trägen Ritte durch die

Salzebenen des Oued Rhir und die weissen Sandwüsten des Oued Souf geblieben ...? Wo sind diese sehnsüchtigen und gleichzeitig heiteren Empfindungen geblieben, die das Herz des Einsamen in seinen notdürftigen Lagern überfluteten ... die Stunden unter Spahis und Nomaden, meinen Weggefährten einer Nacht, von denen kein einziger in mir das verhasste und verleugnete Wesen vermutete, das die Tragik des Schicksals mir aufgezwungen hat?

Wo sind die wilden Ritte im Herbstwind durch die Berge und Täler des Sahel geblieben, die berauschenden Ritte, die mich in wunderbarer Trunkenheit jegliche Wirklichkeit vergessen liessen?

In diesem Augenblick – wie übrigens in jeder Stunde meines Lebens – habe ich nur einen Wunsch: So bald wie möglich wieder in die geliebte Identität schlüpfen, die in Wirklichkeit die *wirkliche* ist, und dorthin zurückkehren, nach Afrika, und dieses Leben wiederaufnehmen ... Schlafen! In der kühlen, unendlichen Stille, unter der schwindelerregenden Flugbahn der Sterne, und als Dach über mir nur die Unendlichkeit des Himmels, und als Lager unter mir nur die lauwarme Erde ... ruhig einschlafen im süssen und wehmütigen Bewusstsein meiner vollkommenen Einsamkeit und in der Gewissheit, dass *nirgends auf dieser Welt* ein Herz für meines schlägt, dass an keinem Punkt der Erde ein menschliches Wesen Tränen um mich vergiesst oder auf mich wartet. Frei sein und ohne Fesseln, nur auf mich allein angewiesen im Leben, dieser grossen Wüste, wo ich immer nur ein Fremder und ein Eindringling sein werde ... Das ist in seiner ganzen *Bitterkeit* das einzige Glück, das mir das *Mektub* je gewähren wird, mir, dem das wirkliche Glück für immer versagt ist, das Glück, dem die ganze Menschheit keuchend hinterher jagt ...

Illusionen und Bedauern, lasst mich los!

Wie könnte ich noch Illusionen haben, nachdem die weisse Taube, welche die ganze Süsse und das Licht meines Lebens war, jenseits des Meeres entschlafen ist, vor zwei Jahren, im Land, im stillen Friedhof der Gläubigen von Annaba?

... Nachdem Vava seinerseits zur Erde zurückgekehrt ist, aus der er geschaffen war, nachdem alles, was so unverrückbar beständig zu sein schien, zusammengestürzt ist, nachdem alles vernichtet ist für Zeit und Ewigkeit ...?

Und nachdem die Vorsehung mich unbegreiflicherweise, geheimnisvollerweise vom einzigen Wesen getrennt hat, das wirklich meiner Seele am nächsten stand und einen flüchtigen Schimmer meiner Seele hätte erhaschen können – Augustin.

Und nachdem ... Doch nein! lassen wir diese noch nicht weit zurückliegenden Ereignisse für immer schlummern.

Von nun an werde ich mich von den unbeständigen Fluten des Lebens wiegen lassen ... Ich werde mich an allen Quellen berauschen, ohne zu verzweifeln, wenn sie unwiderruflich versiegen ... Vorbei die Kämpfe und die Siege ... und die Niederlagen, aus denen ich mit wundem und blutendem Herzen hervorgegangen bin ... Vorbei alle Torheiten der frühen Jugend!

Ich bin hierher gekommen, um den Trümmern einer langen, dreijährigen Vergangenheit zu entfliehen, die eingestürzt ist, ach ja, im Schlamm untergegangen und so tief, so tief gesunken ... Doch ich bin auch aus Freundschaft zum

Mann hierhergekommen, dem ich zufällig begegnet bin und den das Schicksal mir im richtigen Moment über den Weg geschickt hat, als ich wieder einmal in einer Krise steckte – möge es die letzte sein, *(a) so es Gott gefällt (a)* –, in der ich nicht zusammengebrochen bin, die aber böse Folgen zu haben drohte ...

Und, merkwürdig, ich habe heute festgestellt, und es hat mich mit grenzenlosem Schmerz erfüllt, dass sich meine Gefühle für ... grundlegend geändert haben.

Meine freundschaftlichen Gefühle sind tiefer geworden ... Um so besser! Doch *Illusionen*? Vom ersten Tag an, von der ersten Stunde an ... nichts!

Ich stelle fest, dass ich einmal mehr Gefahr laufe, mich im *Unsagbaren* zu verlieren, in dieser materiellen Welt, die ich fühle und ganz klar verstehe, die ich aber nie habe in Worte fassen können.

Trotzdem, und wenn auch mein Leben nur eine einzige Verstrickung aus Schmerz und Trauer gewesen ist, ich würde dennoch dieses klägliche Leben nie verfluchen, dieses trostlose Universum ... wo die Liebe und der Tod Seite an Seite gehen und alles flüchtig und vergänglich ist.

Denn ich habe mich am einen wie am anderen zu sehr berauscht ... verdanke ich ihnen nicht etwa die süsseste Trunkenheit ... unendlich viele Gedanken und Träume?

Ich bedaure nichts, es gibt nichts mehr, wonach ich mich sehne ... *Ich warte.*

Und so, einsam und Nomade und nur den Islam als Heimat betrachtend ... ohne Familie und ohne Freunde ... allein, allein für immer, werde ich in der stolzen und diffusen süssen Einsamkeit meiner Seele meinen Weg durch das Leben

gehen, bis die Stunde des grossen ewigen Schlafes schlägt ...
Mahmud Es-Saadi

Und die ewige, die geheimnisvolle, die beklemmende Frage stellt sich einmal mehr: Wo werde ich dann sein, in einem Jahr, zur gleichen Stunde, in welchem Lande und unter welchem Himmel? ... Weit weg zweifellos von dieser kleinen sardischen Stadt ... Wo? Und werde ich an diesem fernen Tag noch unter den Lebenden weilen? ...

Cagliari, den 9. Januar

*Impressionen,* 1900

*Öffentlicher Park,* gegen fünf Uhr abends

Zerklüftete Landschaft, schroffe Hügelzüge, rötlich oder grau, tiefe Schluchten, von grauen und düsteren Seekiefern und Kaktusfeigen bestanden. Üppig wuchernde Grünflächen, beinahe unwirklich in dieser Winterstimmung. Lagunen, bleierngraue Meeresoberfläche, unbeweglich und tot wie die Salzsümpfe in der Wüste.

Dann, hoch oben, die Umrisse einer Stadt, die sich an die steilen, von Schluchten durchschnittenen Hügel schmiegt ... Graue Schutzwälle, ein alter, quadratischer, schartiger Wachturm, die geometrische Silhouette der terrassenartig angelegten Dächer, alles schmutzigweiss und eintönig gegen den indigoblauen Himmel.

Darunter Grün und nochmals Grün, Bäume mit ewiggrünem Blattwerk. Kasernen, die aussehen wie die algerischen, lang und niedrig, mit roten Ziegeln bedeckt, der Putz bröckelt von den fleckigen Wänden, und auch diese golden schimmernd wie die übrige Stadt.

Intensiv rosafarben oder blutrot getünchte Mauern oder himmelblau wie die arabischen Häuser ... Alte, finstere Kirchen voller Skulpturen und Marmormosaike, verschwenderisch prächtig in diesem Land dumpfer Armut. Ein Gewirr von steilen Gässchen, die bergan, bergab unter Torbögen hindurchführen, wo die Schritte klar widerhallen und klangvolle Echos wecken, da und dort in graue Steintreppen mündend, und auf den ungeebneten Strassen der Oberstadt spriesst zwischen den kleinen, spitzen Pflastersteinen dünnes, verkümmertes, gelblichgrünes Gras.

Türen öffnen sich auf tiefergelegene Keller, wo ganze Familien von Elenden in jahrhundertealtem Schatten und Feuchtigkeit hausen. Andere Türen geben den Blick auf gewölbeüberdachte Hauseingänge frei und auf fliesengeschmückte Treppen.

Kleine Läden mit bescheidenen, grellbunten Auslagen, enge, rauchige orientalische Gemischtwarenhandlungen, aus denen näselnde, schleppende Stimmen dringen ...

Da und dort ein junger Mann, der sich gegen eine Mauer lehnt und sich durch Zeichen mit einem Mädchen unterhält, das sich über eine Balkonbrüstung neigt ...

Bauern, mit langen, bis in den Rücken fallenden Zipfelmützen auf dem Kopf, in schwarzen, zerschlissenen, feingefältelten Westen über den weissen Kalikuthosen. Bärtige, sonnengegerbte Gesichter, tiefliegende, misstrauisch und abweisend blickende Augen unter dichten Brauen, Gestalten, deren Gesichtszüge etwas von der griechischen Bergbevölkerung und von den kabylischen Berbern haben, ein eigentümlicher Menschenschlag.

Die Frauen, arabische Schönheit, grosse schwarze Augen,

schmachtend und gedankenverloren ... Der ergebene und traurige Ausdruck armer, eingeschüchterter Tiere.

Weinerlich und unterwürfig klagende Bettler, die über den Fremden herfallen, ihm überall hin folgen, ihn belästigen ... Unsagbar wehmütige Melodien oder ein eintöniger Singsang, seltsam, beängstigend, der einen nicht mehr loslässt, Lieder, die jenen von der anderen Küste zum Verwechseln ähnlich sind, von der Küste Afrikas, an das hier alles erinnert, auf Schritt und Tritt, was das Feuer schmerzlicher Sehnsucht schürt.

Cagliari, 18. Januar, Donnerstag, 5 Uhr 30 abends

Seit ich hier bin, in der einschläfernden Ruhe dieses Lebens, das der Zufall, oder vielmehr die Vorsehung, mir auf meinem abenteuerlichen Lebensweg beschert hat, quälen mich die Erinnerungen an die „Villa Neuve" mehr denn je und lassen mich nicht mehr los ... die guten wie die schlechten ... Ich sage die guten, denn man darf gegenüber dem alten Schuppen nicht ungerecht sein, jetzt, wo alles endgültig vorbei und endgültig tot ist ... Man darf nicht vergessen, dass das Haus von der Güte und Zärtlichkeit Mamans erfüllt war, von den guten, nie verwirklichten Absichten Vavas ... und vor allem von der ganzen chaotischen Welt meiner eigenen Träume. Nein, keinen Fluch über das Leben von einst. Habe ich dort nicht gesegnete Stunden erlebt ... trotz allem, trotz der Abgeschlossenheit und des Kummers und der Ungerechtigkeiten? Seit ich dieses Haus für immer verlassen habe, wo alles erloschen ist, wo alles schon tot war, bevor es endgültig in Trümmer sank, seitdem ist das Leben für mich nur noch Traum, ein flüchtiger, stechender Traum, der mich unter anderen Namen, unter verschiedenen Identitäten durch die seltsamsten Länder führt.

Und ich weiss wohl, dass dieser ruhige Winter, den ich jetzt verbringe, nur ein Atemholen ist auf diesem Lebensweg, den ich bis zum Schluss werde gehen müssen.

Morgen, in ein paar Tagen, wird das wahre, das ziellose Wanderleben wieder beginnen. Wo? Wie? Gott allein weiss es! Ich kann mich nicht einmal mehr erkühnen, Mutmassungen und Spekulationen darüber anzustellen. Hatte ich nicht etwa beschlossen, noch Monate und Monate in Paris zu bleiben? Und schon befinde ich mich unversehens in Cagliari, in diesem gottverlassenen Nest, an das ich nie einen Gedanken verschwendet habe, nicht mehr als an irgendeinen anderen Namen, den mein zerstreutes Auge auf der Karte der bewohnten Welt beiläufig wahrgenommen hat.

Seitdem ist Schluss mit Mutmassungen und Spekulationen.

Etwas freut mich allerdings: Je weiter ich mich aus dem Umkreis der Vergangenheit entferne, desto stärker festigt und formt sich mein Charakter, wie ich es mir wünschte. Was sich in mir entwickelt, ist der hartnäckigste, der unbezwingbarste Wille und die Gradlinigkeit des Herzens: zwei Eigenschaften, die ich höher schätze als alle anderen ... und die bei einer Frau leider so selten sind.

So ausgerüstet und durch die mir bevorstehenden vier Monate Wüstenleben gestählt – im kommenden Frühling sehr wahrscheinlich –, bin ich sicher, jemand zu werden ... und dadurch früher oder später das einzige Ziel meines Lebens zu erreichen: die Rache! Vava hat mir immer eindringlich ans Herz gelegt, diese heilige Pflicht nie zu vergessen, die Maman uns als Vermächtnis hinterlassen hat ... ihm, Augustin und mir. Vava ist tot; Augustin ist nicht dazu berufen und hat für immer die ausgetretenen Pfade des Lebens eingeschlagen ... Ich allein bin übriggeblieben.

Glücklicherweise haben mein ganzes vergangenes Leben, meine ganze Jugendzeit mich erkennen lassen, dass ich für ein geruhsames Glück nicht geschaffen bin, dass ich dazu bestimmt bin, als Einzelgänger unter den Menschen einen erbitterten Kampf gegen die Menschheit zu führen, dass ich sozusagen alles auf mich nehmen muss – alle Ungerechtigkeit und alles Unheil –, was die drei geliebten Wesen in das Verderben gestürzt hat: Maman, Wladimir und Vava.

Und nun habe ich meine Rolle übernommen. Ich liebe sie mehr als jedes selbstsüchtige Glück, ich werde ihr alles opfern, was mir lieb und teuer ist. Dieses Ziel wird mir immer den Weg zeigen, den ich durch das Leben zu gehen habe. Ich habe darauf verzichtet, in dieser Welt einen Winkel *für mich allein* zu haben, ein *Home,* eine Familie, den Frieden, das Glück. Ich habe die oft recht unbequeme Kleidung des Vagabunden und Heimatlosen angezogen. Ich habe auf das Glück verzichtet, an einen Herd zurückkehren zu können, wo geliebte Menschen, Ruhe und Sicherheit mich erwarten.

In diesem vorübergehenden Zuhause in Cagliari, wohin es mich unerwartet verschlagen hat, gebe ich mich von einer wohligen Süsse erfüllt vorläufig der Illusion hin, einen Menschen an meiner Seite zu sehen, den ich tatsächlich recht gut mag und dessen Gegenwart mir unmerklich zu einer Voraussetzung für mein Wohlbefinden geworden ist ... Doch ach, auch dieser Traum wird nur von kurzer Dauer sein: Schon bald werde ich wieder einsam und allein zu meinen mühsamen und gefährlichen Wanderungen aufbrechen und die schläfrige Ruhe des Lebens zu zweit aufgeben müssen.

Doch das *muss* sein, und das wird sein. Und in der Düsternis dieses Lebens wird es wenigstens tröstlich sein zu wissen, dass vielleicht irgendwann – und wenn auch erst bei meiner Rückkehr – ein lebendiges Wesen, ein Freund mich erwartet, der glücklich ist, mich wiederzusehen ... oder zumindest froh ... Nur eins ist unerträglich: dass es einer langen *Trennung* bedarf, die allein ein Wiedersehen ermöglicht ... Und vielleicht wird eines Tages jemand anderer meinen Platz einnehmen. Ziemlich sicher sogar in Anbetracht seiner Ansichten über die Frau und die Ehe. Es wäre recht ungewöhnlich, fände er die Gefährtin nie, die seine Ansichten teilt, die meinen so sehr zuwiderlaufen. Oh, ich weiss wohl, dass er diese Gefährtin nicht finden wird, solange er ein Herumirrender und ein Heimatloser ist, es sei denn, er begnüge sich damit zu wissen, dass irgendwo auf der Welt eine Frau in den Stunden der Gefahr um ihn zittert – falls sie ihn liebt –, *aus der Ferne* und in wohliger Geborgenheit.

Jene aber, die wie ich und wie gerufen in den schlimmen Stunden zur Stelle sein wird und die nichts wird je zurückhalten können, jene wird er nicht finden.

Doch nach diesem unsteten Wanderleben wird er wie Augustin und wie jedermann von der Sehnsucht nach Ruhe und nach einem trauten Heim erfasst werden.

An diesem Tag werde ich weiterziehen können, in der traurigen Gewissheit, das Hotelzimmer, die Hütte oder das Zelt, die mir irgendwo auf der Welt in meinem Nomadenleben vorübergehend als Obdach dienen, immer und unbarmherzig leer vorzufinden. *(a) Mektub (a).*

Geniessen wir den Augenblick und den Rausch der Stunde, der sich bald verflüchtigt haben wird ... die gleiche Blume entfaltet sich nie zweimal, und es ist nie das gleiche Wasser, das zu verschiedenen Zeiten das Bett desselben Flusses netzt ...

Warum denn diesem Freund nicht vertrauen? Warum über ihn urteilen, bevor ich ihn überhaupt am Werk gesehen habe, und vor allem, warum ihm Gedanken über die Ehe und die häusliche Musse unterschieben, die er nicht hat?

Sein Leben wird immer dem Kampf für die edelsten aller Ideale geweiht sein, er wird, wie und wo auch immer, der Heiligen Sache des Islam dienen, er wird immer aufrecht wie ein Fels inmitten der Trümmer seiner dekadenten *Landsleute* stehen.

Nein, heiraten wird er nie. Aber nichts wird etwas daran ändern können, dass sein Glück darin besteht, sein heimatloses Haupt an der Brust einer aufrichtigen Freundin auszuruhen.

Es wird für ihn tröstlich sein zu wissen, dass ein Herz im Einklang mit seinem schlägt, dass er mit der Zuneigung einer zärtlichen Seele rechnen kann, der er seinen Schmerz und seine Freuden anvertrauen kann. Diese Freundin, dieses Herz, diese Seele, er glaubt, sie in dir gefunden zu haben. Warum also zweifelst du?

*Isabelle notiert da und dort am Rand Gedanken und Zitate, die sie bewegen: „Warum endet das menschliche Leben nicht wie der afrikanische Herbst, unter einem klaren Himmel, begleitet von lauen Winden, ohne Vorahnungen und Zerfall?" (Eugène Fromentin: Ein Jahr im Sahel).*

*Sie liest unermüdlich, um sich selbst besser zu erkennen, um nach den Zeichen zu forschen, die das Schicksal ihr schickt:* In Cagliari notiert, am 1. Januar 1900, in einem Augenblick unendlicher, grundloser Traurigkeit.

Cagliari, den 29. Januar 1900<br>
Perché affrettar l'arrivo<br>
Della giornata negra?<br>
. . . . . . . . .<br>
Nei baci miei t'allegra<br>
O brevemento vivo!

Der kurze Traum ruhiger Besinnung, in der alten sardischen Stadt, unter einem sanften, gedankenschweren, milden Himmel, inmitten dieser ganz afrikanisch anmutenden Landschaft, ist zu Ende.

Morgen zur gleichen Stunde werde ich schon weit weg von der felsigen Küste Sardiniens sein, weit weg, auf dem grauen Meer, das Tag um Tag rauscht und brandet ...

Vergangene Nacht widerhallten die Echos von Cagliari im Donnergrollen ... Heute hat das Meer sein düsterstes Aussehen angenommen; ein glasiger, fahler Widerschein liegt auf den Wellen ... hier ist alles vorbei, und morgen werde ich abreisen, um den unheilvollen Kampf wieder aufzunehmen, den erbitterten Kampf, der über einem seit acht langen Monaten zugeschütteten Grab weitergeht, über einem erloschenen Leben, das zum geheimnisvollen Ursprung zurückgekehrt ist ...

Und in dieser grauen Abenddämmerung, heute abend, in unserer geliebten, von Trennungsschmerz erfüllten Hütte, im Durcheinander des Aufbruchs fühle ich die tiefe Traurigkeit, welche Veränderungen nach sich zieht ... das allmähliche Vergessen, das uns unmerklich zum grossen, endgültigen Vergessen führt.

Und was wird dieser neue Lebensabschnitt bringen?

Am 30., um 4 Uhr 30 abends. Das *Mektub* hat meine Abreise um ein paar Stunden verzögert. Doch auch der Horizont hat sich verdüstert.

*In einem unter den Trümmern von Aïn-Sefra gefundenen Heft finden sich folgende Eintragungen:*

Paris, 25. Februar 1900

Hier, vor mir, an der Wand, hängt ein Plan von Bône, den Khodscha mir nach Cagliari geschickt hat, und auf diesem Plan ist ein Punkt eingezeichnet, ein Punkt, der in mir stechende Erinnerungen weckt.

Muslimischer Friedhof. Diese zwei schlichten Worte, die eine Stecknadel auf einer gewöhnlichen Strassenkarte hervorhebt, haben in mir wiederholt diesen inneren Schauer erzeugt, der für mich eine der wesentlichsten Bedingungen seelischer Reinheit ist. Und ich sehe in diesen gesegneten Stunden den geliebten Geist von Annaba (Bône) erstehen, diesen zwei Jahre lang dauernden Traum, dort, jenseits des Meeres, im Exil ...

So verharrt die unverzagte Seele, die sich wiederholt in mir geregt hat, in einem unendlich geheimnisvollen, erwartungsfrohen Schlummer. Und wenn ich will, werde ich dafür Sorge tragen, dass sie eines Tages in wunderbarer Blütenpracht erstrahlt.

Gelobt sei alles Herzeleid! Gelobt sei der Tod, der die

trauernden Seelen befruchtet! Gelobt sei das stumme Grab, das nicht nur für jene, die dahingehen, die Pforte zur Ewigkeit ist, sondern auch die Pforte zum Heil für die auserwählten Seelen, die seine geheimnisvollen Tiefen zu ergründen versuchen! Gelobt sei die Traurigkeit und die Wehmut, göttliche Beseelerinnen!

Feige Verzweiflung und schuldige Gleichgültigkeit, weg von mir! Weg von mir, vergessen!

Durch was für eine Verirrung haben die tröstenden Umrisse der zwei Grabhügel von Annaba und Vernier zeitweise aus meiner Erinnerung entschwinden können, ja, beinahe in Vergessenheit geraten? Warum?

Nein, weg von mir, das zögernde Vorantasten meiner krankhaften Jugend! Weg von mir, der genussüchtige und vulgäre Geist, der nicht zu mir gehört, der mir vom Chaos aufgezwungen wird und der meinen Untergang bedeutet.

Wenn sich eines Tages die Wolken von Genf zerstreut haben, wird dieser schlummernde Horizont strahlend leuchten wie die Horizonte von einst, damals, beim ersten Aufhorchen meines Geistes, als ich die wehmütigen Sonnenuntergänge hinter den finsteren Umrissen des Juras betrachtete, damals, als ich versuchte, das grosse Geheimnis meiner Zukunft zu erraten.

Kommt alle her zu mir, Erinnerungen, ich werde euch nicht fortjagen. Kommt, weckt das heilige Feuer in mir, das eines Tages alle Unreinheiten meiner Seele verzehren und sie stark und schön wiederauferstehen lassen wird, gewappnet für die Ewigkeit. Wirre und sonderbare Träume, Träume, die man nicht zu deuten vermag, ihr seid mein einziger Daseinszweck auf dieser Welt ...

29. März, 6 Uhr 30 abends

Gewiss, meine Seele durchläuft eine Wartezeit; die schmerzlichen Empfindungen der gegenwärtigen Stunde werden sich zerstreuen, die düstere Wirklichkeit meines gegenwärtigen Lebens wird wiedererwachen!

In einem Monat vielleicht werde ich dort sein, jenseits des Meeres, in der grossen, grenzenlosen Wüste, ich werde neue Eindrücke sammeln, das Rohmaterial für das Werk, das ich schaffen möchte.

Doch meine ganze seelische Bildung muss neu aufgerollt werden. Ich müsste mich an den grossen beschwörenden Gedanken der Vergangenheit inspirieren und am Glauben des Islam, der den Frieden der Seele bedeutet.

Gewiss, am Ende aller Dinge sind die Stille und das Grab. Doch alles, was ich anstrebe, dient dazu, den stürmischen Ablauf dieses unerklärlichen Dramas zu mildern, das man Leben nennt und dem man sich wohl nicht entziehen kann.

April 1900. Paris

Eines Abends im fahlen Licht der Sterne und der Strassenlampen die weissen Umrisse der Kreuze im Friedhof von Montparnasse erblickt, die sich wie Gespenster gegen das samtene Schwarz der grossen Bäume abzeichneten ... Und gedacht, dass der gewaltig brandende Atem von Paris den unbeschreiblichen Schlaf der Unbekannten, die dort ruhen, nicht zu trüben vermag ...

2. Mai, 10 Uhr vormittags

Seit Tagen und Wochen scheint die Sonne, und der Himmel ist blau. Paris hat sich mit strahlenden Farben geschmückt. Alles glänzt und alles scheint in festlicher Stimmung zu sein. Und auch ich bin aus den Abgründen emporgetaucht, in denen ich seit meiner Rückkehr aus Cagliari herumirrte. Meine Seele ist in Wandlung begriffen. Nach und nach, zögernd, befreit sie sich aus diesem irdischen Nebel, in dem sie zu ertrinken drohte. Langsam, doch unaufhaltsam, nähert sie sich den Sphären des Ideals, das sie eines Tages erreichen wird.

Am gleichen Tag, Mitternacht

Ich habe soeben den Raum betreten, das Zimmer, in dem ich zum letzten Mal schlafen werde. Es ist mein letzter Abend in Paris. Paris! das ich langsam heiss zu lieben beginne, wo ich so sehr gelitten und so sehr gehofft habe, Gott allein weiss, ob ich diese Stadt je wiedersehen werde. Und sollte ich zurückkehren, wann wird das sein? Und was werde ich mitbringen und was werde ich vorfinden? Das Siegel des Grossen Unbekannten, immer fühle ich es auf mir lasten ...

Marseille, 7. Mai 1900

Ich habe bei meiner Ankunft hier in Marseille nicht die düstere und unheilschwangere Stimmung vorgefunden, die mir anlässlich meines letzten Aufenthaltes, bei meiner Rückkehr aus Cagliari, so schwer auf der Seele lastete.

... In Mâcon – ich glaube, es ist dort gewesen – von lebhafter Erinnerung an früher gepackt, an die letzten Jahre in der „Villa Neuve", im Frühling. Der Zug hatte kurz vor der Einfahrt angehalten, ringsum herrschte tiefe Stille. Draussen, rechts vom Geleise, standen noch kaum erblühte Fliederbüsche; die Lerche zwitscherte ein letztes monotones Abendlied. Das war alles. Ein Aufblitzen, ein flüchtiger Traum, ein Nichts, und dennoch, solche Augenblicke können einen Menschen bis auf den Grund des in ihm schlummernden Geheimnisses aufwühlen.

... In ein paar Tagen bin ich in Bône; ich werde dort das Grab jener wiedersehen, die – drei lange Jahre sind es bereits her – mit mir an dieser unzivilisierten afrikanischen Küste an Land ging. Alles erschien mir damals wie eine Sinnestäuschung.

Möge der Schatten, den ich beweine, mir die Kraft, die Geduld und die Ausdauer geben, die ich brauche, um die schwere Aufgabe zu erfüllen, die mir mein einstiges Leben überbürdet hat!

... In diesen Tagen des Gedenkens an den April 1898 und an den Mai 1899 wendet sich meine schmerzliche Erinnerung auch jenen beiden Gräbern zu, die im Lande des Exils zurückgeblieben sind, einzige unvergängliche Zeugen des Leidens, des Elends und der Hoffnungen von einst, denn das arme geliebte Zuhause wird in wenigen Tagen an gleichgültige Fremde verkauft, die es entweihen werden. Meine Gedanken kehren zu diesen zwei Gräbern zurück, die ich zweifellos nie mehr sehen werde und die durch die Rückkehr des von ewigem Leben und unversiegbarer Fruchtbarkeit berauschten Frühlings bestimmt von üppigem Unkraut überwuchert sind ...

... Unter welchem Himmel und in welcher Erde werde ich ruhen, wenn dereinst der Tag kommt, den das Schicksal mir bestimmt hat? Geheimnis ... Doch wie auch immer, ich wünsche mir, dass meine sterbliche Hülle im strahlendweissen Annaba, in der roten Erde des Friedhofs beigesetzt wird, wo SIE schläft ... oder dann irgendwo im versengten Wüstensand, weit weg von den würdelosen Banalitäten des eindringenden Okzidents ...

Kindisch traurige Sorgen und sehr kindlich, sehr naiv angesichts der magischen Anziehungskraft des Todes!

Genf, den 27. Mai 1900, 9 Uhr 30 abends (Sonntag)

Einmal mehr schreibe ich über meine trübsinnigen Tagebuchaufzeichnungen den Namen dieser unheilbringenden Stadt, wo ich so sehr gelitten, wo ich beinahe mein Leben gelassen habe.

Ich bin kaum eine Woche hier, und bereits fühle ich die lastende Schwüle von früher und wünsche mir nichts sehnlicher, als ihr für immer zu entrinnen.

Ich habe unter einem wolkenschweren Himmel das vom Unglück verfolgte Haus wiedergesehen, abweisend und stumm stand es da, einsam und verlassen zwischen wucherndem Unkraut, als sei es in einem düsteren und unheimlichen Traum versunken.

Ich habe die Landstrasse wiedergesehen, die pfeilgerade, weisse Landstrasse, wie ein mattsilberner Fluss so weiss, die sich zwischen grossen, samtenen Bäumen in Richtung des melancholischen Juras hinzieht.

Ich habe in der einzigartigen Umgebung jenes ungläubigen Friedhofs im Lande des Exils die zwei Gräber wiedergesehen ... unendlich weit weg von einem anderen geweihten Hügel ewiger Ruhe und undurchdringlicher Stille ...

Und ich fühle mich vollkommen und für immer fremd in

dieser Stadt, die ich morgen verlasse und wohin ich nie mehr zurückzukehren hoffe.

Heute abend, unergründliche, unsägliche Niedergeschlagenheit und je länger je endgültigere Resignation angesichts des gnadenlosen Schicksals ...

Was für Träume, was für Trugbilder und was für berauschende Stunden wird mir die Zukunft noch bescheren?

Was für ... sehr fragwürdige ... Freuden und was für sichere Leiden?

Und wann, wann wird endlich die Stunde der Befreiung schlagen, die Stunde der letzten Ruhe?

## ZWEITES HEFT

Im Namen Gottes des Allmächtigen und Barmherzigen!

*schreibt Isabelle jeweils auf der ersten Seite eines neuen Heftes ihrer* Tagebuchblätter.

Già non si deve a te ne doglia ne pianto
Chi muore nel mondo nel ciel' rinasce.

Grabinschrift auf dem kleinen Friedhof von Vernier, festgehalten am 4. Juni 1899 anlässlich meiner letzten Pilgerfahrt an Vavas Grab, am Tag meiner Abreise von Genf.

Friede eurer Asche, Friede jenen, die in der fremden, fernen Erde ruhen, und Friede dir, die du auf dem heiligen Hügel ruhst, über den ewigen Gezeiten des azurnen Mittelmeeres ...

Nicht ich bin es, der schreibt. Sie, die mich liebt, führt meine Hand, und jeder Missklang würde ihre Ruhe schmerzlich stören.

Und alles war wieder wie in früheren Tagen ...
*(Diese Zeilen aus „Le Mariage de Loti" von Pierre Loti hat Isabelle ins Russische übersetzt.)*

Genf, den 15. Juni 1900

*Tretet an die Wege und sehet, forschet nach den Pfaden der Vorzeit, welches der Weg des Heils sei; den geht, so werdet ihr Ruhe finden für eure Seele. (Jeremia, 6,16)*

Immer noch im grauen Alltag meines gegenwärtigen Lebens, und wieder ein Traum, ein neuer Rausch ...

Wie lange noch? Wann wird die letzte Stunde schlagen? Was wird das Morgen bringen? Dennoch, die Erinnerung an diese wenigen *besseren* und *lebendigeren* Tage wird mir immer teuer sein, sind es doch ein paar zusätzliche, der niederschmetternden Banalität des Lebens entrissene, vor dem Nichts gerettete Stunden.

Ich werde mich immer nur von Menschen angezogen fühlen, die an diesem erhabenen und fruchtbaren Schmerz leiden, den man Unzufriedenheit mit sich selbst nennt ... dem Durst nach dem Ideal, nach diesem mystischen und erstrebenswerten Etwas, das unsere Seelen entflammt und in die höchsten Sphären erhebt ... Ich werde mich nie in der heiteren Gewissheit wiegen, das Ziel erreicht zu haben, und die wirklich überlegenen Geister sind für mich jene, die in der heutigen Welt am sublimen Schmerz der fortwährenden Niederkunft eines besseren *Ich* leiden.

Ich hasse den Selbstgenügsamen, der sich mit seinem Schicksal, mit seinem Geist und mit seinem Herzen bescheidet.

Ich hasse die stumpfsinnige Grossspurigkeit des *tauben,*

*stummen und blinden* Spiessers, *der sich nie eines Besseren besinnen wird ...*

Man muss *denken* lernen, ein langwieriger, schmerzhafter Prozess, jedoch unerlässlich hinsichtlich des persönlichen Glücks, dieses Wohlbefindens, das Menschen wie ich nur durch die Existenz einer anderen, *besonderen Welt* erringen, einer geschlossenen Welt, die uns ermöglichen sollte zu leben und mit der wir uns begnügen müssen.

... Dieser Drang, die Gesellschaft von Menschen zu suchen, die mir im Grunde gleichgültig sind, und mich ihnen mit demütigenden Erklärungen anzubiedern ... unmöglich zu sagen, wie abgrundtief ich mich dieses törichten Charakterzuges wegen hasse und verachte.

Warum nur suche ich die Anerkennung, nach der ich mich in meinem Innersten sehne, dort, wo ich sicher bin, sie nicht zu finden, anstatt sie in mir selbst zu suchen?

Werde ich wirklich nicht dagegen ankämpfen können? Werde ich mich wirklich nie von dieser unnützen Bürde befreien können, die mir nach wie vor das Leben kompliziert? Geistige Übereinstimmung ist ein Ding der Unmöglichkeit – ausser mit ein paar wenigen, ganz besonderen Menschen –, warum also suche ich wissentlich und willentlich die Ernüchterung?

... Unter all den Menschen, die in bezug auf gewisse wesentliche Punkte – den Glauben, die Liebe usw. usw. – andere Ansichten haben als ich, gibt es zwei, die ich trotzdem aus tiefstem Herzen liebe, die mir nicht gleichgültig sein können: meinen Bruder und Vera. Und ich leide aufrichtig darunter, dass letztere zum Beispiel nicht versteht, was mir widerfahren ist, dass sie nicht glauben will, obwohl ich es ihr hoch und heilig geschworen habe, dass die Erinnerung an die mit Archavir verbrachten Tage – Tage, die, wie er gestern gesagt hat, sich in lebenslängliche Freundschaft verwandeln werden –, dass diese Zeit zu den kostbarsten Erinnerungen meines Lebens gehören wird, wo und was auch immer geschehen mag.

... Ein treffendes Bild, das Schild *Zimmer zu vermieten* am Fenster dieses trostlosen Zimmers, wo ich zwischen einem Feldbett, meinen Papieren und meinen wenigen Büchern hause, bezeichnend für all das, was mein Leben geworden ist. Ironisch ... und traurig. Nichts könnte die verzweifelte Einsamkeit meiner jeweiligen provisorischen Unterkünfte besser veranschaulichen, meine vollkommene Verlassenheit mitten im grenzenlosen Universum ...

Was für verzagte, lastende, traurige, freudlose Stunden!

*(Isabelle vermerkt am Rand:* Prophezeiung, Algier, 8. April 1904.)

In einem Ksar am fernen Oued Irharrhar ... Vorgestern, als ich diese Worte niederschrieb, fühlte ich plötzlich, wie in mir der Entschluss erwachte und Gestalt annahm, nach Ouargla zu gehen, koste es, was es wolle; noch einmal versuchen, mich monatelang in der unendlichen Stille der Wüste einzuschliessen, mich an das nachdenkliche und versponnene Leben zu gewöhnen.

Eigentlich spricht nichts dagegen.

Meine knappen Mittel werden mir immerhin ein mehr oder weniger gutes und mehr oder weniger angenehmes *Leben* ermöglichen.

*Am Rand vermerkt:* In Erinnerung an diesen 19. Juni 1900, ein schicksalhaftes Datum. Und so hat sich unbewusst, durch eine Eingebung sozusagen, mein Schicksal entschieden: Jäh tat sich mir in der Finsternis meines damaligen Gemütszustandes der Weg auf, den ich zu gehen hatte, dieser Weg, der mich Monate später im Garten von Bir-Azelir zu Slimène führen würde, zu meiner Aufnahme in den Kreis der Ikhwans in Behima und zum Heil. Marseille, 23. Juli 1901, Dienstag, 11 Uhr 15 abends.)

*[I.E. nennt ihren Gatten Suliman Ehnni* Slimène; *wir haben diese dem Französischen angepasste Schreibweise beibehalten; Anm. d. Üb.]*

Merkwürdig, ich habe keineswegs vergessen, wie sehr ich damals gelitten habe, die unglaublichen Entbehrungen, die Krankheit ... Und trotzdem und schon allein deswegen, weil nichts dagegen spricht. Diese Perspektive scheint mir verlockend ... vorläufig.

Das harte Wüstenleben – etwas weniger ermüdend, weil ich nicht gezwungen sein werde, nachts wach zu bleiben – wird mich endgültig zu einem tatkräftigen Menschen machen; eine spartanische Erziehung, die in Anbetracht meiner persönlichen Situation eine unentbehrliche Waffe darstellt ...

... Und was für bittersüsse Wonnen: Zuerst der Abschied hier ... von Vera, die ich aus ganzem Herzen liebe, die das menschlichste Wesen ist, dem man überhaupt begegnen kann ... von diesem seltsamen Archavir, der mir so einmalige Stunden geschenkt hat, unendlich zärtliche und zugleich schmerzliche Stunden ...

Dann, in Marseille, bevor ich an Bord gehe, die feierliche Szene am Kai, der Abschied von diesem Bruder, meinem einzigen Daseinszweck auf dieser Welt ...

Dann die traurige und besinnliche Pilgerfahrt nach Annaba ... zum geheiligten Hügel, wo ihr Grab liegt ...

Dann Batna, wo mein nostalgisches Gedächtnis unzählige Erinnerungen sucht ...

... Das glühende Biskra, wo ich einst so angenehme Stunden verbracht habe, am Abend, vor den maurischen Kaffeehäusern ...

Und der steile und erstickend heisse Weg entlang den ausgetrockneten Oued Rhir ...

Und das traurige Touggourt, verschlafen unter dem salzigen Schweisstuch, am Rand des düsteren Schott ...

Dann das unbekannte Ouargla an der Pforte zum geheimnisvollen Nichts der grossen Sahara, dort, wo das Tal des Oued Irharrhar beginnt: ein magischer Name, der Träume in uns weckte, einst ...

„Freunde sind wie Hunde: Es nimmt immer ein schlechtes Ende mit ihnen, das Beste ist, keine zu haben." (Aziyadé)

In Erinnerung an die Suks el-Hadschemin und el-Assar in Tunis:

„Schiffer sein mit einer goldenen Weste, irgendwo im Süden der Türkei, dort, wo der Himmel immer klar ist und die Sonne immer warm ... Warum eigentlich nicht? Und ich wäre dort weniger unglücklich als sonstwo." (Aziyadé)

(In Genf notiert am Montag, 25. Juni 1900)

15. Juni: „Je länger je weniger will es uns gelingen, aus Höflichkeit die ermüdende gesellschaftliche Komödie zu spielen, die jedermann so natürlich und ohne jegliche Anstrengung spielt." (Journal des Goncourt, Band I)

Genf, den 27. Juni 1900, Mittw.

Nach einem anregenden Gespräch mit Vera verspüre ich einmal mehr, und zwar mit zunehmender Intensität, das Bedürfnis, das sozusagen unbeackerte, das sozusagen brache Feld meines Intellekts – ganz intensiv – zu bearbeiten, welches im Vergleich mit meiner Gefühlswelt sehr im Rückstand ist.

Den Intellekt entwickeln, das ist eine erdrückend schwere Arbeit, vor allem jetzt. Doch mir will scheinen, dass das Resultat so erstaunlich sein könnte, dass ich darob verblüfft wäre – ich an allererster Stelle. Das ist mein momentaner Traum ... werde ich ihn je verwirklichen?

Nach Ouargla gehen, weit weg von hier, an die Schwelle zum grossen, geheimnisvollen Ozean der Sahara, und mich dort niederlassen, *dort das Zuhause gründen, das mir je länger je mehr fehlt.* (Noch eine Prophezeiung, deren Sinn mir entgeht! März 28/VIII 1901, *vermerkt Isabelle am Rand.*) Ein kleines Haus aus gebrannten Ziegeln im Schatten der Dattelpalmen. Ein paar Felder in der Oase, Ahmed als Diener und Gefährte, ein paar brave Tiere, die mir Gesellschaft leisten, ein Pferd ... mein alter Traum, doch das vielleicht später ... *und meine Bücher.*

*Am Rand vermerkt:* Ein Doppelleben führen: das oft abenteuerliche Wüstenleben und das zurückgezogene der Besinnung, unbelastet von allem, was meine Gedanken trüben könnte. (Dieser Traum ist Wirklichkeit geworden und hat alle meine Hoffnungen übertroffen und sieben Monate später in Behima seine Krönung gefunden, März 23/VII 1901.)

Hin und wieder zurückkehren, zu Augustin oder nach Paris ... Paris, das stille Thebai ...

Mir eine Seele schmieden, ein Gewissen, eine Intelligenz, einen Willen.

Ja, dort würde sich in mir der islamische Glaube zu voller Blüte entfalten, dieser Glaube, den ich so dringend brauche und der hier verblasst ...

Ein Traum ... im Grunde realisierbar, warum nicht ...? Wird er je Wirklichkeit werden? That is the question!

Dieses Heft wird mir eines Tages vielleicht eine ganze Bibliothek ersetzen, eine ganze Menge unerreichbarer Bücher in meinem künftigen spartanischen Wanderleben.

Sollte sich jemand eines Tages zufällig die Mühe nehmen, meine Aufzeichnungen zu lesen, so würde er darin ein getreues Spiegelbild meines immer schneller fortschreitenden Entwicklungsprozesses finden, der vielleicht bereits eine endgültige Wendung genommen hat ...

Allein schon die Zitate, von denen es in meinen Tagebuchblättern nur so wimmelt, veranschaulichen die verschiedenen Gemütszustände, die ich durchlaufe ...

... Interessante Persönlichkeit, dieser Saadi-Ganelin, eine Verkörperung des so oft geträumten Lebens eines intellektuellen Bohemiens, eines proletarischen Vagabunden ...

„Augen, wie die Augen der Nacht." (Journal des Goncourt, Band II)

Samstag, 30. Juni 1900

Nach zwei Tagen tödlicher Langeweile (gestern und heute) und körperlicher Schmerzen versuche ich, mich wieder an die Arbeit zu setzen ...

Ich fühle eine zunehmende Abneigung gegenüber diesem zweiten *Ich,* gegenüber diesem moralisch labilen Lump, der sich von Zeit zu Zeit bemerkbar macht. Merkwürdige Feststellung: Diese Gestalt erscheint meistens, wenn nicht gar immer (etwas, was in Zukunft beobachtet werden muss!), unter dem Einfluss rein physischer Faktoren. Also müsste eine Besserung meines Gesundheitszustandes eine merkliche Besserung meines intellektuellen und moralischen Befindens zur Folge haben ...

... Vorgestern abend langes Gespräch mit Archavir über die – zwischen uns ewige – Frage der Sinnesbefriedigung. Ich vertrete meine These: die Bedürfnisse einschränken, um dadurch möglichst Enttäuschungen und die Abstumpfung der Sensibilität infolge Verbitterung und unangenehmer Empfindungen zu vermeiden.

Archavir behauptet im Gegenteil, man müsse seine Bedürfnisse entwickeln, um dann mit Einsatz aller verfügbaren Kräfte an deren Befriedigung zu arbeiten. Er sieht darin *(r) den Preis für die Selbstvervollkommnung (r).*

Mir kommt bei dieser Gelegenheit der Gedanke, einen Aufsatz zu diesem Thema zu schreiben. Man könnte ihn in *L'Athénée* veröffentlichen.

... Vorgestern anlässlich einer Unterhaltung mit Vera den rettenden Gedanken gehabt, wie ich mich aus dem Imbroglio ziehen kann, das die Fortsetzung von *Rakhil* fast unmöglich macht.

Kurz: Ich stecke wieder einmal in einer intellektuellen Inkubation, die, glaube ich, die bisher fruchtbarste sein wird.

Die Lektüre der „Tagebücher" der Gebrüder Goncourt hat mir ausserordentlich gut getan. Ich werde meinen Aufenthalt in Marseille nutzen, um die anderen Bände zu lesen und mir Notizen zu machen.

Bis jetzt habe ich jeweils Lektüre vorgezogen, die Träume und Emotionen weckt. Daher der überentwickelte poetische Sinn zu Lasten des philosophischen Gedankens.

Das *Journal des Goncourt* ist ein Buch, das zu *intensivem* Nachdenken anregt. Andere ähnliche Bücher suchen und meinen Aufenthalt hier nutzen, darüber zu sprechen und zu diskutieren, solange ich noch unter Leuten bin ...

... Warum vermag das sehr klare Bewusstsein von der vollkommenen *Nutzlosigkeit* mancher Handlung in meinem bisherigen Leben – und leider sind es recht viele! –, ihrer *Sinnlosigkeit* und der *wirklichen Gefahr*, die sie im Hinblick auf meine Zukunft darstellen, warum vermag dieses Bewusstsein nicht, meinen Willen zu beeinflussen und solche Handlungen einzudämmen?

Eine Frage, der nachgegangen werden muss, um herauszufinden, wie dem abgeholfen werden kann.

„In unserem Leben gibt es nur noch ein wichtiges Anliegen: *die bewegende Erforschung des Wahren.*" Ohne dies, nur Langeweile und Leere ... (Journal des Goncourt, Band II)

Abschied von Genf, 14. Juli 1900, 7.30 abends

Trübes Wetter, gewitterhaft und düster. Unsagbar traurig, Piatnuschko und Schuschinka verlassen zu müssen. Wohin gehe ich ...? *(a) Folge dem Pfad der Vorsehung (a)!*

Und Archavir, Archavir, den ich nicht wiedergesehen habe?

Gestern um Mitternacht wie ein Schatten vor dem weissen Haus an der Rue de l'Arquebuse umhergeirrt, wohin ich nicht mehr zurückkehren darf ...

15. Juli, 5 Uhr morgens

In Marseille angekommen. Müde. Wunderbarer Sonnenaufgang über dem Meer.

Die Erinnerung an Afrika. Gute Ankunft.

15. Juli 1900, 9 Uhr 30 abends, Marseille

„Heute *Manette Salomon* abgeschlossen." Beim Lesen dieses Satzes im *Journal des Goncourt* gedacht: Ein literarisches Werk ist nie so abgeschlossen, dass man nicht noch etwas zufügen oder, was weit häufiger der Fall ist, noch etwas verbessern könnte. Das „Abgeschlossene" kann höchstens befriedigend sein, etwa so wie die Entlassung eines soweit wieder hergestellten Kranken aus dem Spital, der schlecht und recht sein normales Leben wieder aufnehmen kann ...

Trotz des Durcheinanders, der Widerwärtigkeiten der letzten Tage in Genf, wird dieser „russische Monat" – zweifellos der letzte in meinem Leben – zu meinen kostbarsten Erinnerungen zählen.

Jedenfalls habe ich nie mit einem geliebten Menschen in einer ähnlichen Vertrautheit gelebt wie mit Vera, Schuschka und Ga Hahn.

Der kurze, traurige Roman mit Archavir hat trotz allem seinen Reiz gehabt. Ich trenne mich ohne Hass und ohne Groll für immer von ihm.

*(r) In diesen Leuten gab es nichts Niedriges. (r)*

Darin liegt das ganze Übel.

„Die Grausamkeit in der Liebe, sei diese Grausamkeit nun physischer oder psychischer Natur, ist das Zeichen des Niedergangs der Zivilisationen." (Journal des Goncourt, Band III)

Marseille, den 16. Juni 1900

Vorgestern habe ich in der frühen Abenddämmerung eines gewittrigen Tages unter einem grauen, wolkenschweren Himmel Genf verlassen.

Ich bewahre in meinem Herzen eine sehr zärtliche Erinnerung an Archavir, eine etwas verschwommene Erinnerung, wie es sein rätselhaftes Wesen verlangt ...

... Dieser Mann, dem alles Lächerliche und Vulgäre fremd ist, hinterlässt ein sehr reines, sehr lauteres Gefühl in mir. Die russische Lebensweise vermag die Seele des Orientalen nicht nachteilig zu beeinflussen, während der französische Einfluss Bastarde hervorbringt, diesen Abdalaziz zum Beispiel, oder Ungeheuer wie Ali; der eine in seiner pöbelhaften Vulgarität, der andere in der sogenannt schicken abendländischen Ordinarität, die er erst noch schlecht nachahmt.

Vom Armenier hat Archavir das träumerische, finstere, heftige und poetische Wesen. Vom russischen Studenten hat er das undefinierbare Etwas übernommen, das ich mag, das mir sympathisch, das mir so *vertraut* ist.

Ich weiss nicht, ob ich es tun werde, aber ich möchte eine systematische, sorgfältig abgefasste Schilderung meines Genfer Aufenthaltes schreiben. Wenn mir die richtige Eingebung kommt, werde ich es tun. Es wäre eine sehr nützliche und sehr interessante Arbeit.

Übrigens erinnere ich mich nicht, je anders als aus Pflicht oder – und vor allem – aus Inspiration gearbeitet zu haben. Ich arbeite nie, um der Langeweile zu entfliehen, denn die Arbeit gelingt dann jeweils nicht. Ich lese oft, was die Langeweile vertreibt und auch die beklemmende Angst meiner ruhelosen Nächte.

Mein gegenwärtiges Ziel ist nach wie vor das gleiche: die geistige und seelische Vervollkommnung. Was das Geistige angeht, so ist die Arbeit daran vielleicht noch etwas im Rückstand, wenn auch viel leichter.

Ich habe mir letzte Nacht und heute überlegt, ob ich nicht zu Schuschka nach Bulgarien reisen will. (a) Gott hat mir nichts geschrieben; er hat für mich geschrieben: El Oued, Slimène, und zum Schluss: Behima. (a)

Doch nein, es wäre doch nur, um die Zeit anzuhalten, um die Tage wieder auferstehen zu lassen, die eben zu Ende gegangen sind. Es wäre an der Zeit, endlich zu begreifen, dass *man das, was vorbei ist, nicht wiedererwecken, und was tot ist, nicht wiederauferstehen lassen kann. Nichts, was gewesen ist, wird jemals wieder sein.* (*Am Rand vermerkt:* Niederschmetternde Feststellung, März 12/VII 1901.) Ich bin nach Genf zurückgekehrt, um meinen ersten Aufenthalt zu wiederholen. Ist es mir gelungen?

Ganz im Gegenteil! Ich habe ihn begraben. Also werde ich wahrscheinlich nach Ouargla gehen. (*Am Rand notiert:* (a) Bis jetzt hat Gott nichts geschrieben. (a))

Ich befürchte nur, dass die erdrückende Hitze meiner Arbeit abträglich ist. Indes, wie ich mir habe sagen lassen, zeigt hier das Thermometer vierzig Grad, und ich fühle mich kaum erschöpfter als sonst.

Nicht nur wegen der Arbeit, sondern auch als gesundheitliche Massnahme werde ich etwas gegen die unvermeidliche Mattigkeit unternehmen müssen, die das Sommerklima in der Sahara hervorruft ... (*Am Rand notiert:* Blind: Das, was anlässlich *meines Aufenthaltes in El Oued* ganz spontan in mir erwacht ist, hat mir keine Arbeit je vermitteln können, März 23/VII 1902.)

Für den Augenblick nehme ich mir hier zwei Dinge vor: an *El-Moukadira* weiterarbeiten und die Tagebücher der Gebrüder Goncourt fertiglesen.

*(Isabelle notiert an dieser Stelle auf deutsch einen Gedanken von Nietzsche und schreibt eine Seite aus* Heures suprêmes *von Kistemackers ab* – L'Heure du jugement –, *dann folgt ein langes russisches Gedicht von Nadson.)*

Ja, langsam beginnen sich die Umrisse meines ganzen künftigen Lebens abzuzeichnen: ein düsteres Märchenspiel mit schwarzen Bühnenbildern, die sich, ebenso wie die ganze Szenerie, mit einer an das Wunderbare grenzenden Geschwindigkeit ablösen ... Eine wilde Jagd nach der ewigen Chimäre, die für mich unerreichbarer ist als für sonstwen. Und selbst wenn eines Tages der Erfolg meine literarischen Bemühungen krönen sollte, würde sich nichts an diesem Bild ändern ... (*Am Rand notiert:* Im Gegenteil, für mich nun erreichbarer, März/VIII 1901.)

Sicher werden alle meine künftigen Träume den bewussteren der letzten Tage ähnlich sein.

Doch wenn das Schicksal es auch so will, möchte ich dennoch versuchen, eine Art Glück zu erringen, das einzige, glaube ich, das mir vielleicht in meinem harten und kargen Erdendasein vergönnt sein wird: mir ein Nest bauen, fern von allen, unabhängig von allen, ein einsames Nest, wohin ich immer zurückkehren kann und das Leid begraben, das meiner noch harrt.

Dieses Nest, ich werde versuchen, es mir dort, jenseits des Meeres zu schaffen, in der Stille der Wüste, weit weg von den Menschen. Mich monatelang zurückziehen, *meine Seele* von jeglichem menschlichen Kontakt abschirmen. Vor allem: in

Zukunft das Zusammenleben mit wem auch immer vermeiden, die hinderlichen Bande und die Verquickung meiner persönlichen Angelegenheiten, meiner Interessen mit den zwangsläufig entgegengesetzten der anderen. (*Am Rand notiert:* Ein paar Tage später verband das *Mektub* mein ganzes Leben mit dem von Slimène.)

Was wenigstens eine weit geringere Dosis an Schmerz zur Folge haben wird.

Ich muss mich zudem nach Kräften bemühen, mir eine innere Gedankenwelt zu schaffen, eine Welt von Empfindungen, die mich über die Einsamkeit hinweg trösten, über die Armut und den Mangel an irdischen Freuden, an die in meiner gegenwärtigen Lage nicht zu denken ist. (*Am Rand notiert:* In erster Linie der Glaube, dann meine Kunst, das genügt, denn diese zwei Dinge sind fruchtbar und entflammen das ganze Universum, März 12/VII 1901.)

Meine Theorie der grösstmöglichen Einschränkung von Bedürfnissen muss in die Praxis umgesetzt werden, koste es, was es wolle.

Wenn meine Gesundheit mich nicht im Stich lässt, wird mir das kaum schwer fallen.

Mit einer sesshaften Lebensweise, ich meine, mit einem eigenen Dach über dem Kopf, werde ich ein sozusagen ganz normales und gesundes Leben führen können, sogar dort unten, in der Wüste. Die sattsam bekannten Krankheitsursachen lassen sich vermeiden.

Was die Moral angeht, so muss ich mich jetzt ganz dringend zur Arbeit zwingen.

Das ermöglicht mir nicht nur, ein Auskommen zu finden, wenn meine kargen Mittel erschöpft sind, sondern schützt mich auch noch vor den Depressionen.

Ich muss zudem lernen, mich dem *Augenblick hinzugeben,* nicht nur einzig und allein in der Zukunft zu leben wie bisher, was zwangsläufig weiteres Leid nach sich zieht. In der Vergangenheit leben – in der Erinnerung an das, was gut und schön gewesen ist – ist gewissermassen *das Salz* der Gegenwart, denn das beharrliche Warten auf das Jetzt, auf das Morgen, bewirkt unweigerlich eine ständige Unzufriedenheit, die das Leben vergiftet.

Ich muss lernen, *intensiver* zu fühlen, *klarer* zu sehen und vor allem und immer und immer wieder mich bemühen zu *denken.*

## *EL OUED*

*Am 4. August 1900, genau ein Jahr nach ihrer ersten, unvergesslichen Begegnung mit El Oued, kehrt Isabelle in die Oase zurück, diesmal mit der festen Absicht, sich hier niederzulassen.*

*Nach einigen Nachforschungen, die das Misstrauen der Militärbehörden wecken, erlahmt Isabelles Interesse an der Affäre Morès. Sie zieht es vor, mit Souf, dem Pferd, das sie sich kurz nach ihrer Ankunft gekauft hat, tagelang durch die Wüste zu reiten. Die Herzogin wird ungeduldig und stellt die Gehaltszahlungen ein.*

*Obwohl sie sich auf ein einsames Leben eingestellt hat, begegnet Isabelle kurze Zeit nach ihrer Ankunft Slimène, ihrem künftigen Lebensgefährten. Es ist für beide Liebe auf den ersten Blick. Die physische Liebe mit Slimène ist für Isabelle eine Offenbarung. In den folgenden Jahren wird die gegenseitige, nie erlahmende sinnliche Anziehung die junge Frau immer wieder mit Staunen erfüllen. Isabelle, die gerne über die Liebe diskutiert, spricht oft mit ihren Freunden über ihre Beziehung zu Slimène, mit Dr. Taste vor allem, der sie ein Jahr später im Militärspital von El Oued behandeln wird, und mit dem Schriftsteller Robert Randau, den sie 1902 in Ténès kennenlernt. In einsamen Stunden werden die* Tagebuchblätter *für Isabelle die Erinnerung an die immer wieder neu beglückenden mit Slimène verbrachten Stunden aufleben lassen.*

*In El Oued, wie übrigens überall, wo die beiden zusammenleben, erregt die Beziehung zwischen der Europäerin und dem eingeborenen Spahi unliebsames Aufsehen.*

*In einem Brief aus El Oued an ihren Bruder, der trotz allem ihr Freund und Gesprächspartner geblieben ist, beschreibt Si Mahmud ihren Gefährten:*

Ein sanfter, heiterer Mensch, der den Lärm verabscheut, die abendlichen Ausgänge, die Kneipen, er ist häuslich und eifersüchtig darauf bedacht, seine Privatsphäre gegen aussen zu verteidigen. Slimène ist der ideale Gatte für mich, denn ich bin müde, angewidert und vor allem der verzweifelten Einsamkeit überdrüssig, in der ich mich trotz gelegentlicher Bekanntschaften befand.

*Ungeachtet ihrer Armut und trotz der Ablehnung, auf die das Paar in seiner nächsten Umgebung stösst, ist Isabelle in El Oued glücklich. Sie schreibt Augustin:*

Was mich angeht, so habe ich keinerlei Anlass, mir Sorgen zu machen. Ich fühle mich jetzt, ohne Geld, sicherer als vor einem Jahr, als ich noch etwas Vermögen besass. Glaub' mir, ich bereue nichts und verlange vom Schicksal einzig und allein, dass es mich in der Wüste ruhig meinen Alltagstrott leben lässt, fern von der Heuchelei und den Gemeinheiten der Menschen, aber trotzdem nicht ganz allein, denn die zwei Extreme taugen ebenfalls nichts.

*In der Oase erinnert sich Isabelle wieder an Vavas alten Traum von einem ländlichen Leben. Am 10. Oktober schreibt sie ihrem Bruder:*

Ich beabsichtige, ein Stück Land zu kaufen, das sich für den Anbau von Gemüse eignet. Der Boden im Souf ist sehr fruchtbar; nebst anderem gedeihen hier prächtige Kartoffeln, doch ausser den Offizieren und den Leuten vom Arabischen Büro pflanzt sie niemand an.

Auf dem Markt bekommt man für das Kilo 29 bis 30 Centimes. Mit der bescheidenen Summe von 300 bis 500 Francs kann ich mir ganz in der Nähe der Stadt einen schönen Garten anlegen, mit ein paar Palmen und einem Ziehbrunnen, den ich später nach Bedarf vergrössern kann.

*In einem anderen Brief spricht sie davon, ein maurisches Kaffeehaus zu kaufen, das Slimènes Bruder führen sollte; ein Plan, den sie allerdings nie verwirklichen wird.*

*In der Sahara, in der Isabelle nun lebt, herrscht in diesem Herbst des Jahres 1900 relative Ruhe, die nur von gelegentlichen Aufständen gegen die ausländischen Besetzer gestört wird. Die islamischen Bruderschaften sind in diesem Teil Algeriens sehr einflussreich, und die Rivalität zwischen den mächtigsten unter ihnen ist unerbittlich und oft mörderisch. Die französischen Kolonisatoren wissen, dass sie mit diesen Gruppierungen rechnen und versuchen müssen, sich die bedeutenden Marabuts aus dem Süden zu Verbündeten zu machen. Die geistigen und politischen Führer des Landes nutzen ihrerseits die Anwesenheit der Franzosen geschickt zu eigenen Zwecken.*

*In El Oued frequentiert Isabelle die Ikhwans der bedeutenden religiösen Bruderschaft der Qadiriyya, die im 12. Jahrhundert in Bagdad von Abdalqadir Dschilani und von Sidi Hussein ben Brahim, dem Marabut der Zawiya von Guémar, gegründet worden ist, die in der Umgebung von El Oued liegt und in der Isabelle ein- und ausgeht.*

*Dort wird Isabelle denn auch in Anwesenheit der Mitglieder der Bruderschaft, darunter Slimène, der Rosenkranz der Qadiriyya überreicht, der aus ihr eine Eingeweihte macht. Sie wird in diesem Kreis in die Praktiken der mystischen Ekstase der Sufis eingeführt, die sehr ihrer Veranlagung entspricht.*

*Je mehr sie sich zurückzieht, desto mehr gibt sich Isabelle der Betrachtung hin. Die Liebe zu Slimène, die Erforschung der Wüste in der Umgebung der Oase, die Bekanntschaft mit der muslimischen Welt, zu der sie sich mehr denn je zugehörig fühlt, die Armut, aus der sie eine Askese macht ... Die Tage in El Oued fliessen ruhig und einigermassen friedlich dahin; ein Friede, den Isabelle, soweit ihr das überhaupt möglich ist, geniesst.*

El Oued, den 10. November 1900

Mein lieber, guter Freund, *schreibt sie an Augustin.*

Ich habe heute morgen Deine Depesche erhalten; sie hat mich beruhigt. Bei Euch also alles in Ordnung. Gott sei Lob und Dank! Denn auch hier geht alles, wie es besser nicht gehen könnte (relativ). Wir sind umgezogen, mein Gefährte und ich, und wir haben vorläufig für fünf Francs im Monat ein kleines Haus gemietet, das einem Brigadier der Spahis gehört, der zur Zeit abwesend ist.

Wir wohnen im Judenviertel, im Nordosten von El Oued, und in der Nähe eines alten, halbzerfallenen Stadtteils, überall nur verlassene, verwahrloste Häuser, deren Besitzer tot oder in die Wüste gezogen sind. Zwischen diesen Ruinen, die in den Marktplatz vor der weissen Moschee von Sidi Salem münden, sieht man nur ein paar Prostituierte, verfemte, undeutliche Schatten ohne festen Wohnsitz, die sich am Abend in der Nähe der jüdischen Tavernen herumtreiben. Ich habe einen Kifraucher als Diener eingestellt, er ist die Ruhe und die Ehrlichkeit selbst. Slimènes Bursche, ein tüchtiger und intelligenter Biskri, hilft mir ebenfalls, wo er kann, und begleitet mich auf meinen seltenen Ausgängen in die Stadt. Ich führe ein mehr und mehr zurückgezogenes Leben, vollauf mit unserer kleinen arabischen Haushaltung beschäftigt, mit unseren Tieren, mit meinem Pferd und der „Hausziege".

Mein Pferd, das gesattelt sehr feurig ist, ist sonst das friedlichste Tier. Es ist im Hof untergebracht und folgt mir überallhin wie ein Hund, sogar auf der Strasse, wo es frei herumläuft, wenn es zur Tränke geht. Es reibt zutraulich seinen schönen klugen Kopf an unserer Brust und streichelt mit seinen feuchten Lippen die ihm hingehaltene Hand.

Allerdings, ein paar schlimme Tage drohten unseren friedlichen Verein auseinanderzusprengen: Wir hatten ... angefangen *zu trinken.* Wir blieben alle stundenlang bei Schlomo sitzen, dem Juden. Doch es ist vorbei. Der Kifraucher hat die Tür wieder in Ordnung gebracht, die ich eines

Abends im Rausch eingeschlagen habe, und alles ist wieder zum eintönigen, alltäglichen Trott zurückgekehrt, an den ich mich gewöhnt habe und der mir in seiner Anspruchslosigkeit bestens zusagt.

Unser *schönes* Zimmer – kaum so gross wie Euer Wohnraum, das Mauerwerk ist ganz aus Lehm, sogar die Decke, wie das für die wohlhabenden Häuser im Souf üblich ist (die anderen sind aus Sand) – ist lediglich mit meinen Kisten möbliert, dazu ein wackeliger Tisch, ein Eisenstuhl, unsere blaue Wollmatratze mit meinen berühmten afrikanischen Seidenkissen und einer Zeltblache als Bettuch. An den Wänden alle meine Fotografien – der Alte, Volod und Hélène –, Reitsporen, meine amulettgeschmückten Zügel, mein Revolver und Slimènes Ordonnanzpistole. Dann ein roter Burnus mit zwei schmalen goldenen Borten vorn, ein grosses Schwert und ein Gewehr ...

Slimène, der brüderlicherseits von der grossen Marabut-Dynastie von Sidi Mabruk von Constantine abstammt, ist mütterlicherseits ein Schawi aus dem Distrikt Kheuchela, und er hat auch die typischen Gesichtszüge und die fast schwarze Haut dieses Volksstammes.

Er besitzt als ganzes Vermögen seinen Unteroffizierssold, das heisst 3 Francs 10 im Tag. Es bleiben ihm noch zwei Jahre bis zu seiner Entlassung aus der Armee, er wird dann zweiunddreissig sein.

Wenn ich das wenige, was mir geblieben ist, aufgebraucht habe, werden wir mit seinen 3 Francs 10 auskommen müssen – was weiter kein Problem ist und demnächst der Fall sein wird, denn das Geld, das Du mir geschickt hast, ist fast ganz für die Rückzahlung von Schulden und für das Pferd draufgegangen.

Was das Klima angeht, so hat sich El Oued seit ungefähr einem Monat sehr verändert. Es ist kühl, die Nächte sind so kalt, dass wir uns mit der grossen Decke des Verstorbenen und mit meinem tunesischen Hayik zudecken und das Pferd im Flur unterbringen müssen. Der Himmel ist oft wolkenbedeckt. Dann tanzen die Sufis und rufen die grossen Heiligen des Islam an, damit Gott Regen schicke ... Leere Versprechen, ein paar Tropfen, dann wird der Himmel wieder azurblau und klar, Tag um Tag. Doch die Wüste bevölkert sich mit Drinn (oder Alfagras), mit verkümmerten Gräsern und anderen kleinen Pflanzen, halb holzig, halb Gras, deren Wurzeln sich während des Sommers tief im Sand vergraben.

Als bei Euch am anderen Ufer des Mittelmeeres die schönen Tage vorbei waren, haben uns die Schwalben besucht. Demnächst wird mein Scheich, Si Mohammed l'Aschmi, der Bruder des Nayib, der gebildetste Mann, dem ich je begegnet bin, nach Touggourt kommen. Wir werden ihn dort aufsuchen, Slim und ich. Blitz und Pulverdampf werden am Tage der Ankunft des grossen Marabut das Wort haben, und die Pferde werden über die Ebene von Tiksebt unterhalb von El Oued galoppieren! Unter den Reitern wird einer sein, der einem kleinen feurigen Fuchs die Sporen gibt ... Dieser Reiter, der eine Gandura trägt und in einen weissen Burnus gehüllt ist, das Gesicht fast ganz von einem hohen Schleierturban verdeckt, um den Hals die schwarze Gebetsschnur der Qadiriyya und um die rechte Hand ein rotes Taschentuch, damit er die Zügel besser halten kann – dieser Reiter ist Mahmud Es-Saadi, der Adoptivsohn des grossen weissen Scheichs, Sohn von Sidi Brahim. Ich habe nämlich die engen Klamotten der Tunesier gegen die majestätische Tracht der Wüstenbewohner getauscht.

Wenn Dein Brief hier eintrifft, wird dieser Brief ungefähr zur gleichen Zeit in den friedlichen Briefkasten des Hauses Nummer 12 am Boulevard Mérentié geworfen werden ...

Bewahre diese paar Briefe auf, in die ich manchmal ein bisschen meiner Seele lege, die, Gott weiss es, seit meiner Abreise von Genf in einer Art trägem Schlummer verharrt ... In einem fruchtbaren Schlummer, der bereits einige Resultate zeitigt ...

Schicke mir weiterhin regelmässig Zeitungen. Du kannst Dir gar nicht vorstellen, wie glücklich ich bin, nach drei Monaten in der Abgeschiedenheit endlich wieder einmal zu erfahren, was auf der Welt vor sich geht, in der intellektuellen Welt vor allem.

Schreib mir von Zeit zu Zeit ... Bevor Salah, der Postbote, bei mir anklopft, geht er oft sieben lange Tage an meiner Tür vorbei!

Umarme Hélène recht herzlich von mir und die Kleine, und sage ihr, dass das rote Pferd sie erwartet ...

Ich umarme Dich ganz herzlich

Mahmud

*Das Leben in El Oued ähnelt ein bisschen einem pointilistischen Bild aus vielen kleinen Farbtupfern, die dennoch eine erkennbare Einheit bilden. Isabelles Persönlichkeit scheint sich gefestigt zu haben. Europa, Nadia, Nikolas Podolinskij sind in die Ferne gerückt – auch Mériem.*

*Ihre neue Umgebung lässt sich zwar über ihre wirkliche Identität nicht täuschen, akzeptiert aber die junge Frau mit der üblichen orientalischen Diskretion, ohne weitere Fragen zu stellen. Isabelle ist Si Mahmud, und als solchen betrachtet man sie. Sie geht ganz in ihrer Liebe zum ruhigeren Slimène auf, unterlässt es aber trotzdem nicht, sich mit der Wüste vertraut zu machen, durch die sie täglich lange Ritte unternimmt. Sie beobachtet, sie nimmt auf, sie vergleicht.*

*Sie knüpft Freundschaften an, immer um ihren Nächsten besorgt, immer bereit, sich über eine Ungerechtigkeit zu empören, zu Hilfe zu eilen, zu pflegen. Sie wird geschätzt.*

*Aber auch gehasst. Ihre ganze Haltung und ihre oft exaltierte Art werden als Provokation empfunden; vor allem aber ist es ihre Angewohnheit, sich zu betrinken, die in ihrer muslimischen Umgebung Empörung hervorruft ... und auch die Armut wird ihr als ein Laster angekreidet, das man ihr nicht verzeiht.*

*Doch ungeachtet dessen verbringt Isabelle dennoch eine relativ sorglose Zeit. Für einmal bestätigt die Wirklichkeit den Traum. Hatte sie nicht ein Jahr vorher beim Anblick von El Oued intuitiv gespürt, dass sie hier eine Bleibe finden könnte?*

*Nur etwas macht Isabelle Sorge: ihre Unfähigkeit, sich literarisch zu betätigen. Schreiben bedeutet für sie Handeln, und es belastet sie, sich mit der reinen Betrachtung zu begnügen. Sie ist hin und her gerissen, unbefriedigt und wie schon so oft innerlich gespalten.*

*Einmal mehr vertraut sie sich Augustin an, der einst von einem erfüllten und fruchtbaren Leben an ihrer Seite träumte:*

Du kannst Dir gar nicht vorstellen, was für eine blutende Wunde Du in mir aufgerissen hast mit Deinen Fragen hinsichtlich meiner literarischen Arbeit.

Mein Tagebuch enthält zwar ein paar Landschaftsbilder und ein paar Betrachtungen über meinen Seelenzustand – das ist alles. Doch mein Tagebuch ist nicht nachgeführt. Ausser mir wird niemand etwas damit anfangen können, erinnert es doch an Empfindungen und tote Dinge, die man erklären müsste; Dinge, die zum grössten Teil zu schmerzlich sind oder für andere schlicht und einfach unverständlich.

Mein Tagebuch ist eine einzige Folge von *Anspielungen* auf Menschen und Geschehnisse, die darin nirgends erwähnt sind. Ich habe bis jetzt nichts geschrieben, eine betrübliche Tatsache, obwohl es mir nicht an Eindrücken mangelt und auch nicht an der Bereitschaft, sie aufzunehmen ... und auch die Liebe zur Kunst ist nicht etwa erloschen in mir.

Nein, ganz gewiss nicht! Doch da sind erstens einmal die Unsicherheit und die Unstetigkeit meines bisherigen Lebens und zweitens die körperliche Arbeit, die Krankheit und vor allem die *Unrast.*

Das sind die Gründe für dieses unfruchtbare halbe Jahr.

Unser Freund D. hat vielleicht recht gehabt, als er mir kürzlich beim Abschied sagte: „Passen Sie auf, Si Mahmud, Sie werden sich an dieses Leben gewöhnen und ihre literarische Arbeit von einem Tag auf den anderen aufschieben."

*Isabelle wird später oft zur Feder greifen und über ihre Zeit in El Oued schreiben, über diese afrikanische Erde, die ihr so sehr ans Herz gewachsen ist.* In der Düne *ist einer dieser zurückhaltenden, subtilen Prosatexte, in denen die junge Frau Orte und Menschen an sich vorbeiziehen lässt, zu denen sie sich in ihrem unermüdlichen Wissensdurst hingezogen fühlt.*

## IN DER DÜNE

Es war gegen Ende des Herbstes 1900, schon fast im Winter. Ich war damals mit ein paar Hirten des Stammes der Reba'iyya unterwegs. Wir hatten unsere Zelte südlich von Taïbet-El Khobna aufgeschlagen, an der Strasse von El Oued nach Ouargla, in einer der gottverlassensten Gegenden, die man sich überhaupt vorstellen kann.

Wir führten eine ziemlich grosse Ziegenherde mit und ein paar arme, magere und erschöpfte Kamele – die kläglichen Überlebenden der Expedition von In-Salah, welche die Kamele in der Sahara für Jahre praktisch ausgerottet hat, denn der Grossteil der Tiere ist von den fernen Karawanenzügen von El Golea und Igli nicht mehr zurückgekehrt.

Wir waren unserer acht, meinen Burschen Ali und mich miteingeschlossen. Wir wohnten in einem grossen, niedrigen Zelt aus Ziegenhaut, das wir in einem kleinen Tal zwischen den Dünen aufgestellt hatten. Die eigentümliche Vegetation der Sahara begann nach den kurzen Regenfällen im November zu spriessen. Wir verbrachten die Tage mit der Jagd auf die unzähligen Wüstenhasen, vor allem aber träumend und gedankenverloren in die wogenden Horizonte vertieft.

Die Ruhe und die dennoch nie langweilige Eintönigkeit des Nomadenlebens in der freien Natur bewirkten in mir eine ungemein wohltuende, geistige und seelische Schläfrigkeit, die eine beruhigende Wirkung auf mich hatte.

Meine Gefährten waren einfache, ungebildete Menschen, die jedoch nicht einer gewissen Feinfühligkeit entbehrten und die meine Träume und mein Schweigen respektierten – im übrigen waren auch sie nicht eben gesprächig.

Die Tage flossen friedlich und ruhig dahin, ohne Abenteuer und ohne Zwischenfälle ...

Doch eines Nachts, als wir in unsere Burnusse gehüllt in unserem Zelt schliefen, erhob sich ein heftiger Südwind, der dichte Sandwolken vor sich her trieb und sich schon bald in einen wütenden Sturm verwandelte.

Die ängstlich blökende Herde drängte sich nahe an das Zelt, so dass wir den Atem der Ziegen hören konnten. Ein paar Tieren gelang es sogar, in unser Zelt einzudringen, und ungeachtet unserer Proteste machten sie es sich mit der ihnen eigenen drolligen Unverschämtheit zwischen uns bequem.

Die Nacht war kalt, und ich war keineswegs ungehalten, als ein kleines Zicklein hartnäckig versuchte, unter meinen Burnus zu schlüpfen, wo es sich an meine Brust schmiegte und alle meine Abwehrversuche starrköpfig mit unsanften Rippenstössen beantwortete.

Müde von den stundenlangen Ritten des vorangegangenen Tages schliefen wir bald ein, während draussen der Wind unheimlich im Labyrinth der Dünen heulte und der Sandregen ununterbrochen auf unser Zelt rieselte, es klang wie das Plätschern von Wellen am Strand.

Plötzlich fuhren wir aufgeschreckt aus dem Schlaf, ohne im ersten Moment zu verstehen, was los war ... erdrückt, erstickt unter einer schweren Last: Eine heftige Windböe hatte unser Zelt zum Einstürzen gebracht. Wir krochen mühsam auf dem Bauch rutschend darunter hervor. Ringsum herrschte stockfinstere Nacht, und ein eisiger Wind tobte unter dem pechschwarzen Himmel.

Unmöglich, das Zelt in der Dunkelheit wieder aufzustellen, und auch unsere kleine Laterne liess sich nicht anzünden. Es mochte bereits ungefähr drei Uhr sein, und nachdem wir die wimmernden, in Panik geratenen Ziegen in Sicherheit gebracht hatten, zogen wir es vor, uns missmutig unter freiem Himmel hinzulegen und auf den Anbruch des Tages zu warten. Ali versuchte, ein paar Decken und Burnusse unter dem Zelt hervorzuziehen.

Ich erstickte fast unter dem andauernden heftigen Sandregen; das angstvolle Wiehern und das ruhelose Scharren meines verschreckten Pferdes, das an einem Pflock angebunden war, hielten mich wach, während die Ziegen sich aufgeregt um mich drängten. Ich konnte nicht wieder einschlafen.

Der Wind hatte sich fast ganz gelegt. Ali war damit beschäftigt, mit dürrem Dornengestrüpp ein grosses Feuer anzufachen. Wir setzten uns alle um die wohltuende Glut, zerschlagen und mit steifen Gliedern. Nur Ali war wie stets guter Laune und machte sich über unsere Leichenbittermienen lustig.

Der Tag brach ruhig und klar über der Wüste an, wo das nächtliche Gewitter zahllose kleine graue Rippel hinterlassen hatte ... ein Meer aus Sandwellen.

Mich überkam die Lust auszureiten, durch die Ebene auf der anderen Seite der Dünen zu galoppieren, die unser Tal umschlossen.

Ali blieb im Lager zurück, um das Zelt wieder aufzustellen und unseren bescheidenen, in alle Winde verstreuten und unter dem Sand begrabenen Hausrat wieder zusammenzutragen. Er legte mir jedoch ans Herz, mich nicht zu weit vom Lagerplatz zu entfernen.

Doch was soll's ... kaum war ich in der weiten Wüste, liess ich die Zügel los, mein treuer Souf galoppierte in Windeseile davon, denn auch das Pferd war von den Ereignissen der vorangegangenen Nacht gereizt und erregt.

Vom Rausch der Weite erfasst, jagten wir in einem wilden besinnungslosen Ritt durch die heitere Stille des anbrechenden Tages.

Als ich schliesslich mein Pferd mit etlicher Mühe wieder in einen ruhigen Trab gebracht hatte, schaute ich zurück und stellte fest, dass die Dünen weit hinter mir lagen ...

Ich hatte es nicht eilig, in das Lager zurückzukehren, und ich beschloss, über die Hügel zurückzureiten, welche die Ebene begrenzen. Ich schlug also den Weg nach Westen ein und drang in ein Labyrinth von niedrigen Sandkuppen vor, die zusehends höher wurden.

Ich kam durch enge Täler, die jenem glichen, in dem wir unsere Zelte aufgeschlagen hatten, und um mich nicht allzusehr zu verspäten, gab ich in den flacheren Gegenden meinem Pferd die Sporen.

Unmerklich hatte sich der Himmel wieder mit Wolken bezogen, und der Wind begann sich zu legen. Dieser sanfte Wind hätte die Bodenoberfläche kaum aufzuwühlen vermocht, wäre nicht der Sturm der vorangegangenen Nacht gewesen, der die oberste Sandschicht ausgetrocknet und aufgewirbelt hatte. Der Boden hatte sich in hauchfeinen Staub verwandelt, und der Sand rieselte unaufhörlich von den steilen Dünen. Ich stellte bald einmal fest, dass meine Spuren schnell verweht waren.

Als nach einer Stunde das Lager immer noch nicht in Sicht war, begann ich langsam unruhig zu werden. Es war bereits ziemlich spät, und die Hitze wurde unerträglich. Ich ritt doch gegen Westen ... oder nicht?

Schliesslich hielt ich an; mir war klar geworden, dass ich die falsche Richtung eingeschlagen hatte und das Lager wohl weit hinter mir zurückliegen musste.

Doch ich war ratlos ... Ich hatte keine Ahnung, ob ich mich oberhalb oder unterhalb der Strasse befand, das heisst, nördlich oder südlich des Lagerplatzes. Ich lief also Gefahr, mich endgültig zu verirren. Trotzdem beschloss ich, geradeaus nach Norden weiterzugehen, was jedenfalls weniger gefährlich war.

Doch nach einer Stunde stellte ich fest, dass dies kaum der richtige Weg war, also kehrte ich um und ritt Richtung Süden.

Es war bereits drei Uhr nachmittags, und mein Abenteuer machte mir überhaupt keinen Spass mehr; ausser einem arabischen Brot in der Kapuze meines Burnusses und einer Flasche kalten Kaffees hatte ich nichts bei mir. Ich begann mich zu fragen, was aus mir werden würde, wenn ich nicht zurückfand.

Ich liess mein Pferd stehen und kletterte auf die höchste Düne: Ringsum, wohin ich auch blickte, sah ich nur die aufgewühlten, grauen Wogen der Sandhügel, und ich konnte nicht begreifen, wie ich mich in so kurzer Zeit derart hatte verirren können.

Schliesslich machte ich mich auf die Suche nach einem Tal, wo ich bequem die Nacht verbringen konnte, denn ich war es leid, ziellos herumzuirren, und befürchtete, von der Dunkelheit in einer öden Gegend überrascht zu werden, wo mein armes Pferd, das bereits den ganzen Tag auf Wasser hatte verzichten müssen, nicht einmal Gras finden würde.

– Morgen in aller Frühe werde ich den Weg nach Norden

nehmen, dachte ich, wo die Strasse nach Taïbet hindurchführt ...

Ich entdeckte eine tiefe, langgezogene Talmulde, wo die Vegetation dichter und ungewöhnlich grün war. Ich befreite Souf von seinem Zaumzeug, liess ihn frei herumlaufen und machte mich meinerseits auf, meine „Robinsoninsel" zu erforschen.

In der Mitte einer Lichtung entdeckte ich eine noch kaum sandbedeckte Feuerstelle und ein paar Hasenknochen; offensichtlich hatten Jäger die Nacht hier verbracht. Vielleicht würden sie zurückkehren.

Die Jäger in der Sahara sind rauhe, primitive Männer, die unter freiem Himmel leben und keinen festen Wohnsitz haben. Die einen lassen ihre Familien irgendwo in einem Ksar zurück, andere wieder sind richtige Kinder der Wüste, die sie mit Frau und Kind durchwandern, doch das kommt eher selten vor. Das Leben dieser Männer ist ebenso ungebunden und ebenso einfach wie das der Gazellen in der Wüste. Es gibt auch manchen „Geächteten" darunter, der sich in der Einöde der menschlichen Gerichtsbarkeit entzieht. Doch in diesen Gegenden in der weiteren Umgebung von Städten und Dörfern sind die „Dissidenten", wie sie in der Amtssprache genannt werden, selten, und ich wünschte mir, dass die Jäger, deren Spuren ich entdeckt hatte, zurückkämen und mich so schnell wie möglich aus der unerquicklichen Lage befreiten, in die ich mich gebracht hatte. Was für Ängste meine Gefährten wohl ausstehen mochten, der treue Ali vor allem ...

Ein freudiges Wiehern riss mich aus meinen Gedanken; mein Pferd stand neben einem sehr dichten, sattgrünen Gebüsch; es steckte den Kopf tief in die Zweige und schien etwas Ungewohntes zu wittern.

... Im Dickicht war ein Hassi verborgen, einer jener tiefen engen Brunnenschächte, die in der Sahara häufig vorkommen, aber nur den einheimischen Führern bekannt sind. Daher also die üppige Vegetation des Tales, die es dem Vorhandensein von Wasser in geringer Tiefe verdankt.

Ich schickte mich an, mit der an meinem Gürtel befestigten Flasche Wasser zu schöpfen.

Plötzlich hörte ich dicht hinter mir eine Stimme:

– He du, was machst du da?

Ich wandte mich um; vor mir standen drei dunkelhäutige, ärmlich gekleidete Männer; sie trugen Tuchbündel mit ihrer spärlichen Habe über den Schultern und waren mit langen Steinflinten bewaffnet.

– Ich habe Durst.

– Hast du dich verirrt?

– Ich bin mit ein paar Hirten aus dem Souf in der Wüste unterwegs und habe nicht weit von hier mein Lager aufgeschlagen ...

– Bist du Muslim?

– Ja, Gott sei gedankt!

Derjenige, der mich angesprochen hatte, war fast ein Greis. Er streckte die Hand aus und berührte meinen Rosenkranz.

– Du gehörst zu Sidi Abdalqadir Dschilani ... Also sind wir Brüder ... Auch wir gehören zur Qadiriyya.

– Gott sei gepriesen! sagte ich.

Tatsächlich trugen auch sie den Rosenkranz der Qadiriyya. Ich fühlte aufrichtige Freude, in diesen Nomaden

Brüder zu finden; unter den Anhängern der gleichen Bruderschaft sind gegenseitige Hilfe und Solidarität eine heilige Pflicht.

– Warte, wir haben ein Seil und einen Kanister; wir tränken dein Pferd, und du kannst die Nacht mit uns verbringen; morgen früh werden wir dich in dein Lager zurückbringen. Du hast dich zu weit nach Süden verirrt und bist am Lager der Reba'iyya vorbeigegangen. Wenn man die Abkürzungen nimmt, sind es von hier aus mindestens drei Stunden.

Der jüngste der drei lachte:

– Du bist mir einer, du!

– Zu welchem Stamm gehört ihr?

– Ich und mein Bruder hier gehören zu den Uled-Saïd aus Taïbet-El Khobna, und dieser da, Ahmed Bu Dschema, ist ein Sha'amba aus der Gegend von Berresof. Sein Vater besass einen Garten in El Oued, in der Kolonie der Sha'amba im Dorf El Akbab. Er hat sich aus dem Staub gemacht ...

– Weshalb?

– Wegen den Steuern. Er ist mit unserem Scheich Sidi Mohammed Taleb nach In-Salah gegangen; als er zurückkam, war seine Frau tot, von der Typhusepidemie dahingerafft, und in seinem Garten wuchs kein Halm mehr, so ist er auf und davon, in die Wüste, wegen den Steuern.

Die primitiven Gesichtszüge des jungen Sayhi und der heimtückische Glanz in seinen grossen, hellbraunen Augen weckten meine Aufmerksamkeit. Er war geradezu ein Musterexemplar der stark gemischten Rasse der arabischen Nomaden, eines Menschenschlages, dem man in der Sahara häufig begegnet.

Der hagere und geschmeidige Ahmed Bu Dschema schien

älter zu sein, soweit ich das beurteilen konnte, denn die untere Hälfte seines Gesichtes war nach Art der Tuareg hinter einem dichten schwarzen Schleier verborgen.

Der älteste hingegen hatte das typische düstere Adlerprofil eines Wegelagerers.

An Ahmed Bu Dschemas Gürtel hingen zwei prächtige Hasen. Er entfernte sich etwas vom Brunnen, murmelte Bismillah (im Namen Gottes) und machte sich daran, seine Beute auszunehmen.

Die Sonne war hinter den Dünen verschwunden; die letzten rosaleuchtenden Strahlen des Tages glitten über den Wüstensand, drangen zwischen das Gestrüpp der Brustbeersträucher. Die Alfagras-Büschel schimmerten golden im purpurnen Abendlicht.

Einer der Brüder, Selem, der ältere, entfernte sich von unserer Gruppe, breitete seinen schäbigen Burnus auf dem Sand aus und begann zu beten, ernst und ganz in sich gekehrt, es war, als ob er durch das Gebet grösser würde.

– Habt Ihr keine Familie? fragte ich Hama Srir, während wir eine Grube im Sand aushoben, um die Hasen darin zu braten.

– Selem hat Frau und Kinder in Taïbet. Und ich ... meine Frau ist bei ihrer Tante in den Gärten von Remirma im Oued Rhir.

– Fehlt dir deine Familie nicht?

– Das Schicksal ist Gottes Wille. Ich werde meine Frau bald zu mir holen. Wenn Selems Kinder einmal gross sind, werden sie Jäger wie ihr Vater.

– *In scha Allah* – so Gott will.

– *Amin.*

Das freie, sorglose und verlockende Leben dieser Söhne der weiten, wunderbaren, geheimnisvollen Wüste erfüllte mich mit Begeisterung.

Nachdem wir die Hasen zu einem runden Paket verschnürt hatten, legten wir sie mitsamt dem Fell in die Grube, bedeckten sie mit einer dünnen Sandschicht und machten darüber ein grosses Feuer aus dürren Zweigen.

– Du hast also eine aus dem Stamm der Ruara geheiratet?

Hama Srir machte eine ausweichende Handbewegung:

– Das ist eine lange Geschichte! Du weisst, dass wir Wüstenaraber nie ausserhalb unseres Stammes heiraten ...

Hama Srirs Worte reizten meine Neugierde. Es musste sich um eine einfache Geschichte handeln, doch von der grossen melancholischen Schönheit geprägt, die allem, was mit der Sahara zu tun hat, eigen ist. Würde er sie mir erzählen?

Nach dem Abendbrot schliefen Selem und Bu Dschema bald ein. Hama Srir lag auf den Ellbogen aufgestützt neben mir, zog seinen Matwi (einen kleinen Beutel, in dem man den Kif aufbewahrt) und seine kleine Pfeife hervor. Auch ich trug in der Tasche meiner Gandura diese Insignien eines echten Sufi. Wir begannen zu rauchen.

– Hama, erzähle mir deine Geschichte.

– Warum? Warum kümmert dich das Leben von Leuten, die du gar nicht kennst?

– Ich nehme dich im Namen Abdalqadir Dschilanis als meinen Bruder an.

– Ich auch.

Und er drückte mir die Hand.

– Wie heisst du?

– Mahmud ben Abdallah Es-Saadi.

– Hör zu, Mahmud, wenn ich dich nicht ebenfalls an Bruderstatt annähme, wenn wir nicht bereits durch unseren Scheich und unseren Rosenkranz Brüder wären und wenn ich nicht sähe, dass du ein Taleb bist, hätte mich deine Bitte sehr erzürnt, denn es ist nicht üblich, das weisst du, mit Fremden über die eigene Familie zu sprechen. Doch höre meine Geschichte, und du wirst sehen, dass Gottes Mektub allmächtig ist und nichts es abzuwenden vermag.

Vor zwei Jahren war Hama Srir mit Selem in der Nähe des Burdsch El-Hamraïa auf der Jagd, in der Gegend des grossen Schott an der Strasse von Biskra nach El Oued.

Es war im Sommer. Eines Morgens wurde Hama Srir von einer Af'aa gebissen (von einer Hornviper); er eilte zum Burdsch, denn die alte Schwiegermutter des Wächters, die aus der Gegend des Oued Rhir stammte, verstand es, alle Krankheiten zu heilen – zumindest jene, deren Heilung Gott zulässt.

Der Wächter war mit seinem Sohn nach El Oued gegangen und hatte den Burdsch der Obhut der alten Mansura und ihrer bereits betagten Schwiegertochter Tebberr überlassen. Gegen Abend verspürte Hama Srir fast keine Schmerzen mehr, er verliess den Burdsch und kehrte zu seinem Bruder zurück. Doch er hatte etwas Fieber und war durstig. Er machte beim Brunnen am Fusse des kahlen rötlichen Hügels von El-Hamraïa halt.

Dort traf er Sadiyya, die älteste Tochter des Wächters; sie war dreizehn, eine Frau bereits, und sie war schön unter ihrem ärmlichen blauen Kleid. Und Sadiyya lächelte den Nomaden an, und ihre grossen, braunen Augen ruhten lange auf ihm.

– In zwei Wochen werde ich zurückkehren und bei deinem Vater um dich anhalten, sagte Hama Srir.

Sie schüttelte den Kopf.

– Er wird nie einwilligen. Du bist zu arm, du bist ein Jäger.

– Wenn Gott es so beschlossen hat, werde ich dich trotzdem bekommen. Kehre jetzt nach Hause zurück und warte auf Hama Srir, auf den Mann, den Gott für dich ausersehen hat.

– *Amin!*

Und Sadiyya kehrte langsam, unter ihrer schweren, wassergefüllten Gerba aus Ziegenfell, auf dem steilen Weg in den einsamen Burdsch zurück.

Hama Srir erzählte Selem nichts von dieser Begegnung, doch er war oft nachdenklich.

Man darf nie über seine Liebesangelegenheiten sprechen, das bringt Unglück, fügte er hinzu.

Jeden Abend, wenn die Sonne die blutrote Sahara in flammendes Licht taucht, bevor sie hinter dem salzigen Oued Rhir untergeht, stieg Sadiyya zum Brunnen hinunter, um auf jenen zu warten, „den Gott für sie ausersehen hatte".

Eines Tages, als sie in der glühenden Mittagsstunde hinausgegangen war, um ihre Ziegenherde in den Schatten zu treiben, glaubte sie, ohnmächtig zu werden: Ein Mann stieg zum Burdsch hinauf. Er war in eine lange Gandura und in einen weissen Burnus gehüllt und trug ein langes Gewehr in der Hand.

Eilig flüchtete sie sich in ihre einfache Behausung ganz

hinten im Hof, und dort betete sie zitternd leise zu Dschilani, dem „Fürst der Heiligen", denn auch sie gehörte zu seinen Kindern.

Der Mann betrat den Hof und rief nach dem alten Wächter:

– Abdallah ben Hadsch, sagte er, mein Vater war Jäger, er gehörte zum Stamm der Schorfa Uled Saïd aus Taïbet-El Khobna. Ich bin ein unbescholtener Mann und habe ein reines Gewissen – Gott ist Zeuge. Ich bitte dich, öffne mir dein Haus, ich bitte dich um die Hand deiner Tochter.

Der Alte fragte finster:

– Wo hast du sie gesehen?

– Ich habe sie nicht gesehen. Alte Frauen aus El Oued haben mir von ihr erzählt ... So will es das Schicksal.

– Bei der Wahrheit des erhabenen Korans, solange ich lebe, soll kein Landstreicher die Hand meiner Tochter haben!

Hama Srir blickte den Alten lange an.

– Versündige dich nicht an Dingen, die du nicht weisst ... Spiele nicht mit dem Falken; er fliegt durch die Wolken und schaut die Sonne von Angesicht. Erspare deinen Augen die Tränen, denn Gott wird sie bald schliessen!

– Ich habe geschworen.

– *Schuf Rabbi*, Gott wird sehen, sagte Hama Srir.

Und ohne weitere Worte zu verlieren, verliess er den Burdsch.

Aufgebracht kehrte Si Abdallah ins Haus zurück und sagte zu Sadiyya und Emborka:

– Hündinnen! Wer von euch beiden hat vor dem Landstreicher das Gesicht entblösst?

Die Mädchen blieben stumm.

– Si Abdallah, antwortete an ihrer Stelle die ehrwürdige Alte, der Landstreicher ist vor einem Monat hierher gekommen, um sich einen Schlangenbiss verarzten zu lassen. Meine Tochter Tebberr, die bereits eine alte Frau ist, hat mir dabei geholfen. Der Landstreicher hat keine von Tebberrs Töchtern gesehen. Wir sind alt, die Zeit des Hedscheb (bei den arabischen Frauen die Zeit zwischen Kindheit und Alter) ist für uns beide vorbei. Wir haben den Wanderer auf dem Pfade Gottes gepflegt.

– Pass auf sie auf, und dass mir keine das Haus verlässt.

Sadiyya jedoch wartete mit wundem Herzen unbeirrt auf die Rückkehr von Hama Srir, denn sie wusste, wenn Gott diesen Mann tatsächlich für sie ausersehen hatte, würde niemand sie daran hindern können zusammenzukommen.

Sie liebte Hama Srir, und sie hatte Vertrauen.

Fast ein Monat war vergangen, seit der Jäger zum Burdsch hinaufgestiegen war und um Sadiyyas Hand angehalten hatte ... und er war nicht wiedergekommen. Indes, er war ganz in der Nähe, zurückgehalten in der Gegend des Schotts, und jede Nacht hörte er in der Ferne die blutrünstigen Hunde von El-Hamraïa bellen.

Auch er, auch er hatte geschworen.

Eines Abends liess Si Abdallah etwas von seiner unerbittlichen Überwachung ab, weil Tebberr krank war, und er befahl Sadiyya, Wasser zu holen.

Es war bereits spät, und das Mädchen stieg mit klopfendem Herzen zum Brunnen hinab.

Der Vollmond ging über der Wüste auf und tauchte sie in ein durchschimmerndes Blau – ein Blau, wie nur die Nacht es hervorzubringen vermag. Die tiefe Stille ringsum wurde nur vom wütenden Bellen der Hunde unterbrochen.

Während sie die Arme in das Wasser des Brunnens tauchte, um die Gerba zu füllen, sah Sadiyya einen Schatten zwischen den Feigenhecken auftauchen.

– Sadiyya!

– Gott sei gelobt!

Hama Srir packte sie an den Handgelenken und zog sie mit sich fort.

– Ich habe Angst! O, ich habe Angst!

Sie legte ihre zitternde Hand in die kräftige Hand des Nomaden, und sie liefen zusammen durch den Schott in Richtung des Oued Rhir ... und wenn sie flüsterte, er solle stehenbleiben, sie habe Angst, so schloss er sie beschwichtigend in seine Arme, denn er wusste, dass dies seine Stunde war und dass das ganze Leben gegen ihn war.

Sie flohen, und das Gebell der Hunde wurde immer leiser.

Der Alte, ungeduldig und verärgert über die Verspätung seiner Tochter, verliess das Haus und rief wiederholt nach ihr. Doch es kam keine Antwort, und seine Stimme verlor sich in der undurchdringlichen Stille der Nacht. Ein Schauer liess die Glieder des Alten erstarren. Hastig holte er sein Gewehr und stieg zum Brunnen hinab.

Der Wasserschöpfer schwamm auf dem Wasser, und der leere Ziegenfellschlauch lag auf der Erde.

– Hündin! Sie ist mit dem Vagabunden auf und davon. Gottes Fluch laste auf ihnen!

Und er kehrte nach Hause zurück, mit verbittertem Herzen, stumm und tränenlos.

– Wer eine Tochter zeugt, sollte sie gleich nach ihrer Geburt mit eigenen Händen erwürgen, damit Schande und Schmach nicht eines Tages die Tür seines Hauses eindrükken, sagte er, als er das Haus betrat. Frau, du hast nur noch eine Tochter ... und sogar diese eine ist noch zu viel! Du bist unfähig gewesen, auf deine Tochter aufzupassen.

Die zwei alten Frauen und Emborka begannen laut zu klagen, als ob sie eine Tote beweinten, doch Si Abdallah befahl ihnen zu schweigen.

Mittlerweilen flüchteten die zwei Liebenden stundenlang durch die kahle Ebene.

– Bleib stehen, flehte Sadiyya, mein Herz ist stark, doch meine Beine tragen mich nicht mehr ... Mein Vater ist alt, und er ist stolz. Er wird uns nicht verfolgen.

Sie setzten sich auf die salzige Erde, und Hama Srir dachte nach. Er hatte Wort gehalten, Sadiyya gehörte ihm, doch für wie lange?

Um den Verfolgungen zu entgehen, beschloss er schliesslich, sie nach Taïbet zu bringen und dort vor dem Rat seines Stammes ohne amtlichen Trauschein zu heiraten.

Sadiyya, erschöpft und verängstigt, legte sich neben ihren Herrn. Er neigte sich über sie und besänftigte mit einem Kuss ihr wild pochendes Herz ...

Sie gingen vier Nächte, nährten sich von Datteln und Hama Srirs Broten. Tagsüber versteckten sie sich in den Dünen aus Furcht vor den Spahis und den Dayiras von El Oued.

Endlich, im Morgengrauen des fünften Tages, sahen sie in der Ferne die grauen Stadtmauern und die niedrigen Kuppeln von Taïbet auftauchen.

Hama Srir führte Sadiyya in das Haus seiner Eltern und sagte zu ihnen: Das ist meine Frau. Behütet und liebt sie wie eure eigene Tochter Fatima z-Zahra.

Als sie vor dem versammelten Stamm getraut wurden, sagte Hama Srir zu Sadiyya:

– Dein Vater muss uns vergeben, damit Gott unsere Ehe segne. Sonst könnte es geschehen, dass deine Mutter und deine Grossmutter, die gütig mit mir gewesen ist, mit verbittertem Herzen sterben. Ich werde dich daher zu den Deinen zurückbringen, zu deiner Tante Umm el-Aaz. Was mich angeht, so weiss ich, was ich zu tun habe.

In der Frühe des nächsten Tages hiess Hama Srir die dichtverschleierte Sadiyya das Maultier seiner Eltern besteigen, und sie kehrten in Richtung Oued Rhir zurück. Sie nahmen den Weg über Megharine-El Ksour, um Touggourt zu umgehen, und gelangten bald in die fruchtbaren Gärten von Remirma.

Umm el-Aaz war alt. Sie übte den Beruf einer Hebamme und Heilerin aus. Sie war hochgeachtet, und es gab manch einen unter den abergläubischen Ruara, der sie fürchtete.

Sie war eine dunkle Rhiria, hager und grossgewachsen, mit einem verschrumpelten Gesicht unter dem glitzernden Goldschmuck und in lange, dunkelrote Schleier gehüllt. Ihre kholumrandeten forschenden Augen hatten einen jugendlichen Glanz bewahrt. Ernst und schweigend hörte sie Hama Srir zu und befahl ihm, in ihrem Namen einen Brief an Sadiyyas Vater zu schreiben.

– Si Abdallah wird verzeihen, sagte sie mit überraschender Sicherheit. Im übrigen wird er nicht mehr lange leben.

Hama Srir begab sich in die Oase und traf dort einen Taleb, der gegen ein bescheidenes Entgelt den Brief für ihn schrieb.

Gelobt sei Gott der Einzige!

Heil und Friede dem Auserwählten Gottes!

Dem Hochgeachteten, der dem rechten Weg folgt und

Gutes tut auf dem Pfade Gottes, dem sehr frommen, sehr ehrbaren, dem Vater und Freund Si Abdallah ben Hadsch im Burdsch El-Hamraïa im Souf.

Heil komme über Dich und die Barmherzigkeit Gottes und sein Segen für Zeit und Ewigkeit! Wisse also, dass Deine Tochter Sadiyya lebt und bei bester Gesundheit ist – Gott sei gelobt! – und dass sie sich nichts sehnlicher wünscht, als in einer nahen und gesegneten Stunde bei Dir und ihrer Mutter und ihrer Grossmutter und ihrer Schwester und ihrem Bruder Si Mohammed zu sein. Wisse auch, dass ich Dir diese Zeilen auf Geheiss deiner Schwägerin Lella Umm el-Aaz bent Makub Rhiri schreibe und dass Deine Tochter sich unter ihrem Dach befindet. Nehme zur Kenntnis, dass ich Deine Tochter Sadiyya nach dem Gesetz Gottes geheiratet habe und dass ich Dich hiermit um Deinen Segen bitte, denn alles, was geschieht, geschieht durch den Willen Gottes. Nun bleibt nur noch, die baldige und gnädige Antwort Deinerseits abzuwarten und Deine Segenswünsche. Und Heil über Dich und Deine Familie, das wünscht Dir der Schreiber dieses Briefes, Dein Sohn und bescheidener Diener Gottes

Hama Srir ben Abdarrahman Scharif

Als der alte, des Lesens unkundige Abdallah den Brief erhielt, ging er nach Guémar in die Zawiya von Sidi Abdalqadir. Ein Muqaddam las ihm den Brief vor, und als er die Verblüffung des Alten sah, meinte er:

– Wer sich in der Nähe eines Brunnens befindet, sollte nicht weitergehen, ohne getrunken zu haben. Du bist in der Nähe unseres Scheichs und zögerst: Gehe zu ihm und bitte ihn um Rat.

Abdallah beriet sich nun also mit dem Scheich.

– Du bist alt, sagte dieser zu ihm. Gott kann dich von einem Tag auf den andern zu sich rufen, denn niemand kennt die Stunde der Vorsehung. Es ist wohl besser, einen blühenden Garten als einen Trümmerhaufen zu hinterlassen.

Dem Nachkommen Dschilanis und dessen Vertreter auf Erden gehorchend, beugte sich Si Abdallah seinem Rat und bat den Muqaddam, dem Entführer einen Vergebungsbrief zu schreiben.

„... Und wir teilen Dir mit diesen Zeilen mit, dass wir unserer Tochter Sadiyya verziehen haben! Gott gebe ihr Vernunft, und wir erflehen für sie den Segen des Herrn für Zeit und Ewigkeit. Amin! Und das Heil komme über Dich, das wünscht Dir der arme, schwache Diener Gottes

Abdallah ben Hadsch"

Der Brief wurde abgeschickt.

Die schweigsame und strenge Umm el-Aaz richtete selten das Wort an Sadiyya. Sie verbrachte ihre Zeit damit, Absude zu brauen und mittels seltsamer Praktiken die Zukunft vorherzusagen. Sie benützte dazu Kaffeesatz, Kieselsteine, die Innereien von frisch geschächteten Tieren und die Schulterknochen von den Schafen, die für das Frühlingsfest geschlachtet wurden.

– Abdallah vergibt, sagte sie zu Hama Srir, nachdem sie ihre Kiesel befragt hatte, doch er wird nicht mehr lange leben ... seine Stunde ist nah.

Sadiyya war niedergeschlagen. Eines Tages sagte sie zu ihrem Gatten:

– Führe mich in den Souf. Ich muss meinen Vater sehen, bevor er stirbt.

– Warte auf seine Antwort.

Die Antwort kam. Hama Srir liess Sadiyya abermals das Maultier seiner Eltern besteigen, und sie schlugen den Weg nach Norden ein und überquerten den ausgetrockneten Schott Meruan.

Im Burdsch von El-Hamraïa wurde die Diyafa aufgetragen und ein grosses Fest gefeiert, und es fielen keine unnötigen Worte, denn die Stunde der Erklärungen war vorbei.

Am fünften Tag führte Hama Srir seine Frau nach Remirma zurück ...

Einen Monat später erhielt die alte Umm el-Aaz einen Brief aus El-Hamraïa, in dem ihr mitgeteilt wurde, ihr Schwager sei in die Barmherzigkeit Gottes eingegangen.

– Einmal im Monat gehe ich nach Remirma, um meine Frau zu besuchen, beschloss Hama Srir seine Geschichte. Gott hat uns keine Kinder gegeben.

Einen Augenblick lang verharrte er in Gedanken versunken, dann fügte er leise, fast ein bisschen ängstlich bei:

– Vielleicht, weil wir im Haram (in der Sünde, im Verbotenen) zusammengekommen sind. Umm el-Aaz sagt das ... Sie weiss.

... Es war bereits sehr spät, und die Sternbilder des Herbstes waren am Horizont verschwunden. Eine grosse, feierliche Stille lag über der Wüste. Wir lagen in unsere Burnusse gewickelt neben dem erloschenen Feuer, und wir träumten – er, der Nomade, dessen ungestüme und rastlose Seele zwischen der Lust seiner triumphierenden Leidenschaft, der Furcht vor dem Schicksal und der Angst vor der Finsternis hin und her gerissen war, und ich, die Einsame, die seine Liebesgeschichte in den Schlaf gewiegt hatte. Und ich dachte an die allmächtige Liebe, die durch die Geheimnisse der Vorsehung alle Herzen beherrscht.

## *ALGIER – EL OUED*

### TAGEBUCHBLÄTTER

Algier, 22. Juli 1900, 11 Uhr abends

Gestern, an einem heissen Nachmittag, bin ich an Bord des gleichen Schiffes gegangen, das mich bereits im vergangenen September hierher gebracht hatte, allerdings unter ganz anderen Umständen! Mein Blick folgte Augustins Gestalt, bis das Schiff abdrehte und er meinen Augen entschwand. Dann habe ich mir die Kulisse angeschaut. Den Hafen mit den mächtigen roten und schwarzen Ozeanriesen.

Dann, die Stadt ... Zuerst, als das Schiff ungefähr auf halber Höhe der Reede war, kam mir Marseille wie eine Palette zarter Grautöne vor: das leicht dunstige Grau des Himmels, das bläuliche Grau der Berge, das rosagetönte Grau der Dächer, das gelbliche Grau der Häuser (im Sonnenlicht) ..., das ockerfarbene und intensive Grau der Felsen, kalkmatt und blitzend das Grau des Hügels von „Notre-Dame", das lilabläuliche und silberne Grau des Meeres ... Die knorrigen Bäume auf den Felsen warfen olivbräunliche Flecken auf all das Grau ... nur das grüne Laub der Platanen, die golden strahlenden Kuppeln der Kathedrale und die Statue der Heiligen Jungfrau hoben sich in lebhaften, klaren Farben davon ab ...

Dann, als das Schiff sich vom Festland entfernte, änderte

sich das Schauspiel: Ringsum schimmerte alles gleichmässig golden in einer unglaublichen Intensität ...

Durch bläulichgraue Dunstwolken über einem sich verdüsternden, sattvioletten Meer den Sonnenuntergang betrachtet ...

Die Nacht friedlich auf einer Bank auf dem hinteren Deck verbracht. Das Gefühl tiefen Wohlbehagens; gegen 2 Uhr 45 erwacht. Das Meer ist etwas unruhig, und die Leuchttürme der Balearen sind in Sicht, rechts von uns ... Abnehmender Mond.

Seltsames, unbestimmtes Gefühl, aber angenehm, geheimnisvoll ...

Sonnenaufgang, während die Matrosen die Segel aufziehen ... Zuerst die Morgenröte, zartrosa, hellviolett. Das Meer färbt sich lilablau, an der Oberfläche silbern schimmernd. Dann taucht aus einem purpurvioletten Nebel die karminrote, strahlenlose Scheibe auf; im Hintergrund ein zartes Spitzengewebe von rosafarbenen, blassgolden gesäumten Dunstwolken ...

... Während der Nacht das vertraute, geheimnisvolle Glücksgefühl beim Anblick der Bordlichter über meinem friedlichen Schlaf.

Morgen werde ich meine Eintragungen fortsetzen.

Wie schön, das beglückende Gefühl der *Rückkehr*, das mich heute abend in den feierlichen Moscheen überflutet hat ... und in der vertrauten Umgebung der arabischen Kaffeehäuser in der Rue Jénina!

Wie schön, diese ganz besondere Versunkenheit in der Stille und im Dämmerlicht der luftigen Dschema Dscheddid während des Abendgebets!

Eine Wiedergeburt, ich werde einmal mehr dem Leben wiedergegeben ... *(a) Führe uns auf den richtigen Weg, auf den Weg, dem jene folgen müssen, denen Du Deine Gunst erwiesen hast (a)!*

El Oued, am Donnerstag, 9. August,
7 Uhr 30 abends

Vorläufig nichts Beständiges in meinem ganzen arabischen Alltag, ich lasse mich tatenlos treiben, was ganz ungefährlich ist, denn ich weiss, dass dieser Zustand nicht von Dauer ist. Mein kleiner Hausstand beginnt langsam Gestalt anzunehmen. Doch Geld habe ich nach wie vor keines.

Es ist besser, davon abzusehen, Geld aufzunehmen, denn es liegt auf der Hand, dass jeder damit ein Geschäft macht. Die Hitze lässt langsam nach. Kein Fieber mehr. Bin in bester Form.

Ich glaube, in ein paar Tagen mein Leben fest in den Griff zu bekommen.

Allabendlich Ritt zum Bir R'arby, durchquere die helle, schneeige Sandwüste, die im Mondlicht fast durchscheinend wirkt. Wir kommen an der düsteren, abweisenden Silhouette des christlichen Friedhofs vorbei: hohe graue Mauern und darüber ein schwarzes Kreuz ... Gespensterhafter Anblick. Dann reiten wir die niedrige Düne hinauf und biegen in ein tiefes und enges Tal ein, wo die Gärten liegen. Die Gärten im Souf sehen alle gleich aus: ein Trichter, der sich auf der einen Seite, dort, wo die Zugangswege und die Brunnen sind, verbreitert. Die höchsten Palmen stehen am Fuss der steil abfallenden Wände. Die kleineren wachsen in der Nähe der Brunnen. Im grünlichblauen Mondlicht sind sie fast durchsichtig, sehen aus wie zarte Federbüschel. Zwischen ihren schlanken, sich klar abzeichnenden Stämmen wachsen zwischen rankenden Blättern Melonen, Pasteken und duftendes Basilienkraut.

Das Wasser ist kühl und klar. Die rudimentäre Vorrichtung des Ziehbrunnens knarrt, ein vertrautes Geräusch. Die Gerba aus Ziegenfell schlägt auf, plätschert einen kurzen Augenblick in der Dunkelheit des Schachts, bevor sie wassertriefend wieder auftaucht. Dann werfe ich meine Schaschiyya in den sauberen Sand, netze meinen Kopf und trinke gierig das recht kühle Wasser, was ein fast beängstigendes, wollüstiges Gefühl auslöst. Dann strecken wir uns noch etwas im Sand aus.

Tiefe Stille herrscht in der blauen Nacht, und der ewige Wüstenwind raschelt im spröden Blattwerk der Palmen, ein Geräusch wie fernes Meeresrauschen.

Dann, langsam, widerstrebend, kehren wir in die schlafende Stadt zurück; in jenes weisse Haus, das, Gott weiss wie lange, mein Zuhause sein wird ...

Vor ein paar Tagen die Nacht mit Slimène in einem grossen Garten des Qayid der Hudschadsch verbracht, westlich von El Oued.

Ein länglicher, sehr tiefer Trichter, eingebettet zwischen steilaufragenden, weissen Sandwänden, deren Kämme mit niedrigen, dürren Dscharid-Hecken bepflanzt sind, um das Niederrieseln des Sandes zu verhindern.

Keine lebende Seele im lauen Schatten der Palmen. Wir setzten uns zuerst in die Nähe eines Brunnens, wo ich vergeblich versuchte, mit einer löchrigen Gerba Wasser zu schöpfen. Traurig, beide abgrundtief traurig, er und ich, denn der Gedanke an die Unannehmlichkeiten, die uns aus dem Klatsch der Nachbarn erwachsen könnten, beschäftigte uns.

Gewiss, bei mir hat die Niedergeschlagenheit immer etwas von dieser grundlosen, unergründlichen und unerklärlichen Schwermut, die meinem Wesen eigen ist ...

Doch ach, mein Herz ist alt geworden. Es gibt sich keinen Illusionen mehr hin, und Slimènes noch ganz kindliche Träume von der unbegrenzten Dauer der irdischen Liebe – auch wenn er nicht an die Ewigkeit glaubt – rufen bei mir nur ein Lächeln hervor ... Slimène, der davon träumt, was in einem Jahr sein wird, in *sieben Jahren.* (*Am Rand vermerkt:* In einem Jahr! Ein Jahr ist vergangen, und mein Leben ... ist inniger und für immer mit seinem verbunden! März 12/VIII 1901.) Was soll's, ein bisschen graue Asche im Herzen zweier einsamer Seelen, die zweifellos sehr weit voneinander entfernt sind und für immer getrennt von anderen fremden Aschenhaufen bereits entstellter und undeutlicher Erinnerungen ...*Ma bidri* ... doch sie wissen nicht ...!

Und wozu es ihm sagen, ihn traurig machen, ihm Schmerz zufügen? Das wird von alleine kommen, am Tag der unvermeidlichen Trennung.

Doch es ist wirklich so, seit einiger Zeit bin ich lebenserfahrener, klüger. Nicht nur, dass mir hinsichtlich dieses Kapitels nicht die kleinste Illusion geblieben ist, sondern ich verspüre in mir *auch nicht den geringsten Wunsch,* mich einer Illusion hinzugeben, und auch nicht, diese Dinge *dauern* zu lassen, die nur süss und angenehm sind, weil vergänglich ...

Doch das sind alles sehr persönliche Gefühle, so sehr *in-*

*tim,* dass es mir unmöglich ist, sie zu erklären oder – vor allem – sie jemandem so verständlich zu machen, dass er sie auch annimmt.

Die Lebenserfahrung kostet viel Schmerz, doch sie lässt sich niemals *weitergeben.*

Nachdem wir eine Stunde mit Tränen in den Augen damit verbracht hatten, von den wirklich beängstigenden drohenden Möglichkeiten zu sprechen, haben wir uns in unsere Burnusse gehüllt und unter den Palmen zum Schlafen gelegt, mit einem Kissen aus Sand unter dem Kopf.

Bis ungefähr 2 Uhr 30 geschlafen. Dann in der zunehmenden Kühle des Morgengrauens mühsam die sandigen Pfade wieder hinaufgeklettert und nach Hause zurückgekehrt. Enge, winkelige Gässchen, von stickigem Salpetergeruch erfüllt, ähnlich wie in der Oase Oued Rhir! Den Marktplatz überquert, wo rund um die unbewegliche Silhouette des grossen Brunnens nur ein paar Kamele und ihre Führer schliefen.

Gestern abend das schlechte weisse Pferd des Dayira des Qayids, Vater von Misbah, geritten. Und auf der Strasse nach Kouinine durch die kleinen Vorstädte von El Oued, wo die weissen und schwarzen Ziegen friedlich auf den Dächern aus Dscharid äsen ...

Die noch fahle Düne überzieht sich allmählich mit Gold, verwandelt sich in die metallene Glut vor dem Maghreb. Die Schatten werden lang und länger.

Dann verwandelt sich alles in flammendes Rot, während die *Rückseiten* der Dünen sich blauviolett, grünlich färben – eine märchenhafte Palette von unglaublichen Farben.

Im Westen, wo Temassine und Touggourt liegen, geht die

Sonne unter: eine blutrote Kugel in einem Flammenmeer aus Gold und karminrötlichem Purpur. Es ist, als ob die Dünenkämme von innen heraus erglühten, Farben, die von Sekunde zu Sekunde dunkler werden. Dann, wenn die Sonnenscheibe in der Ferne verschwunden ist, versinkt alles in lilablaue Schatten ... die nach und nach verblassen und sich in mattes Weiss verwandeln – das matte Weiss des in der Mittagsglut blendenden Weiss des Souf.

Heute ist ein düsterer, wolkiger Tag; ein ganz ungewöhnliches Schauspiel in diesem Land des unerbittlich blauen Himmels, der ewigen, gnadenlos strahlenden Sonne ...

Flüchtige Erinnerung an Erwachen von einst, in weit zurückliegenden Zeiten, im Herbst ...

In den letzten Tagen Niedergeschlagenheit.

Im übrigen sind meine Tage derzeit schlecht genutzt. Die Siesta nimmt einen wichtigen Platz ein.

Es ist, wie zu erwarten war, die übliche Lustlosigkeit, die jedesmal von mir Besitz ergreift, wenn ich mich in einem fremden Land niederlasse, vor allem, wenn es sich um einen längeren Aufenthalt handelt. Doch das geht unweigerlich vorbei.

Seit heute morgen ziemlich heftiger Schirokko. Der Sand wirbelt herum, und das Wetter ist drückend. Man sagt, die grosse Hitze werde in ungefähr zwanzig Tagen vorbei sein.

Vorläufig bin ich bei bester Gesundheit, und abgesehen von einer tiefen Mattigkeit ab und zu fühle ich mich besser denn je.

Ich möchte mich an die Arbeit machen. Aber dafür müsste ich spätestens bei Tagesanbruch aufstehen und mich nach Slimènes Weggang nicht mehr hinlegen ... Ach ja, ich gehe jeweils nur aus Langeweile wieder schlafen, und weil ich nichts anderes zu tun habe.

Ich muss in der Frühe hinaus, auf die Felder, und am Morgen ausreiten, einmal auf diesem, ein anderes Mal auf jenem Pferd, je nachdem.

Eine Viertelstunde damit verbracht, ernsthaft gegen die Fliegen vorzugehen, die in Schwärmen in beide Zimmer eingedrungen sind ... Ich werde mich eines Tages gerne an diese unbedeutenden alltäglichen Beschäftigungen erinnern.

Doch dafür muss man keineswegs immer geistig *anderswo* sein, immer *wartend.* Ja, die Stunde nutzen, so, wie sie ist, und nach dem Rat von Eugène versuchen, allem eine gute Seite abzugewinnen, eine gute Seite, die es unweigerlich immer gibt.

Wenn das gegenwärtige Leben nur andauern könnte, wenn Slimène immer der treue Gefährte, der Bruder bliebe, der er mir jetzt ist. Und wenn ich mich nur ein bisschen um meine Umgebung hier kümmern würde ... und um meine Arbeit, wenn die ersten kühlen Tage kommen!

Wenn ein Mädchen heiratet, will es hier die Sitte, dass ein Mann sie auf dem Rücken in das Haus ihres Gatten bringt. Dieser darf sie sieben Nächte lang nur heimlich besuchen, er darf erst nach Sonnenuntergang kommen und muss vor Sonnenaufgang gehen.

Ein Brauch, der offensichtlich von den Entführungen in früheren Zeiten stammt.

Den 18. August 1900, 3 Uhr 30 abends

Gestern abend allein in Richtung Touggourt geritten, durch die verstreuten Städtchen entlang der Strasse: Ghamra, Tiksebt usw. Durch Tiksebt geritten. Kleine, melancholische Stadt, vernachlässigt, fast ausgestorben, halbzerfallene Häuser auf Schritt und Tritt.

Bei Sonnenuntergang nach El Oued zurückgeritten. In der grauen Düne den rieselnden Sand betrachtet, endlos rieselnde Wellen wie weisse Wogen in einem stummen Ozean. Der Gipfel einer hohen, spitzen Düne im Westen schien zu rauchen wie ein Vulkan. Dann verwandelte sich die gelbe, von schwefligen Dämpfen umhüllte Sonne allmählich in die prächtige, allabendliche Glut des Maghreb ...

Gestern, als ich mich eben anschickte auszureiten, ganz in der Nähe das Wehklagen gehört, das bei den Arabern den Tod verkündet ... Die kleine Tochter des Spahi Salah, die Schwester des kleinen Abdalqadir ist gestorben. Und heute auf dem Markt Salah gesehen, lächelnd und mit seinem Sohn spielend.

Gestern hat man die Kleine bei Sonnenuntergang im warmen Sand begraben ... und sie ist für immer in die tiefe Nacht des Jenseits eingegangen, wie einer jener vorüberhuschenden Meteore, die oft am unendlichen Himmel dieses Kontinents aufblitzen ...

El Oued, den 1. Dezember 1900
Im Hause von Salah ben Taliba

Es regnet ... das Wetter ist grau und düster, und die Düne hat das trostlose Aussehen der kalten Tage angenommen ...

Die ersten Dezembertage erinnern sehr an die leiderfüllten des Jahres 1897 ... das gleiche Wetter, der gleiche heftige Wind, der einem ins Gesicht peitscht ... Doch damals blickte ich auf die aufgewühlte, graue Unendlichkeit des Mittelmeeres, das mit Weltuntergangsgetöse an die schwarzen Felsen brandete ... Und in meiner noch kindlichen Seele erwachte trotz des noch so unmittelbaren und so grausamen Kummers die noch nicht erloschene, die glimmende, mächtige *Freude am Leben ...*

Doch seither ist alles anders geworden, alles, sogar meine gequälte, durch ein unerbittliches Schicksal gereifte, gestärkte Seele ... Ja, alles ist anders geworden ... Augustin ist endlich in den Hafen eingelaufen, hat seine „Zufluchtsstätte" gefunden, wohin es ihn offensichtlich für immer verschlagen hat ... Nach so viel Missgeschick, nach so vielen Abenteuern hat er sich schliesslich beruhigt und auf seltsame Art und Weise.

Was mich angeht, so *glaube* ich – oder *fange vielmehr an zu glauben* –, ebenfalls meinen Hafen gefunden zu haben.

Ja, ich habe in einer segensreichen Stunde den kühnen, durchaus realisierbaren Plan gefasst, mich in der Wüste niederzulassen und dort den Frieden und gleichzeitig das Abenteuer zu suchen: zwei mit meinem unsteten Wesen durchaus vereinbare Dinge. Das häusliche Glück habe ich gefunden, und weit davon entfernt, sich abzukühlen, festigt es sich von Tag zu Tag ... Ausgerechnet ich ... der sich mit dem friedlichen Glück in einer europäischen Stadt oder im Tell niemals abfinden könnte.

Einzig die Politik macht mir Sorgen ... Doch ach, *Allah weiss um die verborgenen Dinge im Himmel und auf Erden!* und keiner vermag die Zukunft vorauszusehen.

Es sind genau zwei Wochen her, heute abend, seit ich dem *Geliebten* bis kurz vor Kouinine entgegengeritten bin, nachts.

Mit Souf in die graue Dunkelheit hinausgeritten ...

Mehrere Male vom richtigen Weg abgekommen ... Beklemmendes Gefühl beim Anblick der endlosen Ebene, und vor mir der Horizont, der in Dünen überzugehen schien, und die Dörfer in der Wüste, die aus Hecken und Palmen bestanden ...

Mich an die Stelle in *Aziyadé* erinnert, wo es um die Gräber von Stambul geht, die von einsamen Nachtlichtern bewacht werden, und plötzlich befand ich mich vor der Pforte der Qubba des Friedhofs von Tiksebt.

Ein paar Tage lang jeden Nachmittag allein oder in Begleitung von Khalifa Tahar die Strasse nach Debila entlang ... Pflanzungen am Rand der Wüste, traurige Palmenhaine, Einzäunungen und dahinter die ewigen, endlosen Dünen des Souf ...

Anlässlich eines einsamen Ausrittes das eigenartige Gefühl einer *Erinnerung* gehabt, als rufe mich die tote Vergangenheit ...

Beim Durchqueren des Schott mein Pferd unter den Palmen angehalten.

Ich hielt die Augen geschlossen und träumte und hörte dem Rauschen des Windes in den Blättern zu ... Erinnerung an die grossen Wälder im Rhonetal und an den Park in den verträumten Abendstunden im Sommer ... Die Täuschung war fast vollkommen.

Doch dann rief mich eine ungeduldige Bewegung Soufs in die Wirklichkeit zurück ... Ich öffnete die Augen ... Die Dünen dehnten sich unendlich und grau wie ein grenzenloses Wellenmeer vor mir aus, und es war nicht grünes Laub, das über mir im Wind raschelte, sondern die spröden Dscharids ... Unendlich wehmütige Augenblicke ...

An einem anderen Tag Slimène begleitet.

Allein durch die Dünen auf der anderen Seite der Stadt zurückgeritten ... Wunderbarer Sonnenuntergang ... Rote Wolken in einem durchsichtigen, purpurnen Himmel. Zur Stunde des Abendgebets an der Moschee im oberen Stadtteil vorbeigekommen, wo sich weisse Gestalten in der strahlenden Apotheose drängten, welche die Erde überflutete.

Hinter unserem Haus steht neben einem umzäunten Grundstück am Fusse der Düne, in dem drei kümmerliche Palmen wachsen, eine kleine, ganz afrikanisch anmutende Moschee aus ockerfarbenem Mörtel, der wie gebrannte Ziegel aussieht ...

Sie hat nur eine kleine, ovale Qubba. Dahinter erhebt sich eine stattliche Dattelpalme, die, von unserer Terrasse aus gesehen, aus der Qubba selbst zu wachsen scheint. Gestern im Maghreb hinaufgestiegen ... In der Ferne hastende, graue Gestalten vor dem Postgebäude in der Glut des Sonnenunterganges ... Und dort, zu meiner Rechten, steigen im Glanz der wehmütigen Stunde die Männer von den Dünen herab, während die kleine, rötliche Kuppel in Flammen aufzugehen scheint und die gleichmässige und schleppende Stimme des Muezzins das Abendgebet in alle vier Himmelsrichtungen verkündet.

In den letzten Tagen verfolgt mich die schmerzliche Erinnerung an das Ende des *(a) weissen Geistes (a)* ...

Es sind nun drei Jahre her seit dem Tode Nathalies.

El Oued, den 14. Dezember 1900,
2 Uhr nachmittags, Freitag

Nach zwei Tagen Schmerzen und Ruhelosigkeit beginne ich wieder zu leben.

Es wird zusehends kälter. Gestern abend herrschte dichter Nebel und erinnerte mich an die trüben Tage im *Exil.*

Der Winter wird hart sein hier, ohne wärmendes Feuer und ohne Geld ... Und trotzdem, ich verspüre nicht die geringste Lust, dieses fesselnde Land zu verlassen ...

Vor ein paar Tagen mit Abdalqadir in der Zawiya von El-Akbab gesessen, ich betrachtete mit Staunen die sonderbare Umgebung: die gegerbten, hinter dichten grauen Schleiern halbverborgenen Charakterköpfe der Sha'ambas ... die fast schwarzen, bis zur Grausamkeit tatendurstigen Gesichter der Leute aus dem Süden ... den hünenhaften, rothaarigen Scheich mit den sanften, blauen Augen im halbzerfallenen Hof der Zawiya.

Ein von Tag zu Tag erstaunlicheres Schicksal, das meine!

Und dennoch, wenn es etwas gibt, dem ich nachtraure, so sind es meine literarischen Träume ... Doch ach, werden sie je verwirklicht werden?

Die lebhafteste Erinnerung an den Süden wird zweifellos die Erinnerung an diesen denkwürdigen 3. Dezember sein, an dem es mir vergönnt war, dem wunderbarsten aller Schauspiele beizuwohnen: dem Einzug des grossen Marabut Si Mohammed l'Aschmi, dieses geheimnisvollen, faszinierenden, anziehenden Mannes, der mich in Touggourt durch sein aussergewöhnliches Wesen bezaubert hatte ... Ein Mensch aus einer anderen Zeit, mit den Gedanken und Gebärden von einst. Si l'Aschmi zieht abenteuerliche Geister unwiderstehlich an ... Ein einmaliger Rausch herrschte an diesem klaren, leuchtenden Wintertag, ein Rausch von Pulverdampf und dazu die wilde Musik der Nefzaoua, die frenetischen Schreie der Menge, die dem Nachkommen des

Propheten, dem Sohn des Heiligen von Bagdad zujubelte, und die entfesselten, tollkühnen Reiter inmitten von Rauch und Lärm ...

## FANTASIA

Die ganze Gegend war schon seit mehreren Tagen in Feststimmung: Der grosse, von allen verehrte Marabut Sidi Mohammed l'Aschmi kehrte von seiner Reise in ein fast unwirklich fernes Land zurück ... aus Frankreich. Eine einmalige Gelegenheit, die prächtigen Kostüme anzuziehen und, vor allem, ein paar feurige Pferde im Wüstenwind und Pulverrauch galoppieren zu lassen.

Der Tag brach im unendlich zarten, über die Dünen gleitenden Licht der Morgenröte an. Die ersten Stunden des Tages, die zauberhaftesten in der Sahara, sind gesegnete Stunden. Die Luft ist noch rein und klar, in den Oasen flüstert eine frische Brise sanft im dichten, störrischen Blätterwerk der Palmen. Der einzigartige Zauber dieser unvergesslichen Augenblicke inmitten des tiefen Friedens der Wüste lässt sich nicht in Worte fassen. Wer nie in der Wüste erwacht ist, hat keine Ahnung von der unvergleichlichen irdischen Schönheit der frühen Morgenstunden.

Wir waren bereits am Vortag im Burdsch von Ourmès an der Strasse nach Touggourt angekommen, vierzehn Kilometer von El Oued entfernt, um dort den heiligen Mann zu begrüssen.

Nach einer im engen Freundeskreis verbrachten Nacht in Gesellschaft des Marabuts, der in flammenden, bilderreichen und eindrücklichen Worten zu uns sprach, trat ich auf den Hof hinaus, wo unsere Pferde warteten, ungeduldig und aufgeregt vom ungewohnten Lärm des Vortages und von der Menge der Neugierigen, welche die ganze Nacht über herbeigeströmt waren.

Es waren mehrere hundert, im Sand sitzende oder liegende Männer in ihren majestätischen, festlichen weissen Burnussen, Charakterköpfe, dunkelhäutige Gesichter, umrahmt von luftigen weissen Schleiern, die von den Turbanen flatterten ... in dunkle, blaue oder rote archaische Gewänder gehüllte Frauen, über und über mit fremdartigem goldenen Schmuck behängt, der aus dem fernen Sudan stammte.

Rund um die Feuerstellen bereiteten die Nomaden mit jahrhundertealten Gebärden das schlichte Frühstück zu.

Alle trugen den langen Rosenkranz der Ikhwans von Sidi Abdalqadir um den Hals.

Die Hengste, erregt von einer schwarzen Stute, die unter dem flammenden Himmel des fernen In-Salah geboren worden war, wieherten, zitterten, schnaubten und neigten mit Anmut ihre kraftvollen Nacken unter der wehenden, flatternden Mähne.

Draussen, vor dem Tor, hob sich die ungewohnte Silhouette der *Meharas* vom purpurnen Himmel ab: drei Riesen aus einer anderen Welt, friedlich und gleichgültig, voller Verachtung gegenüber dieser unbedeutenden Menschheit, die geschäftig hin und her eilte.

Nach einer gebieterischen Aufforderung eines Muqaddam leerte sich der Hof schliesslich, und die Tore schlossen sich. Es war Zeit aufzubrechen.

Der Marabut erschien unter der Tür, eine ernste, würdige

und majestätische Gestalt. Er trug ein schlichtes, grünes Gewand aus Seide und den schleierverzierten, grünen Turban, der dem Nachfahren des Propheten zusteht. Er blieb einen Augenblick stehen, der unergründliche und tiefe Blick seiner schwarzen Augen richtete sich gegen Osten. In seinen regelmässigen Gesichtszügen war keine Bewegung zu erkennen; die Begeisterung der Gläubigen liess ihn kühl.

Als sich plötzlich ein Tumult erhob – schreiende Diener und ungeduldig wiehernde Pferde –, nutzten wir die Gelegenheit und sprangen in den Sattel. Die Torflügel öffneten sich, und mit einem einzigen Satz waren wir draussen.

Vor uns spielten vier Schwarze in grellfarbenen seidenen Gewändern eine fremdartige Melodie auf ihren kreischenden Dudelsäcken, begleitet vom dumpfen Schlagen einer riesigen Trommel. Sie waren aus dem benachbarten Tunesien gekommen, aus der Heimat der Nefzaoua.

– Heil Dir, Sohn des Propheten.

Immer und immer wieder erhob sich der Ruf aus der jubelnden Menge, und die über den Köpfen hochgehaltenen Tamburine wirbelten in einem rasenden Rhythmus. Die scheuenden Pferde wichen zurück, bäumten sich, schäumten ... dann sprengten sie davon.

Der Marabut ritt einen weissen Hengst aus dem Dscherid – stumm, gedankenverloren schien er einzig mit den Zügeln seines tänzelnden Pferdes beschäftigt zu sein, das er ungeduldig zu besänftigen versuchte.

Schliesslich bildete sich eine Art Zug, wogend und weiss, der von der aufrechten Gestalt des grüngekleideten Marabuts überragt wurde.

Wir rückten langsam gegen Osten vor, als ritten wir der

aufgehenden Sonne entgegen, die noch hinter den endlosen Dünen von El Oued verborgen war.

Als wir auf gewundenen, in blaues Licht getauchten Pfaden die Höhe der Dünen erreicht hatten, verherrlichte das goldene Licht des anbrechenden Tages unseren Zug.

Die stumme und unfruchtbare Wüste schien Menschenmassen zu gebären. Ganze Völker stiegen von den Dünen herab, tauchten aus den Oasen auf ...

Und schon bald bildet sich vor uns ein grosser Kreis: Zwölf junge Männer stürzen mit einem wilden, abgehackten Gesang – einem Kriegslied aus alten Zeiten – in die Arena. Sie tragen grellbunte Kleider aus tunesischer Seide und schwenken lange, verzierte Gewehre und schwere Musketen. Sie mimen, von gellenden Schreien angefeuert, einen Angriff, zielen auf die Menge und feuern ganz in der Nähe unserer entsetzt zurückweichenden Pferde ihre Waffen ab.

Von Panik erfasst, bäumen sich die Pferde im rauchenden Sand, wild mit den Vorderhufen über den Köpfen der Menge gestikulierend ... Schäumend, mit angstvoll weitaufgerissenen Augen, versuchen sie, noch weiter zurückzuweichen ... Doch dann stürzen sie sich, von den spitzen Sporen angetrieben, besinnungslos in die Menschenmenge, die ihnen geschmeidig und gewandt einen Durchlass öffnet.

Und das gleiche Schicksal wiederholt sich an jeder einigermassen flachen, einigermassen genügend Platz bietenden Stelle.

Wir glaubten uns in ferne Zeiten zurückversetzt, in denen der Krieg die Seelen entflammte, sie beherrschte, Lust und Herrlichkeit bedeutete. In den schweigsamen Nomadenseelen erwachten längst versunkene Träume von Heldentaten, Glanz und Ruhm.

Der beissende und berauschende Geruch des versengten Schiesspulvers folgte unserem Zug und versetzte Menschen und Tiere in eine noch heftigere Ekstase als die entfesselte Musik der jubelnden Menge.

Doch bald tauchte am Horizont auf dem Kamm einer hohen Düne eine weisse Prozession auf, die in der strahlenden Morgensonne von einem goldenen Kranz umgeben zu sein schien. Drei sehr alte Banner führten den Zug an, grün, gelb und rot, mit verblassten Inschriften bestickt und mit blitzenden Kupferkugeln geschmückt. Riesig, gewaltig wälzte sich die Menschenmenge wie eine undurchdringliche Mauer auf uns zu, doch es waren weder Schreie noch schrille Musik zu hören, nur der gedämpfte Ton der Tamburine über den turbangeschmückten Köpfen drang zu uns herüber, begleitet von einem einstimmigen, ergreifenden Lied, das sich aus tausend Kehlen erhob.

„Heil und Friede sei Dir, o Prophet Gottes! Heil und Friede Euch, o Ihr Heiligen unter den Geschöpfen Gottes! Heil Dir, Dschilani, Fürst der Heiligen, Herr über Bagdad, dessen Namen vom Orient bis zum Okzident leuchtet!"

Hinter den Bannern folgte auf einer schneeweissen Stute der Bruder des Marabuts, Sidi Mohammed El-Imam, auch er ein hochverehrter Marabut. Er war grossgewachsen und blond, von einem keltischen oder germanischen Blond; grosse, sanfte Augen leuchteten in seinem unbeweglichen Gesicht – nachdenklich blickende Augen unter dem weissen Turban des Volkes Ismaels, das durch die Jahrtausende aus dem Licht der glühendsten Sonnen hervorgegangen ist.

Die zwei Züge treffen aufeinander, verschmelzen ... und immer noch steigen weisse Männergestalten von den Dünen herab, gefolgt von den blauen Schatten der Frauen ... endlos.

Ich schaue zurück: Hinter uns, entlang dieser Strasse, wo ich so oft Ruhe und Einsamkeit gesucht habe, wogt ein aufgewühltes Meer von flatternden Schleiern und Turbanen, so weit das Auge reicht. Und immer neue, heftig gestikulierende Gruppen schliessen sich an, die im wilden Rausch der ungezügelten Ritte dem Schiesspulver das Wort geben.

Über unseren Köpfen scheint eine Rauchwolke zu schweben, ein grauer, zerfetzter Schleier, der mit uns weiterzieht.

Und der inbrünstige, sanfte und gleichzeitig auch wehmütige Gesang – wehmütig wie alles, was zur Wüste gehört – schwillt an und steigt, steigt empor in den blassen Azur des Morgenhimmels.

Schliesslich gelangen wir in eine riesige, kahle, mit Gräbern übersäte Ebene.

Vor uns gehen die drei Meharas, zu denen noch andere gestossen sind; unbeirrbar, unerschrocken schreiten die Tiere durch die Menge. Auch ihre Führer, zusammengekauert im schwankenden Tuaregsattel, das Gesicht fast ganz hinter ihrem Schleierturban versteckt, blicken gedankenverloren. Die Eisenschellen der majestätischen Wappentiere klingeln bei jedem Schritt, und die langen, sonderbaren Köpfe mit den wulstigen Lippen und den grossen Augen wiegen sich bedächtig auf den vorgestreckten, geschmeidigen langen Hälsen.

Doch Pferde und Reiter werden unwiderstehlich von der grenzenlosen Ebene angezogen, die sich vor uns ausbreitet. Die drei Marabuts und die alten Männer im Schatten der Banner hinter uns lassend, sprengen wir davon, lockern endlich die gestrafften Zügel und jagen in einem wilden Ritt durch die zurückweichende Menge, folgen atemlos, von einem blinden Taumel erfasst, den von zahllosen Hufen gezogenen Linien und Kreisen.

Die gestaute Glut, die besinnungslose Angst der Pferde bricht endlich durch, und sie fliehen, sie jagen davon, als ob nichts und niemand sie je würde anhalten können. Die ergriffene Ekstase all dieser ungestümen und aufrichtigen Menschen hat von mir Besitz genommen, und alles um mich herum vergessend, folge ich in einem betäubenden Galopp den anderen Reitern.

Die graue, von Gläubigen überfliessende Stadt liegt hinter uns; wir nehmen unsere wilde Flucht quer durch die Ebene über die endlosen Friedhöfe wieder auf. Es ist, als ob eine überirdische Kraft unsere Pferde anspornen würde; berauscht, schweissglänzend, schaumtriefend jagen sie unaufhaltsam dem fernen Horizont entgegen.

Die Ebene ist nur noch ein einziger, buntfarbener menschlicher Ozean, die wogende, unübersehbare Menschenmenge überflutet die Wüste, und die drei Banner flattern jetzt über den Tausenden und Abertausenden von Gläubigen.

Und der Mann, zu dem die Liebe und das Vertrauen dieser Menschen emporsteigt, reitet langsam vorwärts, ernst, schweigsam, undurchdringlich, allein inmitten der Schreie und der jubelnden Zurufe.

Rund um die grosse Moschee der Zawiya, über der sich eine hohe Kuppel erhebt, dehnt sich die kahle, unendliche, in zartes Licht getauchte Ebene von Bayada aus.

Weiter davon entfernt, hinter den bewohnten Häusern, erhebt sich ein riesiges Nomadenlager, eine Stadt, die in einem Tag aus dem Nichts entstanden ist und nun plötzlich die Wüste mit schwarzen Zelten bevölkert – die trostlose Einöde von Bayada, das Tor zu allen geheimnisvollen Gegenden im Landesinnern: Berresof, Ghadamès, der schwarze Sudan.

Dort, in der Beduinenstadt, geht der dumpfe Lärm der Tamburine weiter; dort erheben sich die sanften, zauberhaft modulierten Melodien der kleinen Hirtenflöten aus Schilfrohr ...

Hier lastet eine schwüle Stille auf der halbzerfallenen Moschee, auf den Gräbern und auf dem fahlen Sand.

Die Nacht brach an, ohne Abenddämmerung hatte sie sich über das Land gesenkt, schon bald tauchte der Mond die Wüste in sein helles Licht.

Auf der anderen Seite, in der Tiefe eines kleinen unfruchtbaren Tales, das mit grauen, sonderbar geformten Steinen und namenlosen Gräbern übersät ist, erhebt sich eine sonderbar gezackte Mauer, die sich schwarz gegen die unendlich blaue Weite der Nacht abzeichnet ... Hinter dieser Einzäunung, wo kein Strauch, wo keine Blume wächst, auf dieser Erde, die Teil der ewigen Unfruchtbarkeit der Wüste ist, erheben sich kleine Steine, die darauf deuten, dass hier Tote begraben liegen, und wir erkennen ein anderes, ein ganz weisses, ganz milchiges Grab in den grünlichblauen Wellen des fliessenden Mondlichts.

... Unter dem spitzbogenförmigen Tor der Moschee erscheint eine grossgewachsene dunkle Gestalt. Langsam gleitet sie über den magisch erleuchteten Hof, jetzt steigt sie in das Tal der Toten hinab, dann betritt die nächtliche Erscheinung die Einzäunung und bleibt vor dem kleinen weissen

Grab stehen, unbeweglich, das Haupt in einer stummen Andacht geneigt.

Nicht weit von diesem Ort entfernt, in der grossen aus dem Nichts entstandenen Stadt aus schwarzen Zelten, beschwört die Menge der Gläubigen den Ruhm dieses Mannes und den seiner Ahnen herauf, die den Samen des wiedererweckten Glaubens im grenzenlosen Reich des Islam gesät haben.

Doch der Marabut hat die Menge hinter sich gelassen. Von der Kraft seines Herzens getrieben, hat er in der Dunkelheit dieses Grab gesucht, das Grab seines erstgeborenen Sohnes, seines in den Abgrund des undurchdringlichen Geheimnisses eingegangenen Sohnes, dessen Augen neugierig und freudig den Horizont seiner Heimat zu erkennen begannen ...

Und der Mann, dem ein ganzes Volk zujubelt und dem es in den Tod folgen würde, träumt einsam, schweigend, an einem Kindergrab ...

7. KAPITEL: 1901

## El Oued – Béhima – Batna
## Marseille – Constantine
## Marseille – Paris – Genf

*El Oued – das Jahr 1901 bricht an. Isabelle schreibt an Augustin:*

El Oued, 18. Januar 1901

Seit einiger Zeit krank, leide unter unerträglichen Schmerzen an allen Gliedern und an völliger Appetitlosigkeit; ich frage mich manchmal, ob ich hier bleiben soll; ein Gedanke, der mich nicht erschreckt ... Ich habe jedenfalls nicht die Absicht, an meinem gegenwärtigen Leben etwas zu ändern.

Ich hänge an diesem Land ... obwohl eines der trostlosesten und heftigsten überhaupt. Wenn ich jemals die graue, in der grauen Unendlichkeit der unfruchtbaren Dünen verlorene Stadt mit den unzähligen kleinen Kuppeln und Türmen verlassen muss, werde ich für immer das tiefe Heimweh nach dem verlorenen Flecken Erde in mir herumtragen, wo ich so sehr gelitten habe, wo ich aber auch – endlich! – kindliche, schlichte und tiefe Zuneigung gefunden habe, den einzigen Sonnenstrahl in meinem trostlosen Leben.

Ich bin zu lange hier, und das Land mit seinen beängstigend monotonen Horizonten ist zu packend, zu ursprünglich, als dass dieses Gefühl von Verbundenheit nur eine ästhetische und vorübergehende Illusion sein könnte. Nein, glaub' mir, kein einziger Ort auf der Welt hat mich jemals so bezaubert, so berauscht wie die wogende Einsamkeit des grossen, ausgetrockneten Ozeans, der von den steinigen Ebenen von Guémar und von den gottverlassenen Tiefen des Schott Melrhir zu den wasserlosen Wüsten von Sinaun und Ghadamis führt.

Oft, wenn ich abends, an die baufällige Brüstung meiner schmucklosen Terrasse gelehnt, im Licht der Dämmerung die fahlen, blutroten oder violetten oder bleiernen Dünen unter dem düsteren und schwarzen und zusehends eisigeren Winterhimmel betrachte und auf die Stimme des Muezzin warte, der verkündet, die Sonne sei am Horizont verschwunden und das Fastengebot sei aufgehoben, befällt mich tiefe Niedergeschlagenheit, eine Art dunkle Angst: Es ist, als ob in dieser Stunde meine Seele jäh erwacht, und ich fühle die tiefe, unüberbrückbare und – so kommt es mir vor – unendliche Abgeschiedenheit dieser Stadt hinter den Dünen, sieben Eisenbahntage vom Leben und von Europa entfernt ... Und dann ist mir, als ob unter der mächtigen, dunkelvioletten Nacht die riesigen Dünen sich in Ungeheuer verwandeln, sich nähern und sich aufrichten und die Stadt und mein Haus – das letzte im Stadtviertel der Uled-Ahmed – drohend umzingeln, um uns noch eifersüchtiger und für immer und ewig zu bewachen.

Manchmal fange ich an, Sätze von Loti vor mich hinzumurmeln: „Er liebte sein Senegal, der Unglückliche."

Ja, ich liebe meine Sahara, und es ist eine undefinierbare, geheimnisvolle, unerklärliche Liebe, die zutiefst aufrichtig und unzerstörbar ist.

Jetzt kommt es mir sogar vor, als ob ich mich nie mehr von diesem Land des Südens werde trennen können.

Ich müsste dennoch die Kraft haben, es zu verlassen, mich

aus dieser Umschlingung zu befreien ... Doch wo diese meinem Wesen zuwiderlaufende Entschlusskraft finden?

## TAGEBUCHBLÄTTER

28. Januar 1901, 8 Uhr morgens

Einmal mehr ist in meinem trostlosen Dasein alles zusammengestürzt, zerbrochen: zu Ende das süsse und ermattende Leben in der unwirklichen Kulisse des Treibsandes! Fertig die heitere Ruhe, in der wir uns beide gehen liessen!

Am 23. abends haben wir durch einen schicksalhaften Zufall von der Einberufung Slimènes erfahren, was die Rückkehr nach Batna bedeutet ... Unsagbar bedrückende Stimmung, verzweifelte fast ...

Zu der unendlichen Wehmut des Abschieds, der Aussicht auf das harte Leben in Batna, getrennt und der eine noch entfernter vom anderen, kam noch die Sorge wegen unserer finanziellen Lage, wegen der 100 Francs Schulden – eine schwindelerregende Summe, besitzen wir doch nicht einmal einen Sou.

Düstere Nacht, schlaflos, mit Kifrauchen und Trinken verbracht.

Am folgenden Morgen demütigender, unaufschiebbarer Gang zu Sidi l'Aschmi. Ihn von Pilgern umringt angetroffen, die morgen mit dem ehrwürdigen Scheich von Nefta zur grossen Ziyara aufbrechen. Länger als eine Stunde geistesabwesend, zerstreut, mit Angst im Herzen von belanglosen Dingen gesprochen. Endlich mit dem Scheich unter vier Augen; vereinbart, nach dem Maghreb mit Slimène wiederzukommen. In scharfem Trab nach Hause geritten, zerschlagen, mit steifen Beinen in den Steigbügeln.

Slimène halb besinnungslos angetroffen, verstört, er wusste nicht mehr recht, was er tat. Am Abend, kurz vor dem Maghreb, mit Souf weggeritten. Ali mit dem Burnus von Slimène zum Friedhof der Uled-Ahmed geschickt. Bei Sonnenuntergang die letzten verstreuten Gräber am Weg erreicht. Schreckliche Angst, als der Geliebte nicht kam. Schon lange ist mir nicht mehr so bange gewesen wie an diesem Abend. Düstere Gedanken jagen sich in meinem fieberheissen Kopf.

Endlich, nach dem Adan zum Sonnenuntergang, wie es bereits dunkelt, kommt Slimène auf der Strasse, die zur Moschee der Uled-Ahmed führt. Wir brechen im Galopp zum Garten von Sidi-El-Hachemi auf und lassen Ali zurück, den ich in die Kaserne schicke.

Gespenstischer Ritt im diffusen Licht des zunehmenden Mondes ... Grosse Angst, Slimène könne vom Pferd stürzen, angstvoll gespannt ... was würde der Scheich für uns tun ...? Endlich sind wir dort, wir erwidern ungeduldig die endlosen Begrüssungen Guezzuns und des anderen Dieners und sitzen schliesslich allein vor dem Scheich im weitläufigen, sandigen Saal mit den niedrigen, schier erdrückenden Gewölben ... Eine Kerze beleuchtet den grossen roten Teppich, auf den wir uns niedergesetzt haben, der übrige Raum liegt im Halbdunkel.

Es herrscht tiefe, lastende Stille. Ich fühle wohl, dass mein armer Ruh keine Worte findet, und mir selbst ist, als ob mir jemand die Kehle zudrückte.

Ich sehe, dass Ruh weint, und bin ebenfalls den Tränen nahe ...

Doch der Scheich ermahnt uns ... Verwirrt versuche ich, ihm umständlich zu erklären, in welch misslicher Lage wir uns befinden ... Er schweigt, nachdenklich, wie abwesend.

Schliesslich begegnen sich unsere Blicke, und ich versuche, meine ganze Seele aus meinen Augen sprechen zu lassen, und deute auf Ruh, der vor Fieber glüht und einer Ohnmacht nahe ist ... Dann erhebt sich der Scheich und verlässt den Raum ... Es war Zeit, Tränen verschleierten seinen Blick.

Nach kurzer Zeit kommt er wieder zurück. „Gott wird den Rest bezahlen", sagt er zu Ruh und legt 170 Francs vor ihn hin.

Und dann, ohne ein Wort, ohne das Geld zu nehmen, schaut Ruh die Noten an und lacht, lacht ... ein irres Lachen, das den Scheich und mich erschreckt ... Lautloses Lachen, das mitanzusehen trauriger war als Tränen.

Ich fragte mich verzweifelt, ob er den Verstand nicht noch ganz verlieren würde. Schliesslich ging ich hinaus ... hinter die Zawiya ... In der Ferne schlummerten die finsteren Dünen entlang der Strasse nach Taïbet-El Khobna im verschwommenen Mondlicht.

Vor mir erhob sich in der Kieswüste die gespensterhafte Silhouette des kleinen Friedhofs, wo die Kinder des Scheichs ruhten, so viele unschuldige Wesen, die, kaum zum Leben erwacht, von der geheimnisvollen Finsternis des Jenseits davongetragen worden sind. Kleine Seelen, deren irdische Augen sich noch kaum zum grossen Horizont der unfruchtbaren Dünen geöffnet haben ...

Ich bleibe stehen, im Sand, den der Westwind gegen die dicke Mauer mit den schweren Stützpfeilern geweht hat, und in der undurchdringlichen Stille sehe ich ganz in meiner

Nähe den flüchtigen Schatten eines nicht erkennbaren Nachttiers. Ist es ein Fennek ... ein kleiner Wüstenfuchs ...? Die Augen gen Himmel gerichtet, bete ich in einer aufrichtigen Herzensregung die Fatiha zum Ruhme Gottes und flehe den Fürsten der Heiligen an, dem ich diene und dessen Rosenkranz ich trage ...

Ich gehe ins Haus zurück ... Dann brechen wir auf, erleichtert ... und dennoch bedrückten Herzens ...

Wir haben Angst, uns in den endlosen Friedhöfen und in den fahlen Dünen zu verirren ... Also nehmen wir den Weg über das Dorf der Uled-Twati im Osten.

Als wir den engen Pfad entlangreiten, der hoch über dem Garten von Sidi-El-Hachemi vorbeiführt, betrachten wir das verwirrende Schauspiel unter uns: In der Tiefe ruhen die Palmen im Schatten ... Zwischen ihren Stämmen dringen ein paar silbern und sanftrosa schimmernde Strahlen hindurch. Tief am westlichen Horizont, über den riesigen Dünen, die den israelitischen Friedhof überragen, geht die liegende Mondsichel langsam unter.

Es ist fast zehn Uhr, und kein Laut trübt die Stille der unendlichen Einsamkeit, die uns umgibt. Alles scheint an diesem Abend das ganz besondere Aussehen der Dinge zu haben, das sie immer dann annehmen, wenn unser vergängliches Schicksal sich entscheidet ...

Undurchdringliches Geheimnis herrscht rings um uns herum, und wir fühlen es beide zutiefst. Wir schweigen und lauschen dem gedämpften Geräusch der Hufe im stiebenden Sand.

Wie wir den Friedhof der Uled-Ahmed betreten, geht der Mond unter: Für einen kurzen Augenblick ragen nur noch die zwei roten Hörner der Mondsichel hinter dem Kamm der grossen Düne hervor, ein ungewohntes, beklemmendes Schauspiel ... Dann ist alles vorbei, alles versinkt in der Nacht ...

Aus Angst, zu straucheln und zu stürzen, kommen wir kaum voran; die Wüste ist mit Gräbern übersät. Auf dem Hinweg, kurz nach dem Maghreb, brannten Lichter auf den Friedhöfen, den kleinen, grauen Städten der Toten; Irrlichter im letzten Aufleuchten des Tages: Es war Freitagabend.

Jetzt liegt alles wieder im Schatten, die Misbahs sind ausgegangen, und die Gräber schlummern in der Dunkelheit. Ach, dieses Land verlassen und es – vielleicht – nie wiedersehen! ...

Am folgenden Tag benachrichtigt Slimène Brigadier Said und Embarek, die beide immer zuvorkommend gewesen sind und es gut mit uns meinen.

Vorgestern gegen acht Uhr mit Ali nach Guémar aufgebrochen. Die Strasse von Sidi-Abdallah genommen, die am Friedhof vorbeiführt. Dann nach Osten abgebogen in Richtung Tiksebt und unterhalb von Kouinine, etwas rechts von der Strasse nach Touggourt, weitergeritten. Kühler Morgen, ein paar Wolken. Die Dünen erreicht, Ali hinter mir zurückgelassen und im Galopp davongeritten, dann im Schritt.

Trostloser Anblick: die grosse Ebene von Tazrout mit der Silhouette der grossen Qubba der Dschilani im Norden ... Von ferne gesehen, erinnern die Palmen von Tazrout und Guémar, die sich undeutlich am Horizont hinter den zahllosen grauen Friedhöfen erheben, an den Anblick von Touggourt, wenn man auf der Strasse durch den Souf die letzten Dünen hinter sich lässt ... Die gleiche düstere Ebene und die gleiche schwarze Linie der Palmen zwischen den weissschimmernden Häusern. Gedacht – und mein Herz schnürte sich schmerzlich zusammen –, dass ich in ein paar Tagen diesen Weg werde einschlagen müssen, Richtung Norden, und vielleicht, wer weiss, zum letzten Mal.

In diesen Tagen der Angst, der Ungewissheit und der Niedergeschlagenheit fühle ich erst recht, wie sehr ich dieses Land ins Herz geschlossen habe und dass ich das Land des Sandes und der Sonne bitterlich vermissen werde, wo immer in Zukunft ich auch bin ... die Gärten zwischen den Dünen und den Wind, der Sandwolken vor sich her treibt und launisch die Wüste durch die immer gleichen und monotonen Jahrhunderte formt.

Die bizarren Friedhöfe betrachtet, vor allem jenen rechts unterhalb von Tazrout: die Gräber sind wie spitze Glocken, die kleinen Kuppeln wie durchbrochene Türme ... das ganze malerische Durcheinander der Totenfelder rund um die zwei Schwesterstädte Tazrout und Guémar.

Ohne weiteres die vernachlässigte Zawiya von Sidi el-Hussein gefunden. Bedrücktes Gespräch im kahlen Raum, der auf den weitläufigen, mit seltsam geformten Steinen überfüllten Hof geht ...

Schliesslich sehe ich vom äusseren Hof aus die rote Gestalt von Ruh auf der Strasse zum Marktplatz, und ich schicke ihm Ali nach ...

Beim Anhören unserer Leidensgeschichte, beim Anblick von Ruh, der aussieht wie eine wandelnde Leiche, und beim Gedanken an unsere bevorstehende Trennung kommen dem Scheich die Tränen ... Viele Erinnerungen verbinden uns ... Meine Ausritte in seiner Begleitung nach Amiche und

Ourmès, unsere langen Gespräche und der geheimnisvolle Zauber gemeinsamer Unternehmungen ...

Kurz vor dem Asr verabschieden wir uns ... Wir trennen uns in den Dünen von Kouinine. Ich nehme mit Ali den Weg nach El Oued, Richtung Westen, links an Kouinine vorbei. Ein paar blauverschleierte Frauen kehren nach Hause zurück, gebückt unter den gefüllten Wasserschläuchen.

Sobald wir Kouinine hinter uns gelassen haben, reite ich allein weiter, im Galopp, in der Hoffnung, Slimène einzuholen.

Zu spät, also kehre ich bei Einbruch der Nacht durch die ausgestorbenen Friedhöfe von Sidi-Abdallah nach Hause zurück.

29. Januar, 9 Uhr morgens

Vorgestern, gegen vier Uhr dreissig, teilte mir Ali mit, Guezzun habe ihm gesagt, Sidi El-Imam müsse am nächsten Tag (gestern also) nach Nefta abreisen ... Ich zögerte ziemlich lange, aber ich musste Sidi El-Imam sprechen und auch ihm mein Anliegen vortragen, das seine zwei Brüder so wohlwollend aufgenommen hatten.

Schliesslich, ungefähr eine Viertelstunde vor dem Maghreb, machte ich mich mit dem Pferd von Dahmane auf den Weg.

Schneller Ritt durch das strahlendrote Licht der untergehenden Sonne.

Im Dorf unterhalb der Zawiya von Bayada hörte ich den Adan zum Maghreb.

Endlich erblickte ich auf dem niedrigen Hügel die zwei Kuppeln der alten Zawiya von Sidi Abdalqadir, die erste, die im Souf zu seinen Ehren erbaut worden ist ...

Das Dorf verschmolz langsam mit den bläulichen Schatten. Ziemlich gute und entspannte Geistesverfassung.

Sidi El-Imam angetroffen ... *(Die Eintragungen an dieser Stelle unterbrochen.)*

Gegen zehn Uhr dreissig nach Béhima abgereist, am folgenden Tag, dem 30., gegen drei Uhr abends zurückgekommen.

Am 30. Januar ins Krankenhaus eingeliefert ...

*Hier hört Isabelles zweites Tagebuch auf. Das dritte Heft beginnt mit der geheiligten Formel:*

(a) „Im Namen Gottes, des Barmherzigen, des Erbarmers." (a)

*Dann folgt die französische Überschrift:* „Aufzeichnungen, Gedanken und Eindrücke, begonnen im Militärspital von El Oued. Februar 1901."

*Dann ein Koranvers:* (a) „Alle jene, die auf Erden leben, sind sterblich; dein Gott allein, der anbetungswürdige und zu lobpreisende, wird überleben." (a)

*Und schliesslich:* „Ach! der bittere und unheilbare Schmerz, nie, nie mehr einen Gedanken mit ihr teilen zu können!" (P. Loti, *Fantôme d'Orient*)

(r) Die lange, schlaflose Winternacht zieht sich endlos in der toten Stille dahin. Hier, im schmalen und engen Zimmer des Krankenhauses, ist es dunkel und stickig. Die Nachtlampe an der Wand neben dem Fenster beleuchtet schwach das trostlose und traurige Bild: die feuchten Wände mit dem gelben Sockel, zwei weisse Soldatenbetten, ein kleiner schwarzer Tisch, Bretterregale, Bücher und Flaschen ... Das Fenster ist mit einer Armeedecke verhängt ... Kein Laut im riesigen Kasernenhof ... Von Zeit zu Zeit dringt ein fernes, langgezogenes Bellen an mein Ohr, das empfindliche Ohr einer Kranken ... Dann herrscht wieder vollkommene Stille. Scht! Man hört Flüstern, einen Soldatenschritt, regelmässig, monoton ... Dann das harte Aufschlagen von Gewehrkolben, einen kurzen, barschen Befehl ... Und dann wieder Schritte, die sich nach rechts entfernen, in Richtung Infanteriekaserne. Die Wache an den Toren ist abgelöst worden ... Dann wieder Stille ... Und ich schmachte, leide einsam. Mein verletzter, dumpfer Kopf glüht ... Sämtliche Glieder tun mir weh ... Ich weiss nicht, wohin ich meinen verletzten Arm legen soll. Er schmerzt, ist mir im Weg und ist schrecklich schwer. Mit dem unverletzten rechten Arm schiebe ich ihn mühsam von einer Stelle auf die andere. Er liegt nirgends richtig. Wohin ich ihn auch lege, er tut mir weh, so weh, dass mir beinahe übel wird ...

Düstere, schreckliche Gedanken schleichen sich in meinen kranken, glühenden Kopf. Meine Lage kommt mir unglücklicher und verwirrter vor, als sie es in Wirklichkeit ist. Verzweiflung übermannt mich. Eisige Angst umklammert meine Seele. Nein, ich werde den Händen der Mörder nicht entkommen ... Und alle, alle, sogar der Arzt, stecken hinter diesem Komplott. Dann fällt mein Blick unvermittelt auf das Dienstreglement an der Wand, ein säuberlich handbeschriebenes weisses Blatt ...

Im Zimmer herrscht dämmriges Licht, aber ich bemühe mich krampfhaft, fast verzweifelt, diese banalen Zeilen zu lesen. Meine müden Augen schmerzen, doch ich strenge mich an, die enge Unteroffiziers-Handschrift mit den geschwungenen Buchstaben zu lesen ... Und die Unmöglichkeit, diese Zeilen entziffern zu können, bedrückt mich, bringt mich zur Verzweiflung.

Dann, plötzlich, tauchen alle Einzelheiten jenes schicksalhaften Tages in meiner Erinnerung auf ... Ich liege da, von einem Schlag am Kopf getroffen, ich hebe den Blick: Vor mir steht der Mörder, er holt zum Schlag aus ... Ich kann nicht erkennen, was er in den Händen hält ... Dann ... ich sitze auf einer Truhe, taumelnd, vor Schmerzen stöhnend ... Alles dreht sich, mir wird übel ... ich kann nicht mehr denken ... Alles wird plötzlich dunkel, alles verblasst ... Ich falle, falle ... in einen bodenlosen Abgrund ... Nur ein Gedanke durchzuckt mein benommenes Gehirn, ein einziger: *Der Tod ... Weder Kummer noch Furcht ...* Es gibt keinen anderen Gott ausser Gott, und Mohammed ist sein Prophet! Alles ist erloschen ... Kalter Schweiss bedeckt meine Stirn. Und wieder versuche ich mühsam, meinen schmerzenden Arm zu bewegen ... Der Knochen verursacht einen dumpfen Schmerz; der Muskel, der durchschnitten worden ist, zieht sich zusammen, und die Finger verkrampfen sich ... Die tiefe, genähte Wunde brennt und sticht. Ich kann nicht mehr! Eine schreckliche, eine unsägliche Angst packt mich, und ohnmächtige, kindliche Tränen fliessen über meine Wangen ...

... Durch das Fenster oberhalb der Tür sehe ich das blasse Mondlicht über dem gegenüberliegenden Gebäude, wo sich der Autopsieraum mit seinem Eisentisch und den Büchsen mit den Desinfektionsmitteln befindet ... Vielleicht, wer weiss, werde ich demnächst auf jenem schrecklichen Tisch liegen! ... Der Tod selbst erschreckt mich nicht ... Ich fürchte mich nur vor den Schmerzen, vor den endlosen und sinnlosen Schmerzen ... und auch vor dem düsteren, unbestimmbaren, finstern Etwas, das mich zu umhüllen scheint, unsichtbar und nur für mich allein erkennbar ...

... Die strahlenden Sterne funkeln unbeirrt mit ihren klaren Augen, als ob sie von der Höhe des unerreichbaren Firmaments in mein Gefängnis blickten ...

Geheimnis, das grosse, niemals ergründbare Geheimnis der Welt! Ich drehe den Kopf zur Seite, mutlos: Ich bin allein, hilflos, allein ... Ich kann von nirgends Hilfe, Mitleid erwarten. Die Bosheit der Menschen ist unermesslich ... Das einzige Wesen, das mich liebt, das mir teuer ist, ist weit weg, durch die rohe Kraft der Pharisäer von mir getrennt ... und die rührende brüderliche Aufmerksamkeit einer barmherzigen Seele hat man von meinem Schmerzenslager verbannt. Ich bin allein!

Maman ist tot, und ihr *weisser Geist* hat für immer die verderbte irdische Welt verlassen, die ihr so fremd war. Der alte Denker ist ebenfalls in die Finsternis des Grabes eingegangen; der Bruder und Freund ist zu weit weg ... Ich bin allein! *Für immer* allein.

Und wenn es geschrieben steht, wenn es mein Schicksal ist, dass ich hier sterbe, in der grauen, baumlosen Wüste, wird keine brüderliche Hand mir die toten Augen schliessen ... Im letzten irdischen Augenblick wird kein brüderlicher Mund die letzten tröstenden Worte finden, einen letzten zärtlichen Abschiedsgruss ...

Und ich weine, weine ohnmächtig über mein zerstörtes, zu früh verlorenes Leben ...

Langsam, fast feierlich langsam, beginnt es zu tagen ...

Hinter den grauen Kuppeln färbt sich der westliche Horizont, zögernd, wird ebenfalls grau ... Finstere schwarzblaue Wolken hängen über der Erde, und der unfreundliche und düstere Morgen dringt in mein Zimmer ...

Merkwürdiger Eindruck, hier, wo die Sonne immer so glühend hell ist, so immerwährend und königlich! ...

Meine Seele ist noch düsterer, noch dunkler ...

In der Ferne begrüssen die unzähligen Hähne der Stadt den Tag ...

Mein geübtes Ohr erkennt am Ton, in welchem Stadtteil sie krähen, und in meiner erschöpften Vorstellungskraft tauchen die Bilder der hier verbrachten Tage auf ...

Doch plötzlich erhebt sich nebenan, unter dem niedrigen Tor der Scharfschützengarnison, ein Trompetenruf, heiser zuerst, dann durchdringend und laut ... Man hört das Knarren der schweren Festungstüren, die den Tag über offen bleiben. Dann erwachen im Gebäude des Krankenhauses die vertrauten Geräusche: der Krankenwärter in den ausgetretenen arabischen Pantoffeln, die zwei Korporale in schweren, eisenbeschlagenen Stiefeln, der Unteroffizier, das ganze Kommen und Gehen. Aus der Kaserne dringen Befehle, Rufe, Lieder und Lachen ... Von weiter weg, östlich der Kaserne der Spahis, hört man das Wiehern der Pferde, die man zur Tränke führt ... Ich bin unendlich erleichtert.

Wieder ein Tag, wieder Menschen und Lärm! Der hinkende, sanfte, wortkarge Krankenwärter wird bald kommen, mit einer Kaffeekanne und einem Glas ... Und dann werden auf dem zementierten Gehsteig leichte Schritte widerhallen ... Unter der Tür wird eine zündrote Tunika auftauchen ... und das wunderbare und sanfte Licht brauner Augen, ihr gedämpftes und dennoch strahlendes Licht wird das düstere Zimmer bis in den hintersten Winkel erhellen ... Und eine tiefe, etwas zitternde Bruststimme mit dem singenden Akzent des Nordens wird mich begrüssen ...

Und meine Seele wird sich wieder etwas leichter fühlen, und mein Herz wird wieder etwas glücklicher sein ...

In Erinnerung an die Nächte des 28., 29. und 31. Januars 1901. Aufgezeichnet im Spital am 3. Februar 1901. (r)

*Diese Seiten hat Isabelle im Krankenhaus von El Oued geschrieben, wo man sie nach dem Mordanschlag eingeliefert hat.*

*Ein paar Tage vorher, am 29. Januar, hat ein gewisser Abdallah ben-Mohammed in Béhima versucht, die junge Frau mit einem Säbelhieb zu töten. Wäre über ihrem Kopf nicht eine gespannte Wäscheleine gewesen, die den Schlag auffing, hätte der Mordanschlag für Isabelle schlimm ausgehen können.*

*Die lokale Presse schweigt sich über den Vorfall aus, was Isabelle veranlasst, ein paar Wochen später in einem Brief an die* Dépêche algérienne *das Attentat von Béhima in allen Einzelheiten zu schildern und gleichzeitig auf die Hintergründe dieser Tat hinzuweisen.*

*Dieser Brief wird am 4. Juni 1901 veröffentlicht:*

Am kommenden 18. Juni wird ein Eingeborener namens Abdallah ben-Mohammed ben-l'Akhdar aus dem Dorfe Béhima in der Nähe von El Oued (Kreis Touggourt) sich vor dem Militärgericht von Constantine zu verantworten haben. Dieser Mann ist des Mordes überführt und angeklagt, des vorsätzlichen Mordes vielmehr.

Dieses Attentat war gegen meine Person gerichtet und hätte mich beinahe das Leben gekostet.

Es hat mich einigermassen überrascht, dass keine einzige algerische Zeitung auch nur ein Wort über diese Angelegenheit hat verlauten lassen – immerhin eine der ungewöhnlichsten und geheimnisvollsten, über die jemals ein algerisches Gericht hat befinden müssen. Ich nehme an, dass die Presse über die näheren Umstände dieses Falles nicht informiert worden ist. Ich glaube, dass es um der Wahrheit und der Gerechtigkeit willen – und nur darum geht es mir – nützlich wäre, die Öffentlichkeit über die Einzelheiten dieses Prozesses zu informieren, bevor das Urteil gesprochen wird. Ich bitte Sie daher höflichst, diesen Brief unter meinem Namen zu veröffentlichen. Ich übernehme die volle und ganze Verantwortung dafür.

Erlauben Sie mir, ein paar für das Verständnis der nachstehenden Schilderung des Vorfalls notwendige Erklärungen voranzustellen.

Während der Untersuchung im Straffall Abdallah ben-Mohammed haben die mit den Ermittlungen betrauten Offiziere wiederholt ihr Erstaunen bekundet, als ich ihnen erklärte, ich sei Muslim und gehöre sogar der Bruderschaft der Qadiriyya an; kommt noch hinzu, dass ich arabische Kleidung trage, Frauenkleider oder Männerkleider, je nach den Umständen und Anforderungen meines zur Hauptsache nomadisierenden Lebens.

Um nicht als Jüngerin des Dr. Grenier zu gelten oder als jemand, der sich kostümiert und sich aus irgendwelchen eigennützigen Interessen hinter einer Religion verschanzt, lege ich Wert darauf, an dieser Stelle zu erklären, dass ich nie

Christin gewesen bin, dass ich nicht getauft bin und dass ich, obwohl russischer Nationalität, seit sehr langer Zeit den muslimischen Glauben angenommen habe. Meine Mutter, die zum russischen Adel gehörte, ist 1897 in Bône gestorben, nachdem sie sich zum Islam bekannt hatte. Sie ist auf dem arabischen Friedhof dieser Stadt beigesetzt worden.

Ich habe also keinerlei Veranlassung, mich als Muslim auszugeben, und auch keinerlei Grund, eine Komödie zu spielen. Meine algerischen Glaubensbrüder haben das verstanden, was sogar dazu geführt hat, dass Scheich Si Mohammed el-Hussein Tayyeb, der Nayib der Bruderschaft in Ouargla, ohne Zögern meiner Aufnahme zugestimmt hat, als Bestätigung der Weihe, die mir einer seiner Muqaddam bereits früher verliehen hatte. Ich lege aus den vorgenannten Gründen Wert auf diese Feststellung, vor allem, damit Abdallahs Attentat nicht als fanatischen Hass gegen alles, was christlich ist, ausgelegt wird, denn ich bin nicht Christin, alle wissen das im Souf, Abdallah miteingeschlossen!

Nun also die Schilderung des Attentates, dessen Opfer ich am 29. Januar um 3 Uhr nachmittags geworden bin, und zwar im Hause eines gewissen Si Brahim ben l'Arbi, Grundstückbesitzer aus dem Dorfe Béhima, 14 Kilometer nördlich von El Oued, an der Strasse, die in den tunesischen Djerid führt.

Anlässlich einer ersten Reise durch die Sahara von Constantine im Sommer 1899 besuchte ich El Oued, und dieses Land der makellosen Dünen, der verborgenen Gärten und schattigen Palmenhaine hat in mir einen unvergesslichen Eindruck hinterlassen.

Im August 1900 habe ich mich dann in El Oued niedergelassen, ohne genau zu wissen, für wie lange.

Ich habe mich dort um die Aufnahme in die Bruderschaft der Qadiriyya bemüht, und da ich die Zuneigung der drei Scheichs gewonnen hatte – des Sohnes von Sidi Brahim und der Brüder des verstorbenen Nayib von Ouargla –, war es mir gestattet, die Zawaya der Qadiriyya in der Umgebung von El Oued zu besuchen.

Am 27. Januar begleitete ich einen von ihnen – Si l'Aschmi – in das Dorf Béhima. Der Scheich war mit einer Gruppe von Ikhwans unterwegs nach Nefta (Tunesien) auf einer Ziyara an das Grab seines Vaters Sidi Brahim ... Ich hatte die Absicht, am gleichen Abend mit meinem Diener Ali, einem Eingeborenen, der mich zu Fuss begleitete, nach El Oued zurückzukehren. Wir betraten das Haus eines gewissen Si Brahim ben l'Arbi, und während der Marabut sich für das Nachmittagsgebet in einen Nebenraum zurückzog, blieb ich in der grossen Halle zurück, in die man durch ein Vorzimmer gelangt, das vom öffentlichen Platz aus zugänglich ist, wo eine dichte Menge lagerte und wo mein Diener mit meinem Pferd wartete. Unter den Pilgern waren fünf oder sechs angesehene arabische Persönlichkeiten aus dem Ort und aus der näheren Umgebung, fast alle Ikhwans der Rahmaniyya.

Ich sass zwischen zwei dieser Persönlichkeiten, dem Hauseigentümer und einem jungen Kaufmann aus Guémar namens Ahmed ben-Balkasem. Dieser hatte mich gebeten, für ihn drei geschäftliche Depeschen zu übersetzen; eine war sehr schlecht abgefasst und bereitete mir etliche Schwierigkeiten. Ich hatte den Kopf gesenkt und die Kapuze meines Burnus über den Turban gezogen, was mich daran hinderte zu sehen, was sich vor mir abspielte. Plötzlich spüre ich einen heftigen Schlag am Kopf und zwei weitere am linken Arm. Ich hebe den Kopf und sehe einen einfach gekleideten Mann vor mir, jemanden also, der nicht zur Menge vor dem Haus gehört und der drohend eine Waffe über meinem Kopf schwenkt, die ich für einen Knüppel halte. Ich springe auf und stürze auf die gegenüberliegende Wand zu, um das Schwert von Si l'Aschmi zu holen. Aber der erste Schlag hatte mich am Kopf getroffen und betäubt. Ich spürte heftige Schmerzen im linken Arm und liess mich auf eine Truhe fallen.

Der Täter – von Si Mohammed ben Bu Bakr, einem jungen Muqaddam der Qadiriyya, und einem Diener von Sidi l'Aschmi namens Saad entwaffnet – konnte sich aber losreissen. Als ich ihn auf mich zustürzen sah, sprang ich auf und wollte nach einer Waffe greifen, doch mir wurde schwarz vor den Augen, und der stechende Schmerz in meinem Arm hinderte mich daran. Der Mann floh in die Menge und schrie: Ich hole ein Gewehr und bringe sie um.

Saad brachte mir ein blutiges arabisches Schwert und sagte zu mir: Schau, damit hat dich dieser Hund verletzt.

Der Marabut, der vom Lärm aufgeschreckt herbeigeeilt war und dem man sofort den Namen des Täters nannte – denn dieser war erkannt worden –, liess den Scheich von Béhima holen, der, wie übrigens auch der Täter, zur Bruderschaft der Tidschaniyya gehört, die, wie allgemein bekannt, in der Wüste die Qadiriyya unerbittlich bekämpft.

Dieser seltsame Beamte widersetzte sich hartnäckig dem Befehl des Marabut und behauptete, der Täter sei ein Scharif – und was weiss ich.

Worauf der Marabut ihm öffentlich drohte, ihn als Komplizen beim Arabischen Büro anzuzeigen, und gebieterisch verlangte, dass man den Täter unverzüglich verhafte und herbeischaffe. Der Scheich gehorchte sehr widerwillig.

Als man den Täter in den Raum brachte, wo man mich auf eine Matratze gelegt hatte, spielte er zuerst den Geistesgestörten, als ihn dann aber seine eigenen Landsleute, die ihn als ganz vernünftigen, ruhigen und besonnenen Mann kannten, der Komödie bezichtigten, begann er zu behaupten, Gott habe ihn beauftragt, mich zu töten.

Da ich bei vollem Bewusstsein war, konnte ich feststellen, dass mir das Gesicht dieses Mannes gänzlich unbekannt war, und ich begann, ihn meinerseits zu befragen. Er sagte, dass er mich auch nicht kenne, dass er mich nie gesehen habe, dass er aber gekommen sei, um mich zu töten, und dass er es tun werde, sobald man ihn loslasse.

Als ich ihn fragte, was er gegen mich habe, antwortete er: Ich habe nichts gegen dich, du hast mir nichts getan, ich kenne dich nicht, aber ich muss dich töten.

Der Marabut fragte ihn, ob er wisse, dass ich Muslim sei; er bejahte. Der Vater des Täters erklärte, sein Sohn gehöre der Tidschaniyya an.

Der Marabut befahl dem örtlichen Scheich, das Arabische Büro zu benachrichtigen, und verlangte nach dem Stabsarzt und nach einem Offizier, der den Mann abführen und die Untersuchung einleiten solle.

Gegen elf Uhr trafen der mit der Untersuchung beauftragte Offizier und der Arzt ein.

Der Arzt stellte fest, dass meine Kopfverletzung und die Wunde am linken Handgelenk nicht gefährlicher Natur sei.

Ein segensreicher Zufall rettete mir das Leben: Eine Wäscheleine über meinem Kopf hatte den ersten Säbelhieb aufgefangen, der mich unweigerlich getötet hätte. Doch mein linkes Ellbogengelenk war an der Aussenseite offen, der Muskel und der Knochen waren verletzt.

Als Folge des grossen Blutverlustes – über sechs Stunden lang lag ich so da – war ich derart geschwächt, dass man mich an jenem Abend in Béhima lassen musste.

Am folgenden Tag wurde ich auf einer Bahre in das Militärkrankenhaus von El Oued gebracht, wo ich bis zum vergangenen 25. Februar lag. Trotz der aufopfernden und fachmännischen Pflege von Dr. Taste verliess ich das Krankenhaus als Invalide; ich werde für den Rest meiner Tage nicht in der Lage sein, meinen linken Arm zu gebrauchen, und sei es auch nur für die geringste Arbeit.

Obwohl ich anlässlich meiner ersten Reise Zwistigkeiten gehabt habe mit dem Arabischen Büro in Touggourt, dem der Bezirk El Oued unterstellt ist – Zwistigkeiten, die einzig und allein auf das Misstrauen der dortigen Beamten zurückzuführen sind –, haben sich der Vorgesetzte der Verwaltungsstelle von El Oued, die Offiziere des Arabischen Büros wie der Garnison sowie der Stabsarzt rührend um mich gekümmert, und ich lege Wert darauf, ihnen an dieser Stelle öffentlich meine Dankbarkeit auszusprechen ...

... Es ist offensichtlich, dass Abdallah mich nicht aus Hass gegen die Christen hat töten wollen, sondern dass er von anderen Personen dazu gedrängt worden ist, dass es sich also um eine vorsätzliche Tat handelt.

Ich habe den Untersuchungsbehörden erklärt, dass ich dieses Verbrechen zum grossen Teil dem Hass der Tidschaniyya gegenüber der Qadiriyya zuschreibe. Ich nehme an, dass sich Haba oder Ikhwans der Tidschaniyya gemeinsam verschworen haben, um sich meiner zu entledigen, weil ich von ihren Feinden angenommen worden bin, was übrigens die aufrichtige Bestürzung der Ikhwans der Qadiriyya erklärt, als sie von der Tat erfuhren.

Als man mich bei meiner Überführung ins Krankenhaus auf einer Bahre durch die Dörfer in der Umgebung von El Oued trug, traten die Dorfbewohner auf die Strasse hinaus und brachen in laute Klagen aus, als ob es sich um eine Beerdigung handle.

*Isabelle wird nicht für den Rest ihrer Tage Invalide bleiben, sie wird ihren Arm sogar wieder ganz normal bewegen können. Sie bleibt drei Wochen im Militärkrankenhaus von El Oued, wo sie sich mit Dr. Taste anfreundet, der sie behandelt.*

*Slimène, der in der Garnison von Batna stationiert ist, kann sie nicht besuchen. Schmerzen, Verfolgungswahn, verständliche Heraufbeschwörung ihrer Kindheit ... Dann aber regen sich in Isabelle neue Gefühle:*

## TAGEBUCHBLÄTTER

3. Februar 1901

Heute morgen Augenblicke rührseliger, geheimnisvoller Traurigkeit: vor der Tür des düsteren Raumes, auf dem grauen Sand, ein ungewohnter Gast, eine kleine Meise, grau wie der Wüstensand, auf langen, zierlichen Beinen mit einem schwarzen Krägelchen auf ihrer perlförmigen Brust, sie hüpfte herum und sang und erinnerte mich an *die Erde des Exils* ... Den gleichzeitig aufwühlenden, sanften und beklemmenden Eindruck gehabt, dass es vielleicht die Seele des *weissen Geistes* sei, die in dieser zierlichen Gestalt gekommen ist, um meine bedrückte Seele in dieser schwermütigen Umgebung zu trösten ...

Mehr denn je verliere ich mich im Unsagbaren, in den dunklen Abgründen meiner Seele, und ich ringe mit der Finsternis. Der Traum ist düster ... Wie wird das Erwachen sein und wie das Morgen?

9. Februar 1901

Das Böse, eine *Verwirrung* innerhalb der Gesetze Gottes, kann fatalerweise für die Erfüllung seines Zieles nicht dem geraden Wege folgen. Das ist der Grund, warum es in jeder heimtückischen Berechnung eine Menge zerrissener Glieder und eine Menge Fallen gibt.

Das eigentliche Wesen des Bösen selbst führt dazu, dass jene, die das Böse sich als Werkzeug aussucht, unweigerlich schlecht enden.

Ein Gedanke, der mir heute abend nach der einmaligen, nach der geheimnisvollen Stunde des Maghreb gekommen ist, als ich gefühlt habe, wie in mir eine ganze Flut neuer Gefühle erwacht – ein innerer Prozess, ein Aufbruch zu einem mir unbekannten Ziel, das ich mir nicht vorzustellen wage.

... Ja, in diesen Stunden, den finstersten meines Lebens, liegt meine Seele in den Wehen.

Was für ein Morgen harrt meiner, wenn ich den Weg aus der Finsternis finde?

Wir leben in einem undurchdringlichen Geheimnis, und wir fühlen auf Schritt und Tritt, wie die mächtigen Schwingen des Unbekannten uns streifen ... eine Gunst, ein wahrhaftiges Wunder ...

Heute abend gegen fünf Uhr hat man Abdallah Mohammed in eine Zelle des Gefängnisses überführt.

Ich habe ihn daherkommen sehen und habe ihn angeschaut, während die Scharfschützen ihn durchsuchten ... Habe ein durchdringendes Gefühl tiefsten Erbarmens für diesen Mann empfunden, ist er doch das blinde Werkzeug eines Schicksals, dessen Sinn er nicht kennt ... Und habe angesichts dieser grauen, aufrechten, vor sich hin starrenden Gestalt zwischen den blauen Uniformen die vielleicht erstaunlichste und eindrücklichste Vision des *Geheimnisses* gehabt, die mir je zuteil geworden ist.

Und wie sehr ich mich auch bemühe, in der Tiefe meines Herzens Hass für diesen Mann aufkommen zu lassen, es will mir nicht gelingen ... und Verachtung noch weniger.

Die Gefühle, die ich für diesen Menschen hege, sind sonderbarer Natur: Es ist mir, als ob sich – wenn ich darüber nachdenke – vor mir ein Abgrund, ein Geheimnis auftäte, dessen letztes Wort ... oder vielmehr dessen erstes Wort noch nicht gesprochen ist und das *den ganzen Sinn meines Lebens enthält.* Solange ich dieses rätselhafte Schlüsselwort nicht kenne – und werde ich es jemals kennen? Gott allein weiss es –, werde ich nicht wissen, *wer* ich *bin,* noch was der *Zweck* und das *Ziel* meines Schicksals sind, eines der wunderbarsten überhaupt.

Es will mir aber scheinen, dass es nicht mein Schicksal sei, für immer zu verschwinden, bevor ich eine Antwort auf das tiefe Geheimnis gefunden habe, das mein Leben seit seinen ungewöhnlichen Anfängen bis zum heutigen Tag umgibt.

„Wahnwitz", werden die ungläubigen Verfechter rationaler Lösungen sagen, die dem Geheimnis gegenüber skeptisch sind.

Nein, denn das Wissen um die Abgründe, die das Leben in sich birgt und von denen drei Viertel der Menschheit nichts weiss, ja nicht einmal etwas ahnt, kann ebensowenig als Wahnwitz bezeichnet werden wie die Verachtung eines blind Geborenen für die Worte eines Künstlers, der ihm den Sonnenuntergang oder eine Sternennacht schildert.

Es ist einfach, eine ängstliche, durch die Nähe des Unbekannten aufgeschreckte Seele mit banalen Worten zu besänftigen, mit einer Erklärung, die man aus den falschen Erfahrungen der Menschen schöpft und aus „gängigen Meinungen", aus einem Sammelsurium von belanglosen Gedankenfetzen, von oberflächlichen Kenntnissen und von Hypothesen, die man auf Grund der masslosen Feigheit der Menschen mit der Realität verwechselt!

Wenn das Absonderliche meines Lebens das Resultat von *Snobismus* wäre, eine *Pose,* ja, dann könnte man sagen: Sie hat es so gewollt ... Doch nein! Niemand hat je so in den Tag hineingelebt wie ich, hat sich so vom Zufall treiben lassen wie ich, und es sind wohl die Ereignisse selbst gewesen, die mich durch ihre unerbittliche Verstrickung dahin geführt haben, wo ich bin, und nicht ich, die sie geschaffen hat.

Vielleicht lässt sich die ganze Absonderlichkeit meines Wesens in einem sehr charakteristischen Zug zusammenfassen: um jeden Preis neue Erfahrungen suchen, die Untätigkeit und Erstarrung fliehen!

El Oued, den 20. Februar 1901, 7 Uhr morgens

Gestern erster Ausritt auf der Strasse nach Amiche ...

In den letzten Tagen bedrückten mich die grauen Mauern um mich herum, sie schienen mich einzuschliessen und mich bedrohlich einzuengen. Ich fühlte mich wie ein Gefangener ... Doch nach dem gestrigen Ausritt wünsche ich mir nichts anderes, als mich hier zu vergraben bis zu dem Tag, an dem ich zweifellos für immer den Souf verlassen werde.

Ich habe von diesem kurzen Spaziergang eine der bittersten Empfindungen meines Lebens zurückgebracht.

Die Dünen sind immer noch da und die graue Stadt und die tiefgelegenen Gärten zwischen den Dünen ...

Doch der grosse Reiz dieses Landes ist dahin, die Magie der Horizonte und des Lichtes ... und der Souf ist leer, unwiderruflich und für immer leer.

Die Dünen sind erschreckend trostlos, aber es ist nicht mehr die zauberhafte Trostlosigkeit voller Geheimnisse, die mich einst so unwiderstehlich anzog ... Nein, sie ist tot ...! Die Gärten sind armselig und reizlos ... Der Horizont ist leer, und das Licht ist fad und grau ...

Und ich fühle mich hier fremder als irgendwo sonst, einsamer, und ich will nichts anderes als weggehen, fliehen, dieses Land verlassen, das jetzt nur noch das Gespenst dessen ist, was ich einst so sehr geliebt habe.

Und ich stelle mit einemmal fest und irre mich ganz bestimmt nicht, dass der ganze Zauber, den wir gewissen Gegenden der Erde zuschreiben, nichts als eine Täuschung und eine Illusion ist; solange das Bild der Natur unserem Seelenzustand *entspricht,* glauben wir, Pracht und Herrlichkeit zu entdecken, eine ganz besondere Schönheit ... Doch an dem

Tag, an dem unsere wankelmütige Seele sich abwendet, stürzt alles in sich zusammen und verblasst ...

Und ich fühle mich traurig, unendlich traurig. Ich hätte den Souf in der Stimmung verlassen sollen, in der ich mich vor Béhima befand; ich hätte dieses Land hinter mir lassen sollen mit der Illusion, dass es seinen unendlich wehmütigen Zauber eifersüchtig bewahren würde bis zu dem ungewissen und vor allem fernen Tag meiner Rückkehr ...

Als ich hier angekommen bin – es sind sieben Monate her –, *gab es ihn nicht,* diesen Zauber ... Seither, wie habe ich nur an das wirkliche Vorhandensein von etwas sehr Rätselhaftem glauben können, das ich in diesem Land zu spüren glaubte und das nichts anderes war als der Widerschein des traurigen Geheimnisses meiner Seele, der die Dinge verklärte!

Und so bin ich dazu verdammt, meine grosse, für immer wortlose Trauer durch Länder und Städte mit mir herumzutragen, diese ganze Fülle von Gedanken, ohne jemals das Ikaria meiner Träume zu finden!

Was mich vor allem belastet, ist, dass ich keine Worte finde für die erdrückende Last der Gedanken und Gefühle, die im einsamen Schweigen meiner Seele schlummern und oft eine schmerzliche Beklemmung in mir hervorrufen.

Ist es möglich, dass meine Seele Monate und Jahre so vor sich hindämmert ... und zu was für einer tödlichen Finsternis wird das noch führen?

Ist es möglich, dass alles, was das absonderliche Glück meines Lebens noch ausmacht und bestimmt, von mir selbst ausgeht und nicht von der äusseren Welt, ist es möglich, dass sich auch das noch verflüchtigen wird und ich für immer *al-*

*lein* auf der Welt sein werde und ohne Aussicht auf Trost?

Wenn ich die *absolute, vernünftige* und *unwiderlegbare* Gewissheit hätte, dass ich innerhalb kurzer Frist diesen unheimlichen Knoten lösen könnte, wenn ich befürchten müsste, dass der *abgrundtiefe Überdruss,* der mich manchmal packt und masslos peinigt, zu einem normalen und *beständigen* Zustand würde, fände ich sofort die Kraft, glaub' ich, diese Eventualität durch einen sehr gelassenen und sehr kühl geplanten Tod zu vermeiden ... Denn es ist einzig und allein diese unzulängliche und nur mir eigene Welt in meinem Herzen, die mich vor dem Suizid zurückhält ... und die Hoffnung, sie möge so lange bestehen wie ich selbst und, vielleicht, sich entwickeln und noch reicher werden. Das Leben *an sich* bedeutet mir offen gestanden nichts, und der Tod übt auf meine Vorstellungskraft eine eigentümliche Anziehung aus ...

Ich habe versucht, alle die Gedanken festzuhalten, die mich gestern so schmerzlich beschäftigt haben, alles das, was mir so offensichtlich schien, so indiskutabel ... Doch es ist mir – wie immer – nicht gelungen, und das einzige Resultat dieser Verlockung ist, dass in mir Verwirrung und Zweifel entstanden sind ...

Ich *weiss* nichts, weder von mir selbst noch von der äusseren Welt ... Das ist vielleicht die einzige Wahrheit.

*Am 23. Februar reist Isabelle zu Slimène nach Batna. Das Leben in der Garnison ist hart für die zwei Liebenden, die wenig Gelegenheit haben, sich zu sehen.*

*Isabelle fühlt sich allein, geschwächt, verliebt, so verliebt, wie sie es sich nie hätte träumen lassen.*

Batna, 20. März

... Wie wenig würde die Not, die jetzt Wirklichkeit ist, und das abgeschiedene Leben der arabischen Frauen mir ausmachen ... Gesegnet wäre sogar eine vollkommene Abhängigkeit von Ruh – wie die, in der ich mich gegenwärtig befinde ... Doch was mich quält und mir das Leben fast unerträglich macht, ist die Trennung von ihm und die bittere, traurige Tatsache, ihn nur selten sehen zu können, nur ein paar flüchtige Augenblicke. Was zählt schon alles andere ... ich lebe nur auf, wenn ich ihn – wie gestern – in meinen Armen halte und in seine Augen schaue, „von Angesicht zu Angesicht", wie Aziyadé sagte.

Da ist sie nun erwacht, unbemerkt, gegen meinen Willen, die grosse Liebe meines Lebens, von der ich glaubte, sie würde nie kommen!

Was für Qualen und was für Freuden, was für eine Verzweiflung und was für eine Trunkenheit! ...

Batna, den 26. April, 11 Uhr abends

Ich bin irgendwie traurig heute abend, seit ein paar Tagen, auf eine undefinierbare Art und Weise. Wenn Ouiha nicht hier ist, lastet die Einsamkeit schrecklich auf mir, und die Langeweile quält mich. Batna ist nach dem gestrigen Gewitter überschwemmt, düster, eisig, voller Schlamm und schmutziger Bäche. Mein armer Souf ist ziemlich krank, und ich habe sogar auf meine einsamen Ausritte die Landstrassen entlang verzichtet oder zum trostlosen Friedhof auf der Anhöhe, am Fusse des grauen Hügels, wo die zwischen duftenden grauen Beifussbüscheln und rotem Seidelbast in liebloser Unordnung verstreuten Gräber wie halboffene Türen den Blick auf das furchterregende Nichts menschlichen Staubes freigeben – ein entsetzlicher Anblick –, und daneben das grüne Feld, wo der violette Flachs wächst, die weissen Anemonen und der scharlachrote Mohn ...

Vor ein paar Tagen bin ich mit Flöten und Trommeln und den Bannern der alten islamischen Feste mit den Muslims herumgezogen, die um Regen flehten, diesen Regen, der den flüchtigen und vorzeitigen algerischen Frühling etwas verlängert, ein kurzer Frühling, der in der Hast des Wiedererwachens die Blumen des Sommers mit jenen des Frühlings vermischt und der nach den schwülen Tagen, als der Schirokko blies, schon fast vorbei zu sein schien.

Gestern ist Ruh gekommen, nach sechs langen Tagen, in denen ich ihn nur nachts gesehen habe, jeweils nur flüchtig und kurz, in der Nähe der Pforte zu diesem verfluchten Quartier, wo man ihn einsperrt. Ich habe ihn in meinen Armen gehalten, und plötzlich, nach der trunkenen, fast wilden Leidenschaft der ersten Umarmung, ohne dass wir wussten warum, ohne dass wir ein Wort gesagt hätten, kamen uns die Tränen, und eine unergründliche, geheimnisvolle Angst schnürte unsere Herzen zusammen.

Dann, in der Nacht, nach dem kopflosen Ritt unter dem sintflutartigen Regen – ich wollte mich ja nur über den verlogenen Tarhat lustig machen, der immerhin so viel Anstand gehabt hat, sich nicht zu verstellen –, habe ich noch etwas gelesen, bin dann eingeschlafen, und Vava ist mir erschienen; er war sehr gütig zu Ruh und drückte mir ganz im Ton von früher seine Zustimmung aus. Ich erinnere mich nur verschwommen an diesen Traum, wie wenn er sehr weit zurückläge, und das Gefühl, das er hinterlassen hat, ist beruhigend und tief ... als sei dieser Traum eine sehr geheimnisvolle Bestätigung der tröstenden Depesche, die Augustin mir geschickt hat ...

Die kindliche Freude Slimènes darüber, dass Augustin sich mir wieder zugewandt hat und uns beiden Gerechtigkeit widerfahren liess, hat mir einmal mehr die Reinheit, die Güte, den Edelmut seines Herzens, das mir allein gehört, bestätigt. Trotz allem, was ich gelitten habe, allem, was ich jetzt leide und noch werde leiden müssen, danke ich Gott und dem Schicksal, die mich in die unvergessliche Stadt in der Wüste geführt und mich diesem Menschen haben begegnen lassen, der mein *einziger Trost* ist, meine einzige Freude auf dieser Welt, wo ich der Bedauernswürdigste aller Bedauernswürdigen bin und wo ich mich dennoch als der Begnadetste von allen fühle, denn ich besitze einen unschätzbaren Reichtum.

Und manchmal, oft sogar, frage ich mich bangen Herzens, aus purer Gewohnheit, allzusehr zu leiden, ob nicht ein missgünstiges Schicksal mir dieses Glück entreissen wird ... durch den Tod.

Nur, wenn er nicht mehr wäre, nach den früheren Erfahrungen ... würde ich vergeblich warten, vergeblich hoffen. Und nicht nur das: Selbst wenn ich wüsste, dass ich nach ihm einen anderen fände, der mich ebenso liebt, würde ich nichts davon wissen wollen, aus dem einzigen Grund, dass es ein anderer wäre und dass er es ist, dem meine unerschütterliche Liebe gilt; eine Liebe, die ebenso leidenschaftlich wie zärtlich und hingebungsvoll ist.

Ich bin ihm gegenüber oft hart und ungerecht gewesen, ich habe ihn grundlos vor den Kopf gestossen, ja, es mag unglaublich klingen, ich habe ihn sogar geschlagen, und ich schämte mich jeweils vor mir selbst, weil er sich nicht wehrte und über meinen blinden Zorn lächelte ... Nachher verursachte mir der kleinste Schatten einer Ungerechtigkeit ihm gegenüber aufrichtigen Schmerz und ehrliche Abscheu vor mir selbst.

Am Abend beim Polizeibeamten gewesen, der natürlich vom Feind beauftragt ist, mir nachzuspionieren. Wie dem auch sei, was ich ihm an diesem Abend gesagt habe, würde ich in aller Öffentlichkeit wiederholen, und es stimmt, denn *er ist es gewesen, der als erster* den Verdacht geäussert hat, dass es P... gewesen sei, der meinen Tod wollte, und dass der Täter nicht bestraft werden würde. Wenn das wahr ist, so käme das meinem Todesurteil gleich, wo auch immer ich mich im Süden aufhalte, dem einzigen Landesteil, wo wir uns niederlassen können ...

Das ungesühnte oder kaum bestrafte Verbrechen von Béhima wäre ein zynisches Geständnis und sogar eine sehr deutliche Ermunterung für die Tidschaniyya: „Tötet Si Mahmud, ihr habt nichts zu befürchten."

Doch Gott hat bereits einmal die Hand des Mörders zurückgehalten, und Abdallahs Schwert schlug fehl ... Sein Wille geschehe! Wenn Gott will, dass ich als Märtyrer sterbe, wie ich es mir in der Nacht vor der Pilgerfahrt gewünscht habe, so wird Gottes Wille mich erreichen, wo immer ich mich befinde. Wenn nicht, werden alle Machenschaften jener, die Schuld um Schuld auf ihr Haupt laden, nur zu ihrer eigenen Vernichtung führen.

Der Tod schreckt mich nicht, ich möchte nur nicht im Verborgenen sterben und vor allem nicht sinnlos. Weil ich ihm ins Auge gesehen habe, weil ich gefühlt habe, wie sein schwarzer und eiskalter Flügel mich gestreift hat, weiss ich jetzt, dass sein Nahen augenblicklich zu einer völligen Loslösung führt, zu einem endgültigen Verzicht auf alles, was von dieser Welt ist. Ich weiss, dass meine Nerven und mein Wille auch in schweren *persönlichen* Prüfungen nicht versagen und dass ich niemals durch Angst oder Feigheit meinen Feinden Anlass zur Genugtuung geben werde.

Etwas macht mir jedoch im Hinblick auf meine Zukunft Sorge: Ich bin gegen Schicksalsschläge, die Slimène oder Augustin treffen könnten, nicht genügend gefeit. Gegenüber solchen bin ich von einer schrecklichen Schwäche. Da verlässt mich meine berühmte Sorglosigkeit, und ich bin jeweils hilfloser als ein Kind. Es dürfte schwierig sein, sich eine verzweifeltere Situation vorzustellen als die, in der ich mich befinde, aber offengestanden, sie beunruhigt mich einzig und allein und nur deshalb, weil unsere Schulden für Slimène katastrophale Folgen haben könnten.

Sonst ... einmal davon abgesehen, dass die unvermeidliche Rechnerei mit jedem Sou meinem aristokratischen Wesen lästig ist – es ist wirklich nur das –, kümmert mich die Lage, in der ich mich persönlich befinde und die wohl nicht viele ertragen würden, recht wenig. Zum Glück glaubt der Feind, ich sei reich, wie ich den Worten des Polizeibeamten habe entnehmen können.

Ich habe recht getan, vor zwei Jahren, in Biskra und hier, das Geld aus dem Fenster zu schmeissen: Der Ruf von meinem Reichtum ist im Hinblick auf unsere Verteidigung ebenso nützlich, wie wenn wir tatsächlich reich wären. Ach Gott, wenn diese Schurken wüssten, dass ich im tiefsten Elend sitze und dass sie mich durch die kleinste Schikane in die Enge treiben könnten, so würden sie es bestimmt tun!

Und was für ein Verbrechen müssen sie tatsächlich auf dem Gewissen haben, was für eine Angst vor dem Licht, dass sie so vor mir zittern, wo ich doch – einmal aus Nachlässigkeit, dann aus Angst, Slimène zu schaden –, mit Ausnahme der Nachforschungen in El Oued vielleicht, nicht eben viel unternommen habe.

Es ist offensichtlich, dass sie Angst haben. Warum verhaftet man mich denn sonst nicht, wegen Spionage zum Beispiel, oder warum weist man mich nicht aus?

Dies alles, weil, wie P... sagte, „diese überspannte Person uns Unannehmlichkeiten bereiten könnte".

Es ist gut, dass ich das armselige Leben, dass ich hier führe, mit meiner Sorglosigkeit und einer gewissen exzentrischen Lebensweise erklärt habe, das lenkt von meiner wirklichen Lage ab.

Tatsache ist, dass ich so weit gesunken bin, mit voller Berechnung bei den Leuten zu den Essenszeiten *vorbeizuschauen,* um bei Kräften zu bleiben; das wäre mir früher ebenso *unmöglich* vorgekommen wie mein Entschluss – ja, ich bin sogar davor nicht zurückgeschreckt, ich gebe es zu –, so geheimnisumwobene und unnahbare Persönlichkeiten wie die Marabuts aufzusuchen und sie um Geld zu bitten.

Meine Gesundheit muss aus Eisen sein, denn ich halte entgegen aller Wahrscheinlichkeit durch: Die Angst der letzten Tage in El Oued, die Verletzung, der Nervenzusammenbruch und der grosse Blutverlust in Béhima, das Krankenhaus, die zur Hälfte zu Fuss zurückgelegte Reise, das Elend hier, die Kälte und die ungenügende Nahrung, die vor allem aus Brot besteht – all das hat nicht vermocht, mich in die Knie zu zwingen. Wie lange noch?

Ich glaube, dass die Stärke meiner ungestümen Seele und die Sorglosigkeit meines Charakters sehr viel dazu beitragen, und würde ich anfangen, über meine Lage zu grübeln, würde ich wohl krank.

Wie zum Teufel lässt sich erklären, dass damals, zu Hause, der kleinste Luftzug, trotz warmer Kleidung, trotz gut geheizter Räume und gesündester Ernährung, die man sich vorstellen kann, dass die kleinste Erkältung trotz der vergötternden Aufmerksamkeit von Maman bei mir eine Bronchitis hervorrief, und jetzt, obwohl ich in El Oued eisige Kälte ausgestanden habe, wie übrigens auch im Krankenhaus, obwohl ich unterwegs den Unbilden der Witterung ausgesetzt war, obwohl ich hier friere, obwohl ich Löcher in den Sohlen habe und ständig nasse Füsse, obwohl ich nur Sommerkleider trage ... wie lässt es sich erklären, dass ich mir nicht einmal einen Schnupfen geholt habe?

Der menschliche Körper ist nichts, und die menschliche Seele ist alles. Im übrigen ist eine erfüllte Seele die einzige wirkliche Schönheit, denn ohne diese Schönheit existiert für einen echten Ästheten rein physische Schönheit nicht ... Warum vergöttere ich Ruhs Augen? Weder die Form noch die Farbe sind es, die sie so ungewöhnlich schön erscheinen lassen, sondern das sanfte und herzliche Strahlen in seinem Blick.

Für mich, möchte ich sagen, drückt sich die vollkommene

Schönheit der Seele im Grunde im Fanatismus aus, der *harmonisch*, das heisst auf dem Weg völliger Aufrichtigkeit, zum Märtyrertum führt.

*Ein Ausweisungsbefehl – der sich als „Irrtum" herausstellt – erreicht Isabelle in Batna. Wie auch immer, man „rät" ihr, den Prozess gegen Abdallah, der am 18. Juni in Constantine stattfinden wird, in Frankreich abzuwarten. Isabelle verlässt Batna am 6. Mai, am 8. ist sie in Bône, wo sie sich auf der „Berry" in Richtung Marseille einschifft. Die Militärbehörden in Batna teilen ihr nach ihrer Abreise mit, dass keinerlei Ausweisungsbefehl gegen sie vorliege. In Marseille trifft sie Augustin wieder.*

*Während der letzten Monate in El Oued haben sie regelmässig korrespondiert, und Augustin hat Isabelles Verbindung mit Slimène gutgeheissen. Das hat die Geschwister einander wieder näher gebracht. Doch in Marseille erscheint ihr Augustin zusehends fremder.*

## TAGEBUCHBLÄTTER

Marseille, 3. Juni

... Es gibt etwas, ich stelle es jetzt fest, das ich nie verstanden habe und nie verstehen werde: *Augustins Charakter und sein Leben.* Ist er so *geworden* oder ist er immer so gewesen? Ich neige eher zu letzterem, obwohl er nach seiner Rückkehr aus Korsika und bis zu seiner Abreise in die Legion und während der ersten Zeit nach seiner Rückkehr aus Tunis wirklich der gewesen ist, den ich in ihm zu erkennen glaubte.

Jetzt ist das vorbei, endgültig vorbei, und er scheint mehr und mehr im Sumpf seines gegenwärtigen Lebens zu versinken, eines Lebens, wo der Intellekt fast keinen Platz mehr hat, was mich mehr und mehr anwidert und befremdet.

... Und was für eine Zukunft – meines Erachtens eine sehr düstere – steht ihm unter diesen Umständen bevor? Diesem Menschen, der mir physisch auf geheimnisvolle Art gleicht und der, dessen bin ich sicher, ohne dass ich sagen könnte warum, mir auch psychisch ähnlich ist ... Arme kleine Hélène, in der ich mich mit einer Art *Rührung* und *Angst* wiedererkenne! Du wirst zweifellos nie etwas von mir wissen, nehme ich doch so wenig Platz ein in dem Haus, wo du aufwachsen musst, und ich werde mich in Zukunft so *selten* wie möglich zeigen! Wie werden sie sich verhalten, ihre Eltern?

Wo ist diese *Wesensverwandtschaft* geblieben, die Augustin und mich verbunden hat und die er einst über alles stellte? *Hélas*, ach ja, je länger ich hinsehe, desto weniger kann ich sie entdecken!

O Slimène, Slimène, bleibe für mich das, was du mir zehn Monate lang gewesen bist, verlasse mich nicht und lass mich eine Zuflucht bei dir finden ... nur du, du allein bist mir geblieben!

*Am 7. Juni, ein paar Tage vor dem Prozess gegen ihren Angreifer, richtet Isabelle einen zweiten Brief an die* Dépêche algérienne. *Sie versucht einmal mehr, ein Bild von sich selbst zu geben und ihre Anwesenheit in Algerien zu erklären, um die Gerüchte über ihre angeblichen Aktivitäten zu zerstreuen.*

Marseille, 7. Juni 1901

... Ich möchte nicht unterlassen, Ihnen sehr aufrichtig dafür zu danken, dass Sie meinen langen Brief vom 29. Mai veröffentlicht haben, was für die allgemein bekannte Unparteilichkeit Ihrer Zeitung spricht, die im Zusammenhang mit den heftigen Übergriffen, die in gewissen algerischen Kreisen leider gewissermassen zur Tagesordnung gehören, immer eine gemässigte Haltung eingenommen hat.

Indes, in Zeiten, in denen der Aufenthalt von Ausländern in Algerien zu einem Politikum geworden ist, scheint es nicht nur mein Recht, sondern auch meine Pflicht zu sein, ein paar öffentliche und unverblümte Erklärungen zuhanden Ihrer Leser abzugeben, die sich die Mühe genommen haben, meinen ersten Brief zu lesen.

... Sie haben mir die ganz und gar *unverdiente* Ehre erwiesen – ein Verdienst, das ich mir niemals anmassen würde –, mir einen gewissen religiösen Einfluss auf die Eingeborenen des Bezirks Touggourt zuzuschreiben. Ich habe niemals eine politische oder religiöse Rolle gespielt und es auch nie versucht. Ich fühle mich in keiner Weise berechtigt noch befähigt, mich in so ernste und so komplizierte Dinge wie die religiösen Probleme eines arabischen Landes zu mischen.

1899, bevor ich nach Touggourt reiste, habe ich es als meine Pflicht angesehen, Oberstleutnant Fridel, damals Vorsteher des Kreises Touggourt, über meine Weiterreise zu informieren.

Dieser Offizier empfing mich sehr liebenswürdig und fragte mich in militärischer Offenheit, ob ich nicht *Engländerin* und *Methodistin* sei, worauf ich dem Kreisvorsteher als Antwort meine Dokumente vorwies, aus denen eindeutig hervorgeht, dass ich Russin bin, dass meine Papiere in Ordnung sind und dass ich mich mit dem Einverständnis der kaiserlichen Behörden im Ausland aufhalte. Ich äusserte zudem gegenüber Herrn Oberstleutnant Fridel meine persönlichen Ansichten über die Frage der englischen Missionen in Algerien und sagte ihm, ich verabscheue jeglichen Proselytismus, und vor allem die Heuchelei ...

In Touggourt traf ich Hauptmann Susbielle, der in Abwesenheit des Kommandanten dem Afrika-Bataillon vorstand – eine aussergewöhnliche und – um einen volkstümlichen Ausdruck zu gebrauchen – „wenig umgängliche" Persönlichkeit. Dort musste ich einmal mehr beweisen, dass ich keineswegs eine als Araber verkleidete *Miss* bin, sondern vielmehr eine *schreibwütige* Russin.

Wenn es auf der Welt ein Land gibt, in dem ein Russe sich aufhalten kann, ohne böser Absichten verdächtigt zu werden, so ist es – das ist meine Meinung – Frankreich.

Der Vorsteher der Unterpräfektur El Oued, Hauptmann Cauvet, ein äusserst pflichtbewusster Mann von grosser Klugheit, hat während meines sechsmonatigen Aufenthaltes Gelegenheit gehabt, de visu festzustellen, dass ich mir nichts habe zuschulden kommen lassen, von einer gewissen ungezwungenen Originalität abgesehen, einem für eine junge Dame etwas ungewöhnlichen, aber durchaus harmlosen Lebensstil ... und der Tatsache, dass ich den Burnus einem Rock und die Dünen dem häuslichen Herd vorziehe, was er nicht als Gefährdung der öffentlichen Sicherheit betrachtete.

Ich habe in meinem ersten Brief erklärt, dass die Leute im Souf zu der Bruderschaft von Sidi Abdalqadir Dschilani gehören, und die Ikhwans der befreundeten Bruderschaften waren sehr bestürzt, als sie vernahmen, man habe versucht, mich umzubringen.

Wenn diese braven Leute eine gewisse Zuneigung für mich empfinden, so vor allem darum, weil ich ihnen geholfen habe, so gut ich konnte, weil ich aufgrund meiner bescheidenen medizinischen Kenntnisse ihre Augenentzündungen behandelt habe, Bindehautentzündungen und andere in dieser Gegend vorkommende Krankheiten. Ich habe versucht, in der Gegend, wo ich wohnte, ein wenig Gutes zu tun ... das ist die einzige Rolle, die ich in El Oued je gespielt habe.

Auf dieser Welt gibt es wohl wenig Menschen, die keine Leidenschaft haben, keine *Manie.* Es gibt so manche Frau – um nur von meinem Geschlecht zu sprechen –, die alles tun würde, um glitzernde Roben zu besitzen! Es gibt andere, die verwelken und über den Büchern alt werden, um Diplome zu erlangen und den Muschiks zu Hilfe zu eilen ... Was mich angeht, so wünsche ich mir nichts anderes als ein Pferd, den treuen und stummen Gefährten eines einsamen und verträumten Lebens, einen Diener vielleicht, der kaum anspruchsvoller ist als mein Sattelzeug, und dass man mich in Frieden leben lässt, so weit weg wie möglich von der – nach meiner bescheidenen Meinung – unfruchtbaren Geschäftigkeit der zivilisierten Welt, in der ich mich fehl am Platz fühle.

Wem füge ich Schaden zu, wenn ich den Boulevards die wogenden und endlosen Horizonte der grauen Dünen vorziehe?

Nein, ich bin keine Politikerin, ich bin keine Agentin, ich arbeite für keine Partei, denn für mich haben alle gleichermassen kein Recht, sich so aufzuführen, wie sie es tun; ich bin nur eine Einzelgängerin, eine Träumerin, die fernab von der Welt frei leben will wie die Nomaden, um später zu versuchen, davon zu erzählen, das zu schildern, was ich gesehen habe, und – wer weiss – diesem oder jenem den ehrfürchtigen und wehmütigen Schauer zu vermitteln, den ich angesichts der traurigen Herrlichkeit der Sahara gespürt habe ...

Das ist alles.

Die Intrigen, der Verrat und die Schliche der *Sonia* von Hugues Le Roux sind mir ebenso fremd wie ihr Charakter, der meinem so wenig ähnlich ist ... Ich bin nicht *Sonia* und ebensowenig die englische Methodistin, die man damals in mir zu erkennen glaubte ...

Es stimmt, dass der Sommer 1899 in der Sahara aussergewöhnlich heiss war und dass die Luftspiegelungen die Dinge verzerren, was manchen Irrtum erklärt.

Mit vorzüglicher Hochachtung usw.

*Der Tag des Prozesses naht.*

*Am 13. Juni verlässt Isabelle Marseille und fährt nach Constantine.*

*An Bord schläft Isabelle nach ihrer Gewohnheit auf Deck.*

*Sie lernt Amara kennen, einen Sträfling aus dem Gefängnis von Chiavari, dessen Schicksal sie zu einer Novelle anregt.*

*Sie notiert in ihren* Tagebuchblättern:

Nacht vom 13. auf den 14. auf See:

Am Freitag, dem 14., um 10 Uhr abends in Philippeville eingetroffen. Die Nacht an Bord in Gesellschaft von Amara und Uled Ali verbracht, Sträflinge aus dem Gefängnis von Chiavari.

Am Samstag, 15., um 6 Uhr Abreise nach Constantine. Um 9 Uhr 10 eingetroffen ...

... Am Sonntag, 16., 6 Stunden Bahn, Slimène getroffen ...

... Am Montag, 17., Ankunft von Sidi l'Aschmi.

Am 18., Dienstag, 6 Uhr dreissig, treffen wir im Regierungsgebäude ein. Der Gerichtsdiener bringt mir eine Tasse Kaffee in den Zeugenraum, wo ich allein warte, neugierig bestaunt von allen, die – immer zahlreicher – vorbeigehen: Offiziere, Damen ...

Ich sehe Abdallah in Handschellen zwischen den Zuaven, die ihn eskortieren.

Leutnant Martin, Regierungskommissär, kommt mit seiner Schwester, um mich zu begrüssen. Schliesslich, um 7 Uhr, werde ich geholt. Die Zuschauertribüne ist bis auf den letzten Platz besetzt. Ich fühle mich nicht besonders eingeschüchtert und nehme vor der doppelten Bankreihe der Zeugen neben Sidi l'Aschmi Platz ... Ungewöhnlich, diese Zeugenbank: dunkle Charakterköpfe, weisse oder dunkle Kleider, dazwischen wie ein roter Fleck der rote Burnus des Verräters Mohammed ben Abdarrahman, des Scheichs von Béhima. Sidi l'Aschmi ist in Grün und Weiss gekleidet.

Das Gericht: Uniformen, ordengeschmückte Offiziersröcke, steife und undurchdringliche Haltung. Achtungstellung; der Gerichtsvorsitzende, schüchtern, eröffnet mit leiser und stammelnder Stimme die Verhandlung. Der Gerichtsschreiber verliest die Anklageschrift und ruft die Zeugen auf, mich zuerst. Dann führt man uns unverzüglich einen nach dem anderen aus dem Saal.

Hauptmann Gabrielle und der junge Leutnant, sein Sekretär, kommen in den Zeugenraum, um mir die Hand zu schütteln. Ziemlich lange Unterredung. Ich werde geholt.

Der Vorsitzende beginnt mit der Zeugenbefragung. Der Gerichtsdiener ruft mich auf. Eidesformel.

Er befragt mich, liest seine Fragen ab, immer schüchtern und stammelnd. Es dauert nicht lange ... Der Dolmetscher ruft Abdallah auf und fragt ihn: „Hast du etwas dazu zu sagen?"

„Nein", antwortet Abdallah ganz einfach und mit fester Stimme, trotz der belastenden Aussagen. „Ich habe ihr nur etwas zu sagen: Ich bitte sie, mir zu vergeben."

Ich kehre an meinen Platz zurück und setze mich.

Sidi l'Aschmi wird aufgerufen. Ruhige, klare Zeugenaussage. Dann ist der Scheich an der Reihe, dann Ben Bu Bakr, dann Brahim ben l'Arbi, dann der Vater des Täters, weinerlich wie immer.

Dann, nach einer Pause von fünf Minuten, wird die Anklageschrift von Hauptmann Martin verlesen, die auf einer zweifellos irrigen These fusst, die jedoch ein warmes Plädoyer für die Qadiriyya ist, für die Uled-Sidi Brahim und für mich.

Haarsträubendes Plädoyer des Verteidigers ... Replik von Hauptmann Martin, Duplik des Verteidigers. Dann zieht sich das Gericht zur Beratung zurück. Stimmengewirr im Saal. Angelini kommt, um mir zu sagen, er stehe zu meiner Verfügung. General de Labattue tritt auf mich zu. Ziemlich liebenswürdiges Gespräch, das die allgemeine Neugierde weckt. Ich sehe Taste, der sich angeregt unterhält.

*Die* Dépêche algérienne *vom 27. Juni 1901 berichtet über den Prozess gegen Abdallah ben Ahmed, in dem gewissermassen auch über das Opfer Isabelle Eberhardt zu Gericht gesessen wurde:*

*Am Dienstag, 18. Juni, ist vor dem Militärgericht von Constantine der Prozess gegen den Attentäter von Béhima eröffnet worden. Die Verhandlung war auf sieben Uhr morgens angesetzt, die Zuschauertribüne war bereits um sechs Uhr dreissig von einer grossen Zahl Offiziersgattinnen und zivilen Persönlichkeiten besetzt. Wir haben die Anwesenheit von General Laborie de Labattue und einem Grossteil der Offiziere aus der Garnison festgestellt.*

*Fräulein Isabelle Eberhardt, gekleidet wie eine Eingeborene, sass im Zeugenraum und wartete auf die Eröffnung der Verhandlung.*

*Unter den Zeugen befand sich auch Marabut Mohammed l'Aschmi, der einen grünen Burnus trug, und eine gewisse Anzahl von Eingeborenen, alle sauber gekleidet, offensichtlich führende Persönlichkeiten der einflussreichen Nomadenstämme der Sahara.*

*Der Vorsitzende, Maître Janin, Oberstleutnant der Artillerie, eröffnete die Verhandlung.*

*Der Angeklagte wurde hereingeführt, und der Dolmetscher befragte ihn zu seiner Person.*

*Der Angeklagte Abdallah ben Si Mohammed war leichenblass und konnte kaum sprechen. Er bestätigte, er sei Kaufmann in Béhima, wisse aber nicht, wo und wann er geboren sei.*

*Die Zeugen wurden aufgerufen.*

*Der Gerichtsschreiber verlas anschliessend die Anklage-*

*schrift, in welcher der Tathergang, über den wir bereits berichtet haben, geschildert wurde. Es war auch von der exzentrischen Art von Fräulein Eberhardt die Rede, die mit einem algerischen Unteroffizier des 3. Spahi-Regimentes verlobt ist, der Sekte der Qadiriyya angehört und den von der genannten Sekte verehrten Marabuts verschiedene Dienste erwiesen hat. Die Rivalität zwischen zwei religiösen Sekten kam ebenfalls zur Sprache, und schliesslich wurden die zahlreichen Überfälle auf französische Offiziere in der Gegend von Touggourt erwähnt.*

*Der Gerichtspräsident wandte sich dann an den Angeklagten, der antwortete: „Ich habe nicht eine Europäerin niedergeschlagen, ich habe einer göttlichen Eingebung folgend eine Muslimin niedergeschlagen. Gott hat mich eines Tages geheissen, in den Djerid zu gehen und den Weg über das Dorf Béhima zu nehmen, wo ich Fräulein Eberhardt finden würde, die Unruhe innerhalb der muslimischen Religion stifte. Es erschien mir auch ein Engel, der zu mir sagte, Si Mohammed l'Aschmi, Marabut der Sekte der Qadiriyya, sei in Begleitung von Fräulein Eberhardt nach Tunesien unterwegs. Sie trage Männerkleidung – was gegen unsere Sitten ist – und stifte durch ihr Verhalten Verwirrung unter den Gläubigen.*

*Nachdem ich diesen göttlichen Befehl erhalten hatte, fastete ich fünf Tage, ohne meine Frau und meine Kinder zu sehen. Am sechsten Tag traf Marabut Ben l'Aschmi ein. Da verliess ich mein Haus, um mich zu dem Mann zu begeben, der bei uns wie ein zweiter Gott verehrt wird. Der Engel folgte mir und forderte mich auf, die Europäerin zu töten, die Verwirrung unter den Gläubigen stifte. Da nahm ich ein*

*Schwert und beging das Verbrechen, von dem hier die Rede ist. Auch wenn man in jenem Moment mit einem Gewehr auf mich gezielt hätte, hätte mich das nicht von meiner Tat abhalten können. Jetzt haben sich meine Gefühle geändert, und ich bitte die Frau, die ich angegriffen habe, um Vergebung."*

*Der Verteidiger, Maître de Laffont: „Welcher Art war die von Fräulein Eberhardt gestiftete Verwirrung?"*

*Der Angeklagte: „Sie kleidete sich wie ein Mann – das haben mir die Engel von Sidi Abdalqadir [Gründer der Qadiriyya] gesagt. Ich hegte auch einen Verdacht: Ich dachte, sie sei die Geliebte von Marabut l'Aschmi." (Aufsehen im Saal)*

*Fräulein Isabelle Eberhardt, 35 Jahre alt (in Wirklichkeit 24), geboren in Genf, Schweiz: Die Aussage des Opfers bestätigt den Hergang der Tat, so wie sie diese bereits früher in einem Brief geschildert hat, den wir in der* Dépêche algérienne *veröffentlicht haben.*

*Der Vorsitzende: „Hat der Angeklagte tatsächlich erklärt, er habe Sie im Auftrage Gottes niedergeschlagen?"*

*Antwort: „Das ist reine Erfindung. Er wusste, dass ich Muslim bin und dass ich zum ersten Mal in Béhima war."*

*Der öffentliche Ankläger: „Der Angeklagte behauptet, Sie hätten Verwirrung unter den Gläubigen des Islam gestiftet."*

*Antwort: „Er hat seine Verteidigungstaktik wiederholt geändert."*

*Der Vorsitzende: „Erklären Sie uns, ob das Tragen von Männerkleidung durch eine Frau als Beleidigung der muslimischen Religion empfunden wird."*

*Antwort: „Es gilt ganz einfach als unschicklich."*

*Der Vorsitzende: „Warum also kleiden Sie sich wie ein Mann?"*

*Antwort: „Weil es zum Reiten praktischer ist."*

*Auf die Frage des Gerichtspräsidenten antwortet Fräulein Eberhardt, sie trage dem Angeklagten nichts nach und vergebe ihm gern.*

*Mohammed ben Abdarrahman, Scheich von Béhima: „Der Angeklagte hat mir am Tag seiner Verhaftung erklärt, Gott und Scheich Sidi Abdalqadir hätten ihm die Tat befohlen. Dieser Mann, in unserem Land geboren und im Vollbesitz seiner geistigen Kräfte, ist immer ein ehrlicher Mann gewesen und hat nie etwas Schlechtes getan."*

*Der Ankläger: „Warum haben Sie den Schuldigen nach der Tat nicht unverzüglich verhaftet?"*

*Antwort: „Ich war nicht anwesend, als die Tat verübt wurde, doch wie ich davon erfuhr, ging ich zum Hause des Vaters des Angeklagten, der mir sagte, sein Sohn sei nicht da, und als er mich beschimpfte und sich weigerte, seinen Sohn auszuliefern, habe ich ihn verhaftet."*

*Maître de Laffont: „Hat der Scheich von der verleumderischen Anschuldigung Kenntnis, die sich auf die Rivalität zwischen den zwei Sekten bezieht?"*

*Antwort: „Ich habe vom Offizier, der die Untersuchung leitete, davon reden gehört."*

*Der Verteidiger beharrte darauf, die persönliche Meinung des Scheichs zu erfahren, obwohl dieser noch unter dem Einfluss des Marabuts stand und nicht unter dem Schutz seiner direkten Vorgesetzten.*

*In diesem Moment verlangte Fräulein Eberhardt entrüstet das Wort, doch der Verteidiger erhob Einspruch und bemerkte an die Adresse von Fräulein Eberhardt: „Wir sind hier in Frankreich und nicht in Russland."*

*Der Generalstaatsanwalt fragte den Zeugen, der in seiner Eigenschaft als Scheich die Interessen der französischen Behörden vertrat, warum er sich an den Marabut gewandt habe, anstatt den Täter zu verhaften.*

*Antwort: „Wenn ich das Haus betreten hätte, hätte mich Abdallah umgebracht."*

*Der Verteidiger: „Das beweist, dass der Einfluss der Marabuts stärker ist als der Einfluss der Franzosen."*

*(Anschliessend wurden verschiedene Zeugen zum genauen Tathergang befragt; ihre Aussagen bestätigen die Schilderung von Isabelle Eberhardt.)*

*Mohammed ben-l'Akhdar ben-Mohammed, Vater des Angeklagten: „In der Nacht vor der Tat führte mein Sohn, der sieben Tage gefastet hatte, seine Frau und seine Kinder von zu Hause fort. Da es Brauch ist, Si l'Aschmi zu begrüssen, begab ich mich an jenem Tag in Begleitung aller hochgestellten Persönlichkeiten des Distrikts zu ihm. Wenn ich geahnt hätte, was geschehen würde, hätte ich meinen Sohn an Händen und Füssen gefesselt, um ihn daran zu hindern, dieses Verbrechen zu begehen.*

*Als ich ihn dem Marabut auslieferte, stand ihm Schaum vor dem Mund. Mein Sohn erklärte mir, er habe im Auftrag des Scheichs und dessen Diener und aufgrund einer Botschaft Gottes gehandelt. Ich ging mit den Notabeln des Distrikts zum Marabut, um seine Vergebung zu erbitten, die er mir versagte."*

*Die Sitzung wurde hier unterbrochen; als sie wieder aufgenommen wurde, erklärte Generalstaatsanwalt Maître Martin, die islamische Welt sei gegenwärtig durch religiösen Fanatismus in Aufruhr, vor allem im Souf, wo zahlreiche*

*Aufstände zu verzeichnen seien. Er zitierte ein paar Fälle und schloss: „Die Kriminellen in diesem Land sollen nicht glauben, dass wir, aufgrund unserer Achtung vor allen Religionen, Gnade walten lassen, wenn man uns erklärt: Gott hat mich zu dieser Tat veranlasst."*

*Auf den Mordversuch zurückkommend, erinnerte Maître Martin an verschiedene Aussagen des Angeklagten, zum Beispiel: „Die Franzosen haben uns einen Scheich und einen Hodscha geschickt [Sekretär der Verwaltungsbehörden], die uns ausplündern. Ich habe Fräulein Eberhardt, eine Französin, aus Hass gegen die Franzosen niedergeschlagen. Gott hätte es nicht gebilligt, dass ich eine Muslimin töte."*

*Gestützt auf diese Aussage forderte der Vertreter der Regierung die Todesstrafe.*

*Der Verteidiger plädierte geschickt und wortreich für seinen Klienten, der vom Fanatismus verblendet sei und unter dem Einfluss der Bruderschaften stehe. Er vertrat die Ansicht, dass Fräulein Eberhardt, die reich, gebildet und unabhängig sei, ihre Gaben nützlicher einsetzen könne, als sich den Sekten im Süden anzuschliessen.*

*Das Gericht zog sich zur Beratung zurück und kehrte mit einem Urteilsspruch zurück, der die Schuld des Angeklagten bejaht, ihm aber mildernde Umstände zubilligt: vorsätzlicher Mordversuch; lebenslängliche Zwangsarbeit. (Aufregung im Saal) [In Wirklichkeit 20 Jahre]*

*General Laborie de Labattue, der Fräulein Eberhardt nach ihrer Meinung zum Prozessausgang fragte, sagte laut und vernehmlich zu ihr: „Sie können wohl nicht behaupten, die französische Justiz habe Sie nicht gebührend gerächt."*

*Im Vorwort zu einem Buch von Isabelle Eberhardt stellt Victor Barrucand fest, die* Dépêche algérienne *habe relativ sachlich über den Prozess von Constantine berichtet. Er fügt hinzu: „Andere Organe begnügten sich nicht einfach damit, den Verlauf des Prozesses zu schildern, in dem Isabelle übrigens oft eher als Angeklagte denn als Zeugin behandelt wurde."*

*Und in diesem Sinne muss wohl der Ausweisungsbefehl verstanden werden, den der Generalgouverneur von Algerien ohne Begründung gegen die junge Frau erlässt, ein bestätigter diesmal, ein unanfechtbarer.*

*Isabelle bekräftigt einmal mehr ihre Treue zu Frankreich:*

Wie ich bereits sowohl den Untersuchungsbehörden als auch in meinen zwei Briefen an die *Dépêche algérienne* erklärt habe, bin ich und werde ich immer davon überzeugt sein, dass Abdallah ben-Mohammed ben-l'Akhdar das Werkzeug von Hintermännern gewesen ist, die ein – tatsächliches oder vorgeschobenes – Interesse daran hatten, sich meiner zu entledigen. Es ist offensichtlich, dass er – wie er übrigens seinem Vater anlässlich seiner Verhaftung erklärte – gedingt worden ist, damit er mich töte. Abdallah konnte nicht hoffen, den Lohn für seine Tat zu ernten, denn er hat mich in einem bewohnten Haus und in einem Kreis von Leuten angegriffen, die mir wohlgesinnt waren, und das war ihm bekannt. Er musste also wissen, dass er sofort verhaftet werden würde. Es ist daher klar, dass Abdallah ein Geistesgestörter ist, ein Besessener. Er hat Reue gezeigt und hat mich während der Gerichtsverhandlung sogar um Vergebung gebeten. Ich bin der Meinung, dass das Urteil von heute ausserordentlich hart ausgefallen ist, und ich lege Wert darauf festzuhalten, dass ich diese Härte bedaure. Abdallah hat Frau und Kinder. Ich bin eine Frau, und seine Witwe und seine Waisen tun mir aus tiefstem Herzen leid. Für Abdallah selbst empfinde ich grenzenloses Erbarmen.

Ich war schmerzlich überrascht, als ich heute morgen nach der Gerichtsverhandlung erfahren musste, dass ich Gegenstand eines Ausweisungsbefehles bin, den der Generalgouverneur gegen mich erlassen hat. Dieser Befehl verbietet mir den Aufenthalt auf dem gesamten algerischen Territorium, ohne Unterscheidung zwischen zivilen und militärischen Gebieten. Ich frage mich, aus welchen Gründen diese Massnahme gegen mich ergriffen worden ist. Ich bin Russin und habe mir nichts zuschulden kommen lassen. Ich habe nie an einer franzosenfeindlichen Aktion teilgenommen und auch nie davon Kenntnis gehabt, weder in der Sahara noch im Tell. Ich habe im Gegenteil mit all meinen Kräften den verstorbenen Nayib von Ouargla, Sidi Mohammed Taïeb, der glorreich unter der Trikolore gestorben ist, gegen die Anschuldigungen gewisser Muslims verteidigt, die vom Islam nichts verstehen – vom wirklichen Islam, jenem des Korans und der Sunna –, die den Nayib beschuldigten, den Islam verraten zu haben, als er den Franzosen erlaubte, sich in In-Salah niederzulassen. Ich habe immer und überall für die Sache Frankreichs plädiert, das meine Wahlheimat ist. Warum also bin ich Gegenstand einer Massnahme, die für mich als Russin zutiefst demütigend ist? Und die mir zudem aus einem anderen Grund unermesslichen Kummer bereitet, da sie mich – für Monate – von meinem Verlobten trennt, der mir in seiner Eigenschaft als Unteroffizier in der Garnison von Batna nicht ins Exil folgen kann. Ich hätte vielleicht verstehen können, wenn man mir, um mich der Rache des Stammes von Abdallah zu entziehen, den Aufenthalt in den unterstellten Territorien verboten hätte. Doch ich habe ohnehin nicht die Absicht, in den Süden zurückzukehren. Ich verlange einzig und allein, dass man mich in Batna bleiben und jenen heiraten lässt, der mein Gefährte im Unglück gewesen und der meine einzige moralische Stütze auf dieser Welt ist. Das ist alles ...

*Doch bevor Isabelle ins Exil geht, kümmert sie sich in einer edlen Herzensregung um Abdallah: Sie unterzeichnet das Gnadengesuch ihres Angreifers und trägt so dazu bei, dass seine Strafe in zehn Jahre Haft umgewandelt wird.*

*Am 20. Juni, kurz vor ihrer Abreise nach Marseille, schreibt sie an Maître de Laffont, den Verteidiger von Abdallah:*

Da ich Constantine in aller Eile verlassen musste, konnte ich unseren armen Abdallah nicht mehr besuchen, was mir sehr leid tut, denn ein paar aufmunternde Worte von meiner Seite hätten vielleicht dazu beitragen können, und wenn auch nur ein klein wenig, seine schrecklichen seelischen Qualen zu mildern, die er seit seiner Verurteilung erleiden muss.

Ich lege meinem Schreiben einen kurzen arabischen Brief bei, den Sie ihm bitte übermitteln wollen, und sagen Sie ihm, dass er unbedingt darauf antworten müsse und dass sein Brief für mich eine wertvolle Erinnerung bedeute.

Sagen Sie ihm, dass *niemand* auf dieser Welt, nicht einmal seine Angehörigen, das tiefe Mitleid für ihn empfinden und die fürsorglichen Gefühle, die er in mir seit jenem Tag, an dem ich ihn im Gefängnis von El Oued gesehen habe, geweckt hat.

Sagen Sie ihm, dass Gott ihn nicht verlassen werde, weil er seine Tat bereut, und wiederholen Sie ihm, was ich Ihnen gesagt habe, dass es nur eine Sache von wenigen Augenblikken wäre, wenn seine Begnadigung in meiner Macht stünde, und dass ich ihn dann an Bruders Statt annähme in der aufrichtigen Überzeugung, dass er mir nie mehr Böses zufügen würde.

Sagen Sie ihm das alles: Wie gut es doch tut, in diesem Menschen einen Hoffnungsschimmer zu wecken – wenn nicht für dieses Leben, dann für das andere, das dem Muslim so teuer ist.

Ich zähle auf Sie, teilen Sie mir mit, was für eine Wirkung mein Brief auf Abdallah gehabt hat und die tröstenden Worte, die ich Ihnen aufgetragen habe.

Ich missbrauche vielleicht Ihre Güte, doch vergessen Sie nicht, dass Abdallah während der wenigen Tage, die er noch auf algerischem Boden verbringen darf, nicht auf den seelischen Beistand zählen darf, den ein Geistlicher einem Christen gewähren könnte.

*Ich bin zutiefst vom Islam überzeugt,* das habe ich Ihnen ja bereits erklärt, vollkommen überzeugt, und ich verstehe den Islam so, wie er im Koran verkündet wird: als eine Religion der Brüderlichkeit, der Gerechtigkeit und des Verzichts auf alles, was der Sohn Dawuds die „Jagd nach dem Wind" und die „Eitelkeit der Eitelkeiten" genannt hat. „Alle Dinge dieser Welt vergehen, nur sein Antlitz nicht", sagt der Prophet.

Ich glaube also, wie ein *richtiger Muslim* zu handeln, indem ich mein Möglichstes für Abdallah tue. Auf Wiedersehen und danke. Ich versichere Sie meiner aufrichtigsten Hochachtung.

Isabelle Eberhardt

*Die Ereignisse von Béhima sind ein Markstein im Leben von Isabelle Eberhardt, und so empfindet sie es auch.*

*Sie hat sich bestimmt gewisse Fragen gestellt, die sich geradezu aufdrängen ... über das Sonderbare der Vorfälle, die ihren Lebensweg säumten, und über die Hintergründe, die diese Vorfälle vielleicht hervorgerufen haben mögen.*

*Man hat die Tat Abdallahs einer Rivalität zwischen der Tidschaniyya und der Qadiriyya zugeschrieben. Doch es gibt zu viele dunkle Momente in Isabelles Leben, als dass man darin den einzigen Grund sehen könnte.*

*Auch der gegen sie erlassene Ausweisungsbefehl lässt sich nicht allein durch die Empfindlichkeit der Kolonialherrschaft erklären, welche über die verwirrende Mahmud Saadi verärgert ist.*

*Isabelle scheint aus verschiedenen Gründen unerwünscht zu sein: ihre anarchistische Vergangenheit und die vielleicht damit zusammenhängende Untergrundtätigkeit, ihre Beziehung zu Archavir und den Jungtürken, denen der junge Mann offenbar angehörte, und vor allem die noch nicht weit zurückliegende und Algerien direkter betreffende Affäre Morès.*

*Isabelles unmittelbare Umgebung irritiert die französischen Behörden. Marabut Si l'Aschmi, mit dem sich die junge Frau freundschaftlich verbunden fühlt, wird des politischen*

*Doppelspiels verdächtigt. Er nimmt gegenüber den Besetzern eine zwielichtige Haltung ein und legt eine opportunistische, wenig glaubwürdige Unterwürfigkeit an den Tag.*

*Im übrigen ist die Tidschaniyya, zu der Abdallah gehört, nach wie vor der grosse Verbündete Frankreichs und wird von gewissen Leuten der Komplizenschaft im Mordfall Morès verdächtigt.*

*Man kann sich fragen, wer in Wirklichkeit hinter dem Attentat von Béhima stand, denn dass Abdallah nur ein Werkzeug war, liegt auf der Hand. Und die Abberufung Slimènes nach Batna? Der Spahi verdankt seine Versetzung zweifellos nicht nur seiner skandalösen Beziehung zu Isabelle, sondern vielmehr dem Dunkel, das seine Gefährtin umgibt.*

*Bis heute weiss man nichts Genaues über die tatsächliche Rolle Isabelles bei gewissen politischen Ereignissen, über ihre Mitwisserschaft und ihre Fähigkeit, die Tragweite ihrer Handlungen zu ermessen. Doch ihre grosse Naivität, ihr Idealismus und die Redlichkeit ihres Engagements stehen ausser Zweifel.*

*Isabelle, die empfindlicher als andere auf Zurückweisung und Ausschluss reagiert, die gegenüber den kleinlichen Intrigen und Ränkespielen der politischen Hierarchie unerfahren ist, legt dem Attentat, das sie beinahe das Leben gekostet hat, edle Motive zugrunde.*

*In Béhima und in El Oued haben viele in Abdallahs Tat einen Anschlag aus religiösen Motiven gesehen, das Werk eines Mystikers. Das Schwert galt als Beweis dafür: eine geheiligte Waffe für einen heiligen Mord.*

*Isabelle, gezeichnet vom frühen Tod ihrer Nächsten, kann nicht anders, als den Schlag verherrlichen, der sie getroffen hat; sie verbindet ihr Schicksal mit dem ihres Angreifers. Sie sind beide dem gleichen göttlichen Willen unterstellt – der gleiche Wille, der die Hand Abdallahs geführt hat, hat Isabelle vor dem Tod gerettet.*

*Die Tatsache, dass sie das Opfer eines muslimischen Verbrechens geworden ist, macht sie zu einer Märtyrerin des Islam. In Béhima vertieft sich Isabelles mystische Neigung. Sie sieht ihr Schicksal als die logische Folge der Ereignisse, die ihr Leben unheilvoll verändert haben.*

*Abdallah freisprechen bedeutet für die junge Frau aber auch, ihre Enttäuschung verdrängen. Denn trotz der mystischen Dimension, die sie den Ereignissen von Béhima zuschreibt, fühlt sich Isabelle verraten, sowohl von der muslimischen Welt, der anzugehören sie sich so sehr bemüht hat, als auch von Frankreich, dem Land, mit dem sie sich wesensmässig verbunden fühlt.*

*Nach Béhima schwankt Isabelle einmal mehr zwischen Schwärmerei und Niedergeschlagenheit, zwischen Tatkraft und Mutlosigkeit. In Batna liest sie viel: D'Annunzio, Dostojewskij. Sie schreibt lange Seiten über die Anziehungskraft der geistigen Welt und die Schönheit der Kunst, sie fühlt eine neuerwachte schöpferische Kraft in sich. In diesem gespaltenen Seelenzustand reist Isabelle am 14. Juli 1901 nach Marseille ins Exil. Die Trennung von Slimène erfüllt sie mit grossem Schmerz.*

# MARSEILLE

## TAGEBUCHBLÄTTER

Den 8. Juli, 2 Uhr abends

Ich mache eine seltsame Zeit physischer und psychischer Ruhe durch, geistiger Wachheit, *nicht himmelhochjauchzender* Hoffnungen, und die Zeit fliesst ziemlich schnell dahin, was vorläufig die Hauptsache ist.

Ich stelle zudem seit dem berühmten Prozess von Constantine ein starkes Erwachen meiner literarischen Neigungen fest. Die Fähigkeit zu schreiben regt sich gegenwärtig spürbar in mir. Früher musste ich manchmal sogar monatelang auf einen günstigen Geisteszustand warten, um schreiben zu können. Jetzt kann ich bereits fast jedesmal zur Feder greifen, wenn mir danach ist. Kurz, ich glaube, diese schlummernde Erwartung, die ich sehr deutlich in mir gespürt habe, ist erwacht.

Hinsichtlich des Religiösen steht alles zum besten: Mein Glaube ist aufrichtig geworden; ich muss mich überhaupt nicht mehr zwingen, und jeweils abends, wenn ich vor dem Einschlafen einen prüfenden Blick in die Tiefe meines Bewusstseins senke, entdecke ich dort den sehr sanften Frieden, die geheimnisvolle *Gewissheit,* die fortan meine Stärke sein wird.

Für mich hat das Leben einen Sinn bekommen ... seit jenem Tag, an dem ich begriffen habe, dass unser Dasein hienieden den Anfang der menschlichen Fähigkeit, sich zu vervollkommnen, bedeutet, einer Fähigkeit, die zu einem anderen Leben führt; daraus lässt sich zwangsläufig und vernünftigerweise die Notwendigkeit der seelischen und geistigen Vervollkommnung ableiten – die sonst sinnlos wäre, weil unnütz.

Momentan beschäftigen mich zwei Dinge, und ich gedenke, mich ernsthaft damit zu befassen: erstens einmal die literarische Vervollkommnung, welche die intellektuelle nach sich zieht ... eine an sich sehr einfache Sache, wenn ich einen Abnehmer für Zeitungsartikel in der Art von *Frühling in der Wüste* oder *El-Maghreb* finde, die ich heute abend Angelini geschickt habe.

Zudem habe ich mir vorgenommen, bestimmte Bücher wie *Essais de psychologie contemporaine* von Bourget zu lesen. Sobald ich eingerichtet bin, werde ich mich in einer seriösen Bibliothek einschreiben und das *Journal des Goncourt* wieder lesen, ein Buch, das vor einem Jahr einen so wohltuenden Einfluss auf mich gehabt hat, und auch andere Werke, die auf den Intellekt eine gleiche Wirkung haben könnten ...

Doch da ist noch eine andere Frage, die mich intensiv beschäftigt, eine ganz andere, die ich gewiss niemals und gegenüber niemandem anschneiden würde mit Ausnahme von Slimène, *denn nur er kann sie verstehen* und billigen; es ist die Frage des *mystischen Wesens* ... eine Frage, die spontan in meiner Seele keimte, damals, an jenem Abend, als man Abdallah in die Zelle brachte ... Und Slimène hat das zweifellos durch eine unbewusste Regung, die auf unsere grosse Seelenverwandtschaft zurückzuführen ist, geahnt!

Es scheint mir, als ob ich mit grosser Willenskraft dieses sehr geheimnisvolle Ziel spielend erreichen könnte, das mich beglücken und mir ungeahnte Horizonte öffnen würde ... *(a) Führe uns auf den richtigen Pfad (a),* und ich glaube, für mich ist dies der richtige Pfad.

Gott hat ein paar fruchtbare Keime in meine Seele gelegt: die bis auf die Spitze getriebene Verachtung für alles Weltliche, den Glauben, die lebendige, erbarmende, grenzenlose Liebe für alles, was leidet. Die Vergebung des Bösen ist eine uneingeschränkte Hingabe an die gerechte Sache des Islam, die schönste von allen, denn der Islam ist die Wahrheit ...

Ach, die langen Stunden von einst im Wald voller Schatten und Geheimnisse und die schlaflosen Nächte, die ich versunken in der Betrachtung der wunderbaren, unergründlichen Welt der Sterne zugebracht habe ..., war das alles nicht etwa der gerade Pfad, der zum religiösen Mystizismus führt?

Hätte ich einen anderen Lebensgefährten gewählt, so hätte das bestimmt diesen notwendigen Aufbruch zu einer vielleicht noch fernen Zukunft unmöglich gemacht. Doch Slimène wird mir folgen, wohin ich will, und von allen, die ich gekannt habe, ist er der *einzige*, der ein *wirklicher* Muslim ist, weil er den Islam *liebt*, mit dem Herzen liebt und nicht mit Worten ...

Zugegeben, wenn ein Gelehrter, ein Psychologe oder ein Schriftsteller diese Zeilen läse, würde er ganz bestimmt ausrufen: Sie steht zwei Schritte vor dem Wahnsinn! Nun, wenn das Feuer meines Intellekts jemals geglüht hat, so jetzt, und ich fühle wohl, dass dies alles nur die *Morgenröte* eines *neuen Lebens* ist.

Unbewusst, ohne zu wissen, was er sagte, und in einem ganz anderen Sinn, hat de Laffont etwas Wahres gesagt, viel wahrer, als er ahnte, als überhaupt jemand ahnen kann: Er hat gesagt, ich müsse Abdallah dankbar sein. Ja, ich bin Abdallah dankbar, und noch mehr, ich *liebe ihn aufrichtig;* in Wirklichkeit ist dieser Mann tatsächlich der Abgesandte Gottes, wie er behauptet hat.

Möglich, dass andere, die wirklich Schuldigen, ihn zu seiner Tat getrieben haben, doch das beweist nichts; er, er persönlich – doch *er allein!* – ist von Gott und von Dschilani geschickt worden, denn seit dem schicksalhaften Tag von Béhima fühle ich, dass meine Seele in eine ganz neue Phase ihres irdischen Daseins getreten ist. Abdallah wird zweifellos auf unerklärliche Weise mit einem leiderfüllten Leben für die Erlösung eines anderen menschlichen Wesens bezahlen müssen. Doch ich glaube nicht, dass er unglücklich sein wird, denn er ist Märtyrer, und der *freiwillige* Märtyrer – und das ist Abdallah – ist der glücklichste unter den Menschen: Er ist ein Auserwählter. Und wer weiss, ob sein Märtyrertum nicht viele tausend andere Seelen freikaufen wird und nicht nur die meine, denn das allein wäre es nicht wert gewesen.

Abdallah verschwindet auf der anderen Seite der Erdkugel, in der fernsten Ferne irdischer Entfernung. Doch das Werk Abdallahs ist unvergänglich, und der Samen, den er in mir gesät hat, ist zurückgeblieben, und ich glaube fest, dass er bereits keimt und eines Tages aus dem Schatten hervorbrechen wird, wo ich ihn vor den Augen der anderen verberge ... Das ist es, mein Geheimnis, jenes, worüber man nicht sprechen darf und das ich niemals jemandem anvertrauen werde, ausser einem, jenem, der es erraten hat und der nie mit einem spöttischen Lächeln das Heiligtum meiner Seele entweihen wird, die ich ihm, nur ihm, manchmal bis in die tiefste Tiefe öffne: Denn auch er ist *vorbestimmt.*

Mögen alle Blinden, die sich sehend glauben, die Schultern zucken oder nachsichtig lächeln; sie täten besser daran, über sich selbst zu lächeln, angesichts meiner innigen Verbundenheit mit Slimène. Sie beruht auf anderen Ursachen, auf anderen Gefühlen und anderen Zielen als ihre eigenen Partnerschaften, ihre feige auf Geld beruhenden Verbindungen, ihre ehrgeizigen, tierischen oder kindisch sentimentalen ... Und sie *können nicht verstehen.*

## TAGEBUCHBLÄTTER
## VIERTES HEFT

Den 17. August, Samstag

Natürlich erkenne ich den *Grund* für all diese Veränderungen nur allzugut ... Doch sind es nicht diese Gedanken, die mich heute quälen. Erstens lässt mich natürlich die fortwährende Sorge wegen dieses Urlaubs, wegen dieser Versetzung nicht los. Doch es kommt noch etwas anderes hinzu. Auch er, in der Ferne, scheint, nach seinem vorletzten Brief zu schliessen, daran zu denken, an diese verwirrende und berauschende Sache: die sinnliche Liebe. Es sind köstliche und ganz und gar nicht keusche Träume, die mich nachts heimsuchen. Wem könnte ich jemals ein solches Geheimnis anvertrauen? Ausgenommen vielleicht dem brutalen und empfindsamen Vertrauten, der Dr. Taste mir war. In intellektueller Hinsicht ist es eigentlich schade, dass nicht Mauviez es gewesen ist, ein noch krankhafterer und neugierigerer Geist, dem ich anlässlich meines traurigen Aufenthaltes im Krankenhaus begegnet bin. Ich glaube, er war raffinierter, subtiler ... Der nach wie vor unvergessene „Docteur subtil" ...! Dennoch, unbestreitbar, ich liebe Taste ... diesen Mann, der mich – sexuell – überhaupt nicht angezogen hat, physisch wenigstens. Gewiss, der einmal brutale und heftige, dann wieder bis zur Neurose raffinierte Erotismus dieses Mannes missfiel mir keineswegs. Ihm habe ich Sachen gesagt, die niemand sonst ... D... ist zu spiessig, und er ist von allzu grosszügiger und allzu rücksichtsloser Toleranz.

Jetzt, wo alle diese Leute weit weg sind, aus meinem Leben verschwunden, denke ich mit Verwunderung an die Persönlichkeit von Toulat, und ich frage mich, ob es auch in diesem Fall nicht so etwas wie einen Jahrtausende alten Atavismus gibt, denn wie hätte nach kaum zehn Jahren das spezifisch Arabische, die *arabische Seele* vor allem, derart auf diesen Mann abfärben können, auf diesen Franzosen aus Poitiers? Ja, Toulat ist Araber. Er ist dunkel, er liebt das ungebundene und harte Leben in der Wüste; von allen französischen Offizieren, die ich gekannt habe, ist er der einzige, der sich nicht nach Europa zurücksehnt. Seine Heftigkeit, seine Härte, sind sie nicht typisch arabisch? Auch in seiner Liebe ist etwas Ungezügeltes, etwas Unfranzösisches, etwas Altmodisches, denn er hat mich geliebt, o ja. Seine Leidenschaft hat an jenem Tag ihren Höhepunkt erreicht, als wir in Biskra ankamen und er weinte, verzweifelt weinte. Er liebte mich, er verstand mich nicht, er fürchtete sich vor mir. Er glaubte, sich durch Flucht, sich dadurch retten zu können, indem er mich verliess.

Wie weit zurück liegt doch das alles! Noch viel weiter zurück, denn die Erinnerung an *diese Männer* weckt in mir keinen Zorn mehr. Jene, die sie zu lieben glaubte, diese fernen Gespenster, *ist tot.* Und jene, die lebt, ist so gänzlich verschieden von der anderen, dass sie nicht mehr verantwortlich ist für vergangene Irrtümer.

Gewiss, alle Fragen, die mit der Sinnlichkeit zu tun haben, werden mich immer beschäftigen, *intellektuell*, und um nichts in der Welt würde ich meine Beobachtungen zu diesem Thema aufgeben. Doch in Wirklichkeit und was mich selbst betrifft, ist mein gegenwärtiger erotischer Bereich klar begrenzt, und der banale Spruch „Ich gehöre mir nicht mehr" ist sehr wahr geworden. Auf sexuellem Gebiet ist Slimène der einzige, unumschränkte Gebieter. Nur er, er allein, zieht mich an, er allein versteht es, mich in die Geistesverfassung zu versetzen, die es braucht, um aus der intellektuellen Sphäre auszubrechen und sich abwärts gleiten zu lassen – ist es wirklich ein Abwärts? Ich bezweifle es sehr –, dieser vielgepriesenen sinnlichen Erfüllung entgegen.

In unserer modernen, verfälschten und verwirrten Zeit ist es üblicherweise nicht der Ehemann, der die Frau in die Geheimnisse der Sinnlichkeit einführt. Demütigend, sträflich, pflegt man das Leben einer jungen Frau an einen Gatten zu binden, an eine lächerliche Person letztlich. Dann, in den meisten Fällen, muss sie voller Ekel ihr Leben an seiner Seite verbringen, sich der „ehelichen Pflicht" unterziehen, bis zu dem Tag, an dem ein anderer ihr im Dunkeln, in der Herabwürdigung und in der Lüge zeigt, dass es da eine ganze Welt von Empfindungen gibt, von Gedanken und Gefühlen, welche die Frau aufblühen lassen. Und das ist es, was unsere Beziehung von den anderen unterscheidet und so viele brave Bürger empört: Für mich verkörpert Slimène zwei Dinge – und versteht es instinktiv, sie gut zu verkörpern –, etwas, was der Gatte für seine Frau in den seltensten Fällen ist: Geliebter und Gefährte.

Was meinte Hauptmann R., jener sonderbare, gewinnende und, zugegeben, für viele sehr anziehende Frauen immer noch verführerische Mann, als er sagte: „Sie sind in Algerien Gegenstand unzähliger Leidenschaften gewesen ..." Bis zu einem gewissen Grad weiss ich das nur allzu gut, habe ich nicht etwa darunter gelitten?

Für alle jene, die mich gekannt haben, für die Offiziere vor allem, ist die Person Slimènes in meinem Leben natürlich *unverständlich*. Domercq hat sich schliesslich mit der Tatsache abfinden müssen ... Taste *tut so,* als ob er nichts verstehen würde, doch im Grunde versteht er. Was von R... halten? Gewiss, ich möchte diesen Mann wiedersehen und ihn besser kennenlernen. Der Eindruck, den er auf mich gemacht hat, ist keineswegs banal, und er ist bestimmt kein vulgärer Mann.

Ich habe festgestellt, dass viele Dinge im Leben – in meinem wenigstens – seltsam dazu neigen, sich immer entgegen *aller* Wahrscheinlichkeit einzurenken – jeglicher berühmten *Wahrscheinlichkeitstheorie* zum Trotz.

Und so warte ich eben, ganz einfach, ohne Mutmassungen anzustellen.

Ich weiss nicht mehr, ob ich Slimène schon bald wiedersehen werde oder nicht. Gewiss, ich sehne mich mit allen Fasern meines Wesens nach ihm, aber ich klammere mich nicht mehr an *Versprechen,* aus Angst, enttäuscht zu werden.

Ich habe mehrere dumpfe, angsterfüllte Tage hinter mir, voller bedrückender Träume. Dann hat sich alles wieder ein bisschen aufgehellt, doch ich habe kaum arbeiten können, ich liess mich einfach in der Untätigkeit gehen. Um diesen Zustand abzuschütteln, bedurfte es gestern einer heftigen Willensanstrengung ...

*Isabelle ist nun also wieder in Marseille. Sie hat einmal mehr das Gefühl, im Exil zu sein. Doch sie ist durch die Ereignisse von Béhima zweifellos reifer, erwachsener geworden. Ihre Tagebuchblätter sind von Sehnsucht geprägt, aber es ist nicht mehr die etwas kindliche Verzweiflung der Aufzeichnungen von Cagliari. Wehmütige Isabelle; wenn sie sich früher nach Meyrin und dem verlorenen Paradies ihrer Kindheit zurücksehnte, so vermisst sie jetzt El Oued, den Souf und vor allem Slimènes Gegenwart. Sie schreibt viel, meistens russisch; sie bemüht sich in ihren langen minuziösen Schilderungen von El Oued um einen sachlichen Stil. Sie ruft sich die Ereignisse der letzten in Algerien verbrachten Monate in Erinnerung, hält jede Einzelheit fest, als versuche sie, dadurch den verborgenen Sinn ihr noch unverständlicher Geschehnisse zu ergründen.*

*Lydia Paschkoff ist ihr nach wie vor eine treue und kritische Brieffreundin. Sie bringt Isabelle mit Eugène Brieux in Kontakt, einem damals in Paris in literarischen Kreisen ziemlich bekannten Romancier. Brieux wird für Isabelle zu einem wertvollen Gesprächspartner. Sie schickt ihm ihre Manuskripte, die sie gerne veröffentlichen möchte, sie erzählt ihm von ihren Schwierigkeiten,* ernsthaft künstlerisch tätig zu sein *und sich ihrer* Arbeit gewissenhaft zu widmen, wie meine Freunde, die Arbeiter, zu sagen pflegen.

*Sie gesteht ihm ihre Zweifel:*

Das bekümmert mich sehr. Wenn ich mich jeweils angstvoll frage, ob ich Originalität besitze. Vorläufig noch nicht; doch nur was im Keim vorhanden ist, kann sich entfalten. Manchmal glaube ich allerdings zu spüren, dass diese Keime in mir schlummern, dann wieder, im Gegenteil, bin ich davon überzeugt, dass dies nicht der Fall ist, und ich quäle mich damit. Das ist es übrigens, was ich von Ihnen wissen wollte. Was meinen Sie?

*Beschwichtigend und gleichzeitig neckend antwortet ihr Brieux:*

*Sie fragen mich, ob Sie Originalität besitzen. In Ihrem Alter kann man noch keinen eigenen Stil haben. Wenn man mit Schreiben anfängt, ahmt man zuerst andere nach. Wie Sie ... und Sie haben Ihre Vorbilder gut gewählt. Die Persönlichkeit entwickelt sich erst später, wenn sie sich entwickelt ...*

*Und Isabelle:*

... Glauben Sie mir, wenn ich schreibe, versuche ich wirklich nicht, jemanden nachzuahmen. Und trotzdem, der Einfluss meiner bevorzugten Vorbilder lastet schwer auf mir, doch unbewusst, ganz einfach, weil ich mich noch nicht davon habe lösen können. Vor allem Lotis Persönlichkeit ist es, die mich nicht loslässt, obwohl ich mich dagegen sträube, und wenn ich dann lese, was ich geschrieben habe, entdecke ich seinen Einfluss hinter jeder Zeile! Das wird vorübergehen ...

*Zu Isabelles grosser Freude werden während ihres Aufenthaltes in Marseille zum ersten Mal in* Les Nouvelles d'Alger *zwei ihrer Texte veröffentlicht:* Maghreb *und* Frühling in der Wüste *sind aus der Erinnerung an El Oued entstanden.*

*Nach den Ereignissen von Béhima bedeutet Schreiben für Isabelle eine Flucht vor Hoffnungslosigkeit und Armut.*

*Das Zusammenleben mit Augustin und der* Arbeiterin Jenny *ist unerträglich. Die Familie ist arm; Augustin arbeitet als Dockarbeiter im Hafen von Marseille. Isabelle versucht, ihm mit ihren bescheidenen Mitteln zu helfen. Sie beobachtet ihren Bruder und stellt schmerzlich fest, wie sehr sich ihre Wege seit der gemeinsam in Meyrin verbrachten Zeit geändert haben.*

Tatsächlich, entgegen jeglichem Anschein der letzten zwei Jahre, stand es also geschrieben, dass ich als einzige gerettet werden sollte von allen jenen, die vom abnormen Leben in der „Villa Neuve" geprägt worden sind, über welches sich Augustin einst so bitterlich beklagte und das er jetzt in allen Einzelheiten eifrig nachzuahmen versucht. Man muss um jeden Preis schweigen, unerschütterlich schweigen, um diesen erbärmlichen, diesen schrecklichen Aufenthalt hier hinter sich zu bringen.

*Schweigen, schreiben, arbeiten. Slimène nach Marseille versetzen lassen, ihn heiraten, Französin werden und dann ganz legal wieder nach Algerien zurückkehren. Isabelle lässt nichts unversucht. Ihre Beharrlichkeit ist verblüffend, vor allem wenn man weiss, wie einsam und verlassen sie sich fühlt.*

Ich bin unzufrieden mit Dir. Acht Tage sind es nun her, dass Du mich verlassen, und fünf, dass Du nach Batna zurückgekehrt bist, und Du hast mir noch nicht geschrieben. Wo, glaubst Du, soll ich den Mut finden, das Elend, die Einsamkeit und die Scherereien zu ertragen, mit denen ich mich herumschlagen muss? Das einzige, was mich trösten könnte, wäre ein Brief von Dir. Du siehst, ich denke Tag und Nacht an Ouiha. Warum vergisst Du mich? Schreib mir bis spätestens Samstag. Wenn bis spätestens Sonntag kein Brief eintrifft, werde ich daraus schliessen, dass Du mich vergessen hast und dass Du trotz Deiner Beteuerungen glücklich bist, in Batna zu sein ... und dann – warum überhaupt kämpfen oder geduldig warten? Ich habe keine Kraft und keine Lust und keinen Mut mehr zu leben. Ich lebe nur für Dich und durch Dich. Wenn Du mich vergisst, so ist mir alles gleichgültig.

*Er schreibt selten, und sein Schweigen bringt Isabelle zur Verzweiflung. Aus Slimènes Briefen tritt uns ein etwas weichlicher junger Mann entgegen, etwas zerstreut, passiv, der sich von der Kraft und Unnachgiebigkeit seiner Gefährtin mitziehen lässt.*

*Wie einst gegenüber dem Legionär Augustin überspielt Isabelle die Schwächen ihres Freundes mit aufmunternder Überzeugungskraft. Dank ihrer Energie wird das Paar es schaffen, alle Schwierigkeiten zu überwinden. Doch der Gesundheitszustand der jungen Frau ist alles andere als gut. Sie hat Fieber, leidet an einer Darmentzündung und an Kreuzschmerzen. In Marseille ist die Armut schwerer zu ertragen als in El Oued.*

Ich fühle mich hier traurig, heimatlos, ohne einen Sou, unfähig, meine Familie daran zu hindern, den Weg der Selbstzerstörung zu gehen. Alle meine Gedanken sind in Batna, bei meinem einzigen Daseinszweck, meiner einzigen Hoffnung. Warum breche ich nicht zusammen? Warum muss ausgerechnet ich, eine „schwache Frau”, tapfer bleiben und verzweifelt kämpfen? Ich bin gezwungen, die Runde durch die Kaffeehäuser zu machen, in denen Araber verkehren, und gegen ein paar Sou oder Tabak Briefe für sie zu schreiben. Ich bin nicht müde geworden, wie eine Mutter zu Dir zu sprechen, Dir wie ein Bruder die wahre Lehre zu predigen, Dich zu erinnern, dass wir Muslims und Ikhwans sind, dass wir eine Rolle zu spielen und einen heiligen Zweck zu erfüllen haben im Leben, dass die Hoffnungslosigkeit und der Mangel an Demut – was nichts anderes als Mangel an Mut ist – Gotteslästerungen sind ... Ja, es ist so, ich bin vor Gott und vor dem Islam Deine Frau. Doch ich bin nicht irgendeine Fatima oder eine gewöhnliche Aischa. Ich bin gleichzeitig auch Dein Bruder Mahmud, ein Diener Gottes und Dschilanis, und nicht wie alle arabischen Frauen einfach die Dienerin ihres Gatten. Ich werde es nicht zulassen, verstehst Du, dass Du Dich der wunderbaren Träume unwürdig zeigst, die ich für uns beide geträumt habe.

*Am 15. Juli schreibt Isabelle einen langen Brief an Slimène, aus dem der wirkliche Grund ihrer Verbitterung nach den Ereignissen von Béhima hervorgeht: ein heimlicher Groll, der an ihr nagt und den sie nie und niemandem gegenüber je erwähnt hat.*

*Sie ermahnt darin ihren Freund, viel zu arbeiten, die Prüfung für das Amt eines Dolmetschers vorzubereiten – Gewähr für eine bessere Zukunft. Auf diesen Seiten drückt sich der wache und besonnene Geist der jungen Frau aus, ihre Entschlossenheit, ihr Mut.*

Montag, 15. Juli 1901 – 6 Uhr

Vorhin, als ich nach getaner Arbeit nicht wusste, was machen, habe ich Dir einen kurzen arabischen Brief geschrieben, den ich am Donnerstag mit diesem zusammen abschikken werde. Ich schlage mir die Zeit mit dem einzigen erträglichen und möglichen Mittel tot: mit Arbeiten. Heute habe ich Dein ärztliches Unfallattest wiedergefunden, meinen Personalausweis und *die Ausweisungsdokumente.* Ich habe alles Augustin übergeben, mit dem ich mich wieder einigermassen verstehe. Schicke mir bitte meinen Geburtsschein und mein Leumundszeugnis. Ich werde mit meinem Bruder dafür sorgen, dass unser Dossier Oberst de Rancongue übermittelt wird: Je früher es in seinen Besitz gelangt, desto besser, denn glaube ja nicht, dass der Feind schläft und seine Fühler nicht ausstreckt. Wir müssen auf alles gefasst sein in Anbetracht der Arglist jener, die vor keinem Verbrechen zurückschrecken und die mich haben ausweisen lassen, nachdem sie sich durch Mord meiner nicht haben entledigen können. Beeile Dich also und schicke mir meine Papiere. Wenn Du dann Dein schriftliches Gesuch einreichst, brauchst Du dem Kommandanten nur noch zu schreiben, *die Unterlagen, die in Ihren Händen sind;* der Oberst hat somit Gelegenheit, sich eine eigene Meinung zu bilden, gesetzt den Fall, dass jemand versuchen sollte, ihn gegen mich aufzuhetzen, das heisst, ihn davon abzubringen, uns die Einwilligung zu geben. Vorläufig liegt nichts Derartiges vor, oder man hat bei ihm nichts erreicht, denn er hat meinem Bruder versichert: „Ich werde Wort halten, ich werde so rasch wie möglich die Unterlagen anfordern, um sie dem Aufsichtsrat vorzulegen." Doch doppelt genäht hält besser. Also, schicke mir die Papiere sofort nach Erhalt dieses Briefes. Man muss in einer so heiklen und so kontroversen Lage wie der unseren grösstmögliche Vorsicht walten lassen.

Was soll ich Dir über meinen Alltag hier erzählen ...? Ich beschäftige mich intensiv mit meiner russischen Arbeit. Ich werde Dir an die hundert überarbeitete Seiten schicken können – neunundsechzig sind bereits abgeschrieben. Doch ich habe noch keine Antwort, auch vom alten russischen Lehrer von Angelini nicht, dem ich die Manuskripte geschickt habe. Falls ich dort keinen Erfolg habe, was wenig wahrscheinlich ist, werde ich es beim *Petit Marseillais* versuchen, das werde ich übrigens ohnehin tun. Sollte *Le Matin* die eingesandten Beiträge veröffentlichen, werde ich einen Leserbrief schreiben, eine angebliche Antwort auf die mit Dominique unterzeichnete Einsendung, vielleicht gelingt es mir auf diese Weise, ein paar zusätzliche Artikel über den Souf unterzubringen. Also, ich werde sehen, was sich machen lässt. Und – was unmöglich ist – wenn sich niemand für meine kurzen Artikel interessiert, wird mir nichts anderes übrig bleiben, als sie zu überarbeiten, zu ergänzen, zu ordnen und sie in einem Sammelband zu veröffentlichen, was übrigens für junge Autoren meistens der einzige gangbare Weg ist. Ich bin mit all diesen Dingen sehr beschäftigt und habe daher für Langeweile keine Zeit. Die Arbeit am russischen Manuskript ist mir von sehr grossem Nutzen, sogar wenn es nicht veröffentlicht werden wird – was ja auch sehr ungewöhnlich wäre. Russisch zu schreiben, fällt mir zusehends leichter; ich lerne, mit dieser Sprache umzugehen, und mit der Zeit werde ich Russisch ebenso flüssig schreiben wie Französisch.

Ich übe mich auch täglich im Zeichnen, und ich habe mir fest vorgenommen, Zeichen- und Malstunden zu nehmen, sobald wir eingerichtet sind und ein paar Sous übrig haben. Ich glaube, ich bin ziemlich begabt für das Malen. Ich will mich vor allem auf das Illustrieren von Büchern konzentrieren. Ich könnte dann meine eigenen illustrieren, was sie sehr aufwerten würde. Gewisse Magazine nehmen übrigens nur Reiseberichte an, denen Zeichnungen oder Fotografien anliegen.

Jetzt, wo ich mich ernsthaft der literarischen Arbeit zugewendet habe, werde ich dabei bleiben ... nicht wie nach meiner Abreise aus Paris im Mai letzten Jahres.

Sobald Du hier bist, werden wir uns ernsthaft an die Vorbereitung Deiner Dolmetscherprüfung machen, denn das ist die einzige Einnahmequelle, mit der wir nach Deiner Entlassung rechnen können. Begreife doch, dass wir das Geld, das die Villa bis dann einbringen wird, keinesfalls für Reisen ausgeben dürfen. Wir müssen uns nach einem anständigen und einträglichen Beruf umsehen, den Du ja nicht zehn Jahre lang auszuüben brauchst. Sobald wir etwas Geld auf der Seite haben, sobald die Moskauer Angelegenheit abgeschlossen ist und uns eine Rente oder eine Auszahlung zugesprochen wird, kannst Du um Deine Entlassung nachsuchen. Im übrigen, denke ein bisschen darüber nach, und Du wirst einsehen, dass es für Dein männliches Selbstbewusstsein besser ist, wenn Du einen eigenen Beruf hast, von dem Du leben kannst, denn sonst wird Dir jedermann vorwerfen, Du habest mich trotz meiner berühmten Vergangenheit – über die zwar niemand etwas Genaues weiss, die vor allem niemand verstehen kann, obwohl recht viele Lästermäuler sich anmassen, darüber zu urteilen – meines Geldes wegen geheiratet. Gewiss, ich und Augustin und die paar treuen Offiziere, die uns zugetan sind, wir wissen alle, was in mir steckt ... und ich weiss vor allem, dass ich ohne Dich schon lange Hungers gestorben wäre. Doch werden die Leute das je glauben? Du weisst gar nicht, wie oft ich Dich gegen solche Anschuldigungen habe verteidigen müssen und beteuern, *ich besitze nichts.* Nimm Dir das alles nicht zu Herzen, Liebster, Du weisst ja, dass ich nichts anderes will, als auf Dich stolz sein. Das ist der Grund, warum ich – um mich triumphierend und unserer würdig an all jenen zu rächen, die uns angegriffen und verfolgt haben –, warum ich will, dass Du Dich um eine Stellung als Offizier bewirbst, und zwar innerhalb der Verwaltung dieser „Arabischen Büros", denen wir all unser Unglück verdanken. Das beste, das billigste und einfachste Mittel ist, dass Du Dich auf die Dolmetscherprüfung vorbereitest, und wir werden so daran arbeiten, dass Du sie nach Deiner Entlassung bestehen kannst, oder zumindest am erstmöglichen Termin. Was für ein Triumph! Denke an die hilflose Wut all jener Schurken, die gegen uns sind!

Doch wie ich Dir bereits gesagt habe, das allein genügt mir nicht; ich will – da Du in Zukunft in Offizierskreisen verkehren wirst –, dass Du ihnen beweist, dass Du, ein Araber und Muslim, gebildeter bist als sie. Heutzutage muss man kein Gelehrter mehr sein, um zu glänzen. Man muss sich in der Literatur gut auskennen zum Beispiel. Du wirst also neben der Vorbereitung auf die Prüfung einen ganzen Haufen Bücher lesen müssen, die wir uns in einer Bibliothek ausleihen. Wir werden auch in die Öffentliche Bibliothek gehen, wo jedermann unentgeltlich die 25'000 Bände lesen kann, die dort zur Verfügung stehen, und darunter etliche interessante und unerlässliche. Zudem werde ich mich bemühen, Dir die Grundzüge meiner russischen Muttersprache beizubringen, so wirst Du vom ersten Tag an in den uns zwangsläufig *übelwollenden* Offizierskreisen den Platz einnehmen, auf den Leute wie Lefèvre und Konsorten nie Anspruch haben werden, eine Stellung, die, davon bin ich überzeugt, meinem Ouiha zusteht ...

Vergiss nicht, indem Du auf dieses Ziel hin arbeitest, arbeitest Du gleichzeitig für Deine arabischen Brüder, für alle unsere muslimischen Brüder. Du wirst in den Augen aller araberfeindlichen und hochmütigen Herren Franzosen den beispielhaften Araber verkörpern, der als Spahi zweiter Klasse angefangen und sich bis zu einer von allen beneideten Stellung emporgearbeitet hat und der auf Grund seiner Intelligenz und seiner Arbeit geachtet wird. Wenn es viele solcher Araber gäbe in Algerien, wären die Franzosen gezwungen, ihre Meinung in bezug auf die „Bicots" zu ändern. Das ist der Weg, dem Islam und der arabischen Heimat zu dienen, und nicht durch Anstiftung sinnloser, blutiger Aufstände, die dem Feind nur als Waffe gegen alles dienen, was Arabisch ist, und die aufrichtigen Franzosen enttäuscht, die unseren Brüdern wohlgesinnt sind – wie die traurige Affäre um Margueritte zum Beispiel ... Denke auch an Deinen verstorbenen Vater und an Deine verstorbene Mutter, (a) Gottes Barmherzigkeit komme über sie (a).

Ich weiss, dass Du klug, mutig und gehorsam bist. Du wirst alles tun, was ich zu Deinem und zu meinem Besten von Dir verlange ... Doch sind wir nicht auf dieser Welt, um an der Vervollkommnung *unserer* Seelen zu arbeiten im Hinblick auf unbekannte Schicksale, die Gott uns anderswo bereithält? Du wirst vielleicht einwenden – ich weiss –, dass Du überhaupt nicht ehrgeizig bist und dass Du nicht danach strebst, in den Augen der Menschen gute Figur zu machen. Du hast recht, wenn es einzig und allein darum ginge, den Menschen zu imponieren – ein erbärmliches Ziel, tatsächlich –, würde es sich wirklich nicht lohnen, sich soviel Mühe zu machen. Doch ich wiederhole: Jeder von uns hat auf dieser Welt eine heilige Pflicht zu erfüllen. Deine, meine, die aller Muslims ist es, unermüdlich, unbeirrt an unserer Rehabilitierung seitens des Okzidents zu arbeiten ... uns durch unsere Intelligenz und unser Wissen zu behaupten. Der Muslim, der sich bilden und ein Amt und eine Stellung in den von den Fremden eroberten Ländern einnehmen könnte und es nicht tut, ist in meinen Augen ein *Deserteur* und ein *Verräter.* Wir sind Diener Dschilanis, und wir sind ihm verpflichtet. Tun wir also unser Möglichstes, ihm würdig zu dienen: In uns ist eine grenzenlose Kraft, die ausser Gott niemand besiegen kann. *Wir, Du und ich,* haben eine gemeinsame Seele, ein gemeinsames Herz, einen gemeinsamen Willen. *Wir können* mehr ausrichten als sonstwer; Du brauchst nur den Weg zu gehen, den ich Dir in diesem Brief vorzeichne, ich bin fest davon überzeugt, dass es *der richtige Weg* ist. Ich hatte eigentlich die Absicht, Dir das alles persönlich zu sagen, doch ich habe es vorgezogen, Dir ausführlich zu schreiben. Nun weisst Du, was ich vorhabe, und ich weiss, dass Du mir nach bestem Wissen und Gewissen dabei helfen wirst. Intelligent und „aufgeweckt" wie Du bist, werden die Dolmetscherprüfungen für Dich kein Problem sein.

Was die Literatur angeht, so gibt es wohl keine unterhaltsamere und spannendere Tätigkeit als die Lektüre. Die Bücher, die man kennen *muss,* an die man sich erinnern muss, sind keineswegs langweilige wissenschaftliche Abhandlungen, sondern Romane oder geschichtliche Werke von allergrösstem Interesse, wenn man versteht, die richtigen Autoren auszuwählen. Ich werde mich bemühen, Dir alles möglichst kurzweilig und fesselnd zu präsentieren, was auch mir sehr, sehr gut tun wird. Es gibt eine ganze Reihe von Büchern, von denen jedermann spricht, die man unbedingt gelesen haben muss und die ich nicht oder nur *oberflächlich* gelesen habe im Laufe meines Wanderlebens der letzten Jahre. Nun lesen wir sie eben gemeinsam ... damit wir sehr *gebildet* sein werden, viel gebildeter als jene, die es nicht fertiggebracht haben, uns loszuwerden!

*Lies diesen Brief und lies und lies ihn noch einmal* und präge Dir meine Gedanken gut ein. Du wirst noch vor Deiner Entlassung ein Resultat feststellen. Vorläufig aber tue mir den sehr dringenden und sehr grossen Gefallen und lies aufmerksam, Seite um Seite, Zolas *Travail.* Das ist zum Beispiel ein Buch, das den Zweck hat, in fesselnder und künstlerischer Form aufzuzeigen, wie Solidarität und uneigennützige Arbeit eines Tages das Antlitz der Welt verändern können. Es ist ein *sehr* nützliches Werk. Der Fabrikarbeiter Froment, der Held des Buches, verkörpert das Ideal des Menschen, so, wie ich ihn mir wünschte. Ich für meinen Teil hätte ihm noch den Glauben an Gott beigefügt. Doch Froment ist sogar so, wie der Autor ihn schildert, im wahrsten und schönsten Sinn des Wortes die Verkörperung des Menschen schlechthin, und die von ihm gegründete Stadt ist beispielhaft. (a) So Gott will (a), die Stadt der Zukunft ...

Du machst mir eine grosse, grosse Freude, wenn Du dieses Buch liest; gehe so vor, wie ich es Dir so oft erklärt habe: Denke über die wichtigsten Gedanken nach, die es enthält, und fasse sie als Belehrung auf und nicht wie ein Märchen zum reinen Zeitvertreib.

Üblicherweise ist es Deine zärtliche und meschugge Frau, die Dir schreibt, doch heute abend spricht Deine *Mutter* zu dir.

Du weisst, dass niemand auf der Welt Dich so sehr liebt und so sehr Dein Bestes will wie ich. Du weisst, dass ich Dich nicht nur wie einen Gatten und Geliebten liebe, sondern dass ich Dich auch liebe, wie wenn Du mein kleiner Junge wärst, mein Kind. Ich hege für Dich diese Art ganz besonderen Stolz jener Mütter, die für ihre Söhne die besten Ämter und die grössten Ehren anstreben ... Du musst also auf mich hören, wie Du auf Deine Mutter hörtest, (a) Gott behüte sie (a), als Du klein warst.

Das wäre alles, mein angebeteter Ouiha, alles, worum ich Dich bitte, alles, was ich mir wünsche. Habe ich recht? Ich will und verlange ausdrücklich, dass Du mir in allen *Einzelheiten* auf diesen Brief antwortest, denn ich habe Dir in aller Aufrichtigkeit geschrieben und meine es ernst.

Ruissa Kahla, ich gehe schlafen, damit ich morgen früh aufstehen und wie üblich arbeiten kann.

Telegrafiere mir kurz vor Deiner Abreise, am gleichen Tag, lasse mich genau wissen, wann, zu welcher Zeit ungefähr, mit welchem Schiff Du kommst, damit wir uns nicht verfehlen. Ich kann mich dann hier nach der mehr oder weniger genauen Ankunftszeit erkundigen und wo das Schiff anlegt. Nicht nötig, mir den Namen des Schiffes anzugeben, gib mir die *Reederei* an. Das Schiff ist nicht wichtig.

*Isabelle schliesst ihren Brief mit zärtlichen arabischen Worten und setzt die flüchtige Skizze eines Auges darunter.*

*Und noch viele andere Briefe Isabelles an Slimène. Verliebt und ständig voller Sorge. Ihr Freund leidet an Tuberkulose, und die Angst, ihn zu verlieren, lastet wie ein Alpdruck auf ihr.*

*Am 1. August schreibt sie ihm:*

Gestern abend, also noch bevor ich durch Deinen Brief vernommen habe, dass Du im Krankenhaus bist, wusste ich es auf sehr geheimnisvolle Art bereits. Ich war in der gleichen Gemütsverfassung wie immer zu Bett gegangen und las noch ein wenig. Kaum hatte ich das Licht ausgemacht, packte mich eine schreckliche Angst, und ich wusste plötzlich ganz klar, dass es Dir schlecht ging, dass man Dich ins Krankenhaus gebracht hat.

*Pflichtbewusst schreibt Sie am 5. August dem Regimentskommandanten ihres Verlobten, Hauptmann Rancongue, um ihn zu bitten, ihr zu helfen, die Versetzung Slimènes zu beschleunigen und die behördliche Ehe-Erlaubnis zu erwirken, die man ihnen bisher verweigert hat.*

Sie haben die sehr grosse Güte gehabt, meinen Verlobten Wachtmeister S. Ehnni in Ihr Regiment aufzunehmen und überdies alle notwendigen Schritte zu unternehmen, um einen ebenso raschen wie zustimmenden Entscheid zu erwirken.

Kurz darauf, vor ein paar Tagen also, habe ich einen Brief von meinem Verlobten erhalten, in dem er mir mitteilt, man habe ihn entgegen seiner inständigen Bitten notfallmässig zur Behandlung einer Bronchitis ins Krankenhaus eingeliefert ... Mein Verlobter schreibt, er fühle sich viel besser und verlange nichts anderes, als so schnell wie möglich seinen Dienst hier aufnehmen zu dürfen. Doch der Stabsarzt hat ihm gesagt, er müsse eine Bestätigung vorlegen, aus der hervorgehe, dass er über die für seinen Lebensunterhalt notwendigen Mittel verfüge, bevor man ihm einen Erholungsurlaub bewilligen könne. Mein Verlobter hat einen solchen Urlaub entschieden abgelehnt mit der Begründung, er sei einer anderen Einheit zugeteilt worden und fühle sich durchaus in der Lage, seinen Dienst zu leisten. Worauf ihm der Stabsarzt geantwortet hat, er entlasse ihn nur in einen Erholungsurlaub, und wenn er niemanden habe, der für ihn aufkomme, würde er ihn bis zu seiner Entlassung aus der Armee im Krankenhaus behalten ... das heisst bis zum 20. Februar 1902! Ich bin sicher und überzeugt, dass der Gesundheitszustand meines Verlobten keineswegs so alarmierend ist, wie man ihm ständig beteuert; würde man ihm erlauben, hierher zu reisen, um endlich unsere trostlose Lage, in der wir uns seit einem Jahr unverschuldet befinden, in Ordnung zu bringen und unsere Situation zu legalisieren, würde sich sein Gesundheitszustand – das Resultat von Kummer und Sorgen – innert kürzester Zeit bessern. Gestatten Sie mir im übrigen eine Bemerkung, Monsieur: Diese ganze Geschichte mit dem Krankenhaus und dem Erholungsurlaub kommt mir mehr als merkwürdig vor. Könnte das nicht etwa die Fortsetzung der früher gegen uns getroffenen Massnahmen sein ...? (5. August 1901).

*Die Intervention von Hauptmann Rancongue ist erfolgreich; Sliménes Ankunft ist für den 28. August vorgesehen. Bewegt greift Isabelle wieder zur Feder:*

Ich habe eine heilige Bitte an Dich: Gehe auf den Friedhof (den grossen) und frage nach *(a) dem Grab der Fremden, die sich zum Islam bekannt hat (a).* Umarme sie *in meinem Namen* und *in Deinem*, und bitte Maman und *Vava* (den Alten) um ihren Segen, um ihren Schutz für unser künftiges gemeinsames Leben.

Grüsse sie auch im Namen Augustins und bitte *sie*, ihn zu beschützen, ihn, seine Frau und die *Kleine. Sprich mit ihnen*, die dort in der fernen Erde ruhen. *Glaube mir*, sie werden Dich hören und uns segnen. Tue das für mich, die man verbannt hat und der es nicht einmal gestattet ist, dieses geweihte Grab zu besuchen. Du tust das für mich, nicht wahr?

(a) Ich weine, während ich diese Zeilen schreibe. (a)

In neun Tagen wird alles ganz anders sein, (a) so Gott will (a).

*Isabelle zeichnet zwei Augenpaare unter ihren Brief, die das Unheil abwenden sollen.*

*Die junge Frau bereitet ihre Hochzeit vor. Augustin hilft ihr bei der Erledigung der zahllosen Formalitäten, und Brieux, der sie immer noch nicht persönlich getroffen hat, sichert ihr eine bescheidene Unterstützung zu. Was die heikle und umstrittene Frage der Kleidung angeht, versucht Isabelle, ihren Geliebten zu beruhigen. Originell wie immer und rührend:*

Ich kann unmöglich in einem *weissen* Kleid heiraten; zu einem Brautkleid gehört ein Orangenblütenkranz, und ganz Marseille weiss, dass wir zusammengelebt haben; sogar in den Augen Deines Kommandanten und Deiner Kameraden käme das einem unerhörten Skandal gleich. Ich werde also einen schönen schwarzen Stoff kaufen und eine Art „Halbtrauerkleid" nähen lassen und dazu eine Weste aus fliederfarbenem Satin. Ich lasse mein Haar wachsen und werde es für diesen Anlass in Locken legen. Ich habe mir einen schwarzen, mit Flieder geschmückten Hut anfertigen lassen, einen Männerhut. Du wirst sehen, das Ganze wird sehr elegant und geschmackvoll wirken, und niemand wird sich darüber aufhalten. Im übrigen sind weisses Kleid und Orangenblüten von den Priestern und für Hochzeiten in der Kirche erfunden worden.

*Slimène trifft wie vorgesehen am 28. August 1901 in Marseille ein. Das Paar bezieht ein ärmliches Zimmer – ihr „Eden-Purée", wie sie es nennen, in Anlehnung an die von einem unbekannten Soldaten an der Wand von Isabelles Hütte hingekritzelte Inschrift.*

*Nach einer kurzen Reise nach Paris heiraten sie am 17. Oktober auf dem Standesamt von Marseille, dann in der Moschee. Isabelle ist nun Frau Suliman Ehnni.*

*Lydia Paschkoff beglückwünscht ihre Freundin auf ihre ganz besondere Art: „Ich fühlte es, ich wusste es, dass Ihr Leben sich in einer Liebe, in einer Ehe erfüllen würde ... Ach, liebe Mahmud, Herzenskind, Sie sind wie ich, die Poesie, Afrika usw. So ist das Leben nun mal! Sie haben sich für das Glück entschieden, ich für die Freiheit."*

*Slimène muss den Rest seiner Dienstzeit in Marseille absolvieren. Das Leben in dieser Stadt, in der sie sich nicht heimisch fühlt, wird für Isabelle schon bald zu einer Qual. Slimènes Sold ist lächerlich, und seine Gefährtin wendet sich an den alten Abu Naddara, der ihr die benötigte Geldsumme vorschiesst.*

*Ein letzter Aufenthalt in Genf vom 21. bis 31. Dezember raubt Isabelle die letzte Hoffnung, eines Tages Vavas Erbe antreten zu können. Die „Villa Neuve" ist für 30'000 Francs verkauft worden, und „Monsieur Samuel" rechnet ihr vor, dass sie ihm nach Abzug aller Kosten noch 60 Francs schulde ...*

## TAGEBUCHBLÄTTER

Marseille, 21. November 1901, 8 Uhr abends

Seit ein paar Tagen mache ich – vielmehr, machen wir, merkwürdig – eine Zeit tiefer, nicht düsterer, sondern unergründlicher Niedergeschlagenheit durch, und in mir macht sich dieses vage Gefühl bemerkbar, von dem dieser Tage die Rede war: die Vorahnung einer bevorstehenden Abreise. *(a) Gott weiss! (a)*

Die Erinnerung an den Souf, die lebhafte und tiefe, in mir schlummernde Zuneigung für die Wahlheimat, das alles bedrückt mich schmerzlich ... und erfüllt mich gleichzeitig mit unendlicher Zärtlichkeit. Ein zufälliger Trompetenstoss genügt, um in meinem Herzen eine ganze Welt von Gefühlen aufleben zu lassen, die verstummt zu sein schienen.

Es ist auch die grosse Sorge um das Jenseits, die mich einst in den langen nächtlichen Stunden stummer träumerischer Betrachtung beschäftigte ... an das Fenster meines Zimmers gelehnt, konnte ich den klaren Himmel sehen und die oft schneebedeckten Gipfel des Juras und die grossen Bäume, mächtige, undeutliche, schwarze Schatten, und dazwischen die hochaufragende Silhouette der Pappel im Garten.

In den schattigen, taunassen Fliederbüschen zwitscherten in den Frühlingsnächten unzählige Nachtigallen, deren Lieder meine Seele mit ungewohnter Sehnsucht erfüllten ... Seltsam, meinem Geist haben sich – in meiner Kindheit vor allem – seltsame *Gedankenassoziationen* eingeprägt, Empfindungen, Erinnerungen ...

So rufen die Erinnerungen an blühende Fliederbüsche im Frühling in mir unweigerlich das Bild klarer und milder Abende *nach dem Regen* hervor ... auf die laue, dufterfüllte, von tausend Vogelstimmen erfüllte Nächte folgen ...

All das kommt mir jetzt wieder in den Sinn, in meinem gegenwärtigen ungewissen und eintönigen Alltag.

Endlich, zum ersten Mal seit dem Tod der lieben Alten, das heisst seit meinem Eintritt in das bewusst gelebte Leben, *extrovertiere* ich ein wenig mein *Ich*, erfülle ich eine Aufgabe *ausserhalb von mir selbst*. Das genügt, um diese Tage zu verherrlichen, die sonst unerträglich wären, und dieses reizlose Dasein, das ich seit fünf langen Monaten in dieser Stadt mit mir herumschleppe, mit der ich mich durch nichts verbunden fühle, wo mir alles fremd ist und mich abstösst ... Wie sehr doch das *Vulgäre* – nicht etwa nur das pöbelhaft Vulgäre, das uns umgibt, sondern sogar jenes, das sich mit Intelligenz und Fortschrittlichkeit brüstet – alles hasst, was sich seinen Anforderungen und seinen stupiden und eigenmächtigen Ansprüchen nicht beugt! Wie sehr der Pöbel sich doch empört, wenn ein Wesen auftaucht, eine Frau vor allem, die ihm nicht ähnlich sein will, die so sein will, wie *sie ist!* Wie sehr sich die Mittelmässigkeit doch darüber aufregt, nicht alles gleichmachen zu können, nicht alles auf ihr dummes und niedriges Niveau herabmindern zu können!

Ich entdecke gegenwärtig in mir eine Fähigkeit, von der ich keine Ahnung gehabt habe – einen gewissen Weitblick nämlich, der mir erlaubt, Abläufe, insbesondere geschichtliche Abläufe, als umfassendes Ganzes zu sehen.

... Lydia Paschkoff ist kein Mensch, der bezaubert und fesselt. Seltsame Mischung, doch viel unterschwelliger Egoismus, gewaltiger Hochmut und intellektuelle Oberflächlichkeit. Russische Gewandtheit, vor allem *mondäne.*

Die abgrundtiefe Abneigung gegen die Zänkereien der Masse ist mir angeboren, und ich behänge mich lediglich mit ihrem Flitterkram, um nichts mit ihr zu tun zu haben. Indes ist es mir im direkten Gespräch unmöglich – und wird mir immer unmöglich sein –, leidenschaftlich zu vertreten, was mich wahr und richtig dünkt.

Der mondäne und moderne Gleichgültigkeitswahn ist nicht von der Sorte, die auf mich abfärben könnte. Und was meinen aufrichtigen Hass angeht, er bietet zumindest eine gewisse Gewähr für das Heil der Seele.

Das Schlimmste, was einem menschlichen Wesen widerfahren kann, ist, in den düsteren moralischen Nihilismus eines Nicolas Stawrogwin zu fallen oder in die selbstsüchtige intellektuelle Verbitterung Augustins. Gewiss, diese beständige und *echte* Sorge um Dinge, die nicht mit meiner *Person* zu tun haben, die *materiell nichts einbringen,* adelt in Wirklichkeit die Seele und besänftigt sie, erhebt sie über die Banalität, über die Kleinlichkeiten des Alltags.

Ich fühle mehr denn je, dass ich das sesshafte Leben niemals aushalten könnte und dass die Sehnsucht nach dem sonnigen *Anderswo* mich niemals loslassen wird ... Der einzige Ort, an dem ich mir vorstellen könnte, mein Leben zu beschliessen, ist El Oued, ja, und ich möchte nur noch dorthin zurückkehren, um für immer dort zu bleiben ...

*(Mit Bleistift ohne Ortsangabe und ohne Datum notiert:)*

## TRUGBILDER

Es ist vorbei: keine neuen Illusionen mehr, keine verführerischen Geheimnisse und kein zukünftiges Glück ... Es gibt nur noch das beruhigende Gefühl berechtigter und verwirklichter Zweifel, den Nebel der Verzweiflung in meinem gequälten Herzen. So kurz habe ich gelebt und so sehr habe ich gelitten! Die leuchtende Hoffnung, die Jugend, das Glück, alles ist vorbei ... ich trage Trauer um sie ... alles ist begraben und wird nie mehr wiederaufstehen!

Ich habe an die Brüderlichkeit der Menschen geglaubt, doch am rabenschwarzen Tag des Unglücks habe ich meine Brüder von meinen Feinden nicht mehr unterscheiden können. Ich wollte für die Menschen die Wahrheit und die Freiheit ... doch die Welt ist die gleiche Welt aus schwachsinnigen Sklaven geblieben. Ich glaubte, durch das Feuer und die Wahrheit meiner flammenden Reden rastlos gegen das Böse anzukämpfen ... Doch im Heiligtum der Wahrheit, im Tempel des Geistes habe ich nur die wüsten Orgien der Pharisäer angetroffen.

Die kurzlebige Liebe, die Liebe als Spiel und Zerstreuung; die Liebe, ein Rausch der Sinnlichkeit und nicht der Seele, die Liebe als krankhafter Alptraum – nein, dieser Liebe weine ich nicht nach!

Nicht von dieser Liebe träumte ich in meinen schlaflosen Nächten ... nein, es war das Bild der wahren und reinen Liebe, das mich nicht losliess!

Arm wie eine Bettlerin, verschlagen wie eine Sklavin und in strahlende Lumpen gehüllt: Das Leben ist nur von ferne schön und nur von ferne gesehen anziehend.

Doch sobald du etwas aufmerksamer hinschaust, doch sobald du ihm von Angesicht zu Angesicht gegenüberstehst, offenbart sich dir die Lüge ... Du siehst, dass „Seine Majestät" das Leben nichts als ein Trugbild unter einer Verbrämung aus falschem Gold ist und dass seine Schönheit vergänglich ist wie die einer geschminkten Hure ...

8. KAPITEL: 1902

# Bône – Algier – Bou Saada – Ténès
# Algier – Ténès – Algier

*An Bord der „Duc de Bragance" ... und wieder eine Überfahrt von Europa nach Afrika. Es wird die letzte sein. Isabelle geht wie vor fünf Jahren, als Nathalie noch lebte, in Bône an Land. Slimène begleitet sie. Es ist der 15. Januar, acht Uhr abends.*

## TAGEBUCHBLÄTTER

Die Rückkehr aus dem Exil! Endlich ist der Traum Wirklichkeit geworden, wir sind wieder da, unter der strahlenden, ewig jungen Sonne, auf der geliebten Erde, und vor mir der plätschernde Azur des Meeres, dessen unberührte Horizonte abends an die Unendlichkeit der Sahara erinnern, die jetzt näher gerückt, nur noch eine Tagreise von hier entfernt ist und die wir mit Hilfe Gottes und Dschilanis zweifellos im Laufe dieses zuversichtlich begonnenen Jahres wiedersehen werden.

Möge dieses Jahr der Anfang des neuen Lebens, des so heiss ersehnten und so sehr verdienten Friedens sein!

*Das Paar wohnt im Haus von Slimènes Familie. Das Zusammenleben bedrückt Isabelle. Die Zeit bis zu diesem 20. Februar 1902, dem Datum der Entlassung ihres Gatten aus der Armee, kommt ihr unendlich lang vor.*

*Mehr denn je vertraut sie sich ihrem Tagebuch an:*

Ein Monat ist bereits vergangen, seit wir die Hölle von Marseille verlassen haben, und hier läuft dank den gewohnten Intrigen der Mauren bereits alles schief.

Einmal mehr stelle ich die Labilität von Slimènes Charakter fest und den schädlichen Einfluss, den seine jeweilige Umgebung auf ihn ausübt. Wird sich das je ändern? Ich weiss nicht, und jedenfalls bedeutet ein solcher Charakter in unserer gegenwärtigen armseligen Lage eine zusätzliche Belastung.

Ich denke, wir sollten nach Algier gehen, auch wenn wir dort Entbehrungen und Einschränkungen auf uns nehmen müssen – was immer noch besser ist als die schrecklichen Monate in Marseille, besser als hierzubleiben, wo sich die Gastfreundlichkeit auf ständige Schmähungen und endlose Diskussionen beschränkt.

Der literarische Geist regt sich in mir, und ich werde versuchen, mir zumindest in den algerischen Zeitungen einen Namen zu schaffen in der Hoffnung, dass die Pariser Presse auf mich aufmerksam wird – die einzige Möglichkeit, bekannt zu werden, und die den Aufwand lohnt.

Dazu müsste man eine Zeitlang grösste Ruhe haben, vollkommene Zurückgezogenheit fast. Vielleicht liesse sich in Algier jemand finden, der in der Lage wäre, Slimène alles beizubringen, was er nicht weiss – und das ist ein gutes Stück Arbeit –, und mir dadurch etwas von den Sorgen abnähme, die auf mir lasten und mich an der Arbeit hindern. (a) Die Vorsehung Gottes wird helfen! (a)

Der Ärger und die Plackerei des Alltags perlen je länger je

mehr an mir ab. Im Grunde bin ich gegenüber allem und allen viel gleichgültiger geworden. Das einzige, dem ich um jeden Preis aus dem Weg gehen will, ist das ständige Gekeife, die endlosen Zänkereien, denn das sind *wesensgemäss* unerträgliche Dinge.

Wenn es uns heute oder morgen gelänge, allem zu entfliehen, könnten wir die paar Tage, die wir noch hier bleiben müssen, nicht nur ruhig, sondern sogar auf angenehme Weise hinter uns bringen.

Ich werde mich ein letztes Mal vom weissen Grab auf dem vom berauschenden Frühling verzauberten grünen Hügel verabschieden, dann werden wir weiterziehen und unserem wechselhaften und stürmischen Schicksal folgen.

In Algier erwarten mich noch ein paar Reminiszenzen aus der Vergangenheit – zwei lange Jahre sind es bereits her –, Vorspiel zu jener abenteuerlichen Reise in den Souf. (a) Nur Allah weiss (a), was nachher kommt.

*Wie zuvor in Marseille wendet Isabelle in Algier ihre ganze Kraft auf, um Slimène bei der Vorbereitung seiner Prüfung zu helfen. Nach den jahrelangen Entbehrungen bedeutet dieses Amt für sie den ersten Hoffnungsschimmer im Hinblick auf eine einigermassen gesicherte Zukunft. Doch die Aufgabe scheint nicht einfach zu sein. Slimène ist träge, nicht sehr ehrgeizig. Entmutigt erinnert sich Isabelle oft an die Stunden intellektueller Affinität mit Vera und Archavir in Genf.*

*Unter den Trümmern von Aïn Sefra hat man neben Isabelles Manuskripten auch Slimènes Hefte gefunden, vollbeschrieben mit Diktaten aus* Tausendundeinernacht, *mit Auf-*

*gaben zur Geschichte, zur Geographie, zum Verwaltungsrecht, die Isabelle für die Vorbereitung auf die Prüfung für ihn zusammengetragen und mit Anmerkungen versehen hat. Am Rand hat sie etwas kindlich und rührend zärtlich aufmunternde Bemerkungen für ihren „Ouiha" hinzugefügt ... für ihren „Ruh". Dank der unermüdlichen Ausdauer seiner Gefährtin besteht Slimène schliesslich die Prüfung. Er ist nun ein Hodscha. Bleibt nur noch, einen Posten zu finden, der dem jungen Paar erlaubt, in aller Form ein neues Leben zu beginnen.*

*Isabelle begegnet in Algier Victor Barrucand. Sie kennen sich nur vom Hörensagen. Barrucand ist an jenem schicksalhaften 27. Juni 1901 der einzige gewesen, der gegen die Ausweisung Isabelles protestiert hat. In der Zeitung* Nouvelles *schrieb er damals unter der Überschrift* Ein Drama im Süden:

*„Es fällt schwer zu verstehen, warum ein Ausweisungsbefehl gegen die Ärmste erlassen worden ist. Die Ansichten von Frau Ehnni mögen unsere diskreten und wohlerzogenen Gefühle vielleicht schockieren, doch ihre Haltung rechtfertigt keineswegs eine Bestrafung. Durch ihr Missgeschick hat sie teuer genug dafür bezahlt, ohne dass eine zugeknöpfte Verwaltung ihr auch noch eine seelische Tortur aufzwingen müsste, die für sie noch härter zu ertragen ist."*

*Er hatte Isabelles Wesen bereits erkannt. Sie hat die erste Begegnung mit diesem Mann, ihrem künftigen Mitarbeiter und Freund, in ihren Tagebüchern festgehalten:*

30. März 1902

Vergangenen Donnerstag bei Barrucand in der „Villa Bellevue" in Mustapha gewesen. Angenehmer Eindruck. Aufgeschlossener Geist, zartfühlig und scharfsinnig, doch vom Gedankengut des Jahrhunderts beeinflusst.

*Barrucand, ein warmherziger und utopisch denkender Mann, hält sich seit 1900 im Auftrag der Liga für die Menschenrechte in Algerien auf. Er leitet dort zuerst die Zeitung* Les Nouvelles, *beschliesst dann,* L'Akhbar *zu übernehmen, die älteste private arabische Zeitung Algeriens, ohne jedoch seine journalistische Mitarbeit bei der* Dépêche algérienne *aufzugeben.*

*Barrucands* Akhbar, *zweisprachig, araberfreundlich und der unantastbaren Kolonialverwaltung gegenüber kritisch eingestellt, hat viele Feinde. Verleumdungskampagnen, heftige Angriffe sowohl seitens der lokalen als auch der Pariser Presse werden der Zeitung, ihrem Redakteur und Isabelle Eberhardt, seiner treusten Mitarbeiterin, nicht erspart bleiben.*

*Anlässlich ihrer ersten Begegnung in Algier im Frühling 1902 fühlt sich Barrucand sofort angezogen von der „jungen Russin in der braven Schüleruniform aus blauem Tuch" – das einzige Zugeständnis Isabelles an Slimènes Bitte, der sie drängt, ihre Wüstenaraberkleidung abzulegen. „Sie trat sehr sicher auf", schreibt Barrucand, „sie war grossgewachsen, kein bisschen schwerfällig, flachbrüstiger als eine Amazone, wirkte noch sehr jung, eine gewölbte eigensinnige Stirn, die vom Glanz ihrer Augen überstrahlt wurde, der im Widerspruch zu ihrem ruhigen, gemessenen Auftreten und den nachlässigen Gebärden ihrer wohlgeformten aristokratischen Hände stand."*

Algier, 4. Mai 1902, gegen 10 Uhr abends

Heute einen Magier besucht, der in einer winzigen Trödlerwerkstatt haust, zuhinterst in einem steilen Gässchen der Rue du Diable, zu dem man über düstere Treppen gelangt. Untrüglicher Beweis der *Realität* der Magie, dieser unerklärlichen und geheimnisvollen Wissenschaft ... Und was für weite und gleichzeitig abgründige Horizonte öffnet diese Realität meinem Geist, und auch was für eine Beschwichtigung, die alle Zweifel von Grund auf mächtig widerlegt!

In diesen Tagen die ruhige und melancholische Gemütsverfassung von früher wiedergefunden. Algier ist entschieden eine der Städte, die mich inspirieren, bestimmte Stadtteile vor allem. Das Quartier, in dem wir wohnen, gefällt mir, unsere Wohnung ebenfalls, kein Vergleich mit dem schrecklichen Loch an der Rue de la Marine. Bestimmt werde ich hier – abgesehen vom Ärger und den Sorgen unserer gegenwärtigen Lage – ein paar friedliche, mit Besinnung und fruchtbarer Arbeit ausgefüllte Tage verbringen.

Wie können die Dummköpfe, von denen es in den „besseren Kreisen" und in der Literatur nur so wimmelt, behaupten, in Algier gebe es nichts Arabisches mehr? Ich habe recht viele andere Städte gesehen und muss doch sagen, dass ich hier gewisse Szenen reinsten Orients entdeckt habe!

Der Maghreb über dem Hafen und den Zinnen der Altstadt ist ein hinreissendes Bild, und dann die fröhlichen arabischen Frauen, eine ausgelassene, rosa oder grün wogende Menge, die sich gegen das fast bläuliche Weiss der zufällig und chaotisch angelegten Terrassen abhebt; durch die Muschrabijen des kleinen Fensters von Sayyida Ben Aben hat man einen wundervollen Ausblick ...

Die Bucht von Algier ist nebst der von Bône der schönste, der entzückendste und berauschendste Meereszipfel, den ich je gesehen habe.

Wie weit ist doch das ordinäre Marseille mit all seiner Hässlichkeit, seiner Dummheit, seiner Unhöflichkeit, seiner Geldgier und seinem moralischen Schmutz!

Und dennoch, die Erinnerung an die tote Kabylin Zeheyra, die sich unlängst in einem Hinterhof in einen Brunnen stürzte, um einer erniedrigenden Heirat zu entgehen, und deren Leichnam unter einem grossen, grauen Tuch auf einer Bahre lag, dieser Anblick hat mich tagelang bedrückt, es war, als laste ein schwerer, dunkler, undurchdringlicher Trauerflor über dem strahlenden Algier ... Jetzt ist es vorbei ... Nur die finsteren Torbogen haben etwas von diesem Schatten beibehalten, und ich mag nicht mehr daran vorbeigehen ...

... Je länger – sehr oberflächlich und zu flüchtig – ich mich mit der Geschichte Nordafrikas befasse, desto mehr stelle ich fest, dass mein Eindruck richtig gewesen ist: Afrikas Erde verschlingt und saugt alles in sich auf, was ihr feindlich gesinnt ist. Vielleicht ist dies das *Gelobte Land*, aus dem eines Tages das Licht emporflammt, das die Welt erneuert!

Ein friedlich aussehender alter Mann kam 1830 nach der Eroberung von Sidi Ferruch eines Tages in das Lager der Franzosen. Er sprach nur einen einzigen Satz: *(a) Gott ist Gott, und Mohammed ist sein Prophet! (a)*, dann verschwand er und ward nie wiedergesehen.

Der alte Mann war gekommen, um eine Wahrheit zu verkünden, die niemand verstand ... und er meinte den Fortbestand des Islam, hier, auf der Erde Afrikas, die einen nie mehr loslässt!

Den 8. Juni 1902, 11 Uhr 30 abends

Das Leben geht weiter, eintönig, doch immerhin zeichnet sich *undeutlich* so etwas wie ein Hoffnungsstrahl in meiner grossen inneren Ratlosigkeit ab.

Ich mache wieder einmal eine sehr langsame und manchmal schmerzhafte geistige Inkubation durch. Dieses monotone und gleichzeitig ungewisse Leben mag der Grund dafür sein, dass meine Seele Dingen nachforscht, die oft schmerzlich sind.

Langsam beginne ich den Charakter der zwei Menschen zu erfassen, die mir hier geholfen haben: Barrucand und Sayyida Ben Aben, beide gütig und sehr zartfühlig:

Barrucand, in seinem Innersten ein Nihilist, ein Philosoph und vor allem der Welt der Sinne zugewandt, ist im täglichen Leben ein sehr positiver Mensch, der *zu leben versteht.*

Sayyida Ben Aben ist nach meiner Mutter die zweite tugendhafte und aus Veranlagung herzensgute Frau, der ich je begegnet bin. Und wie wenig beide vom wirklichen Leben verstehen! *Sogar ich,* obwohl ich zutiefst davon überzeugt bin, *ich verstehe nicht zu leben,* weiss mehr darüber als sie.

Augustin ist aus meinem Leben verschwunden. Für mich ist er tot, der einst so geliebte Bruder. Was jenen Menschen in Marseille oder wo auch immer angeht, den Gatten der *Arbeiterin Jenny,* er existiert für mich nicht länger, und ich denke nur noch sehr selten an ihn. Die Schuld liegt einzig und allein bei ihm, und der unvergessliche Alte hat einmal mehr einen unerhörten Scharfblick bewiesen.

Seit ganz plötzlich die angenehme Sommerwärme zurückgekehrt ist, seit das blendendstrahlende Licht Algier Tag um Tag in seine Glut taucht, erwachen nach und nach meine afrikanischen Empfindungen. Ich werde schon bald wieder ganz davon erfüllt sein, vor allem, wenn die geplante Reise nach Bou Saada zustandekommt ... Diese Reise! Ein kurzes Wiedersehen, wenn auch nicht mit der geliebten Sahara, so doch mit einer sonnigen Gegend nicht weit davon entfernt, wo Palmen wachsen.

## ALGIER

Solange es noch kalt war, wirkte der bleierne Schatten in den engen Gassen der Altstadt düster, geradezu unheimlich. Durch den heftigen, fast schmerzhaften Gegensatz von Licht und Schatten wirkt jetzt alles wieder afrikanisch ... oder zumindest *arabisch*.

Nein, das wirkliche Afrika findet man in keiner der grossen Städte, vor allem nicht im Tell. Die afrikanischen Horizonte sind verschwommen, fern ... grenzenlose Einöden und Einsamkeit und darüber das majestätische Licht: das ist die typische afrikanische Landschaft! Die Architektur von Algier entspricht überhaupt nicht diesen Regeln: ein Dikkicht von ängstlich aneinander gedrängten Häusern und Sackgassen, die nirgends hinführen, eine an Belagerungen und Handstreiche gewöhnte Stadt. Die einzelnen Stockwerke ragen aus Platznot in die Strassen hinaus, überwuchern sie an allen Ecken und Enden.

Und dann, die Strassen von Algier sind von der Masse *ent-*

*weiht,* obwohl die Gassen in der Stille und im Halbschatten einen gewissen Liebreiz hätten.

Die buntgemischte Menge, die primitiv laute Menschenmenge, in der das typisch Arabische fast ausschliesslich durch die widerlichen Kabylen vertreten ist, die glauben, sich wie Rumi kleiden zu müssen, macht, dass die Altstadt nach verrufenen Vierteln aussieht, wo man seines Lebens nicht sicher ist.

In den Augen des unerfahrenen Fremden verkörpern die schmutzigen Burnusse über der zerlumpten europäischen Kleidung, die schmucklosen und verblichenen Schaschiyyas und die zahlreichen dunkeln Frauen das *Lokalkolorit.* Doch für den Eingeweihten ist es genau das, was Algier den arabischen Charakter nimmt, weil dies alles nicht den arabischen Sitten entspricht. Auch das Gewirr der alten Gassen ist für den Neuling *afrikanisch.* Mittelalterlich, türkisch, maurisch, alles, was man will, aber weder arabisch und vor allem nicht afrikanisch!

In den echten arabischen Städten, in den Ksur im Süden zum Beispiel, ist das fast schmerzende und überwältigende Geheimnis der afrikanischen Erde geradezu greifbar. Es beruht auf der Grenzenlosigkeit der Ebenen, auf den niedrigen, halbzerfallenen weissen Häusern, die oft die Farbe der Einöde ringsum annehmen, die Farbe des strahlenden Lichtes und der düsteren Wehmut der Landschaft.

Algier ist von seiner verrohten Bevölkerung verdorben. Das besinnliche Leben in den Strassen, dieses ruhige, heitere und fruchtbare Leben, nach dem ich mich so sehne, ist hier nicht denkbar ...

Je länger je mehr hasse ich, blind, wütend, die Masse, von

Natur aus die erbitterte Feindin des Traumes und der Besinnlichkeit. Sie ist es, die mich daran hindert, in Algier so zu *leben*, wie ich anderswo gelebt habe. Oh niederträchtige, unheilvolle und stumpfsinnige *Zivilisation!* Warum hat man sie hierher gebracht, hier eingepflanzt? Nein, ich meine nicht die Zivilisation der europäischen Elite, die Zivilisation der Bildung, der Kunst, der Philosophie ... sondern jene dort drüben verhasste, erschreckende, ekelerregende, die sich in der Gosse suhlt ...!

*Das Unbehagen, das Isabelle in Algier verspürt, ist nicht erstaunlich. Sie vermisst den Süden.*

*Am 29. Juni unternimmt sie eine kurze Reise, allein. Sie nimmt den Zug, die Postkutsche, sie reitet und legt lange Strecken zu Fuss zurück.*

*M'Sila. Bou Saada. El Hamel.*

*In der Zawiya von El Hamel hat Isabelle eine eindrückliche Begegnung. Lella Zaynab, die Vorsteherin der Zawiya, ist fünfzig. Sie ist – wie vor ihr Scheich Sidi Mohammed Belkassem, ihr Vater – Marabut der besonders strengen Bruderschaft der Rahmaniyya.*

*Die Askese von Lella Zaynab und die starke Persönlichkeit dieser Frau beeindrucken Isabelle. Die Identifikation ist naheliegend. Nach der sanften Nathalie hat bis jetzt nur Vera Popowa Isabelle den Reichtum einer weiblichen Freundschaft zu vermitteln vermocht.*

*Diese eindrückliche Begegnung bedeutet für die junge Frau eine ganz neue Erfahrung; sie spricht selten darüber und mit einer gewissen Zurückhaltung. Schweigen ist bei Isabelle immer ein Zeichen von feierlichem Ernst.*

In einer Ecke, neben der Tür, die zu den inneren Gemächern führt, sitzt eine Frau auf einer Art Steinstufe; sie trägt die schmucklose weisse Kleidung der Leute von Bou Saada.

Ihr von der Sonne gegerbtes Gesicht – denn sie reist viel in der Gegend herum – ist von unzähligen Falten durchzogen. Sie geht auf die Fünfzig zu. In den dunkeln Pupillen ihrer sanften, wie von einem Schleier tiefer Trauer umflorten Augen flackert die Flamme der Intelligenz. Alles an ihr, ihre Stimme, ihre Gebärden und die Art, wie sie die Pilger willkommen heisst, zeugt von grösster Bescheidenheit. Es ist Lella Zaynab, die Tochter und Erbin von Sidi Mohammed Belkassem.

Der Marabut, der keinen männlichen Nachkommen hatte, setzte seine einzige Tochter als Nachfolgerin ein, der er wie dem besten Taleb eine arabische Erziehung angedeihen liess. Er bereitete seine Tochter auf eine ganz andere Rolle vor als jene, welche üblicherweise den arabischen Frauen zusteht, und heute ist sie es, die der Zawiya und den Ikhwans der Bruderschaft vorsteht.

Die Zawaya sind nicht, wie verschiedene Leute behaupten, die sie nur dem Namen nach kennen, „Schulen des Fanatismus". Nebst der muslimischen Unterweisung kümmern sich die Marabuts barmherzig um Tausende von Mittellosen, Waisen, Witwen und Kranken, die ohne sie kein Heim und keinen Beistand hätten.

Die Zawiya von Lella Zaynab ist in weit stärkerem Masse als alle anderen eine Zuflucht für die Ärmsten, die von überall herbeiströmen.

Lella Zaynab, die unter einer schmerzhaften Halskrankheit leidet, kämpft mutig gegen alle Schwierigkeiten und Intrigen, die ihr gewisse Leute aus purem Neid in den Weg legen, und setzt ihre aufopfernde und entsagungsreiche Tätigkeit unbeirrt fort.

... Mein Fall, meine Lebensweise und meine Geschichte wecken das lebhafte Interesse der alten Frau. Als sie alles erfahren hat, verspricht und bezeugt sie mir ihre lebenslängliche Freundschaft. Doch plötzlich wird sie traurig, und ich sehe Tränen in ihren Augen.

– Meine Tochter ... ich habe mein ganzes Leben gegeben, um Gutes zu tun auf dem Pfade Gottes ... Und die Menschen erkennen das Gute nicht, das ich für sie tue. Viele hassen und beneiden mich. Und doch habe ich auf alles verzichtet: Ich habe nicht geheiratet, ich habe keine Familie, keine Freunde ...

Dieser ungerechte Schmerz, der wohl seit Jahren in mir schlummert und der vielleicht nur in Gegenwart einer anderen Frau hervorbricht, deren Schicksal ebenfalls sehr ungewöhnlich ist, quält mich zutiefst.

Von Zeit zu Zeit schüttelt ein heiserer Husten Lella Zaynab ... Ich sehe, dass sie sehr krank ist, ach ja, sie, deren Pflicht es ist, über die grosse, von Leid heimgesuchte Familie zu wachen, die sich um sie schart. Und was wird aus der wohltätigen Zawiya werden am zweifellos nahen Tag von Lella Zaynabs Tod?

Die Persönlichkeit dieser im Zölibat lebenden Frau, die einen bedeutenden religiösen Einfluss ausübt, ist wohl einzigartig im muslimischen Okzident und verdiente es ganz bestimmt, eingehender betrachtet zu werden, als ich es anlässlich eines zu kurzen Aufenthaltes in der Zawiya habe tun können ...

... Ich verbringe die Nacht allein in einem grossen, kuppelüberdachten Raum. Der Wind, der vom Berg herüberweht, schüttelt heftig an den Fensterläden. Er klagt und stöhnt in der Tiefe des Tales und zwischen den Gräbern des Friedhofes ganz in der Nähe.

... Eine unwirkliche, wehmütige und unendlich sanfte Stimme weckt mich in der Frühe.

... Gott ist der Einzige und Barmherzige ... Er ist nicht gezeugt worden und hat nicht gezeugt ... Gott ist unvergleichlich! singt die Stimme, langsam, schleppend ...

Ich stehe auf, denke traurig, dass dies der letzte Tag ist, und trete zum Fenster: Im Hof schreitet ein Greis und rezitiert nach einer alten Melodie die Verse des Heiligen Buches.

Ich habe mich von Lella Zaynab verabschiedet und die Zawiya von El Hamel verlassen ...

In Bou Saada besteige ich ein unförmiges, mit Juden überfülltes Vehikel, das nach Aumale fährt, hundertdreissig holprige Kilometer über Stock und Stein.

Zuerst rötlicher Sand, einzelne Tamarisken, ein leerer, unendlicher Horizont, der an die Sahara erinnert, von der ich mich einmal mehr entferne.

Die ersten Halte haben noch das vertraute und geliebte Aussehen: halbzerfallene Burdsch, Palmen zwischen den Dünen. Dann ändert sich das Bild. Die Strasse führt steil zur Hochebene hinauf, die Landschaft wird kahl und trostlos, von einer Trostlosigkeit, die mich bedrückt. Es ist vorbei ...

Dieser sieben Tage dauernde Traum ist verflogen, einmal mehr, und ich frage mich beinahe, ob dieses kurze Märchen nicht ein Traum gewesen sei, ob Bou Saada und jene Zawiya und die in weisse Schleier gehüllte heilige Frau nicht Trugbilder gewesen sind, ob nicht alles aus meiner von Sehnsucht erfüllten Fantasie entstanden ist.

Wie sehr ich mich später nach Bou Saada sehnen würde, nach seinem unvergleichlichen Licht, nach dem heiteren und malerischen Gewimmel!

Kurze Zeit später zog ich ins langweilige Ténès, wo ich lange Monate unter den Fellachen des Tell lebte. Dort konnte ich mich eingehend mit den Berichten der Eingeborenen und der Siedler befassen ... Der arabische Bauer hat die Ausdauer des Muschiks. Der Siedler ist in den meisten Fällen ein braver Mann, der mit seinem Nachbarn nichts anzufangen weiss.

Ich ging oft nach Algier, um zu schreiben. An einem Regentag bin ich unter den Arkaden Abu Bakr begegnet.

– Besuchen Sie uns nicht mehr? ... Die Bäume beginnen zu blühen ... Lella Zaynab spricht oft von Ihnen ...

Und zwei Tage später war ich wieder nach Bou Saada unterwegs, leichten Herzens und frohen Mutes trotz der Kälte der Jahreszeit, als ob ich im Garten Blumen pflücken ginge.

*Dank Barrucands Vermittlung bekommt Slimène den Posten eines Hodscha in Ténès, an der Mittelmeerküste, ungefähr zweihundert Kilometer von Algier entfernt. Ténès ist eine typische Kolonialstadt mit einem nach französischem Muster in rein französischem Stil gebauten Europäerviertel und einem Araberviertel in ziemlicher Entfernung davon.*

*Isabelle verabscheut Ténès vom ersten Tag an; wie bereits in Bône, in El Oued oder in Batna erregt sie auch hier durch ihr Aussenseitertum und ihr provozierendes Auftreten Anstoss. Sie ist wieder Si Mahmud und trägt arabische Männerkleidung. Sie kann offensichtlich nicht anders und denkt keinen Augenblick daran, auf ihre Ausritte in die Wüste zu verzichten, auf das Kifrauchen in den maurischen Kaffeehäusern, auf das Trinken, auf ihre Freiheit, auf die Liebe, wenn sie Lust dazu hat.*

*Sie sei launisch, wird behauptet, und lasse sich manchmal von spektakulären Verzweiflungsanfällen hinreissen. Tatsächlich ist Isabelle sehr oft erschöpft und grenzenlos müde. Sie leidet an Malaria, an Paludismus, an Syphilis und Tuberkulose, die sie sich wohl in der Wüste geholt hat.*

*Ihre Biographen haben die Schilderung einer Frau zitiert, die Isabelle während ihres Aufenthaltes in Ténès gekannt haben soll.*

*„Sie trank zuviel, das war das einzige, was nicht mit ihrem aufrichtigen muslimischen Glauben in Einklang stand. O ja, sie war zutiefst religiös. Aus dem Stoff, aus dem Märtyrer und Mystiker gemacht sind ... Sie benahm sich wie ein Mann, oder vielmehr wie ein Junge, denn physisch war sie eher ein Junge als ein Mädchen. Sie bewegte sich wie ein Hermaphrodit, sie war leidenschaftlich, sinnlich, aber nicht wie eine Frau es ist. Sie hatte keinen Busen, sie war flach wie ein Brett ... Sie war auch ein wenig eitel, doch eher in der Art eines eleganten Arabers. Ihre wohlgeformten Hände waren immer mit Henna gepflegt, sie trug stets einen makellos weissen Burnus, und wenn sie die Mittel hatte, übergoss sie sich mit diesen starken Parfüms, auf die alle Araber so wild sind ...*

*Zu gewissen Zeiten hielt sie sich tagelang in den Suks auf; wenn sie einen Mann sah, der ihr gefiel, nahm sie ihn. Sie gab* ihm ein Zeichen, und sie gingen zusammen weg. Sie war nie verlogen. Sie verheimlichte ihre Abenteuer nie. Warum hätte sie es tun sollen? Das war nur die eine Seite ihrer Persönlichkeit. Ich glaube, sie gab sich tiefen religiösen Ekstasen hin, doch darüber sprach sie nie.

Sie war sehr strikte in der Einhaltung der islamischen Rituale. Fünf Gebete am Tag, in der Moschee, auf der Strasse oder in der Wüste. Sie betete, wo immer sie sich aufhielt. Und was auch immer sie unternahm, sie bewahrte Haltung. Das mag absurd klingen, aber es stimmt ..."

Eine nachsichtige und zum Teil sicher auch zutreffende Beschreibung. Was jedoch die Erfüllung religiöser Pflichten angeht, so scheint Isabelle diese nicht immer ganz so ernst genommen zu haben, wie behauptet wird. Isabelle kannte die sozialen Gegebenheiten ihrer Wahlheimat sehr genau, und durch die Befolgung der religiösen Bräuche wollte sie zweifellos ihre Achtung gegenüber dem Islam bekunden.

Was die religiöse Ekstase angeht, so entspricht diese ihrem Wesen; in ihren Tagebüchern erwähnt Isabelle immer wieder ihre mystischen Höhenflüge und dieses seltsame Bedürfnis zu leiden, meinen Körper in Schlamm und in der Entsagung zu wälzen.

Die Männergeschichten Isabelles hingegen sind eine Tatsache, die in Ténès Empörung hervorruft und die heftige Eifersucht Slimènes weckt. Doch ungeachtet dessen ist das Paar nach wie vor verliebt, innig und leidenschaftlich verbunden, wie aus Isabelles Tagebüchern von 1902 hervorgeht.

In Ténès lernt die junge Frau den Schriftsteller Robert Randau (Pseudonym für Robert Arnaud) kennen – damals stellvertretender Präfekt –, dessen Freundschaft ihr über die

*Schwierigkeiten dieses alles andere als erträglichen Aufenthaltes hinweghilft. 1945 widmet Randau ihr ein Buch:* Isabelle Eberhardt, Aufzeichnungen und Erinnerungen.

*Er zeichnet darin ein lebensnahes Porträt von Isabelle, Beweis für die Achtung und Freundschaft, die er ihr gegenüber empfunden hat, doch es enthüllt nichts Wesentliches über ihren Charakter oder ihre Persönlichkeit. Er schildert uns eine schweigsame, eher mürrische Isabelle, die dazu neigt, ihre ungewöhnliche Lebensgeschichte je nach den Umständen leicht zu modifizieren.*

*Es ist eine von der Krankheit gezeichnete junge Frau, die Robert Randau in Ténès kennenlernt, masslos sowohl in ihrer Begeisterung als auch in ihrer Verzweiflung.*

*„Ich habe heute zu viel geraucht, sagte sie zu mir, meine Lippen sind ganz spröd; meine Zunge ist pelzig; mein Hals ist verschleimt; ein chronischer Katarrh ist im Anzug. Ich habe mir die widerliche Angewohnheit zugezogen, Kif zu rauchen. Ach, mein lieber Arnaud, ich verabscheue dieses Land; es verpestet alles; ich hasse die bepflanzten Äcker, die Getreidefelder und das Grün der Vegetation. Warum habe ich diesen morbiden Hang nach unfruchtbarer Erde und erstickendem Sand? Warum ziehe ich dem Haratin den Nomaden vor, dem Reichen den Bettler? Aiaiai! Die Trostlosigkeit ist für mich das Salz des Lebens, ein Moxa sogar, der die Lebenslust steigert. Ach ja, ich bin im Grunde meiner Seele wohl sehr russisch! Ich liebe die Peitsche! Und ich sehne mich danach, das vor allem, dass man mich der Peitschenhiebe wegen bedauert, und wenn man mit mir Mitleid hat, bin ich glücklich. Ich hasse diesen Dreckskerl überhaupt nicht, der mich aus Ténès fortjagen will ... wie ich auch den Wahnsinni-*

*gen aus dem Süden nicht hasse, der mit dem Schwert auf mich losgegangen ist, und ich werde dereinst auch den Henker nicht hassen, der vor meinen Augen den Strick schmiert, mit dem man mich hängen wird. Ich bin nicht zornig auf sie, denn wenn ich in einem menschlichen Herzen vielleicht etwas Erbarmen wecke, so verdanke ich das ihnen. Und dennoch, meine Freunde in Algier, und Marival und Sie und alle hier, ihr seid allesamt hartherzige Wesen, ihr versteht mich nicht und werdet mich nie verstehen, denn ich bin nicht vom gleichen Blut. Wie viele Getreidefelder, wie viele Weinberge liegen doch zwischen uns! Ich hasse das Gesetz, vor allem, weil es die Gleichgültigkeit verkörpert. Das einzige, was ich liebe, ist die Betroffenheit und die Betroffenheit und die Betroffenheit ... Und dann habe ich zu viel Wein und Absinth getrunken; das macht jeweils, dass ich das Herz auf der Zunge habe. Dieses Mondlicht verwirrt mich; machen Sie sich ruhig über mich lustig, Arnaud; ich bin von meiner eigenen Seele betrunken! Klappen Sie Ihre Tasche mit den klugen Ratschlägen zu, zu dieser Tageszeit wären sie doch nur sinnloses Zeug! Mein armer Freund, ich bin allein; ich werde immer allein sein; ich muss allein bleiben. Ich hätte es anders gewollt. Trinken wir bei mir zu Hause eine Tasse Tee. Mein Mann hat den Präfekten nach Taougine begleitet, wo Typhusfälle aufgetreten sind, er kommt erst morgen im Laufe des Vormittags zurück. Wir werden aufbleiben, bis es tagt, und grünen Tee mit frischer Minze trinken."*

*Die Ablehnung und die üblen Nachreden, denen sie in der kleinen Kolonialstadt ausgesetzt ist, verletzen die empfindliche Isabelle, doch gleichzeitig schärft sich ihr Blick. Durch die*

*Beziehung zu Barrucand verwandeln sich ihre etwas sentimentale Empfindsamkeit, ihre spontane Reaktion auf Ungerechtigkeit und Leiden in politische Analyse und in eine profunde Kenntnis der algerischen Gesellschaft.*

*Doch das feindliche Klima um sie herum raubt ihr die schöpferische Kraft. Isabelle schreibt wenig: „Ich habe Sorgen", sagt sie zu Robert Randau, „und wenn ich Sorgen habe, habe ich keine Lust zu arbeiten." Trotzdem zeichnen sich erste Erfolge ab: Am 4. Februar erscheint* Yasmina *in* Le Progrès de l'Est; *im Juli* Heure de Tunis *in* La Revue blanche *und* Le Magicien *in* Le Journal illustré *vom 2. November.*

*Bei diesem* Magicien *handelt es sich offensichtlich um den Zauberer, dem sie ein paar Monate vorher in Algier begegnet ist und der sie zu weiteren Novellen anregt, darunter* Le Moghrébin *und* La Main.

*Im Sommer und Herbst 1902 hält sich Isabelle zeitweise in Mustapha in der „Villa Bellevue" von Barrucand auf. Sie nimmt ihre Mitarbeit bei* Akhbar *auf und schreibt erste kurze Reportagen über die Dörfer im algerischen Tell. Sie schickt Barrucand auch ein paar Texte über das Leben in Ténès, Skizzen über die Sitten der Siedler, kurze Novellen über den Alltag der Landbevölkerung, die sie unermüdlich beobachtet und zu der sie sich hingezogen fühlt.*

*In* Fellah, *der gekonntesten ihrer Novellen, zeichnet sich Isabelles ganz persönlicher literarischer Stil ab: Ihre Erzählungen sind weder Folklore noch romantisch, sondern Zeugnis einer Realität, die zu schildern ihr ein Bedürfnis ist und wozu sie durch ihre profunden Kenntnisse von Land und Leuten berufen ist.*

Das Leben des Fellachen ist eintönig und trostlos wie die staubigen Strassen seiner Heimat; sie ziehen sich unter der sengenden Sonne in endlosen Windungen zwischen den kahlen rötlichen Hügeln dahin. Sein Leben besteht aus einer ununterbrochenen Folge von täglichen Sorgen, von kleinen Leiden, von kleinen Ungerechtigkeiten. Dramatische Ereignisse sind selten, und wenn zufällig eines die Eintönigkeit der Tage unterbricht, ist auch dieses auf einen klar umrissenen und bescheidenen Umfang reduziert, welcher der täglichen Ergebenheit und Demut des Fellachen entspricht.

In meiner wahren Geschichte wird also nichts von alledem vorkommen, was man üblicherweise in den arabischen Geschichten findet, weder Reiterspiele noch Intrigen noch Abenteuer. Nichts als Elend, das Tropfen um Tropfen fällt.

*Isabelle Eberhardts kurze Erzählungen sind nicht eigentlich eine theoretische Analyse, sondern sie geben vielmehr der eingeborenen Bevölkerung Algeriens eine Identität zurück, welche die europäische Weltanschauung zu Beginn des 20. Jahrhunderts noch nicht erfassen kann.*

*Darin liegt Isabelles Begabung und ihre Anmut. Vielleicht erkennt sich die junge Frau selbst in dieser verachteten und verkannten afrikanischen Gesellschaft. Dank dem unüberwindlichen Abgrund, der sie von ihrer Umwelt trennt, weiss Isabelle, dass sich der Fellache unmöglich an eine ihm fremde Kultur anpassen kann; sie identifiziert sich mit der Verwirrung, welche die Kolonisation innerhalb der ansässigen Bevölkerung stiftet, stellt sie doch eine Bedrohung der traditionellen Werte dar. Isabelle fühlt einen tiefen Lebensverdruss, dessen Ursprung ihr nicht immer ganz klar ist.*

*Doch sie entdeckt hinter dieser kranken Gesellschaft auch Kraft und Widerstandsfähigkeit: die Lebenskraft – eine Gabe, die auch ihr eigen ist.*

## TAGEBUCHBLÄTTER

Ténès, Donnerstag, 18. September 1902,
9 Uhr morgens

Der Herbst kommt. Oft bläst ein starker Wind, und der Himmel bedeckt sich mit grauen Wolken. Hin und wieder regnet es. Der Wind jammert wie einst die Bise, dort unten, jenseits des Meeres. Unser Leben geht seinen eintönigen Lauf und wäre ohne die ewigen Geldsorgen erträglich. Immerhin, hier haben wir wenigstens die Gewissheit, über das strikt Notwendige zu verfügen.

Wenn nicht die Missgunst unserer Umgebung wäre, die wir nicht ignorieren können, und die kleinen und vulgären Intrigen, könnten wir im Vergleich zu den vergangenen zwei Jahren ziemlich glücklich sein. Was Ténès verpestet, ist die Herde neurotischer, orgiastischer, stupider und böser Weiber. Natürlich bin ich hier – wie übrigens überall – das Opfer meines Hasses auf alles Vulgäre. An sich ist mir dieser Schlamm gleichgültig, doch wenn er versucht, mich zu umzingeln, bis zu mir durchzudringen, wird er mir lästig. Aber man kann alledem entfliehen ... durch Reisen in die kostbare Einsamkeit der grossen Wüstenstrassen, in den tiefen Frieden der azurnen oder blassgoldenen Horizonte.

Ich habe von hier aus viele Reisen gemacht, nach Tarzout, nach Cap Caxine, nach Magroua ... Und dann gibt es den

Trost der Landschaft, die undurchdringliche Einsamkeit der Heimat der Beduinen, die noch sehr unverdorben ist.

Was meinen Gemütszustand angeht, die letzten Tage sind grau gewesen, und meistens – sonderbar – teilt Ouiha jetzt meine seelische Verfassung. Seine Gesundheit macht mir Sorge. Doch mit einer regelmässigen Behandlung könnte er vielleicht ganz gesund werden. Wenn er den Posten eines Qayid bekäme ... wenn wir in ein Duar ziehen würden, weit weg von diesem unmöglichen Ténès, ginge es ihm in der frischen, reinen Bergluft bestimmt viel besser, mit viel Ruhe und gesunder Nahrung. Was die literarische Arbeit angeht ... die letzten Tage sind verlorene Tage. Ich bin in eine Art Depression gefallen, die mir jegliche Anstrengung verunmöglicht. Heute geht es etwas besser, ich werde heute abend auf jeden Fall zum grossen jährlichen Harwan von Sidi Merwan gehen. Ich könnte die Schilderung des Festes zum Gegenstand meines nächsten Artikels für die lästigen *Nouvelles* machen. Gegend und Thema eignen sich bestens dafür. Wehmütige Herbststimmung. In den letzten Tagen hat sich mein Gesundheitszustand – ich fühlte mich eigentlich recht gut – wieder verschlechtert. Hat das Physische meine Moral beeinflusst oder *umgekehrt?*

Montag, den 22., um 2 Uhr abends

Ich bin allein, im kleinen Zimmer; wie immer ist der drükkende Kummer der letzten Tage *sofort* und ohne ersichtlichen Grund verflogen und hat fruchtbarer und wohltuender Schwermut Platz gemacht.

Ich habe die Tagebucheintragungen von früher gelesen. Gewiss, das gegenwärtige Leben ist das reinste Glück verglichen mit dem der vergangenen Jahre, sogar mit Genf. Diese Zeit der in Marseille verbrachten gegenüberstellen.

Es herrscht tiefe Stille, ewige Stille ... Ich möchte mich für Monate hier niederlassen (oder an einem ähnlichen Ort) und nie mehr etwas mit der widerlichen europäischen Menschheit zu tun haben, die ich hasse, je länger je mehr, die ich vor allem verachte.

In Ténès gibt es nur Arnaud, mit dem es mir Spass macht, freundschaftlich zu plaudern. Die Bande von hochmütigen Philistern begegnet ihm übrigens ebenfalls mit Verachtung, all diese Leute, die sich einbilden, jemand zu sein, nur weil sie eine zu enge Hose tragen, einen lächerlichen Hut oder gar eine betresste Offiziersmütze.

Trotz all ihrer Fehler und der ganzen Trübsal, in der sie leben, sind die niedrigsten Beduinen den stumpfsinnigen Europäern, die das Land durch ihre Gegenwart vergiften, weit überlegen, und vor allem sind sie weitaus erträglicher.

Wohin fliehen, wohin ... weit weg von diesen barbarischen, rücksichtslosen und arroganten Menschen, die glauben, das Recht zu haben, alles gleichzumachen, alles auf ihr hässliches Ebenbild herabzumindern ...

Ich werde an Schalit in Nablus schreiben und die Frage einer Übersiedlung nach Palästina prüfen für den – zweifellos nicht mehr fernen – Tag, an dem ich das Geld des *(r) Weissen Geistes (r)* ausgehändigt bekomme.

Europa fliehen und mich in einem arabischen Land niederlassen, das diesem bestimmt sehr ähnlich ist, in einem Land, wo ich mich zu Hause fühle ... auch wenn ich heimatlos bleibe ... und nochmals ein anderes Leben leben ... Vielleicht ist das noch möglich! *(a) Gott kennt die verborgenen Dinge und die Aufrichtigkeit der Zeugnisse. (a)*

Den 25. Dezember 1902

Meine Abneigung und meine Unzufriedenheit gegenüber Dingen und Menschen nimmt ständig zu ... auch die Unzufriedenheit mit mir selbst, denn ich habe keinen *Modus vivendi* finden können, und ich fürchte sehr, dass es bei meiner Veranlagung sehr schwierig sein dürfte, einen zu finden.

Es gibt nur etwas, was mir helfen könnte, diese paar Jahre irdischen Lebens, die mir noch beschieden sind, hinter mich zu bringen: die literarische Arbeit, diese verlockende Chimäre, die den riesigen Vorteil hat, unseren Willen fast nach Belieben walten zu lassen, die uns erlaubt, schmerzlos die schmerzhaften Kontakte von aussen nach aussen zu verlagern. Sie ist etwas Kostbares, wie und was auch immer das Resultat in bezug auf Verdienst oder Erfolg sein mag, und ich hoffe, dass ich mit der Zeit und mit der zunehmenden *unumstösslichen* Gewissheit, dass das wirkliche Leben feindlich und unergründlich ist, mich darein ergebe, diesen so unendlich beruhigenden und unendlich friedlichen Weg zu gehen. Gewiss, ich werde noch viele Abstecher in die düstere Domäne der Realität machen ... doch ich weiss jetzt schon, dass ich dort nie die gesuchte Befriedigung finden werde.

Mittlerweilen werde ich voraussichtlich – sobald die fünf Tage des Ramadan vorbei sind – nach Médéa und Bou Saada gehen. Eine Reise ... eine Ablenkung von der Eintönigkeit um mich herum. Dann gehe ich nach Biskra, von wo aus ich bis zum letzten Sabhka in der Oase zurückkehre, um einen wehmütigen Blick auf die Strasse in den Souf und auf den gleissenden Oued Rhir zu werfen, auf den Weg der Vergangenheit ... die vorbei und zu Ende ist, *hélas,* für immer endgültig zu Ende!

Meine Seele ist einmal mehr in einer Übergangsphase schlummernder Erwartung. Sie macht einmal mehr einen Wandlungsprozess durch, um wahrscheinlich noch bedrückter und niedergeschlagener daraus hervorzugehen ... Wenn dieses Vorrücken in das Dunkel so weitergeht, zu was für einem erschreckenden Ergebnis werde ich eines Tages noch gelangen?

Indes, ich glaube, es gibt ein Mittel dagegen, *(a) doch dieses verdanke ich* in aller Demut und in aller Aufrichtigkeit *einzig dem Glauben des Islam (a).*

Das wird mir helfen, den endgültigen Frieden und die Freude des Herzens zu finden. Die trübe und schwankende Stimmung, wenn man das so bezeichnen kann, in der ich lebe, bedeutet mir nichts. Meine Seele verkümmert und verkriecht sich in sich selbst, und was sie da vorfindet, ist eher kläglich.

... Donnerstagabend, 11. Dezember, bin ich wie geplant im Mondschein des Ramadan nach Dahra aufgebrochen.

Aus reinem Pflichtbewusstsein übrigens, mit der Überzeugung, dort ohnehin nichts zu erreichen, denn die Gabe der Prophezeiung bestätigt sich zusehends in mir ..., eine Gabe, die wertvoll sein könnte, wäre es uns gegeben, am unabänderlichen Lauf der Dinge etwas zu ändern ... doch leider ist diese Gabe nur lästig, weil unnütz, erlaubt sie einem doch nicht, auch nur das geringste an den Dingen zu ändern, und führt sie lediglich dazu, dass man im voraus die verzweifelnde Überflüssigkeit dieses oder jenes Unterfangens erkennt, das, dessen ungeachtet, meine Vernunft mich zu unternehmen zwingt.

... Die Nacht war kühl und klar. Eine grosse Stille herrschte in der ausgestorbenen Stadt, und wir glitten wie Schatten durch die Strassen, der Reiter Mohammed und ich. Dieser Mann, der so sehr Beduine ist und so unverdorben, ist mein bevorzugter Reisegefährte, denn er steht in tiefem Einklang mit der Landschaft, mit den Menschen dieses Landes ... Und dann beschäftigen auch ihn, unbewusst, die dunkeln und verwirrenden Dinge der Sinnlichkeit. Er will das gleiche wie ich, doch er fühlt es bestimmt intensiver als ich, eben weil er es nicht versteht, und er versucht auch nicht, es zu verstehen. In Montenotte und Cavaignac Rast im maurischen Kaffeehaus. Hinter Cavaignac verlassen wir die befahrbare Strasse und dringen in das verschlungene Gewirr dieser geheimnisvollen Gegend ein. Wir überqueren Oueds, wir klettern Hügelkämme hinauf, wir steigen in Schluchten hinab, wir reiten an Friedhöfen vorbei ...

Dann, in einer mit Alfagras und Zwergpalmen bewachsenen Wüste, am Rand einer düsteren Niederung, in der die Büsche sich auf Erdhügeln zusammendrängen, steigen wir vom Pferd, um zu essen und uns auszuruhen. Die Gegend erinnert mich an die Sahara. Das kleinste Geräusch schreckt uns auf. Dann bemerke ich eine undeutliche weisse Gestalt, die sich in der Talmulde unter uns vom Gebüsch abhebt. Die Pferde schlagen aus und schnauben ... was ist es? Der Schatten verschwindet, und als wir an der Stelle vorbeikommen, scheuen die Pferde.

Der Pfad folgt einem engen, von zahlreichen Oueds durchschnittenen Tal. Ganz in der Nähe heulen die Schakale. Dann geht es wieder aufwärts, wir folgen der Flanke des Hügelzuges, der diesen Landstrich vom Meer trennt, und wir kommen im Winterquartier von Qaddur bel-Korschi an, dem Qayid der Talassa.

Der Qayid ist nicht da, und so reiten wir weiter, gefährliche Pfade entlang. Wir treffen an der Grenze des Territoriums von Baah den Qayid im Winterquartier eines gewissen Abdalqadir ben Issa, eines liebenswürdigen und gastfreundlichen Mannes. Wir nehmen dort unsere zweite Mahlzeit ein, und als der Mond untergeht, brechen wir wieder auf in Richtung Baah; der Weg ist von Sümpfen, Schlammlöchern und Geröll gesäumt ... Im Morgengrauen taucht der Burdsch von Baah auf, der schönste weit und breit, hoch oben auf einem spitzen Hügel, er sieht fast aus wie ein Burdsch in der Sahara ...

*In seinem Buch über Isabelle Eberhardt erwähnt Robert Randau eine Episode aus Isabelles Zeit in Ténès, die sie damals in allen Einzelheiten festgehalten hat.*

## AUF DEM PFADE GOTTES

Die zerfurchten Felder zerfielen unter der Sonne zu Staub. Die nackten, kahlen, von steilen Schluchten durchschnittenen Hügel, die von Ocker und Rost blutüberströmt wirkten, versperrten den Horizont, an dem verschwommene Dunstwolken segelten.

Da und dort die unbewegliche Silhouette schwärzlicher Johannisbrotbäume oder das verkrüppelte, skurrile Skelett eines wildwachsenden Olivenbaumes.

Im Süden, hinter den niedrigen Hügelzügen und den ausgetrockneten Schluchten, erstreckte sich eine dunkelblaue, fast meeresblaue Linie: die grosse Ebene von Hodna, und weit, weit weg zeichnete sich die luftige, azurne Mauer des Dschebel Ouled Nail steilaufragend gegen den düsteren Himmel ab.

Die riesige Kalklandschaft schlief einen tiefen Schlaf. Ein paar Brustbeersträucher und niedrige Mastixbäume wuchsen im filigranen Schatten von ein paar einsamen, dicht zusammengedrängten Olivenbäumen. Die spärlichen, dürftigen Frühlingsgräser verdorrten zwischen den Dornen der wuchernden Disteln.

Ein in schmutzige Lumpen gehüllter Greis lag dort auf der nackten Erde, allein, nur von der Leere und von tiefem Schweigen umgeben. Ein ausgemergelter alter Mann mit einem knochigen, rötlichbraunen Gesicht, das die Farbe des Lehms hatte; er hielt die Augen geschlossen und schien tot zu sein, so steif und unbeweglich lag er da, er atmete kaum.

Neben ihm lag eine Scherbe aus gebranntem Ton, und die paar Reste ungesäuerten Brotes zeugten von der Barmherzigkeit der Gläubigen eines nahen, in den tiefen Schluchten versteckten Duars.

Ein Schwarm wild summender Mücken bedeckte das Gesicht und die schwieligen Hände des Alten, und die Sonne versengte seine nackten Füsse. Er schlief selig, ungerührt.

Auf dem Pfad, der sich am Fusse der Hügel dahinschlängelte, tauchten drei Reiter auf: ein Europäer mit dem bestickten Kepi des Verwaltungsbeamten und zwei Eingeborene im blauen Burnus der Mokhazni.

Sie kamen am Alten vorbei, der sich nicht rührte. Vielleicht glaubten sie, er sei tot. Der Rumi hielt sein Pferd an und liess den Alten aufwecken und befragen. Gleichgültig antwortete dieser mit dumpfer, fast erloschener Stimme:

„Ich bin Abdalqadir ben Mammar von den Uled Dardschi aus Barika. Ich tue nichts Böses, und da ich ausser der Gottesfurcht nichts besitze, sorgt Gott für das Leben, das er mir gegeben hat, bis die Stunde kommt."

Doch der Hakem rumi, gerührt ob dieser vollkommenen Armut, wollte den Lebensabend des alten Landstreichers mildern. Ein Mokhazni eilte zum Duar, um ein Maultier und zwei Männer zu holen.

Sie beruhigten den Greis, sagten ihm, sie würden ihn zum Burdsch bou Arreridy bringen, ins Krankenhaus, wo er reichlich zu essen bekäme und ein sauberes Bett.

Der Landstreicher schwieg.

Im schmalen, weissen Bett, sauber gewaschen und in makellose Wäsche gehüllt, kam der alte Landstreicher wieder zu Kräften.

Doch er blieb stumm, verbissen. Störrisch hielt er den versonnenen Blick seiner finsteren Augen auf die breite, offene Bucht des glühenden Himmels gerichtet. Er war traurig, der Nomade, Sohn von Nomaden, inmitten dieser ungewohnten Fürsorge, er trauerte dem Schmutz und dem Elend nach und den mühsamen Fussmärschen unter der sengenden Sonne, auf der Suche nach den mageren Spenden auf dem Pfade Gottes ...

Und bald wurden ihm der lange, weisse, kahle Saal, das allzu reinliche Bett, die Ruhe und der Überfluss unerträglich ...

Er beteuerte, er sei gesund, beschwor weinend die Ärzte, man möge ihn ziehen lassen. Man bezichtigte ihn der Undankbarkeit, man sagte ihm, er sei ein dummer Mensch, und um sich seiner zu entledigen, liess man ihn gehen.

An einem klaren Morgen nahm er im Jubel des anbrechenden Tages seine dürftigen Habseligkeiten und seinen langen, knotigen Stock. Ohne zurückzuschauen, fast fröhlich, eilte er auf das Stadttor zu und schritt in seine Lumpen gehüllt majestätisch der aufgehenden Sonne entgegen.

Auf der Kuppe eines kahlen Hügels, gegenüber dem riesigen bläulichen und wie das Meer eintönigen Hodna, erhob sich die von einer schmucklosen Mauer umgebene Kuppel einer schneeweissen Qubba.

Weit und breit kein Baum, kein Schatten über der dunkelrot glühenden Erde, die in der Sonne flimmerte.

Im Norden überlagerten sich die stufenförmigen Hügelketten wie erstarrte Wellen in einem stürmischen Ozean. Sie erstreckten sich in einer kaum wahrnehmbaren Steigung bis zum riesigen Bergmassiv der Kabylei.

Eine graue Ansammlung von kleinen, unbehauenen Grabsteinen drängte sich unter den Schutz von Sidi Abdalqadir Dschilani, dem Heiligen von Bagdad, dem Schutzpatron der Qubba und Herr der geweihten Stätte.

Neben der niedrigen Tür sass der alte Landstreicher zusammengekauert an die rissige Mauer gelehnt und träumte mit halbgeschlossenen Augen, den Stock zwischen den mageren Knien.

Seit er das verhasste Asyl verlassen hatte, wo er sich wie ein Gefangener fühlte, war der Alte von Duar zu Duar geirrt.

Nun war sein flackerndes Leben am Erlöschen. Eine grosse Mattigkeit überflutete seine Glieder, und Kälte schien aus der Erde heraufzusteigen, die ihn rief.

Hier war er gestrandet, neben der Heiligen Qubba. Eine alte, in eine fadenscheinige wollene Milhafa gehüllte Frau mit einem vergilbten Gesicht bewachte die heilige Stätte; sie wohnte allein in einer einfachen Hütte aus getrockneten Lehmziegeln. Auch sie war müde und geizte mit Worten, war sie doch dem ewigen Schweigen ganz nah.

Jeden Morgen und jeden Abend stellte die fromme Witwe dem Kostgänger Gottes einen Hirsefladen und einen Krug mit frischem Wasser hin. Dann trat sie in den Schatten der Qubba und murmelte im Duft der glimmenden Benzoe ihre Gebete.

Sie hatten sich beide wortlos in ihren Gebrechen gefunden und warteten ergeben und ohne Eile auf ihre Stunde. Wenn zufällig ein Beduine zum Gebet die geweihte Qubba betrat, erhob der Greis aus alter Gewohnheit seine meckernde Stimme zu einem monotonen Bittpsalm.

– Gebt auf dem Pfade Gottes ein Almosen, o ihr Gläubigen, für Sidi Abdalqadir Dschilani al-Bagdadi, den Fürst der Heiligen!

Und die Muslime zogen ernst und feierlich ein Stück dunkles Brot oder ein paar getrocknete Feigen aus ihrer wollenen Kapuze.

Die Tage flossen eintönig in der Schläfrigkeit des zur Neige gehenden Sommers dahin ...

Mit den ersten kühlen Herbsttagen kam der Nordwind und fegte die Dunstfetzen am Horizont hinweg, und das glanzlose Licht der drückenden Tage verwandelte sich auf der ermatteten Erde und am blassen Himmel in Gold.

Der Alte war noch schmächtiger geworden, er schien zusammenzuschrumpfen und sich in sich selbst zu verkriechen, seine hohlen Augen waren von den ersten Schatten der endgültigen Nacht verschleiert, und seine Stimme war erloschen in der eingefallenen Brust.

Es ging zu Ende ... langsam, ohne Auflehnung und ohne Angst, mit dem letzten Aufflackern des Sommers.

Der schmetternde Ruf des Hahns auf dem Dach der Hütte weckte die auf ihrer abgenutzten Matte schlafende Frau. Sie erhob sich mühsam, nahm einen kleinen, mit Wasser gefüllten Lehmkrug und vollzog die rituellen Waschungen. Dann betete sie stumm, wie es das Ritual der Frauen verlangt, warf sich vor Gottes Majestät, dem Herrn der Morgenröte, auf die Knie.

Sie betete lange, am Fussboden zusammengekauert, der Rosenkranz glitt durch ihre steifen, knochigen Finger. Ihr mumienhaftes Gesicht wirkte dunkel unter dem Turban aus rotem Wollstoff und den grauen Schleiern der Nomaden, es war ausdruckslos, wie das Gesicht einer Toten. Sie erhob sich stöhnend, nahm einen kleinen roten Beutel aus Ziegenhaut und einen erkalteten Brotfladen aus einer Schüssel, die mit einem Teller bedeckt war, und ging hinaus.

Der Tag erhob sich zartlila und rosaschimmernd über der endlosen Hügellandschaft, über der endlosen, wie ein Meer daliegenden Ebene.

Die Tiefe der Schluchten zwischen den im Morgenlicht strahlenden Hügelrücken lag noch im Dunkeln violetter Schatten, während die einsame Qubba bereits in der rotstrahlenden Sonne funkelte.

Die gebrechliche Wächterin ging langsam auf die Tür des Heiligtums zu, in der Hand trug sie die tägliche Gabe für den alten Kostgänger Gottes.

Der Alte sass zusammengekauert an seinem gewohnten Platz, den symbolischen Stock in der Hand, er hatte sich seit dem Abend nicht gerührt.

Seine Züge hatten sich geglättet, und es war, als ob ein ungewohntes Licht über sein lebloses Gesicht gleite. Ohne sich im Todeskampf aufzubäumen, ohne Klagen war der alte Landstreicher während der stillen Stunden der Nacht zur Erde zurückgekehrt. Die alte Frau legte ruhig den bereits erstarrten Körper hin, das Gesicht gegen die rote Sonne gewandt, die sich am Horizont erhob. Dann bedeckte sie ihn mit seinem Burnus und betete zu Gott.

Ohne Eile fegte sie den Lehmboden der Qubba, schüttelte den Staub aus den zerschlissenen roten und grünen seidenen Tüchern, die das Maqam verhüllen. Nachdem sie ihre fromme Pflicht erfüllt hatte, ging sie in ihre Hütte, hüllte sich in einen schwarzen wollenen Umhang und begab sich dann in das nächstgelegene Duar.

Männer in fahlen Burnussen mit schwarzen Kordeln um die Stirn wuschen den Leichnam des Landstreichers, sie hüllten ihn in ein weisses Tuch. Ein ergreifendes Bild, die betenden Männer in der Herrlichkeit der herbstlichen Sonne, während andere mit kleinen, primitiven Hacken das Grab aushoben. Sie legten den Alten in die gähnende Grube, sie bedeckten ihn mit duftenden Myrthezweigen, dann warfen sie rote Erde auf den Toten.

Die alte Frau brachte auf einem Fetzen Stoff Brotfladen und eine Handvoll getrocknete Feigen, die sie unter die paar Bettler verteilte, die bei keiner Bestattung fehlen.

Die Beduinen kehrten in ihr Duar zurück, ernst und gleichgültig angesichts des unausweichlichen Todes, der für sie nichts Hässliches und nichts Erschreckendes hat. Die alte Frau blieb allein neben dem frischen Grab zurück, um ergeben auf die nahe Stunde zu warten, in der auch sie in die ewige Finsternis eingehen würde.

Beni Ounif, November 1903

9. KAPITEL: 1903

## Bou Saada – Ténès – Algier
## Der Süden von Oran:
## Aïn Sefra – Figuig – Beni Ounif – Aïn Sefra

*Die letzten Seiten der*

## TAGEBUCHBLÄTTER

Bou Saada, den 31. Januar, Samstag, 1 Uhr abends

Gestern sind wir gegen 3 Uhr abends aus El Hamel zurückgekommen, Ben Ali und ich.

Immer, wenn ich Lella Zaynab sehe, fühle ich mich irgendwie jünger, ohne ersichtlichen Grund glücklich, versöhnt. Ich habe sie gestern im Laufe des Vormittags zweimal gesehen. Sie ist sehr gütig gewesen zu mir und sehr sanft und hat sich gefreut, mich wiederzusehen.

Besuch am Grab von Sidi Mohammed Belkassem, ein ganz kleines und ganz bescheidenes Grab in der Grossen Moschee, die, wenn sie erst einmal fertig ist, sehr schön sein wird. Dann auf der Anhöhe gegenüber dem Grab der Gründerpilger von El Hamel gebetet.

Unter dem väterlichen Blick von Si Ahmed Mokrani mit Si Bel-Abbas im Galopp über Land geritten. Unterwegs Frauen aus dem Bordell angetroffen, die aus El Hamel zurückkehrten. Schmuckbehangen und geschminkt, ziemlich hübsch, sie haben sich zu uns gesetzt und mit uns eine Zigarette geraucht. Zu ihren Ehren den ganzen Weg Fantasias geritten. Herzlich gelacht ...

El Hamel überragt und begrenzt im Südosten lange und

breite und sehr zerklüftete Schluchten, mittendrin erhebt sich ein hoher Kef, am Horizont wird das Tal von einem perfekt konischen Berg versperrt, der aussieht wie eine Gmira. Dahinter breitet sich geheimnisvoll und endlos die bläuliche Ebene aus ... Die Häuser der Schorfa rund um die Zawiya sind von hohen Mauern umgeben, die bis zur Hälfte aus glattem Lehm sind, darüber ist das rechteckige Muster der ungebrannten Ziegel sichtbar. Diese Häuser mit ihren geometrisch aneinandergereihten Stufen und den flachen Terrassen über den quadratischen Höfen erinnern an babylonische Festungen. Die in den Gärten vorherrschenden Mandelbäume blühen noch nicht.

... Die Legende der Pilger von El Hamel weckt Träume in mir. Es ist bestimmt eine der biblischsten Algeriens ...

Dieses im verhassten Exil jenseits des Meeres in einem der schwärzesten, schmerzlich ungewissesten und an Leiden fruchtbarsten Abschnitte meines Lebens begonnene Tagebuch geht heute zu Ende.

Alles – auch ich selbst – hat sich von Grund auf verändert ...

Seit einem Jahr bin ich wieder in Afrika, in der geliebten Wahlheimat, die ich nie mehr verlassen möchte. Trotz meiner Armut habe ich reisen können, unbekannte Gegenden dieses Landes kennengelernt ... Mein Ouiha lebt, und wir sind, materiell, einigermassen zufrieden ...

Diese Eintragungen, vor eineinhalb Jahren im verhassten Marseille begonnen, enden heute, an einem milden, durchsichtig grauen und irgendwie nachdenklichen Tag, in Bou Saada, einem entlegenen Zipfel des in der Verbannung so schmerzlich vermissten Südens!

In diesem kleinen Raum im maurischen Badehaus – das zu mir und meiner Art zu leben passt – fühle ich mich zusehends heimischer. Ich werde noch ein paar Tage hierbleiben, bevor ich zu dieser Reise nach Boghari aufbreche, in eine Gegend, die ich noch nicht kenne: ein nicht ganz makellos getünchtes Rechteck, ein kleines Fenster, das auf die Strasse und den Berg geht, zwei Matten auf dem Fussboden, ein Seil, wo ich meine Wäsche aufhängen kann, eine zerschlissene Matratze, auf der ich sitze, wenn ich schreibe. In einer Ecke ein paar Körbe, gegenüber die Feuerstelle; meine verstreut herumliegenden Manuskripte ... Das ist alles. Mir genügt es.

Diese Seiten, so nebenbei geschrieben, wenn ich Lust verspürte zu *formulieren*, enthalten nur einen schwachen Nachklang von alldem, was in den vergangenen achtzehn Monaten passiert ist. Ein fremder Leser würde wohl kaum etwas damit anfangen können. Für mich sind sie eine Erinnerung an meinen einstigen Kult mit der Vergangenheit. Vielleicht kommt einst der Tag, an dem ich überhaupt darauf verzichte, diesen oder jenen Gedanken, diese oder jene Empfindung mit der Feder festzuhalten, um sie für eine gewisse Zeit zu verewigen. Noch erfüllt es mich manchmal mit süsser Wehmut, wenn ich diese Tagebuchaufzeichnungen aus vergangenen Zeiten wieder lese.

... Eine tiefe Stille, die Stille des Südens, liegt über Bou Saada. Gewiss, man spürt es, auf dieser unendlich weit von der sinnlosen Geschäftigkeit des Tell entfernten Stadt lastet die so typische Passivität des Südens. Gott möge Bou Saada noch lange unversehrt erhalten!

Ich werde ein neues Tagebuch beginnen. Was werde ich ihm anzuvertrauen haben, und wo werde ich an dem noch fernen Tag sein, wenn ich das jetzt noch unbeschriebene Heft – wie heute dieses – zu einer ungewissen Stunde im Buch meines ungewissen Lebens beschliesse? (a) Gott kennt die verborgenen Dinge und die Aufrichtigkeit der Zeugnisse. (a)

*Es wird kein anderes Tagebuch mehr geben. Zumindest ist nichts davon bekannt. Kurz nach ihrer* Rückkehr aus dem Süden, *wie Isabelle das nennt, beginnt für sie ein neuer Lebensabschnitt; es wird ihr letzter sein.*

*Dass Isabelle ihre täglichen und ganz persönlichen Eintragungen anlässlich eines Besuches bei Lella Zaynab in der Zawiya von El Hamel beschliesst, ist weiter nicht erstaunlich und nachvollziehbar. Die Ruhe von Bou Saada und der innere Frieden, den die Begegnungen mit der heiligen Frau ihr vermitteln, sind wie eine sanfte Melodie in ihrem Leben, und man hat den Eindruck, als ob Isabelles Spur sich ein bisschen verlöre, als ob sie sich entferne.*

*Die Atempause im Tell ist kurz und die Rückkehr nach Ténès brutal. Das aggressive Klima rund um Isabelle verstärkt sich.*

*Die Wahlen stehen bevor. Barrucand reist nach Ténès, um seinen Kandidaten zu unterstützen, was dazu führt, dass seine engste Mitarbeiterin zur Zielscheibe seiner politischen Gegner wird. Die Partei der französischen Siedler zettelt eine gemeine Verleumdungskampagne gegen Isabelle an; ihre Feinde haben leichtes Spiel, denn sie ist ein hilfloses und schnell besiegtes Opfer.*

*Anfangs 1903 findet anlässlich des Besuches des Präsidenten der Republik, Emile Loubet, ein Bankett statt, an dem*

*Isabelle Eberhardt in ihrer Eigenschaft als Journalistin teilnimmt. Ihre Kleidung und ihr Auftreten erregen Aufsehen, was den Korrespondenten der* Petite Gironde *zu einem perfiden und bösartigen Artikel veranlasst:*

*„Dem am gestrigen Abend von der algerischen Journalisten-Vereinigung für die ausländische Presse veranstalteten Bankett wohnte eine Dame bei. Eine Kollegin.*

*Frau Ehnni, geborene Isabelle Eberhardt schreibt für* L'Akhbar. *Sie hat ein bewegtes Leben hinter sich. Sie kam vor ein paar Jahren in Begleitung ihrer Mutter nach Algerien; diese starb kurze Zeit später und liess sie allein zurück. Fräulein Eberhardt nahm dann den muslimischen Glauben an und liess sich in den südlichen Territorien nieder, wo sie sich bald unter der einheimischen Bevölkerung als glühende Propagandistin betätigte; sie predigte den Leuten eine Art von humanitärem Sozialismus und machte aus ihrer frankreichfeindlichen Haltung kein Hehl.*

*Isabelle Eberhardt ist russischer Abstammung. Sie soll recht vermögend sein. Sicher ist, dass sie sich im Süden gewisse Freiheiten herausnahm, was ihre Propaganda umso gefährlicher machte. Die Behörden schritten schliesslich ein und erliessen einen Ausweisungsbefehl gegen sie; doch da erklärte Isabelle, sie sei im Begriff, einen Eingeborenen zu ehelichen, der naturalisierter französischer Bürger ist. Die Vermählung fand tatsächlich kurze Zeit später statt, und Fräulein Eberhardt, nunmehr Frau Ehnni und zudem auch noch Französin, entging der Ausweisung.*

*Die Änderung ihres Zivilstandes und ihrer Nationalität hinderte sie keineswegs daran, ihre Propagandatätigkeit fortzusetzen, ganz im Gegenteil, sie fühlte sich erst recht bestärkt; sie begnügte sich von nun an nicht mehr damit, nur zu predigen, sondern sie begann auch noch zu schreiben. Ihr Prestige wuchs von Tag zu Tag; für die Eingeborenen ist sie eine Art Marabut. Dies ist um so erstaunlicher, wenn man bedenkt, dass die Araber nur Verachtung für die Frauen übrig haben, die in ihren Augen minderwertige Kreaturen sind. Frau Ehnni ist tatsächlich soweit gegangen, die Kleidung ihres Geschlechts zu verleugnen. Und nicht genug damit, sie hat auch noch darauf verzichtet, sich europäisch zu kleiden, und verhüllt freiwillig den Kopf mit dem Tarbusch, trägt den Hayik, der faltenlos vom Scheitel bis zur Sohle fällt, die Gandura und marokkanische Lederstiefel. Die Verwandlung ist somit perfekt.*

*In dieser Verkleidung ist sie auf dem gestrigen Bankett erschienen. Sie ist jung; ihre Gesichtszüge sind sehr hübsch, ihre Stimme ist sanft und melodiös. Sie spricht ganz ungeziert und mit viel Charme; doch wenn sie arabisch evangelisiert, tritt sie offensichtlich ganz anders auf. Dann macht sie sich jeweils die zornige und heftige Ausdrucksweise der Propheten zu eigen. Es heisst, sie bezeichne die Franzosen als die besten Freunde der Juden, und da die Araber die Juden über alles hassen, kann man sich leicht vorstellen, was für Folgen die von dieser Pythia geschickt ausgenutzte Assoziation haben kann. Der Gatte von Frau Ehnni ist Dolmetscher im Süden, wo er sich nach wie vor aufhält."*

*Einmal mehr wird Isabelle frankreichfeindlicher Aktivitäten beschuldigt. Sie hat gelernt, sich zu verteidigen, obwohl der* blosse Gedanke an Polemik sie anwidert, *wie Randau schreibt. Sie schickt eine Gegendarstellung an den Chefredakteur der* Petite Gironde; *der Brief wird am 27. April 1903 abgedruckt. Isabelle bekräftigt darin mit subtilen Argumenten ihre Ansichten und ihre Entschlossenheit, sich voll und ganz für diese einzusetzen. Und weil es ihr klüger erscheint und weil nur das Geheimnis sie zu schützen vermag, wenn sie sich bedroht fühlt, passt sie mit der ihr eigenen Erfindungsgabe ihre Lebensgeschichte einmal mehr den Gegebenheiten an. Isabelle stellt sich als Tochter eines muslimischen Vaters vor, die von einem reichen Grossonkel erzogen worden sei, der ihr ein ansehnliches Vermögen hinterlassen habe.*

GEGENDARSTELLUNG

*„Wir haben folgenden Brief erhalten, den zu veröffentlichen wir uns verpflichtet fühlen:"*

Algier, den ... April 1903

Herr Chefredakteur,

Man hat mir einen in Ihrer Zeitung erschienenen Artikel zugestellt, der meiner Person gewidmet ist.

Ich habe schmerzlich überrascht feststellen müssen, wie schlecht Ihr Sonderberichterstatter über mich informiert ist. Er schreibt mir eine Rolle zu, die ich – ich möchte dies nachdrücklich festhalten – nie angestrebt habe: die Rolle einer Feindin Frankreichs, einer Verkünderin frankreichfeindlicher Propaganda unter den Muslims Algeriens!

Ich bin empört und protestiere in aller Form gegen eine

derartige Unterstellung. Ihr Mitarbeiter zitiert meine Lebensgeschichte; seine Angaben sind von A bis Z erfunden. Ich mache daher von meinem Recht Gebrauch, sie zu berichtigen, denn es ist offensichtlich, dass man Ihren Korrespondenten falsch informiert hat.

Meine tatsächliche Geschichte ist vielleicht weniger romantisch, ist sicher auch weniger spektakulär als die Legende, von der in besagtem Artikel die Rede ist, doch ich glaube, dass es meine Pflicht ist, sie richtigzustellen.

Tochter eines russischen Staatsangehörigen muslimischen Glaubens und einer christlichen russischen Mutter, wurde ich als Muslim geboren und bin somit niemals zum Islam übergetreten. Mein Vater starb kurz nach meiner Geburt in Genf, wo er sich niedergelassen hatte, und meine Mutter blieb nach seinem Tod in der Schweiz, mit meinem Grossonkel, der mich wie einen Jungen erzog, was meine Vorliebe für Männerkleidung erklärt.

Zuerst wandte ich mich dem Studium der Medizin zu, gab dieses aber schon nach kurzer Zeit auf, da ich mich unwiderstehlich von der Literatur angezogen fühlte.

Im Jahre 1897, ich war damals zwanzig, folgte ich meiner Mutter nach Algerien, nach Bône, wo sie sich zum Islam bekannte und *kurze Zeit später* starb. Ich kehrte anschliessend nach Genf zurück, um meine Kindespflicht gegenüber meinem Grossonkel zu erfüllen, der bald darauf starb, auch er, und mir ein kleines Vermögen hinterliess. Allein zurückgeblieben, durstig nach dem Unbekannten und vom Abenteuer angezogen, kehrte ich also nach Afrika zurück, wo ich auf eigene Faust zu Pferd Tunesien, den Osten Algeriens sowie die Sahara von Constantine bereiste. Weil es bequemer ist und aus ästhetischen Gründen, gewöhnte ich mir das Tragen arabischer Kleidung an; ich spreche die Landessprache, die ich anlässlich meines Aufenthaltes in Bône gelernt habe, ziemlich fliessend. 1900 hielt ich mich in El Oued auf, im äussersten Süden von Constantine. Ich bin dort Herrn Suliman Ehnni begegnet, damals Wachtmeister im Spahiregiment. Wir heirateten nach dem muslimischen Ritus.

In den besetzten Territorien sind Journalisten ungern gesehen, gelten sie doch als Spielverderber ... wie in meinem Fall! Von Anfang an waren mir die Militärbehörden, die in Constantine zugleich Verwaltungsbefugnis haben (Arabische Büros), feindlich gesinnt; als mein Mann und ich den Wunsch äusserten, unsere religiöse Eheschliessung durch eine zivile zu legalisieren, wurde uns die Einwilligung versagt.

Unser Aufenthalt in El Oued dauerte bis zum Januar 1901, dem Zeitpunkt, an dem ich unter mehr als *mysteriösen* Umständen das Opfer eines Mordanschlages von seiten eines offensichtlich geistesgestörten Eingeborenen wurde. Trotz meiner Bemühungen ist diese Angelegenheit im Laufe des Prozesses, der im Juni 1902 vor dem Kriegsgericht von Constantine stattfand, nie restlos aufgeklärt worden.

Als ich den Gerichtshof verliess – wo ich verständlicherweise als Hauptzeuge erscheinen musste –, wurde ich überraschend aus dem algerischen Territorium ausgewiesen (und nicht aus Frankreich!), ohne dass man es für notwendig erachtet hätte, mir die Gründe dieser Massnahme zu erklären. Ich wurde also brutal von meinem Gatten getrennt; da er naturalisierter Franzose ist, galt seine muslimische Ehe als ungültig.

Ich zog zum Bruder meiner Mutter nach Marseille; mein

Gatte folgte mir kurze Zeit später und trat dort dem 9. Regiment bei. Nach Erledigung der notwendigen Formalitäten wurde uns die Eheerlaubnis gegeben, und zwar ohne jegliche Schwierigkeiten ... Das war allerdings in Frankreich, weit weg vom Einfluss der militärischen Statthalter im Süden Algeriens! Wir haben am 17. Oktober 1901 auf dem Standesamt von Marseille geheiratet.

Im Februar 1902, nach Beendigung seiner Dienstzeit, verliess mein Gatte die Armee, und wir kehrten nach Algerien zurück. Mein Mann wurde bald darauf als Hodscha (Dolmetscher und Sekretär) nach Ténès im Norden des Distrikts Algier berufen, wo er sich heute noch aufhält.

Das ist mein wahres Leben, das Leben eines ungebundenen Geistes, der sich von tausend alltäglichen Zwängen befreit hat, die man „Bräuche", „Usanzen" nennt ... und der durstig ist nach Leben, einem Leben unter freiem Himmel und im hellen, schillernden Licht der Sonne.

Ich habe nie eine politische Rolle gespielt. Ich habe mich auf den Journalismus beschränkt und von nahe den Alltag der Eingeborenen beobachtet, dieses einfache Leben, das ich liebe und von dem man so wenig weiss und das alle jene verunglimpfen, die nichts davon verstehen und sich anmassen, es zu schildern.

Ich habe niemals *irgendwelche Propaganda* unter den Eingeborenen verbreitet, und es ist wirklich lächerlich zu behaupten, ich spiele mich als *Pythia* auf!

Immer, überall, wo sich Gelegenheit dazu bot, habe ich mich bemüht, den Bewohnern dieses Landes, mit dem ich mich verbunden fühle, gerechte und vernünftige Ansichten weiterzugeben und ihnen zu erklären, dass die französische

Herrschaft jener der Türken oder jeder anderen vorzuziehen sei.

Es ist daher ungerecht, mich frankreichfeindlicher Agitation zu bezichtigen.

Was die antisemitische Couleur angeht, die mir Ihr Sonderkorrespondent unterschiebt, so ist mir eine solche Haltung absolut fremd, um so mehr, als ich ausser für *La Revue blanche*, für *Grande France*, für *Journal illustré* und *La Dépêche algérienne*, wo ich als ständige Mitarbeiterin akkreditiert bin, auch für *Nouvelles* (Algier) gearbeitet habe, eine Zeitung, die unter der Leitung von Victor Barrucand sehr dazu beigetragen hat, dem hiesigen antisemitischen Terror entgegenzuwirken. Ich habe mit Herrn Barrucand zu *L'Akhbar* übergewechselt, der diese traditionsreiche Zeitung neu gegründet hat, um seine im wesentlichen *französischen und republikanischen* Anliegen zu vertreten und den Grundsatz von Gerechtigkeit und Wahrheit zu verteidigen, der in diesem Land unterschiedslos auf alle angewendet werden muss, unabhängig von Religionszugehörigkeit oder Rasse.

Ich hoffe, sehr geehrter Herr Chefredakteur, dass Sie die Güte haben, meine Berichtigung zu veröffentlichen, und so meinem legitimen Anspruch auf Gegendarstellung entsprechen.

Mit vorzüglicher Hochachtung
Isabelle Ehnni, geborene Eberhardt
Ténès, Bezirk Algier

*Zur gleichen Zeit veröffentlicht* L'Union républicaine, *die Victor Barrucand und seiner Zeitung feindlich gegenübersteht, einen anonymen Brief mit Anschuldigungen gegen Barrucand, Isabelle und – was neu ist – auch gegen Slimène. Letzterer wird bezichtigt, auf Grund seiner amtlichen Stellung die Qayids seines Bezirks genötigt zu haben,* L'Akhbar *finanziell zu unterstützen.*

*„Die Wahrheit kommt an den Tag: Mahmud, Barrucand entlarvt. Ein Skandal."*

*„... Es steht heute fest, dass, dank der skandalösen Willfährigkeit des Bezirksverwalters, Mahmud Saadi und Barrucand mit der Unterstützung ihres Komplizen Ehnni grosse Beträge bei den lokalen Qayids in der Region Ténès kassieren, die diesen Tribut als zwingend ansehen.*

*Der Verwalter hat Barrucand und Isabelle in die umliegenden Duars begleitet und ihnen übertriebene Ehrerbietung gezollt und sie bei dieser Gelegenheit ganz offiziell bei den Qayids eingeführt. Isabelle ihrerseits hat, auf den Pferden der Gemeinde Ténès und von Landgendarmen begleitet, zahlreiche Propagandareisen unternommen. Die Unterstützung des Hodscha, einer Persönlichkeit, der in den gemischten Gemeinden ebensoviel Respekt entgegengebracht wird wie dem Bezirksverwalter, hat das ihre dazu beigetragen. Die Qayids haben wohl oder übel bezahlt oder werden es noch tun, und natürlich, wie immer, wenn eine willkürliche Steuer erhoben wird, werden letztlich die einfachen Leute zur Kasse gebeten."*

*Am 10. Mai 1903 veröffentlicht Isabelle in der Wochenzeitung* Turco *eine lakonische Richtigstellung:*

Ich lege Wert darauf, ein für allemal und in aller Deutlichkeit die Anschuldigungen der *Union républicaine* hinsichtlich meiner Rolle bei *L'Akhbar* zurückzuweisen. Ich habe dort keine andere Funktion als die einer einfachen Feuilletonistin – wie bei *La Dépêche algérienne,* wie seinerzeit bei den *Nouvelles.* Seit dem Wiedererscheinen der Zeitung beschränkt sich meine Rolle einzig und allein darauf.

*Die Antwort der* Union républicaine – *mit A.B. unterzeichnet – folgt postwendend. Es ist eine Karikatur, der banale Ausdruck dessen, was Isabelle in einer konformistischen Gesellschaft in den Augen ihrer Zeitgenossen gewesen ist:*

*„Eine maskierte Dame. Ein entzückendes Exemplar jener Sorte Frauen, der wir die 'Schöne Fatma' verdanken, und Louise Michel hat gnädig geruht, mit zarter Feder* L'Union républicaine *vorwurfsvoll zu tadeln.*

*Dieses reizende Wesen behauptet, wir hätten nicht auf einen Brief geantwortet, den ihr weisses Händchen uns geschrieben hat, und liefert uns gleichzeitig auf zwanzig Zeilen hundert Anlässe zur Heiterkeit.*

*Sie zeichnet Mahmud Saadi, Rue d'Orléansville, Ténès, und fügt gewissermassen als Betonung ein Fräulein Eberhardt bei.*

*Nun sind wir durch eingeschriebenen Brief – ja, meine Liebe – aufgefordert worden, einer gewissen Madame Ehnni, Villa Bellevue, Mustapha, ihres Zeichens Mitarbeiterin – in Wirklichkeit verantwortliche Redakteurin – von* L'Akhbar, *Erklärungen abzugeben.*

*Was für verwandtschaftliche Bande verbinden Madame*

*Mahmud, die für* Turco *schreibt, mit Madame Ehnni von* L'Akhbar *und Mademoiselle Eberhardt bei der* Dépêche*? ... Handelt es sich hier vielleicht um eine neue Version des Geheimnisses der Heiligen Dreifaltigkeit? Und wenn uns eine Frau Ehnni aus Mustapha schreibt, was soll das denn mit einer Frau Mahmud aus Ténès zu tun haben?*

*Wir sind in den Büros der Druckerei Zamit oft einem jungen Araber begegnet – Zigarette im Mundwinkel, bartlos, glatte Stirn –, der einen schwarzen, kunstvoll über der Schulter drapierten Mantel trug und wunderschöne Lederstiefel. (Er heisse Mahmud, erklärte uns Herr Barrucand in den Anfängen von* L'Akhbar, *und sei sein Diener.)*

*Ist dieser Diener ein Mitarbeiter, ist dieser junge Mann eine Frau, ein Fräulein oder eine Dame, heisst diese Dame Frau Mahmud oder Frau Ehnni? Wohnt sie in Orléansville oder in Mustapha? Grausames, o unglaublich grausames Geheimnis!*

*Da es nicht üblich ist, der Post so ungewöhnlich adressierte Briefe anzuvertrauen wie 'Herr X..., Fräulein Y... oder Frau Z..., irgendwo!', werden wir uns erst dann ernstlich mit dieser Sphinx befassen und uns rechtfertigen, wenn wir ihre tatsächliche Adresse, ihr Geschlecht, ihren rechtmässigen Namen erfahren.*

*Mahmud, Ehnni und Eberhardt, zwischen einem Mann und einer Frau, zwischen einer Dame und einem Fräulein, zwischen Ténès und Mustapha – es sind wirklich zu viele Ungereimtheiten, als dass wir uns 'in etwa' damit zufriedengäben."*

*Die Affäre nimmt ein derartiges Ausmass an, dass Slimène sich gezwungen sieht, seine Demission einzureichen. Isabelle ist durch die Verleumdungskampagne niedergeschmettert. Robert Randau erzählt:*

*„... sie verliess die Stadt, krank, gedemütigt, verzweifelt, nachdem sie, die sonst so zurückhaltend war, wenn es um ihre Person ging, hässliche Verleumdungen und zornige Schmähungen über sich hatte ergehen lassen müssen. Sie hat später nie mehr darüber gesprochen, und Spuren davon sind nur in längst verschwundenen Zeitungen zurückgeblieben."*

*In Algier klagt Isabelle, von Barrucand gedrängt, gegen* L'Union républicaine *und gewinnt den Prozess. Slimène wird rehabilitiert und etwas später nach Colbert in der Provinz Sétif berufen.*

*September 1903*

*In El Mungar an der südlichen Grenze Orans, stehen sich die französischen Soldaten von General Lyautey und die algerischen Rebellen unter Bou-Amama gegenüber. Letztere bilden eine gefährliche Widerstandsfront gegen das Vordringen der Franzosen in die strategisch wichtige Region entlang der marokkanischen Grenze.*

*1903 beschäftigt die „Angelegenheit Marokko" alle europäischen Staaten. Vor allem Frankreich strebt nach einer Besetzung Marokkos, um seine Hegemonie in Nordafrika zu sichern. Auch die vollständige Unterwerfung der algerischen Stämme hängt davon ab, denn in dieser nicht genau definierten Grenzzone nehmen die Eingeborenenstämme eine undurchsichtige Haltung ein zwischen ihren eigenen Fehden und dem Nutzen, den sie aus den ausländischen Rivalitäten auf ihrem Territorium ziehen, zwischen dem Treueeid gegenüber dem Sultan von Fez und der, übrigens rein theoretischen, Unabhängigkeit, die von Bou-Amama angestrebt wird.*

*Bou-Amama, der sich teilweise auf marokkanisches Territorium zurückgezogen hat, macht den Franzosen das Leben sauer und stellt die Politik einer friedlichen Kolonisation in Frage.*

*Gemäss Lyautey, dem Initianten des neuen politischen Kurses in Algier, würde die neue Form der Kolonisation militärische Interventionen ausschliessen oder zumindest reduzieren und einer friedlichen Koexistenz den Vorzug geben, durch eine bessere Kenntnis der Kultur des Landes – des Islam – und seiner Sprache – des Arabischen. Lyauteys Ziel ist es, den Austausch zwischen der französischen und der arabischen Kultur zu fördern und dadurch* die kulturelle Rolle Frankreichs *zu untermauern.*

*Isabelle bricht zu einer ersten grossen Reportage für* L'Akhbar *zu den Überlebenden der Schlacht von El Mungar auf. Ihr Ziel, Aïn Sefra, ist zu diesem Zeitpunkt die äusserste Bastion der Franzosen in Oran. Dort begegnet Isabelle Eberhardt General Lyautey. Sie fühlt sich angezogen von der aussergewöhnlichen Persönlichkeit des Offiziers, von seiner aristokratischen Art, seiner Verachtung für die kleinen Siedler ... Sie sind sich ähnlich, Isabelle und Lyautey, das ist offensichtlich.*

*Isabelle ist von ihrem neuen Freund und seinen politischen Ideen tief beeindruckt und wird begeistert an die Illusion einer „anderen" Kolonisation glauben. Die Artikel, die sie für* L'Akhbar *schreibt, sind deutlich davon beeinflusst. Es ist so-*

*gar behauptet worden, Isabelle sei eine Agentin des Zweiten Büros gewesen, und man habe sie dank ihrer aussergewöhnlichen Kenntnis des Landes eingesetzt. Denkbar, aber wenig wahrscheinlich. Eher lässt sich eine nicht offizielle Zusammenarbeit vorstellen, ein Gedankenaustausch, aus dem Lyautey, der an den stundenlangen Gesprächen mit Isabelle Eberhardt Interesse und Vergnügen fand, zweifellos grossen Nutzen zog.*

*Öffentlich die Rolle der Verfechterin der französischen Politik in Nordafrika zu übernehmen, bedeutet für die junge Frau, die Missverständnisse hinsichtlich der ihr angelasteten antikolonialistischen Aktivitäten widerlegen. Was ihr während dieser Zeit die notwendige Kraft gibt, ist das Gefühl von Geborgenheit und Schutz – und diesen Schutz gewährt ihr der französische General zweifellos. Sie bewegt sich frei in den südlichen Territorien Orans, zwischen Aïn Sefra und den Palmenhainen von Figuig, zwischen Figuig und Beni Ounif. Sie verbringt den Herbst und den ganzen Winter dort; im Februar des folgenden Jahres kehrt sie schliesslich auf das Drängen von Barrucand und Slimène nach Algier zurück.*

*Die Freundschaft mit Lyautey, sein Verständnis für ihr Anderssein geben Isabelle eine unschätzbare innere Ruhe, ein neues, wohltuendes Gefühl. In der Wüste erfährt sie unter Beduinen, Legionären und Spahis eine Art Glück. Alles ist Bereicherung für sie: die Entdeckung einer neuen Gegend, ihre journalistische Arbeit, die Einführung in die politische Betrachtungsweise.*

*Gewiss, die Heftigkeit ihres Wesens quält sie nach wie vor; die Krankheit, das Fieber vor allem, das an ihr zehrt. Sie ist physisch verbraucht und müde, sehr müde. Doch das Jahr 1903 ist eines der fruchtbarsten ihres Lebens, vor allem, was ihre literarische Arbeit angeht.*

*Ausser den Beiträgen für* L'Akhbar *bringt Isabelle aus dem Süden Orans eine ganze Reihe von Manuskripten zurück; kurze Texte, die sie jeweils zu schreiben in der Lage ist, wenn sie sich gelöst fühlt; Skizzen in einem sachlichen und präzisen Stil zwischen reiner Beschreibung und subtiler Poesie.*

*Die Landschaften, die sie schildert, sind wie die Gestalten, deren Geschichte sie erzählt, sind gewissermassen deren Spiegelbild ... wie ein Blick, den man schamhaft abwendet. Isabelle erreicht hier eine echte stilistische Einheit. Von diesem Zeitpunkt an schreibt sie in der weiblichen Person; vielleicht will sie damit ihre Wiedergeburt andeuten ... vielleicht hat sie sich endlich gefunden.*

*Die* Bilder aus dem Süden Orans *liegen ihr am Herzen; die erste Fassung erscheint 1904 in* L'Akhbar; *Isabelle nimmt sich vor, die Texte neu zu bearbeiten und ein Buch daraus zu machen.*

*Ein paar Monate später wird man in Aïn Sefra die überarbeiteten, von den Wasserfluten teilweise zerstörten Manuskripte finden.*

*Ein paar Seiten aus*

## *BILDER AUS DEM SÜDEN ORANS*

### ABREISE VON ALGIER

Aïn Sefra, Ende September 1903

Die letzten Tage des Sommers flossen eintönig dahin. Algier schlief, ermattet unter einem wolkenlosen Himmel. Die fast menschenleeren Strassen wirkten breiter, und Schwärme von blauen Fliegen summten im kurzen Schatten der Häuser. Die Hügel von Mustapha waren in zarte Staubschleier gehüllt, und das milchige Weiss der oberen Stadt schien zu verblassen. Aber dort, in den verwinkelten Gässchen, ging das Leben weiter, glühend, lichttrunken, farbtrunken ... Auslagen mit Früchten und bunten Stoffen und der gedankenverlorene Gesang der zahmen Nachtigallen vor den maurischen Kaffeehäusern.

Eine schwere Wehmut lastete auf Algier, und ich liess mich in unbestimmter Schläfrigkeit gehen, freudlos, wunschlos auch und ohne Bedauern, eine Ermattung, welche die Musse des Nichts hätte sein können.

Plötzlich, unvermutet, kam die Meldung von der Schlacht bei El Mungar und damit die Möglichkeit, die herben Gegenden des Südens wiederzusehen; ich reiste als Berichterstatter in den Süden Orans ... Der monatelange Traum ging in Erfüllung ... und so unvermittelt!

Die lange Bahnfahrt quer durch den ganzen Westen und Südwesten Algeriens war berauschend schön.

Auf die erste freudige Aufregung des Abschieds folgten ein paar ruhige und verträumte Stunden.

Es gibt bestimmte Augenblicke im Leben, in denen nichts Aussergewöhnliches passiert, die man aber dennoch nie mehr vergisst, denn sie sind von unsagbarer Süsse.

Es war in Perrégaux, wo man auf den Zug von Arzew warten muss, der in Richtung Süden fährt.

Perrégaux ist ein unbedeutender spanischer Marktflecken, von grossen, grünen Gärten umgeben, mitten in einer riesigen, fruchtbaren Ebene. Dennoch, dieses ganz und gar gewöhnliche Dorf im algerischen Tell kam mir heiter, geradezu schön vor.

Der Tag ging klar über der Stille der Felder zur Neige. Eine hohe Bergkuppe versperrte den Horizont, der sich nach und nach mit strahlendem Licht überzog. Auf dem Gipfel stand eine kleine Kapelle, die zwischen den grauen Silhouetten vereinzelter Olivenbäume in Rosa getaucht zu sein schien. Dort oben lagen unbehauene Steine im verdorrten Gras verborgen: der muslimische Friedhof, eine Stätte stiller Wehmut, die nichts Trauriges an sich hat.

Am Abend streckte ich mich vor einem maurischen Kaffeehaus auf einer Matte aus. Nebenan, über der Toreinfahrt eines spanischen Gasthauses, stand in grossen, ungelenken Buchstaben: *Defendido entrar gitanos,* Zutritt für Zigeuner verboten.

Gegenüber hob sich eine kahle Wand vom blassen Rot der untergehenden Sonne ab. Nomaden sassen zusammengekauert auf dem Fussboden und träumten. In der warmen Luft schwebten vertraute Düfte ... der Duft der Sommerabende im Land der Beduinen: Thuja- oder Wachholderrauch, der Geruch von Schafhäuten, von Teer, von dunklen, schwitzenden Körpern. Und ich genoss wollüstig die Süsse des Wanderlebens, die Freude, allein zu sein, unbekannt unter dem Burnus und dem Turban des Muslim, und friedlich den am Horizont untergehenden Tag zu betrachten, der die Schlichtheit der Dinge mit roten Strahlen übergoss ... in diesem Dorf, wo mich nichts zurückhielt und das ich bei Einbruch der Nacht verlassen würde.

Dann folgten erneut lange Stunden am Fenster des Bahnwagens, durch eine Landschaft, die immer öder und immer kahler wurde, je tiefer der Zug keuchend gegen Süden vordrang.

Dörfer und Weiler zogen in der Mondnacht vorbei, schnell, flüchtig, wie Traumbilder.

Gegen Mitternacht hielten wir im trostlosen Saïda an, wo scharenweise menschliches Treibgut unter dem anonymen Soldatenmantel der Fremdenlegion Vergessen sucht. Dann ging es auf gewundenen Geleisen steil aufwärts. Die zwei Lokomotiven kletterten prustend, atemlos schnaubend wie dampfende Pferde in Richtung Hochebene.

Oben, am Eingang zu der riesigen, nackten Ebene, standen zwei kleine weisse Grabkuppeln Wache.

Der Zug hielt mitten im offenen Feld, an unsichtbaren Dörfern oder fernen Duars: Aïn-El-Hadjar, Hassi-Bourarchet, Tafraoua ...

Endlich brach über den blassen, niedrigen Dünen von El Kreider in einem grünen und roten Himmel der Tag an.

Und so ging es weiter, stundenlang, monoton, traurig, und es war auch die schmerzliche Schönheit der Ebene des Südens, die an mir vorbeizog, mit ihren spärlichen, zähen Alfagras-Büscheln und den verkrüppelten, grauen Bäumen auf der stahlgrauen Roteisenerzerde. In der Ferne fliehende Bergketten, kaum wahrnehmbar, verschwommen.

Die Sonne ging auf, der Zug hielt an, gegenüber erhob sich der massige Bergkamm des Dschebel Antar, der in die unbestimmte Leere des flachen Horizontes übergeht. Am Fusse dieser hohen, blauen Mauer lag Mecheria: ein paar rosafarbene Dächer, ein paar kahle, gelbliche Bäume, dann gleich dahinter nichts, nichts als die Leere der Steppe, wo die irisierenden Lichter des Morgens fröhlich spielten.

El Kreider lag hinter uns, die einsamen Bahnhöfe hatten ihr Aussehen geändert, es waren jetzt kleine, hohe Festungen, von grauen Wachttürmen flankiert, mit schweren, eisernen Toren versperrt.

... Schliesslich zeichneten sich im warmen Azur der Ferne Bergketten ab: der Mir el Dschebel, der Dschebel Mekter, die Berge von Sfissifa. Auf der anderen Seite, im Westen, lag Marokko.

Grosse, rötliche Dünen drängten sich zusammen und schienen wie brandende Wellen den Mekter angreifen zu wollen. Ein grün-bläulicher Gürtel umschloss die hohen Ziegelgebäude der Festung.

Rechts ein paar einfache, dicht aneinandergedrängte Lehmhäuser, das Gewirr schwarzer Feigenbäume, ein paar einsame Dattelpalmen, ein paar weisse Grabkuppeln. Endlich kamen wir in Aïn Sefra an, wo ich für die Weiterfahrt nach Beni Ounif umsteigen musste.

## SOLDATEN VON EL MUNGAR

Ich gehe zum Krankenhaus in der Redoute über der Stadt.

Grosse Gebäude aus roten Ziegelsteinen mit Laubengängen ringsum. Die Verletzten von El Mungar stehen mit makellos weissen Verbänden untätig, auf die Heilung wartend im Schatten herum.

Zwei oder drei Franzosen unter den vielen Ausländern ... die übrigen meist Deutsche oder Italiener: rauhe, abgebrühte Gestalten, freundliches Lächeln.

Ein wenig stolz, „interviewt" zu werden – ein Wort, das man ihnen beigebracht hat –, aber trotzdem etwas eingeschüchtert. Schliesslich verweisen sie mich sehr militärisch an ihren Vorgesetzten, Wachtmeister Zolli.

Jung, gross und schlank, er trägt mit Ungezwungenheit die graue Uniform des Krankenhauses, er spricht ein korrektes, manchmal sogar gepflegtes Französisch. Er, an Interviews gewöhnt, ist kein bisschen verlegen.

Klar, lebhaft, erzählt er mir von der unvorsichtigen Rast ... ohne jegliche Vorsichtsmassnahme ... im Tal zwischen El Mungar und Fukani, von der fatalen Sorglosigkeit von Hauptmann Vauchez, der lachend gesagt hatte, er würde hemdsärmlig nach Tafilalt gehen, und das ein paar Tage vor seinem Tod ... Der Wachtmeister bestätigt die übermütige Gelassenheit des Hauptmanns, der lebensgefährlich getroffen noch die Kraft fand, mit Bleistift ein paar Worte zu kritzeln, um Major Susbielle in Taghit zu warnen.

In der Erzählung des Wachtmeisters taucht auch die wehmütige Gestalt jenes dänischen Offiziers auf, Leutnant Selkauhausen, der trotz seines Ranges in die Fremdenlegion eingetreten war, um sich weiterzubilden, und der schliesslich dort unten gestorben ist, in diesem gottverlassenen Flekken im Süden Orans.

– Es heisst, der Leutnant sei verlobt gewesen in seiner

Heimat, fügt der Wachtmeister bei. Doch was soll's, traurig, dieser Tod!

Zolli versteht es, die Schrecken jener verzweifelten Schlacht gegen eine Übermacht, ohne jegliche Hoffnung auf Hilfe, wieder aufleben zu lassen. Er gibt sich bescheiden, hebt seine eigene Rolle nicht besonders hervor, spricht beiläufig von seiner Verletzung an der rechten Hand, die ihn gleich zu Beginn am Schiessen hinderte.

Zolli, ehemals Soldat im Bataillon von General Menotti Garibaldi in Mazedonien, liebt den Krieg; er versteht es immer einzurichten, an Ort und Stelle zu sein, wenn irgendwo gekämpft wird.

Manchmal erkühnt sich einer der Soldaten, wirft ein Wort ein, eine einfache und schmerzliche Erinnerung oder einen Scherz über das eigene Missgeschick.

Man sei verdammt durstig gewesen an jenem Tag, sagt einer von ihnen, der sich an nichts anderes zu erinnern scheint. Und da es kein Wasser gab, habe man sich nicht wenige Liter Wein unverdünnt hinter die Binde gegossen, am Abend, als alles vorbei war ... es ist uns in den Kopf gestiegen, und wir waren alle ziemlich besoffen.

Überaus höflich, die armen Teufel, die gelitten haben und ums Haar gestorben wären für die Händel der anderen, die ihnen vollkommen egal sind.

Im Erdgeschoss ein kleiner Saal, in dem die Feldschützen liegen.

Dort, im Bett, weil er sich langweilt, Mulay Idriss, ein grosser, dunkler Mokhazni, muskulös, hager, mit den scharfen, regelmässigen Gesichtszügen des Nomaden.

Er ist ein paar Tage vor der Schlacht bei El Mungar verletzt worden, in einer Auseinandersetzung mit einer Dschesch. Sehr primitiv und zuerst sehr verschlossen, doch mit der Zeit fasst er Vertrauen und lächelt. Er drückt aus, was alle Araber im Südwesten denken. Für sie geht es nicht um einen Krieg gegen Marokko und schon gar nicht um einen Heiligen Krieg. Die Gegend ist immer Blad el-Barud gewesen (Land des Schiesspulvers), und die Stämme entlang der grünen Grenze haben sich seit je bekämpft. Mulay Idriss bezeichnet den Feind mit einem Namen, der alles aussagt: *el-khiyan,* die Diebe, die Banditen. Er betrachtet die militärischen Operationen als Antwort und Vergeltungsrazzien gegen die Dschyusch, ganz einfach.

Das erklärt, warum es den unentbehrlichen eingeborenen Hilfsdienstsoldaten – Mokhazni, Reiter, Kuriere, Sokhars –, die zum Grossteil unter den Nomaden rekrutiert werden, nichts ausmacht, die Aufständischen zu bekämpfen, und sie ein Beispiel an Mut, Ausdauer und Ergebenheit sind; die Offiziere können sie nicht genug loben.

Mulay Idriss verdammt vehement die Übergriffe dieser Wegelagerer; Schakale nennt er sie, ohne ein Wort über all das Leid zu verlieren, das der Feind ihm zugefügt hat.

Im Grunde scheint er nicht aufrichtig zu wünschen, dass alles ein Ende nähme: Er ist ein Nomade, ein Mann des Schiesspulvers also, und er liebt den Kampf.

Mulay Idriss gehört dem Makhzen von Sidi Mulay wuld Mohammed an, des Agas der Beni-Amur von Aïn Sefra, einer der angesehensten und der französischen Sache ergebensten eingeborenen Persönlichkeiten des Südwestens.

Während ich mit Mulay Idriss plaudere, umringen uns seine Kameraden.

Sie sehen drollig aus, wie sie dastehen, diese halbangezogenen Männer in ihrer schlechtsitzenden Krankenhausuniform, die nicht zu ihnen passt, und mit ihren glattrasierten Köpfen ... Sie haben etwas Kindliches an sich, ein Lachen, das im Gegensatz zu ihrem kräftigen Körperbau und ihrem männlichen Gesicht steht.

Dieses bunt zusammengewürfelte Völkchen von Verletzten erwartet mit Ungeduld den Tag der Entlassung: Für die Araber ist das Krankenhaus ein trostloser Ort, eine Art Gefängnis.

## FALSCHER ALARM

Acht Uhr abends

Grosses Bangen in Aïn Sefra; in der Dämmerung geschlossene Geschäfte, verbarrikadierte Kaffeehäuser wie in den Nächten legendärer Zechereien, wenn die Legion einen ausgibt. Keine Zivilisten in den Strassen, eine bedrückende Stille, fast der Eindruck einer Stadt in Gefahr.

Die Händler – die Halsabschneider, wie die Araber sie nennen – versammeln sich hinter verschlossenen Türen um die grünen Spieltische der verwaisten Billardsäle. Sie setzen ernste Mienen auf, sorgenvolle. Endlose Klagen, die ewigen Übertreibungen, durch die Angst massloses Aufbauschen der Dinge. Man spricht über Strategien; man findet, die Garnison sei lächerlich unterbelegt; man erwägt das Risiko, am nächsten Tag von der Umwelt abgeschnitten aufzuwachen, mit unterbrochenen Bahn- und Telegrafenverbindungen. Man erwartet den Angriff einer Hark, einer grossen Räuberbande aus der Gegend von Sfissifa. Man geht sogar soweit, die Evakuation in die Redoute in Erwägung zu ziehen, den einzig sicheren Ort ...

Kurz, am heutigen Abend meiner Ankunft herrscht fast Panik, und dies alles, weil eine Patrouille in Teniet-Merbah, ungefähr zwanzig Kilometer von hier, angegriffen wurde ... weil ein Mokhazni getötet wurde ... Zudem ist in der Nähe des Bahnhofes von Mékalis eine vorbeiziehende Dschesch beobachtet worden.

Auf der Suche nach ein bisschen Licht und Fröhlichkeit setze ich mich in eine m'zabitische Kneipe; ein Spahi tritt herein, hübscher Junge, mit sanften und ausdrucksvollen Gesichtszügen.

Er scheint nervös.

– Lebt wohl, sagt er, vergebt mir, wenn ich euch Unrecht getan habe.

– Ja wohin gehst du denn?

– Du weisst doch, wer sich anheuern lässt, steckt den Kopf in die Schlinge; nachher bleibt einem nichts anderes übrig, als den Befehlen zu gehorchen, blind, ohne an sein Zelt und an seine Freunde zu denken. Man stirbt nur einmal ... ganz allein geht man durch die Nacht, weit und breit kein menschliches Wesen, mit dem man ein Wort wechseln könnte ... Ich muss mit einem Brief nach Beni-Yaho.

Und alle Anwesenden umarmen den Spahi und denken dabei an den Mokhazni, der heute morgen getötet wurde.

Und das ist das einzige wirklich Traurige und Schmerzliche in dieser verängstigten Stadt – der Abschied dieses armen Soldaten, der tatsächlich sein Leben riskiert in der gefährlichen Dunkelheit und in der Stille der Felder.

Doch alles bleibt ruhig, und die endlosen Nachtstunden fliessen dahin, ohne den kleinsten Alarm, ohne das leiseste Echo von Schüssen.

Der Tag bricht an, strahlend, und zerstreut die am gestrigen Abend heraufbeschworenen Gespenster. Man sagt mir, Spahi Abdalqadir sei nicht angegriffen worden. Und alles beruhigt sich im Ort, das eintönige Leben geht wieder seinen alltäglichen, geschäftigen, habgierigen Lauf.

## HADJERAT-M'GUIL

Ein Bahnhof, ein einsamer Wachtturm zwischen den zerklüfteten Felsen.

Nach eineinhalb Kilometern eine Redoute aus ungebrannten Ziegeln, die ein paar baufällige Baracken an einem Steilhang am Fusse des letzten Ausläufers des Dschebel Beni-M'zi bewacht.

Ein von Drinn und Oleander überwuchertes Bachbett, ein paar einsame Palmen. Auf der anderen Seite der Schanze, am Ufer des Oued, zwei schlichte französische Gräber.

Eines ist bereits drei Jahre alt, das andere, auf dem ein paar kümmerliche, kaum verblasste Kränze liegen, ist noch ganz frisch: Der Gefreite Marschall des Spahi-Regimentes liegt dort begraben, vor einem Monat am Bergübergang von Chaabeth-Hamra am Beni-M'zi bei der Verfolgung einer Dschesch getötet.

Sie sehen unendlich traurig und verlassen aus, diese zwei Soldatengräber mit ihren schwarzen Holzkreuzen, einsam und sehr fremd in der grossartigen, kahlen Wüstenlandschaft.

Am Bahnhof, wo ich auf gut Glück ausgestiegen bin, ohne überhaupt zu wissen, in welcher Richtung die Redoute liegt, zu der ich unterwegs bin, treffe ich einen dunklen Beduinen vom schönen arabischen Menschenschlag der Hochebenen, der gerade Sattel und Zaumzeug einlädt. Trotz seines weissen Schleierturbans erkenne ich in ihm den Soldaten, einen Mokhazni oder einen Spahi in Zivil.

Ich wende mich an ihn, denn er flösst mir Vertrauen ein. Ich erzähle ihm eine Geschichte, um ihm zu erklären, wer ich bin und warum ich mich hier befinde; dank der spontanen Umgänglichkeit, die den Muslim auszeichnet, freunden wir uns schnell an.

Taieb wuld Suliman aus dem Stamm der R'zayna aus Saïda, ein ehemaliger Spahi, ist zur Makhzen von Taghit unterwegs, der er sich anschliessen will. Er hat vor, noch heute nach Oued-Dermel zu gehen, um sich ein Reitpferd zu kaufen.

– Komm mit, wenn du willst, wir trinken mit meinen alten Kameraden in der Redoute Kaffee, du erledigst dort deine Angelegenheiten, und dann, wenn du gut zu Fuss bist, gehen wir nach Oued-Dermel und übernachten dort. Morgen besorgen wir uns ein Pferd, kehren hierher zurück und nehmen den Zug Richtung Süden.

Eine gute Idee, ich bin einverstanden.

Wir machen uns auf den Weg, zuerst die Geleise entlang, dann auf einem ausgewaschenen Pfad.

In der Redoute spielt sich eine amüsante Szene ab.

Der Garnisonsoffizier, ein Hauptmann der Legion, schaut mich ganz verdutzt an. Er versteht überhaupt nicht, was für ein Zusammenhang zwischen meinem Presseausweis besteht, der auf eine Frau ausgestellt ist, und dem jungen Araber, der ihm die Karte hinhält. Schliesslich gelingt es mir, ihm den Sachverhalt zu erklären.

Unmöglich, die Legionäre ohne eine Bewilligung von oberster Stelle zu interviewen. Doch im Grunde macht mir das nicht viel aus, und ich suche Taieb.

Eine lange Baracke aus Brettern und gestampfter Erde, auf dem Fussboden Strohsäcke. Die Spahi in rotgegürteten Tuchuniformen umringen ihren alten Gefährten, und weil ich sein Freund bin, heissen sie auch mich freudig willkommen.

Sie breiten Pferdedecken aus und fordern uns zum Sitzen auf. Dann, nach den langen arabischen Höflichkeiten, den endlosen guten Wünschen, drängen sie uns vier oder fünf Feldbecher Kaffee auf, eine helle, fade Brühe, die aussieht wie der Lakritzentee im Krankenhaus.

Doch wir wagen es nicht, ihn abzulehnen, diesen uns von Herzen angebotenen Kaffee ... Schliesslich haben wir auch schon viel schlechteren getrunken!

Wir halten uns nicht lange auf, obwohl die Spahis uns drängen, über Nacht zu bleiben.

## TIDSCHANIS FRAU

Taieb macht einen Vorschlag: Er will einen gewissen Tidschani aufsuchen, einen Mann aus Bou Seinghun, einen Bahnarbeiter, der ein Maultier besitzt.

In einem kleinen, zerschlissenen Zelt hinter der Redoute treffen wir Tidschanis Frau an ... verwelkt, die Haut von der Sonne gegerbt, einst muss sie aber schön gewesen sein.

Sie versteht es immer noch, sich anmutig in ihre Lumpen aus rotem Wollstoff zu hüllen.

Taieb, der nicht im geringsten an der Identität von Si Mahmud aus Constantine zweifelt, zwinkert mir vergnügt zu und legt seine eben noch zur Schau getragene würdige Haltung ab.

– Hassuna kommt aus der Gegend des Dschebel Amour, aus dem Land der schönen Mädchen.

Taieb liegt halb aufgerichtet auf einem zerschlissenen Wollkissen, um die Beduinin besser betrachten zu können, und in gespielter Zärtlichkeit fragt er:

– Erinnerst du dich, vor zwei Jahren, in Duveyrier?

Hassuna leugnet empört, aber sie kann ein verwirrtes Lächeln nicht unterdrücken, das sie Lügen straft.

– Was, in Duveyrier? Du spinnst wohl ... du Lügner. Zwischen dir und mir gibt es nur die Freude ...

– Aber sicher! Gibt es etwa eine grössere Freude als das? Sag? Du bist wie der heuchlerische Vogel, der Eier legt und davonfliegt und seine Brut verleugnet! Wenn nicht ich dich kenne, wer denn sonst?

– Mein Vater, der mich gezeugt hat!

– Nicht so gut wie ich, denn ich habe dich besessen, als du noch jung und hübsch warst!

Sie hören nicht auf, sich in diesem Ton unbarmherzig zu necken, doch in ihren Worten liegt nichts Obszönes.

Ich glaube, wenn ich nicht da wäre, würde Taieb sein Spiel noch weitertreiben, ungeachtet Hassunas verwelkter Schönheit.

Sie schenkt uns Kaffee ein, schaut Taieb in die Augen, der mit einer ausdrucksvollen Armbewegung so tut, als wolle er sie in seinen Armen zermalmen.

Tidschani kommt nach Hause. Er scheint keineswegs erstaunt, uns im Zelt in Gesellschaft seiner Frau vorzufinden.

Dieser Tidschani ist ein zerlumpter Kerl in alten europäischen Klamotten und einer Schaschiyya.

Und doch, er ist einer der heimlichen Helden der Schlacht von Chaabeth-Hamra, bei welcher der Gefreite Marschall sein Leben gelassen hat.

Tidschani lieh sich zum Spass eine Flinte von einem Juden und zog zu Fuss los, folgte als einfacher Zivilist im Laufschritt den reitenden Spahis, die hinter einer Dschesch her waren.

Während der Mann sein Maultier holen geht, will das aufgeweckte Weib alles über uns wissen und erzählt von ihrem Leben hier, in dieser Gegend, wo täglich das Schiesspulver raucht, doch sie wirkt erstaunlich unbekümmert. Sie lacht, während sie von den ganz in der Nähe, in der Wildnis des M'zi versteckten Dschyusch spricht.

Sie fügt scherzend hinzu, unter den Aufständischen der Uled-Abdallah gebe es zwei stolze, stattliche junge Männer, sie würde die beiden sehr gern in ihr Zelt einladen ... doch sie fürchte den Dolch ihres Mannes.

Sie plaudert munter drauflos, mit tausend neckischen Anspielungen an die Adresse von Taieb. Manchmal allerdings, wenn sie vom heimatlichen Dschebel Amour spricht, gleitet eine Art wehmütiger Schatten über ihr vorzeitig gealtertes Gesicht. Seltsame Begegnung, diese verbrauchte, leidgewohnte Frau in diesen kriegerischen Zeiten inmitten der staubigen, steinigen Landschaft.

Die Zousfana, eine graugestrichene Eisenbrücke, sehr hässlich und sehr fehl am Platz inmitten des Schilfs, des wuchernden Alfagrases und der Oleanderbüsche.

Der Oued führt schmutziges und rötliches Wasser über weisse Kieselsteine, und in der Mitte der Strömung rinnt der schmale, klare Streifen einer nahen Quelle.

Die Zousfana, die mit dem von Osten kommenden Guir in Igli den Oued Saoura bildet, trocknet nie aus. Ihre Ufer hinter den Barackengebäuden des Bahnhofs und des kleinen, von den Feldschützen bewachten Burdsch grünen mitten im Sommer.

Die Luft ist hier warm und feucht, weisslicher Dunst verschleiert die Ferne.

Dahinter, links, öffnet sich die grosse Ebene von Djenane-ed-Dar: ein roter, klarer Horizont, und in sehr grosser Entfernung die Umrisse des Mdaouer-Sidi-Moumène, ein geometrisches, quadratisches Hochplateau, das sich im Süden abzeichnet. Wir dringen zwischen kahlen Hügeln in das staubige Tal von Beni Ounif ein, das sich im Osten auf einen glühenden Horizont öffnet.

Wie wenig dieser staubige und steinige Landstrich dem geliebten Südosten gleicht, der Gegend des blendendweissen Grossen Erg, dem Land der reinen und flimmernden Dünen im Souf und der riesigen Schotts und der geheimnisvollen Palmenhaine am salzigen Oued Rhir!

... Rechterhand liegt Figuig inmitten einer von hohen, sanft geschwungenen Bergen umgebenen Arena ... Palmenhaine, nichts als Palmenhaine, das schwarze Gesprenkel der

Dattelpalmen gegen einen leeren Hintergrund von undefinierbarer, aber intensiv leuchtender Farbe.

... Endlich, Beni Ounif, der kleine Bahnhof mit der ergreifenden Melancholie der Geleise, die abrupt in die Unendlichkeit münden.

Rechts das blendendweisse, verwahrloste, langgestreckte Gebäude der Redoute.

## KLEINE FATIMA

Die Kinder, das einzige Zeichen von Leben, das einzig Heitere in der Stille der Totenstadt, in der wehmütigen Versunkenheit des Ksar.

Die ganz kleinen vor allem sind drollig, fast alle schwarz, nackt unter dem zu kurzen Hemdchen, und mit einem langen schwarzen Kraushaarbüschel mit eingeflochtenen weissen Muscheln und Amuletten in der Mitte ihrer glattrasierten Köpfe.

Sie haben schnell gelernt, die Offiziere um Kupfermünzen anzubetteln. Sie hüpfen herum, stampfen mit den Füssen, stürzen sich mit dem Liebreiz kleiner Tiere auf die Vorübergehenden. Dann prügeln sie sich um die paar Münzen, die man ihnen zuwirft, wälzen sich verbissen im Staub.

Die kleine Fatima ist die unbestrittene Anführerin.

Sie ist vielleicht elf. Ihre noch kindlichen, katzenhaft geschmeidigen Glieder verschwinden unter dem zerlumpten Kleid aus grüner Wolle, das über der schmächtigen Brust von einer kostbaren Spange aus getriebenem Silber zusammengehalten wird, die mit einer tiefroten und ungewöhnlich geformten Koralle verziert ist.

Klein-Fatima ist ein Mischblut. Ihre Haut hat eine warme kupferfarbene Tönung, ihr rundes Gesicht mit den samtenen Wangen, ihre schmachtenden Augen und die bereits sinnlichen Lippen wirken herausfordernd und gleichzeitig sanft. In ein paar Jahren wird Fatima sehr schön und sehr zügellos sein.

Sie führt den lärmenden Schwarm der bernsteinfarbigen oder schwarzen Kinder an, sie tobt zwischen den Ruinen herum und lacht perlend wie eine ausgelassene Nymphe. Sie taucht plötzlich am Rand einer eingestürzten Balustrade auf, unerschrocken, oder auf dem Grat einer zerbröckelnden Mauer. Sie fleht, sie schmeichelt wie ein Kätzchen, sie lächelt.

Einmal habe ich gesehen, wie sie zum Dank die Hand eines Rumi zwischen ihre warmen Händchen nahm, und sie sagte zu ihm: „Ich mag dich sehr, ya Sidi." Der Mann lächelte und deutete diese Zärtlichkeit als Wunsch nach mehr Geld. Doch die kleine Fatima verzog traurig das Gesicht und antwortete ihm mit vorwurfsvollem Kopfschütteln:

„O nein, nicht deswegen. Ich mag dich, einfach so, in Gottes Namen!" Was auf arabisch bedeutet, dass ihre unerwartete Zärtlichkeit keine bestimmte Absicht verfolgt.

Seltsames kleines Mädchen, das wie die verlockende, doch trügerische und vergängliche Seele der rötlichen Ruinen ist.

## SIDI SULIMAN

Ich fühle mich heute auf seltsame Art und intensiv in alte Zeiten zurückversetzt, in vergangene Jahrhunderte. Ich habe das Grab von Sidi Suliman bu-Semakha besucht, an einem fieberheissen Tag.

Eine kluge Politik, die der Verletzlichkeit der Muslims Rechnung trägt, hat bis zum heutigen Tag die Unantastbarkeit der Qubba geschützt; kein Christ, auch kein Offizier, hat sie je betreten.

Mich, weil ich Muslim bin, hat man hierhergeführt, denn Sidi Suliman gilt als der grosse Linderer der Kranken.

Ich gehe mit Ben Scheich an das Grab des grossen Marabut.

Am Ende eines langen, mit Fliesen belegten Korridors wenden wir uns nach rechts und ziehen die Schuhe aus.

Wir sind in der Kapelle, unter der Kuppel.

Das Grab liegt in der Mitte eines kleinen, von oben geheimnisvoll erhellten, makellos weissen Raumes. Es ist aus Holz, pyramidenförmig, mit roten und grünen Seidentüchern bedeckt.

Diese seidenen Stoffe mit ihren verblassten Farben, die im blauen Zwielicht noch sanfter wirken, atmen, wie alles in diesem Raum, den grossen Zauber des Vergänglichen.

Ein geschnitztes Holzgitter, von der Zeit so brüchig, dass es bei der kleinsten Berührung zerfällt, umgibt das Grab, umschliesst es ganz dicht. Schwere Rosenkränze aus duftendem Holz mit Perlen wie kleine Äpfel so gross hängen am Kopfende und zu Füssen des Heiligen Grabes.

Ein bizarrer Zufall hat eine altmodische europäische Standuhr hier hingestellt, deren hölzerner Kasten mit einfältigen zinnoberroten, indigoblauen und goldenen Blumenmustern bemalt ist.

Auf welcher Pilgerfahrt, durch welche Launen des

Schicksals ist diese Uhr hier gelandet, in diesem Heiligtum in der Nähe von Figuig? Erinnerung an einen räuberischen Überfall an der Küste Italiens oder Portugals vielleicht, und als Exvoto mit einer Karawane quer durch ganz Marokko hierhergebracht ...

Die Zeiger sind an einem längst vergessenen Mittag – oder vielleicht war es Mitternacht – stehengeblieben, und nichts vermag nunmehr die andächtige Stille zu stören.

Kleine Bienenwachskerzen und glimmendes Benzoeharz erfüllen den Raum unter der niedrigen Kuppel mit schwerem Duft.

Eine greise Gestalt, ganz in Weiss und ganz gebückt unter langen, makellosen Schleiern, nimmt die Ziyara entgegen, die Opfergabe, und die gemurmelten Segenssprüche, die erloschene Stimme, die von weit her zu kommen scheint, begleiten uns.

Wir treten ins Freie, und das strahlende Licht über der nackten, einzig von zahllosen Gräbern übersäten Ebene blendet mich ...

## MARYAMA

Ein wolkenverhangener Himmel, milchig, gleissend, eine strahlenlose, matte Sonne, die trotzdem unbarmherzig brennt. Auf dem Staub, der alles bedeckt, auf den weissen oder grauen Häuserfronten ein trüber, blendender Widerschein, der von einem inneren Schmelzofen auszugehen scheint. Über den gezackten Kämmen der kahlen Hügel brüten dunkle Flammen, und rötlichbraune Schwaden ballen sich hinter den Hügeln von Figuig zusammen.

Nichts glänzt, nichts lebt in all diesem wabernden Licht. Nur hin und wieder weht Dürreatem von einem unsichtbaren Schmelzofen irgendwo in der Wüste und treibt kleine Staubwirbel vor sich her, die schnell gegen Osten ziehen und sich im Tal verflüchtigen.

Am Bahnhof, zwischen den schwarzen Wagen und den löchrigen Zäunen, warten die Leute auf den Zug, ermattete Europäer, Araber in stoischer Haltung.

Pferde und Maultiere senken ergeben den Nacken, stehen da, mit hängendem Kopf und blutenden Nüstern.

Und über allem eine unsägliche, alles durchdringende, lastende Stille. Diese Stille ist weder Ruhe noch Wohltat, sondern krankhafte, fast erstickende Erschlaffung.

Das war einer meiner ersten Eindrücke von Beni Ounif.

... Kein Anhaltspunkt, kein fremdes Bild, das sich zwischen meine Sinne und die Dinge schob, keine überflüssigen Erklärungen, während ich ganz allein durch diese mir noch unbekannte, gottverlassene Gegend irrte.

Am Ausgang des Dorfes, in Richtung Bahnhof, die Ruine einer hohen, wie schmelzendes Metall grauen Mauer. Dahinter, auf der anderen Seite der blauen Geleise, die in einen roten Graben münden ... nichts, nur die mit schwarzen Steinen übersäte Ebene und noch mehr Staub ... eine unendliche, glühende Öde. Dicht am Fusse der Mauer ein schmaler, blasser Streifen Schatten, doch keine Kühle.

Dort sass Maryama, zusammengekauert vor einem kleinen Haufen Abfall und rostigem Eisen.

Eine nackte, gekrümmte, verwahrloste Gestalt, schlaffe, hängende Brüste, dunkle, faltige Haut, an der Erde und Kot klebten. Ein geschorener Krauskopf, ein eingefallenes, faltendurchzogenes Gesicht, ein breiter Mund mit wulstigen Lippen, dahinter kräftige, gelbe Zähne, hervorquellende Augen, verwirrte Augen eines kranken Tieres: eine traurige, affenartige Maske des Schmerzes, der Angst und des Wahnsinns.

Sie schaukelte eigentümlich mit dem Kopf, während sie mit ihren langen, knochigen Fingern in den Lumpen herumwühlte.

Und sie sprach pausenlos vor sich hin, in einer unverständlichen Sprache mit fremdartigen Konsonanten, von der man mir später sagte, es sei Guri, die nirgends festgehaltene Sprache der Schwarzen in der Sahara und im Sudan.

Ich sprach sie an. Ihr Gemurmel hörte nicht auf, steigerte sich zu einer Art aufgeregter Klage.

Ich streckte ihr die Hand hin. Sie nahm sie und zog aufgeregt an meinen Fingergliedern, ohne ihr Geplapper zu unterbrechen. Ihr Gesicht verzog sich zu entsetzten Grimassen, als quäle sie ein Alptraum.

Ein Mann aus Figuig, der vorbeikam, wandte sich zu mir:

– Weisst du, diese Frau ist nicht von hier. Sie war Sklavin, bei einem Muslim in Mecheria; sie war verheiratet; sie hatte einen Sohn namens Mahmud. Schau, wie das Schicksal einem mitspielt: Diese Maryama war fromm, ruhig, vernünftig. Sie genoss den Ruf einer tugendhaften Frau. Dann nahm ihr Gott eines Tages den Sohn. Da verlor sie den Verstand und floh, allein und nackt. Sie hörte auf, arabisch zu sprechen, und nahm wieder die Sprache ihrer Vorfahren an, die von sehr weit her gekommen waren, viel weiter als Tiout. In diesem Zustand irrte sie durch das Land, durch die Dörfer, und lebte von der Barmherzigkeit der Gläubigen. Man hat sie nach Oudarhir zurückgebracht, nach Figuig, in ein Ksar, wo fromme Muslime sich um sie kümmerten. Doch sie kehrt immer wieder nach Beni Ounif zurück. Sie schläft unter einem Bretterstapel. Doch die Kinder schrecken sie dort auf und quälen sie. An den Sonnabenden, wenn die Legionäre betrunken sind, vergessen sie, dass sie eine arme, unschuldige Kreatur ist und vergewaltigen sie, ungeachtet ihrer Klagen und Schreie ... Der Mensch ist wie ein reissendes Tier, wenn er betrunken ist ... Gott bewahre uns vor einem so grausamen Schicksal wie dem ihren!

... Ein strahlender Morgen. Der drückende Schirokko, der tagelang rote Asche über die Ebene streute, hat sich gelegt.

Im Morgengrauen hat ein leichter Nordwind den Staub von den Dattelpalmen geschüttelt, die nun im Tal, rund um die Dörfer aus ockerfarbenem Lehm, wieder ihr grünes Blätterkleid tragen.

Der Tag erhebt sich durchscheinend, zartgrün schimmernd. Die Feldschützen marschieren vorbei, in Richtung des Oued, wo ein paar Palmen und Oleanderbüsche auf einem schmalen Streifen Blutsteinerde wachsen.

Die Musikanten in weissen Uniformen mit ihren funkelnden Blechinstrumenten sind auf dem Weg zur täglichen Probe, bis um neun werden schmetternde Trompeten, näselnd klagende Dudelsäcke und dumpfe Trommelwirbel die Echos des schlummernden Tales wecken.

Sie marschieren durch das Dorf, und das heitere Licht der morgendlichen Stunde liebkost die muskulösen Nacken der Soldaten, setzt ein Lächeln auf ihre dunklen Gesichter, in denen die weissen Zähne blitzen.

Mit einer plötzlichen, präzisen Bewegung heben alle Arme gleichzeitig die Instrumente, und eine helle, sorglos heitere Musik erklingt.

Plötzlich taucht Maryama wie eine schwarze Drahtpuppe aus dem Schatten auf. Jemand hat ihr eine zerschlissene Gandura übergezogen, einen alten, mit verblichenen blauen Bändern geschmückten Strohhut auf den Kopf gesetzt.

Sie geht vor den lachenden Musikanten her, sie tanzt, sie hüpft, stösst kurze, gellende Schreie aus wie ein verängstigter Affe. Ihre Bewegungen werden schneller, sie schüttelt sich frenetisch, während sie nach und nach die Gandura zerfetzt, sie tanzt unbeirrt weiter, nackt, nur mit dem Hut auf dem Kopf, der unter dem Kinn mit einer Schnur festgebunden ist.

Maryama begleitet die fröhlich im wolkenlosen Morgen marschierende Militärmusik bis zur Ziegelei.

... Ein friedlicher Tag über der stummen Wüste, über dem Dorf. Ein leichter, perlmutterner Dunst verschleiert den Himmel, an dem die Zugvögel in raschem Flug vorbeiziehen. Im ausgetrockneten Bett des Oued sitzt Maryama zwischen den schwarzen Steinen, unter dem spitzen grünen Blätterwerk der bläulichen Dattelpalmen.

Sie hat die Sträucher wie für ein bizarres Götzenritual mit buntem Flitterkram geschmückt, den sie in den Strassen aufgelesen hat.

Ihre langen, mageren, hocherhobenen, knotigen Arme schwenken an Stelle eines Tamburins einen alten Kanister, auf dem sie den Takt schlägt.

Sie singt mit schriller, kreischender Stimme, es ist ein unverständlicher Singsang, eine monotone Melodie.

Säuerlicher Rauch steigt in grauen Spiralen aus einem kleinen, glimmenden Feuer aus Kameldung, das die Irre unter den Bäumen angezündet hat.

Aus der Erde strömt ein fader Verwesungsgeruch, überall liegen Knochen herum, eine grosse Blutlache schillert faulig ... der Ort hier dient als Schlachtplatz.

Doch Maryama sieht nichts von der ekelerregenden Umgebung, die schmutzigen Schweine, die mit ihren gierigen Rüsseln in den blutigen Abfällen wühlen, das geronnene Blut auflecken. Sie riecht den widerlichen Todesgeruch nicht. Sie betet, sie psalmodiert, sie weint, versunken in der finsteren Einsamkeit ihrer verdunkelten Seele, für immer von der menschlichen Gemeinschaft ausgeschlossen.

... Ich bin Maryama an einem der letzten Abende noch einmal begegnet. Es war sehr spät; der abnehmende Mond stieg über der blauen Ebene auf, blass, fast nur angedeutet. Und Maryama tanzte, einsam ... eine nackte, schemenhafte Gestalt auf einer niedrigen Düne.

## EIDECHSEN

Der Wind weht Sand gegen die zerfallenen Mauern, welche von der Zeit vergoldet und in ein bizarres Spitzengewebe verwandelt worden sind.

Sattes Grün leuchtet in den tiefergelegenen Gärten, wo die Leute aus dem Ksar in der feuchten, lehmigen Erde Dattelpalmen gepflanzt haben, und die kräftigen Baumkronen neigen sich zu schattigen Arkaden.

Der Herbst ist angebrochen, unter den Palmen spriesst zartes Gras. Im Schatten der alten Mauer ist die Luft von leicht salziger Frische. In der noch warmen Sonne säuselt der Wind.

Die Fallakun haben diesen einsamen Palmgarten aufgegeben. Kein Geräusch dringt bis hierher, tiefe, wohltuende Stille umgibt mich, eine Art langsames Versinken in die so ersehnte Schwerelosigkeit.

Ich liege im Sand, seit wenigen Minuten oder seit Stunden, ich weiss nicht mehr. Die kleinste Bewegung würde den Einklang meiner innersten unbestimmten Empfindungen stören.

Loupiot, mein schwarzer, rauhhaariger Vorstehhund, der in einer Kaserne zur Welt gekommen und getauft worden ist, teilt meine Einsamkeit. Er sitzt da wie eine Säulenfigur und lauert auf undeutliche, sich irgendwo in der Ferne bewegende Gestalten.

Die Sonne hat den Zenit überschritten, gleitet schräg über die Mauer, wo das Regenwasser kleine, schwärzliche Rinnen gegraben hat.

Da schlüpfen die Eidechsen aus ihren Löchern, genau gegenüber von mir, um sich auf den geriffelten Ziegeln von der Sonne wärmen zu lassen. Träge liegen sie da, und ich schaue ihnen lange fasziniert zu.

Es hat winzigkleine darunter, aschgrau und nadeldünn, sie spielen, verfolgen einander, wendig, geschmeidig, und werfen blitzschnelle, kaum angedeutete Schattenringe.

Andere, grössere und leicht bläulich schimmernde, machen sich ganz flach und blasen atmend ihren faltigen Kropf auf. Die schönsten räkeln sich in seltenen Farben wie lange, giftige Blüten. Vor allem die sehr dicken, die von einem reinen Smaragdgrün sind, ihr Leib ist über und über mit kleinen goldenen Pusteln besetzt ... ähnlich wie Libellenaugen. Purpurrote Linien zeichnen komplizierte Muster auf ihren flachen Köpfen.

Sie geben sich ganz der Wollust der Wärme hin, träge ausgestreckt, mit schlaff herunterhängendem Schwanz. Unbeweglich liegen sie da, schläfrig, glücklich, ohne sich jedoch fallen zu lassen. Manchmal öffnen sie das Maul zu einem wohligen Gähnen. Sie scheinen für die kindliche Geschäftigkeit der kleinen grauen Eidechsen nur Verachtung übrigzuhaben, die unermüdlich im Kreis herumflitzen, als seien sie von Schwindel erfasst.

Plötzlich entdeckt sie der Hund.

Er steht auf und nähert sich langsam, vorsichtig, geräuschlos. Er streckt seine samtene Schnauze vor, neugierig, mit gespitzten Ohren.

Er setzt sich vor die Mauer und betrachtet erstaunt die spielenden Eidechsen.

Doch jetzt neigt sich die Sonne dem Horizont zu und wirft den unförmigen Schatten des Hundes auf die Sippe der friedlichen Tiere.

Die Eidechsen fliehen aufgeregt, behende, verschwinden in den Ritzen des alten Gemäuers, in den schattigen Schlupfwinkeln.

Die Mauer liegt verlassen da, mattgolden im Lichte der Abendsonne ...

## DUAR DES MAKHZEN

Wie Oued-Dermel, wie Aïn Sefra, wie alle Garnisonen in der Region, hat auch Beni Ounif ein Duar, das zum Makhzen gehört, ein Dorf aus gestreiften Zelten auf der nackten, staubigen Erde.

Es macht einen sehr friedlichen und ziemlich schläfrigen Eindruck, dieses im Südosten, etwas abseits des Ksar liegende Lager am Rande der Gärten. Und dennoch, Intrigen, heimliche Romanzen, ja sogar Tragödien verstecken sich hinter der trügerischen Ruhe.

Angehörige des Stammes der Beni-Amour aus Aïn Sefra, Hamiyan aus Mecheria, Trafi aus Geryville ... viele Mokhazni sind verheiratet und bringen Kind und Kegel mit, die sie oft monatelang hier zurücklassen müssen.

Die Mokhazni – freiwillige Reiter, Kuriere, Hilfssoldaten ohne reguläre militärische Ausbildung – sind von allen eingeborenen Soldaten, die Frankreich in Algerien rekrutiert, die urwüchsigsten und hüten unter dem blauen Burnus die alten überlieferten Bräuche.

Sie bleiben meist dem muslimischen Glauben treu, im Gegensatz zum Grossteil der Feldschützen und zu vielen Spahis. Fünfmal am Tag sieht man sie zum Gebet in die Wüste gehen, ernst, gleichgültig gegenüber allem, was um sie herum geschieht; es ist ein sehr eindrücklicher Anblick, diese Männer in ihrer andächtigen, in sich gekehrten Haltung zu dieser feierlichen Stunde ...

Dennoch, durch das Zusammenleben mit den Soldaten nehmen viele Mokhazni etwas vom oberflächlicheren, unzufriedeneren Geist der eingeborenen Landser an. Ohne jeglichen inneren Nutzen davon zu haben, legen sie diesen oder jenen patriarchalischen Brauch ab, verlernen die an blumigen Ausdrücken reiche Sprache der Nomaden. Mit der Zeit betrachten sie schliesslich ihre Zelte fast ein wenig als improvisierte Bleibe.

Die Liebeshändel, die bereits im heimatlichen Duar eine

wichtige Rolle spielten, haben hier, im harten, ruhelosen, mühseligen Dasein dieser Männer, in der ständigen Bedrohung, in der Ungewissheit, einen grösseren, einen gefährlicheren Reiz.

Leider lockern sich die Sitten, und im Duar des Makhzen erlaubt man sich fast öffentlich, was in der Heimat nur unter dem Siegel der Verschwiegenheit möglich war, in der Dunkelheit der Nächte, wo Liebe und Grab gleich nebeneinander liegen ...

Allabendlich versammeln sich die verführerischen Tätowierten mit der goldenen Haut und dem feurigen Blick in ihren schönen bunten Kleidern aus purpurfarbenem oder dunkelblauem Wolltuch in kleinen Gruppen in der Nähe des Oued.

Sie plappern und lachen, solange sie unter sich sind, doch wenn ein Muslim vorübergeht, verstummen sie und setzen ernste Mienen auf.

Die Reiter in blauen oder roten Burnussen, die ihre ungestümen kleinen Pferde zur Tränke führen, gehen so nahe wie möglich an dieser Quelle der Wollust vorbei. Kein Wort zwischen ihnen und den Beduinenfrauen. Und doch werden durch heimliche Gesten Versprechen, Weigerungen, Geständnisse ausgetauscht.

Der Mann, sehr ernst, streicht mit der Hand über seinen Bart. Das bedeutet: Man möge mir den Bart abrasieren, mich des sichtbaren Attributs meiner Männlichkeit berauben, wenn es mir nicht gelingt, dich zu besitzen!

Die Frau antwortet mit einem Lächeln in den Augen, mit einem neckenden, verneinenden Kopfschütteln. Dann, hastig, verstohlen, denn sie misstraut sogar ihren Gefährtinnen, deutet sie eine leichte Handbewegung an.

Das genügt, das Versprechen gilt. Ihn wird es etwas Flitterkram kosten, den er beim Mozabiten kauft, oder ein paar weisse Tücher, nicht viel.

Und dann, später, wird die Leidenschaft von den zwei Liebenden Besitz ergreifen, diese ganz besondere arabische Leidenschaft vielleicht, eifersüchtig, quälend, die oft an Wahnsinn grenzt und die Männer aus ihrem üblichen Gleichmut reisst.

So ist das Duar nicht nur das Lager abgebrühter, tapferer Soldaten, sondern gleichzeitig auch eine kleine Stadt vergänglicher und gefährlicher Liebesabenteuer, denn die Flinten sitzen locker, und es ist sehr einfach, die Schüsse irgendeiner Dschesch zuzuschreiben ...! Das Blad hat kein Echo.

Die ledigen Mokhazni schlafen unter freiem Himmel im behelfsmässig eingerichteten Hof des Arabischen Büros.

Selbst die Wachen dösen, in ihre Burnusse gehüllt, mit der vollkommenen Sorglosigkeit der Leute aus dem Süden, die seit Urzeiten daran gewöhnt sind, im Schatten der Nächte die nahe Gefahr zu wittern.

Und es sind oft diese frauenlosen Mokhazni, die am kühnsten die Zugänge zum Duar verunsichern und am häufigsten im Gebiet ihrer verheirateten Kameraden wildern, die sie beneiden und gleichzeitig auch ein bisschen verachten, die gehörnten Ehemänner ...

## SAHARAMELODIE

Zwei Mokhazni aus dem Bezirk Geryville, blutjunge Steppensöhne der unendlichen Horizonte, sitzen einander gegenüber und stimmen ein Lied an, einen klagenden Singsang; der Refrain besteht aus einem langgezogenen, traurigen Schrei, der in verzweifeltes Röcheln übergeht.

Zuerst scheinen sie fast zu schlafen, sie sitzen mit geschlossenen Augen da, ganz entrückt, und ihre Stimme ist wie das Murmeln von fliessendem Wasser:

„Gestern habe ich geklagt, habe ich geweint, stundenlang ... Ich sehne mich nach meinem Zelt ... Ich sehne mich nach meiner Gazelle ... Heute lächelt mir die Sonne zu ... Und der Kummer ist aus meinem Herzen verflogen."

Die Stimmen werden kaum wahrnehmbar lauter, fester, schneller.

„Still, ach mein Herz, und weine nicht, ach mein Auge! ... Die Tränen nützen nichts ... Nichts vermag zu erzwingen, was nicht geschrieben steht ... Und niemand vermag abzuwenden, was geschrieben steht ... Unser Land ist Blad el-Barud ... Unser Grab ist im Sand vorgezeichnet ... Ruhig, ach meine Seele, schweig, bis deine Wunde heilt ... Und sollte sie nicht heilen, tröste dich und warte auf den Tod ..."

Da erhebt sich aus dem Kreis der Mokhazni eine andere Stimme, rauher, heiserer, eine verzweifelte Klage über das Los des muslimischen Kriegers:

„Gott hat mich verlassen, weil ich ein Sünder bin ... Ich habe mein Volk verlassen, ich habe mein Zelt verlassen ... Ich trage den blauen Burnus ... Und das Gewehr ist meine Geliebte ... Bald werden wir weiterziehen, weit weg von hier, hat man uns gesagt ... Mein Herz ist mein Bote, er kündigt mir den nahen Tod an ... Morgen wird die Stunde schlagen ... Der Engel des Todes wird mich bei der Hand nehmen ... Wird es die Kugel eines in Lumpen gehüllten Guil sein, die mich niederstreckt, oder die eines unbarmherzigen Filali ...? Gott allein weiss es ... Wer wird über mir das Totengebet sprechen? ... Wer wird über meinem Grab weinen? Der Tod ist nah, und niemand wird sich meiner erbarmen."

Immer mehr Stimmen erheben sich in der Stille der Nacht, und Rohrflöten weinen, sehnsüchtig, klagend.

„Gestern habe ich stundenlang geweint
Ich sehne mich nach meinem Zelt
Ich sehne mich nach meiner Gazelle
Heute steht die Sonne am Himmel
Und lächelt mir zu ...
Die einen sind nach Tafilalt gegangen
Die anderen nach Béchar
Viele sind dabeigewesen,
Und Gott hat sie beschützt
Am blutigen Tage
Von Timimoun und El Mungar
Und jene, die ihr Zelt nie verlassen haben
Sind dennoch gestorben ...
Unser Leben liegt in Gottes Hand
Und Tod gibt es nur einen
Denke nicht darüber nach
Verbirg keine heimlichen Gedanken
In deinem Herzen
Unser Land ist Blad el-Barud
Unser Grab ist im Sand vorgezeichnet
Und es wartet auch auf dich, o Sohn Maymuns ...!"

Liebenswürdige Lächeln auf entspannten Gesichtern, ernste und feierliche Gebärden unter den weissen Schleiern. Stille und Andacht in den weitläufigen Höfen, wo Männergestalten wie Traumbilder geräuschlos vorbeihuschen. Gemurmelte Gebete, ekstatische Hingabe ... Zeitlosigkeit der Dinge durch die Jahrhunderte ...

Auf den ersten Blick nimmt man nichts anderes wahr in den alten Zawaya im Westen des Landes, den einzigen uneinnehmbaren Festungen in diesem Sturm, der rundherum und zwischen den Ruinen einer zusammenbrechenden Welt tobt.

Und dennoch, hinter dieser Fassade stolzen Gleichmuts, hinter dieser Unerschütterlichkeit gegenüber weltlichen Dingen verbergen sich geheimnisvolle Ränkespiele, die in Marokko oft mit Blutvergiessen enden, jahrhundertealter Hass, vollkommene Hingabe neben verräterischer Arglist, gefährliche Leidenschaften, die in den Herzen schlummern, unterschwellig gärende Kriege und Blutvergiessen.

Doch um diese verborgenen Dinge erkennen zu können, muss man Zugang zu den Zawaya haben, muss man dort leben und etwas Vertrauen geniessen, denn von aussen betrachtet scheint alles friedlich und weiss ...

Nach einem warmen, gewittrigen Tag ein schwüler und ruhiger Abend, ungewohnte Bedrücktheit in der Stille der alten Zawiya von Bou-Amama.

Die Sonne geht ohne den gewohnten strahlenden Lichterzauber, ohne das zarte Spiel der Farben in einem intensiven Lodern unter, wechselt übergangslos vom blutigen Rot des

Horizonts zum schwefligen Grün des Zenits, in dem ein paar blassrosafarbene Wolken segeln.

Der nahe Palmenhain löst sich in einem diffusen, tiefblauen, schon fast schwarzen Schatten auf, während auf den zerzausten Gipfeln der Dattelpalmen noch ein paar goldorangene Flammen züngeln.

Auf der anderen Seite der niedrigen Hofmauer liegt die grosse Ebene, die sich von Figuig bis zum steilen Dschebel Grouz erstreckt, sandig, fast flach, fahl glühend wie eine riesige, mit glimmender Asche bedeckte Feuerstelle.

Weiter rechts, etwas tiefer, erhebt sich mitten in einem kahlen, steinigen Tal die Qubba von Sidi Abdalqadir Mohammed, dem Schutzheiligen von Figuig. Die grosse weisse Kuppel färbt sich wie überhitztes Kupfer, und über die Mauern fliesst der Widerschein von schmelzendem Metall.

Gegenüber, in sehr grosser Entfernung, unter den flammenden Spitzen der Berge, eine kaum erkennbare schwarze Linie: die Palmenhaine von Aïn-Chaïr. Etwas näher, Ksar el Beïda, die Kaserne des Makhzen, die einsam in der bereits verblassenden Ebene glimmert und funkelt.

Linkerhand, im Westen, die finstere Mauer des Grouz und die steilabfallende, lodernde Silhouette des Dschebel Melah. Eine prächtige Kulisse, vor deren Hintergrund sich ein märchenhafter Lichterzauber abspielt.

Bald wird es Nacht sein.

Von den hohen weissen Minaretten ertönt der langgezogene Ruf zum Sonnenuntergangsgebet. Grosse, fliehende, blaue Schatten kriechen aus den Erdmulden und umhüllen die Gipfel, die nach und nach von durchsichtigem Azur überflutet verblassen.

Da tauchen plötzlich unerwartet und beunruhigend etwa zehn hagere, abgezehrte, in undefinierbare, zerlumpte Burnusse gehüllte Männer auf ... hasten verstohlen die Mauer entlang. Sie sind mit Mausergewehren bewaffnet und treiben ein paar magere Schafe vor sich her ... Neben mir beendigt ein Bedienter der Zawiya sein Gebet, in seinen unergründlich dunklen und ernstblickenden Augen liegt verwirrende Zärtlichkeit.

– Si Mohammed, sage ich zu ihm, wer sind diese Männer?

– Ach, nichts, nur Hirten aus Melah.

– Aber sie tragen doch den Schleierturban der Beni-Guil?

– Nein, sie gehören zu den Unseren. Sie kleiden sich wie die Beni-Guil, weil sie lange Zeit dort unten gelebt haben, im Schott ...

Doch Si Mohammed erhebt sich hastig und verschwindet hinter einer Biegung des Flurs. Draussen wird es langsam Nacht, und die Hirten, die eher aussehen wie Strassenräuber, biegen mittlerweilen in die überdachten Gassen von Hammam-Foukani ein. Nach kurzer Zeit höre ich Gemekker im Hinterhof der Zawiya.

Si Mohammed kommt schlurfend in seinen gelben Lederpantoffeln zurück und erklärt:

– Die armen Teufel haben arg zu leiden unter dem Krieg, sie sind hergekommen, um ihre Schafe zu verkaufen und den Segen des Scheichs und seiner Ahnen zu erflehen – Gott möge ihnen diese Gnade gewähren! –, sie haben keine andere Zuflucht als dieses Haus ...

Ein langer Saal mit nackten Wänden, auf dem Fussboden dicke Wollteppiche und ein paar längliche Kissen aus gelbem und grünem Seidenbrokat mit goldenen Blumenmotiven.

Eine einzige Kerze flackert in einem hohen bronzenen Leuchter und erhellt den Raum. Das sanfte Licht fliesst in purpurnen, in grünen Wellen über die Teppiche, wirft violette, wirft braunrote Schatten, je nach den warmen, satten Farben der Webmuster.

Ein blassgrüner Blitz zuckt über den bauchigen Wasserkessel aus rotem Kupfer auf einem hohen Dreifuss, der in einer Ecke des Raumes steht. Am Boden glänzt ein kleines Tablett wie ein blasser Mond. Diamantenes Wasser perlt aus einem schimmernden Kristallkrug, daneben das bunte Geschmeide der kleinen Teegläser ...

Si Mohammed ben Mennwar, Vetter und Schwager Bou-Amamas und derzeit Meister der Zawiya, liegt halbausgestreckt auf dem Teppich. Sein kräftiger, geschmeidiger Körper ist in einen granatfarbenen Burnus gehüllt, ein Hayik aus feinem Wolltuch umrahmt sein dunkles, hageres, scharfgeschnittenes Gesicht mit dem schwarzen, von ein paar ersten weissen Fäden durchzogenen Bart.

... Eine Maske, in der sich Intelligenz, Verschlagenheit und Scharfsinn spiegeln ... liebenswürdig, dann plötzlich wieder unbarmherzig blickende Augen ... ein kaltes Lächeln, oft ironisch. Ziemlich lebhafte Gestik, welcher der salbungsvolle Ernst und die einschüchternde Unnahbarkeit der Marabuts im Süden abgeht.

Si Ahmed scherzt und lacht gerne. Wenn er mit Europäern zusammen ist, versucht er, deren leichten und spöttischen Ton nachzuahmen. Si Ahmed steht auf der Seite der Franzosen und beteuert seine Ergebenheit.

Wir sind unter uns. Er wirkt besorgt an diesem Abend, und er erzählt mir ausführlich von Mélias und von den Leuten aus Foukani. Ich unterbreche ihn nicht. Si Ahmed, der es sonst meisterhaft versteht, unliebsamen Themen geschickt auszuweichen, spricht an diesem Abend mit ganz ungewohntem Ernst.

Uns gegenüber Ben Scheich, der Wächter von Sidi Suliman, der mich begleitet. Dieser hingegen ist von schmächtigem und eindeutig asketischem Aussehen, eine ungeheure Lebensintensität liegt in seinen unruhig flackernden Augen.

In Gegenwart von Si Mohammed, der den exilierten Meister vertritt, spricht er ganz offen. Auch Ben Scheich hat einen gewissen Einfluss, denn er ist der ergebenste Diener Bou-Amamas in Beni Ounif.

Er erzählt mir, am Morgen seien Gläubige zu einer Wallfahrt zum Marabut aufgebrochen, der seine wandernde Zawiya zur Zeit dort unten aufgeschlagen habe, am Fusse des Dschebel Teldj, fünf oder sechs Tagreisen zu Fuss nordwestlich von Figuig entfernt. Ben Scheich beklagt mit einem tiefen Seufzer das Schicksal, das ihn hier zurückhält, wo er sich doch nichts sehnlicher wünscht, als den Meister wiederzusehen. Dann, zum hundertsten Mal vielleicht, seit ich ihn kenne, meint er mit einem aufmunternden Lächeln:

– Si Mahmud, du solltest Sidi Bou-Amama besuchen. Mit mir und unter dem Schutz von Si Ahmed hast du nichts zu befürchten. Du wirst in seiner Zawiya ein- und ausgehen wie hier. Was Sidi Bou-Amama angeht, er wird dich mit offenen Armen empfangen wie seinen eigenen Sohn ... Du müsstest es wirklich tun, Si Mahmud. Nach deiner Rückkehr könntest du den Franzosen sagen: „Ich habe Bou-Amama gesehen, und er hat mir nichts Böses getan. Er hat mich herzlich aufgenommen, so wie er alle algerischen Muslims aufnimmt.

Er ist kein Feind Frankreichs, alles beruht auf einem Missverständnis ...”

Ich höre ihm zu und antworte ausweichend:

– In scha Allah – wenn es Gottes Wille ist, werde ich hingehen!

Und vielleicht werde ich eines Tages tatsächlich hingehen ...

Stille im Raum. Si Ahmed lächelt versonnen. Ben Scheich scheint sich in die finstere Trauer eines fanatischen Anhängers und treu ergebenen Dieners zu hüllen. Das Kerzenlicht flackert und wirft grosse, unförmige Schatten auf die weissen Wände.

... Ich betrachte die zwei Männer, hinter deren höflichem und anziehendem Benehmen sich Abgründe verbergen, diese Männer, in deren unergründlicher Seele nur ein einziger unbeirrbarer Wunsch schlummert: Bou-Amama zu dienen.

Und so mag ich sie besser, wenn sie wieder sie selbst sind, ernst und schweigsam, im Einklang mit der Stille der nächtlichen Stunde, mit der tiefen Ruhe der heiligen Stätte ...

Die offene Tür geht auf den breiten, gedeckten Laubengang im ersten Stockwerk. Gegenüber hebt sich ein wuchtiger, rechteckiger Pfeiler im rötlichen Widerschein des Kerzenlichtes von der Dunkelheit ab. Eine weisse Gestalt hockt zusammengekauert auf dem Boden. Das Gesicht des schwarzen Dieners ist unter der unförmigen Masse der dichten Schleier nicht erkennbar. Man hört leise Stimmen. Nackte Sklavenfüsse huschen kaum hörbar über den Hof. Eine schwere Bedrücktheit lastet auf der schlafenden Oase und auf der Zawiya.

Die Nacht schreitet voran, drückend, ohne den leisesten Hauch von Kühle.

Si Ahmed zieht sich in seine Gemächer zurück, lässt wie zufällig seinen Revolver im grünen Futteral neben mir liegen.

Ben Scheich hüllt sich in seinen alten Burnus, und ich lege mich neben die offen gebliebene Tür.

In meinem Kopf ziehen vorerst undeutliche Bilder vorbei, die mich vage an Gesehenes erinnern. Dann nehmen sie Gestalt an: Diese mit Gewehren bewaffneten Hirten, die bei Einbruch der Nacht verstohlen die Zawiya betreten haben ... was suchen sie hier? Wie auch immer, an diesem Ort gibt es keinen Grund, sich zu ängstigen ... Ich kann getrost einschlafen.

Doch der Schlaf will nicht kommen.

Es ist erstickend heiss, und Fieberodem liegt in der Luft. Ich stehe auf und gehe geräuschlos nach unten. Im dunklen Innenhof liegen schlafende Männer. Ich entdecke eine weitere halbangelehnte Tür.

Dort, im unbestimmten Licht der Sterne, haben sich die Hirten aus Mélias zum Schlafen hingelegt, das Gewehr als Kopfkissen, den Patronengürtel über dem zerschlissenen Burnus eng um ihre hageren Körper geschlungen.

Abgezehrte, leidgezeichnete, harte schlafende Gesichter, eingefallene Wangen, vor Müdigkeit zugefallene Lider über den hohlen Augen.

In einer Ecke ein weisser, wollener, wogender, unruhig atmender Haufen: die Schafe.

Ich gehe ins Haus zurück und lege mich oben auf der Galerie schlafen. Kurz darauf wachen unten im Hof zwei Diener auf. Sie unterhalten sich mit halblauter Stimme:

– Ziehen die Beni-Guil morgen weiter?

– Sidi hat gesagt, sie würden im Morgengrauen aufbrechen.

Dann reden sie in ihrer Berbersprache, und ich kann sie nur schwer verstehen. Sie sprechen über den Pascha von Oudarhir und von Sidi Bou-Amama.

Die Männer, die ich für Hirten gehalten habe, sind in Wirklichkeit flüchtige Beni-Guil, versprengte Überlebende irgendeiner durch Tod und Hunger aufgelösten Räuberbande, die mit diesen Gott weiss wie erworbenen Schafen von sehr weit her kommen.

Sie bringen Nachrichten von Westen, vom Dschebel Teldj vielleicht, und verproviantieren sich hier.

Doch schliesslich übermannt mich der Schlaf, ein sehr ruhiger und sehr sanfter Schlaf in der etwas kühleren späten Nachtstunde.

Im blassen Morgengrauen, in der Freude des neuen Tages liegt der Hof der Zawiya verwaist da: Die Beni-Guil haben sich mit den letzten nächtlichen Schatten verflüchtigt.

## KINDER ISRAELS

Ganz Figuig schweigt und döst vor sich hin. Weder Schreie noch Lärm in den kühlen, hallenden Gassen, wo die Hufe der Pferde vielfache, ferne Echos wecken.

... Von Palmenzweigen überdachte, düstere Alleen, da und dort von Tümpeln offenen Himmels aufgelockert, durch die der blassgrüne Tag einfällt. Hin und wieder auf einer ockernen Mauer das heitere Spiel eines schräg einfallenden Sonnenstrahles in der beklemmenden Finsternis. Brüske

Wegbiegungen, noch niedrigere und noch düsterere Korridore, die ins Unbekannte vordringen; die Pferde kommen hier nicht durch, wir bewegen uns tastend vorwärts.

Weisse spukhafte Gestalten schleichen lautlos an uns vorbei, andere wieder sitzen unbeweglich wie Statuen auf Lehmbänken zwischen den dicken, düsteren Mauern.

Im Labyrinth der Strassen von Zenaga gibt es einen erstikkend dumpfen, schmutzigen Winkel, wo immer tiefe Nacht herrscht; ein krasser Gegensatz zu den anderen, erstaunlich sauberen Stadtvierteln, in denen nur der Geruch von uralter, feuchter Erde schwebt und hie und da der schwache Duft von Benzoeharz aus einer Qubba oder einer nahen Moschee. Es ist die Mella, das Quartier, in dem die armen, kinderreichen Beni-Isra'il dichtgedrängt unter dem muslimischen Joch hausen; sie haben keine Stimme in der Dschemaa, genau wie die schwarzen Haratin, doch sie werden wenigstens nicht verfolgt.

Als ich das erste Mal ein jüdisches Haus in der Mella von Zenaga betrat, war ich in Begleitung eines Mokhazni und eines Juden aus Kenadsa. Wir waren gekommen, um uns Schmuck anzusehen.

Ein widerlicher Gestank drückte uns in der lastenden Finsternis der Mella die Kehle zu.

Wir mussten ein Streichholz anzünden, um die mit alten Blechkanistern aufgedoppelte Tür zu finden.

Schliesslich wurde uns aufgemacht, zögernd, misstrauisch. Wir betraten einen schmalen, unregelmässigen Hof, so gross wie ein Zimmer ungefähr, mit Laubengängen auf zwei Stockwerken darum herum, von wo aus man die niedrigen Wohnungen betrat.

Ein grauer Tag, eine Art Kerkertag lag auf dem mit Abfällen und schmutzigen Wasserlachen bedeckten Hof.

Es wimmelte von rothaarigen Kindern in schmutzigen Ganduras. Sie stoben auseinander, als sie uns sahen, versteckten sich hinter den von Rauch und Talg geschwärzten, speckigen Pfosten.

Der schneidende Rauch von dürren Palmen schlich die russgeschwärzten Wände entlang. In den Ecken lagen Abfallhaufen, Lumpen, undefinierbarer Trödel, in dem seit Jahren nicht mehr gewühlt worden war.

Die Frauen vor den Wohnungen wandten sich ab, als sie uns sahen. Sie waren wie die Beduinenfrauen gekleidet, doch ihre Mlahfas waren aus schmuddeligem weissem Baumwollstoff, sehr weit, schleppend, über den Hüften gegürtet.

Sie trugen ein dunkles Seidentuch um die Stirn geschlungen, welches das glattgescheitelte schwarze Haar halb bedeckte und an dem dünne silberne Ketten befestigt waren, die über die schweren goldenen Ohrringe baumelten. Diese Frauen waren noch welker und verhärmter als die Musliminnen aus den Ksur und von wächserner Blässe. Immerhin gab es ein paar Schönheiten darunter, mit vollen Gesichtern und sehr grossen und sehr dunklen Augen hinter schweren Lidern.

Nur der flackernde Glanz des Geschmeides vermochte diesen verwirrenden Totenmasken etwas Leben, etwas Heiterkeit zu verleihen.

Die schönste, sie hatte tiefdunkle, tränengerötete Augen in einem sinnlichen Gesicht, sass teilnahmslos und verbittert etwas abseits.

Sie warf uns einen finsteren Blick zu.

Neben ihr wehklagte eine verdorrte Alte, eine blinde Ahnin, und rang ihre armen, steifen Hände.

Chaim, der Silberschmied, verliess seinen kleinen Amboss und seine zierlichen Werkzeuge, um uns willkommen zu heissen. Er entschuldigte sich für den Zustand, in dem sich sein von Unglück heimgesuchtes Haus befand: Am Tag vorher war Esther, Chaims Frau, zusammen mit ihrer Mutter zu Verwandten nach Oudarhir unterwegs gewesen. Sie begegneten einer Gruppe von Nomaden, die sich an die Frauen heranmachten und sich erkühnten, Esthers Gesicht zu entblössen. Sie hätten sie vergewaltigt, wären nicht Reiter der Makhzen des Paschas von Oudarhir aufgetaucht. Die Nomaden flohen. Und nun lasteten Verzweiflung und die ungetilgte Schande auf Chaims Haus.

Die bitterlich weinende Schöne war Esther.

Als Chaim sich entfernte, um Kaffee für uns bringen zu lassen, brach mein Gefährte, der Mokhazni, in Lachen aus:

– Wenn bei uns so etwas passiert, sucht der Mann den Schuldigen und bringt ihn um. Diese Leute hingegen begnügen sich damit zu winseln ... wie Mäuse, denen man auf den Schwanz getreten ist. Im übrigen, die Jüdin ist hübsch, ich kann die Hirten verstehen. Wenn sie ehrlich Widerstand geleistet hat, ist sie wirklich dumm: Schau doch ihren hässlichen Juden an!

Chaim war grossgewachsen, mit einer gelblichen Haut und schwammigen fetten Gliedern unter einer schmierigen Gandura, über seinem kleinen schwarzen Turban trug er – ein Brauch, der den Juden von Figuig einst von den Muslims zweifellos als Zeichen der Verachtung aufgezwungen worden war – ein grosses, blaugetupftes Taschentuch, das wie bei den alten Weibern unter dem Kinn geknüpft war.

Chaim breitete seine Arbeiten vor uns aus. Bzayms, blätter- oder sternförmige silberne Spangen, schwere, ziselierte Ringe, mit silbernen Glöckchen verzierte Broschen, Ohrringe aus echtem Gold, mit dunklen, granatenen Blutstropfen und milchig schimmernden Opalen besetzt. Alles bunt durcheinander auf einem Fetzen grüner Moiré-Seide.

Bei unserem Eintreten waren die Geräusche verstummt. Sogar die Kinder flüsterten schüchtern. Man hörte nur die monotone, näselnde Stimme eines Rabbi in einem benachbarten Hof, der in der alten, geweihten Sprache Israels seine Gebete rezitierte, die Stimme schien von hoch oben zu kommen. Und dieses jüdische Haus, diese Stimme aus der Vergangenheit ... das alles weckte in mir das Bild einer geschlossenen, undurchdringlichen und unwandelbaren Welt inmitten der jahrhundertealten Erstarrung von Figuig.

... Der Schirokko hatte sich erhoben, trieb unter dem glühenden und blassen Himmel Sand und Staub vor sich her.

Die Mitglieder der Dschemaa von Zenaga tagten, sie sassen im Kreis, rechts drang ein verschwommener Lichtstrahl zwischen den engen Mauern hindurch.

Sie liessen sich in der drückenden Schwüle des Schirokkos in schläfriger Ermattung gehen.

Chaim blieb am Eingang stehen, zog seine Pantoffeln aus. Dann, sich tief verneigend, küsste er der Reihe nach die Mantelsäume der regungslos dasitzenden Muslims.

Chaim war gekommen, um die Bestrafung der Hirten zu fordern, die sich an seiner Frau vergriffen hatten ... Aber er hegte kaum Hoffnung. Dennoch brachte er auf dem Fussboden hockend sein Anliegen vor.

Als er geendet hatte, deutete ein kräftiger gebückter Greis mit einem immer noch glühenden Blick unter den buschigen weissen Brauen eine unbestimmte Handbewegung an.

– Was können wir da tun? Wenn jener, der sich an deiner Frau vergangen hat, einer der unseren wäre, würden wir ihn bestrafen, denn eine solche Tat ist eines Muslims unwürdig. Was die Nomaden angeht ... du bist selbst schuld, warum lässt du eine Frau allein im Ksar herumgehen ...? Nein, Jude, wir können nichts für dich tun!

Chaim versuchte schüchtern, etwas einzuwenden. Da zog der Alte die Brauen zusammen und sagte barsch:

– Wir haben gesagt, Jude! mach, dass du wegkommst!

Chaim erhob sich und entfernte sich rückwärtsschreitend und sich tief verneigend. Man musste sich darein ergeben, denn wer keine starken Arme hat und es nicht versteht, ein Gewehr in die Hand zu nehmen, dem bleibt im Lande des Schiesspulvers nichts anderes übrig, als zu schweigen.

Im Morgengrauen gehen die rothaarigen und halbnackten Judenkinder aus der Mella in die Gärten, wo sich tief unten die feuchten, schattigen, mit Farnen und dünnem Moos bewachsenen Foggaras öffnen.

Sie klettern unendlich vorsichtig, geräuschlos, in die unterirdischen Saqiyas hinab und knien in den schwärzlichen Schlamm, um stundenlang die farblosen, kaum silbernen, im diffusen Licht hellaufblitzenden Fische im grünlichen Wasser zu beobachten.

Die Jungen fangen die flinken Fische, die beim kleinsten Plätschern in die tiefe Dunkelheit der unbenutzten Kanäle flüchten, mit den Händen.

Gegen Mittag, wenn der Fang gut gewesen ist, dringen freudige Rufe aus den Untergründen in die Heiterkeit der von den Liebkosungen der Sonne trunkenen Gärten.

Die kleinen Juden schütteln die an den Flossen zu Bündeln zusammengebundenen schleimigen Fische und rennen freudig in die düsteren Gassen der Mella zurück, wo die Mütter mit den wächsernen Gesichtern auf sie warten.

## ABSCHIED

Gestern, an die niedrige Umfassungsmauer des alten Arabischen Büros gelehnt und in der täglichen Erwartung der erlösenden Abendstunden des Ramadan, betrachtete ich die rote Scheibe der Sonne, die matt und strahlenlos in einem Ozean blauvioletter Schatten hinter der bereits verdüsterten Erde versank.

Und ich fühlte, zum ersten Mal vielleicht, dass dieser vergessene Flecken Erde mit der Zeit ein wenig von meinem Herzen Besitz ergriffen hatte und dass ich mich später nach diesem Land zurücksehnen würde ... eines mehr, wohin ich wohl nie mehr zurückkehre ...

... Heute versinkt alles im schwarzen Regen, im bedrükkenden Anblick eines vertrauten, plötzlich unbarmherzig verwandelten, plötzlich in die Finsternis versunkenen Landes. Der Zug setzt sich von heftigen Windböen begleitet in Bewegung.

Und unweigerlich regt sich in mir die ganze Bitterkeit überstürzter Abschiede, die Vergänglichkeit kleiner alltäglicher Dinge. Auf den Zauber und den Rausch des unsteten

Lebens folgt die Reue, der Zwiespalt. Einmal mehr lasse ich hier – wie bereits in so vielen anderen Winkeln der afrikanischen Erde des Islam – ein wenig von mir selbst zurück ... nehme ich eine lebhafte, schmerzliche Erinnerung und unstillbare Sehnsucht mit.

Hadjerat-M'Guil, Moghar, das ganze wunderbare Chaos schwarzglänzender Erde ist heute von unbestimmter aschgrauer Farbe. Die wilden Schluchten, die dichtgedrängten, aneinandergereihten, zerklüfteten Bergketten ... alles ist in einen russigen Nebel gehüllt. Die staubigen Vorhänge an den Fenstern flattern im stürmischen, eisigen Wind, der durch die undichten, schiefen Türen der altersschwachen Wagen dringt. Eine abgrundtiefe, fast verzweifelte Traurigkeit senkt sich in meine Seele. Ich wickle mich in meinen Burnus; ich versuche einzuschlafen, um nichts mehr sehen, um an nichts mehr denken zu müssen.

Das Erwachen ist trostlos ... der Bahnsteig von Aïn Sefra, über den ein eiskalter Wind hinwegfegt, der vom bis zu den Dünen hinab verschneiten Mekter weht – ein merkwürdiger Gegensatz. Blasse Lampen schaukeln in der Nacht, heisere, fluchende Stimmen, hastende Gestalten, eilig, gebückt.

Ein befremdendes Bild, diese Dünen, die sich von den ganz weissen, sehr nördlich wirkenden Bergen abheben ... das letzte Mal, als ich hier vorbeikam, flimmerten sie gleissend unter der sengenden Wüstensonne ...

# LIEBESNEST

*Im Schlamm von Aïn Sefra hat man unter den Trümmern ein beschädigtes, stellenweise unleserliches Manuskript gefunden, in dem Isabelle einen Besuch bei den Prostituierten in Zenaga schildert.*

*Das Leben dieser Frauen hat sie beschäftigt und wohl auch eine gewisse Anziehungskraft auf sie ausgeübt. Vielleicht, weil diese Frauen, ähnlich wie Isabelle selbst, die Schwierigkeiten einer Randexistenz kennen, einer Freiheit, die sie mit der materiellen Not bezahlen.*

*Barrucand, stets zurückhaltend, wenn es um den Ruf seiner Freundin geht, hat darauf verzichtet, diese Seiten zu veröffentlichen.*

*Wir haben versucht, die wichtigsten Abschnitte zu rekonstruieren.*

Abdelqader und ich ... in Zenaga ...

Nach einem Essen bei einer angesehenen Persönlichkeit, beschliessen wir ... die Hetären ...

Wir verlassen die Stadt ...

... schliesslich bleiben wir am Fusse einer zerbröckelnden Mauer vor einer niedrigen, wackeligen Tür stehen. Abdelqader zieht hastig seinen blauen Burnus aus: Wenn man in ihm den französischen Mokhazni erkennen würde, liesse man ihn unter keinen Umständen ein, denn die Dschemaa hat den Prostituierten unter Androhung der Prügelstrafe verboten, die Soldaten von Beni Ounif zu empfangen. Der vorgegebene Grund dieser Massnahme ist die Angst vor den

Schlägereien der marokkanischen Mokhazni, doch im Grunde steckt nichts anderes dahinter als der erbitterte Hass der Marokkaner gegenüber den M'zanat.

Wir klopfen an.

Nach wenigen Augenblicken bemerken wir den Blick einer Alten, die uns durch eine Ritze mustert.

Abdelqader ist ungeduldig, denn er ist keineswegs aus reiner Künstlerneugierde hergekommen.

Andere Augenpaare, sehr grosse und sehr dunkle diesmal, tauchen im Halbschatten auf.

– Wer seid ihr?

– Trafis. Macht auf, Töchter der Sünde, oder wir drücken die Tür ein!

– Was wollt ihr?

Die Stimme ist jung und schmeichelnd ...

Abdelqader hämmert mit den Fäusten gegen die Tür. Was ... wir stehen in der brütenden Sonne! Macht auf! Dankt Gott, dass wir die Tür nicht eingeschlagen haben ... Drei junge Frauen ... und eine hässliche, verblühte Alte, die jammert und klagt und uns verflucht.

Der Hof ist weitläufig, von einer nicht sehr hohen, baufälligen Mauer umschlossen, an der zwei längliche, dunkle Räume angebaut sind, Höhlen vielmehr, mit niedrigen Türöffnungen. Überall liegen Trümmer herum.

Mitten im Hof steht ein kleines Nomadenzelt.

Dort häufen sich alte Teppiche, farbenprächtige, zerschlissene Tücher, scharlachrote, grüne, gelbe, russige irdene Töpfe, ein wunderschönes Tablett aus getriebenem Kupfer, ein Tamburin.

Hemd und hält dabei den Stoff zwischen den Zehen seines rechten Fusses fest.

Die drei anderen dösen mit halboffenen Augen wie träge Katzen.

In Figuig gibt es keine maurischen Kaffeehäuser, so dienen die Freudenhäuser den Nomaden als Versammlungsort, den Anführern allerdings und alten Frauen ist der Zutritt verwehrt.

Die Männer, die wir bei unseren Gastgeberinnen antreffen, sind Kamelführer, sie gehören zu den Uled Bu Anane, Verbündete ... sie begrüssen uns ...

... Wir setzen uns auf abgewetzte Teppiche.

... Wenn sie sich bewegt, wiegen sich ihre vollen Hüften in verlockender Anmut unter den langen Falten ihrer Schleier.

Wenn sie sich hinlegt, gleicht sie einer schmucküberladenen, entrückten Gottheit.

Sie heisst Marnya und stammt aus der Ebene von Ougnate in der Nähe von Oudika. Marokkanische Soldaten haben sie nach Figuig gebracht und dort sitzengelassen.

... Die dritte, Chadidscha, eine Mulattin, ist fast noch ein Kind ... volle rote Lippen und perlmutterne Zähne.

Es ist Marnya, die den Tee zubereitet und die Pflichten der Hausherrin übernimmt.

Ich stelle mit Erleichterung fest, dass die Hetären von Zenaga trotz der ärmlichen Kleidung und der Unordnung im Hof weniger schmutzig und verlaust sind als ihre ärmeren Schwestern, die ein elendes Dasein in den Zelten von Oudarhir fristen ...

Sie sind auch liebenswürdiger, nicht so vulgär und weniger aufdringlich.

Die drei Frauen – wie übrigens alle arabischen Prostituierten, wenn sie noch nicht durch den Kontakt mit den Soldaten verdorben sind – wissen sich zu benehmen, in ihren Gebärden und in ihren Worten ist nichts Obszönes.

Sie sind sogar heiter und überhäufen uns einmal mit ... sehr zurückhaltend ..., dann wieder mit kindlichen Neckereien ... und ... aber sehr verschleiert.

Die Kamelführer, vom Tee angelockt, setzen sich zu uns. Sie haben bestimmt mehr als eine kühne Tat in ihrem Leben vollbracht, doch jetzt spielen sie wie Kinder, sorglos, lachend, und stimmen ein Lied an.

Sie sehen ganz ungefährlich aus und gutmütig, und man würde mit ihnen bedenkenlos durch ganz Marokko ziehen ... Das macht wohl den Charakter der Nomaden aus, ihre grosse Sorglosigkeit, ihre ausserordentliche geistige Beweglichkeit, die Unbeständigkeit ihrer Leidenschaften, einmal kindlich und oberflächlich, dann wieder glühend und tief, doch nie von Dauer.

Der kleinste Zwischenfall an diesem Ort ihrer Vergnügen, der kleinste Streit, und die harmlos wirkenden Männer würden sich mit einem Satz erheben und zu ihren Waffen greifen. Sie würden ganz und gar gefährlich, zum Mord bereit.

Marnya erzählt mir, mit ihrem zwitschernden marokkanischen Akzent von Oudika, das sie gerne wiedersehen möchte, obwohl sie dort unter den Soldaten und den Ausschweifungen der Studenten sehr zu leiden gehabt hat.

Sie erzählt mir von ihrem Leben dort, in einem elenden Loch in der Kasbah, von den Auseinandersetzungen und den oft blutigen Schlägereien, wie sie von einem zum anderen herumgereicht wurde wie ein wertloses Ding, das schlecht und recht alle Qualen überlebt hat.

Und jetzt, in der Ruhe und relativen Sicherheit von Figuig ... langweilt sie sich und sehnt sich nach dem gefährlichen Leben in Marokko ... nach Leidenschaften, die im Blut enden. Die Stunden fliessen langsam, friedlich dahin in diesem arabischen Liebesnest im hintersten Winkel des verschwiegenen Zenaga. Die Sonne neigt sich dem Horizont zu, und ein grosser, blauer Schatten legt sich über den Hof.

Es ist die Stunde des Asr, des Nachmittagsgebetes. Die Kamelführer erheben sich und ziehen sich in den hinteren Teil des Hofes zurück.

Auch Marnya verlässt uns und verschwindet mit einem irdenen Wasserkrug hinter einer hohen Mauer. Als sie zurückkommt, sind ihr Gesicht, ihre Arme und ihre nackten Füsse noch feucht, und klare Tropfen netzen das Goldbraun ihrer Haut.

Sehr ernst und sehr entrückt von dem, was sie eben noch war, verneigt sich die heitere Gespielin der Sokhars und der marokkanischen Soldaten gegen Qibla und betet mit leiser Stimme, wirft sich im Staub auf die Knie, vom leisen Klirren ...

## FRAUENPORTRÄT

In allen Auslagen der Fotographen, den neugierigen Blicken der Fremden ausgesetzt, hängt das Bild einer auffällig gekleideten Frau aus dem Süden mit den markanten Gesichtszügen eines alten orientalischen Götzenbildes oder einer Vision ... ein Raubvogelgesicht mit geheimnisvoll blickenden Augen. Wie viele sonderbare Träume, wie viele verlockende

Ahnungen und Bilder des strahlenden, kahlen Südens hat dieses Porträt der „Uled-Nail" bei den Vorübergehenden wohl schon hervorgerufen, bei besonders feinfühligen Gemütern, die stehenbleiben, um das verwirrende Frauengesicht zu betrachten?

Doch wer kennt ihre Geschichte, wer käme auf den Gedanken, dass sich im unbekannten Leben dieser Frau ein menschliches Drama abgespielt hat, dass diese trauerumflorten Augen, dass dieser geschwungene Mund einst dem Trugbild des Glücks zugelächelt haben?

Zuerst einmal ist dieser Beinamen – die „Uled-Nail" –, den man dem Porträt von Aschura ben Said gegeben hat, irreführend. Aschura, die es zweifellos immer noch irgendwo in der Verschwiegenheit einer beduinischen Hütte gibt, stammt aus dem zügellosen Stamm der Schawiyyas im Aurès.

Ihre Geschichte, eine bewegte und traurige, entspricht den unendlich wehmütigen arabischen Heldenliedern, welche die Liebe der Beduinen besingen, die Dramen, die sich in den jahrhundertealten Kulissen erstarrter Bräuche abspielen, jenen Liedern, welche die Hirten und die Kamelführer anstimmen, lange, improvisierte, monotone Klagen, endlos wie die Wüstenstrassen, Klagen, die von der Liebe ihres Stammes erzählen, von Treue, von Rache, von Nafra und Rhazu ...

Aschura, Tochter eines Holzfällers, hatte ihre Kindheit ahnungslos träumend in der Stille der blauen Horizonte des Berges und seiner düsteren Zedernwälder verbracht. Dann, blutjung verheiratet, wurde sie von ihrem Mann in das freudlose und langweilige Batna gebracht, eine Kasernen-

und Barackenstadt ohne Vergangenheit und ohne Geschichte. Eingesperrt, enttäuscht von der erstickenden Eintönigkeit eines Lebens, für das sie nicht geschaffen war, hat Aschura alle Qualen eines unerfüllten, nach Freiheit dürstenden Lebens erfahren. Sie wurde schon nach kurzer Zeit von ihrem Mann verstossen und liess sich in einer ärmlichen Hütte im Freudenviertel nieder, dem unvermeidlichen Hinterland der Garnisonskasernen.

Dort bestätigte sich ihr seltsames Wesen. Düster und hochmütig gegenüber ihresgleichen und den Kunden in Weste oder roter Hose, zeigte sie sich gegenüber Armen und Kranken liebevoll und hilfreich.

Doch sie berauschte sich wie alle um sie herum am Absinth und verbrachte lange Stunden wartend auf der Schwelle ihrer Hütte, Zigarette im Mund, die Hände über den hochgezogenen Knien verschränkt. Aber sie hatte immer dieses traurige und ernste Aussehen, das so gut zu ihrer dunklen Schönheit passte, und in ihren Augen mit dem abwesenden Blick glühte anstelle von Besinnlichkeit das Feuer der Leidenschaft.

Eines Tages bemerkte Si Mohammed el-Arbi, der Sohn eines Nomadenführers, der im Süden den Titel eines Agalik trug, Aschura, und er verliebte sich in sie. Der junge, mutige, schöne und glühend leidenschaftliche Scherif war das Augenlicht der Schawiyya, das einzige für sie erreichbare Glück, ein ungestümes, von Leiden durchzogenes Glück. Eifersüchtig, in seinem Stolz durch die niedrige Promiskuität verletzt, litt Si Mohammed el-Arbi darunter, Aschura der Gunst der Soldaten ausgeliefert zu wissen. Doch sie aus dem Freudenviertel herauszuholen, wäre einem Skandal gleichgekommen, und der junge Scherif fürchtete den Zorn seines Vaters ...

Aschura fühlte sich, wie es allen liebenden Kreaturen geschieht, neugeboren. Es war ihr, als sehe sie die von der Sonne vergoldeten azurnen Gipfel und das neckisch in den dichten Bäumen spielende Licht zum ersten Mal. Weil Freude in ihr war, fühlte sie eine tiefe Freude aus der Erde in sie dringen, eine zärtliche Freude, zärtlich wie sie selbst, das Glück der ewigen Liebe.

Wie für alle Töchter ihres Stammes galt für Aschura der Verkauf ihres Körpers als die einzige Möglichkeit, die Freiheit zu erlangen. Sie wollte nicht mehr zwischen den häuslichen vier Wänden eingesperrt sein, sie wollte im hellen Tageslicht leben, und sie schämte sich keineswegs dessen, was sie war. Ihr Handeln schien ihr legitim zu sein und tat ihrer Liebe für den Auserwählten keinen Abbruch, denn es kam ihr nicht im entferntesten in den Sinn, ihre unsägliche Liebe zu ihm mit dem zu vergleichen, was sie mit dem kauderwelschen und zynischen Wort „coummerce" bezeichnete ...

Aschura liebte Si Mohammed el-Arbi. Für ihn erfand sie immer wieder neue zärtliche Spiele.

Niemand durfte auf der weissen Wollmatratze schlafen, die für den Scherif bestimmt war, und niemand durfte den Kopf auf das bestickte Kissen legen, auf dem Si Mohammed el-Arbis Haupt jeweils ruhte ... Wenn er seinen Besuch ankündigte, kaufte sie beim Rumi Berge von duftenden Blumen und streute sie auf die Matten, auf das Bett, überall, bis in ihrem bescheidenen Zimmer vom üblichen Dekor käuflicher Orgien keine Spur mehr zu sehen war ... Die Höhle, die sonst so viele brutale Trunkenheiten und banale Ausschweifungen sah, verwandelte sich in ein geheimnisvolles Liebesnest.

Aschura, sonst Männern gegenüber unberechenbar und hart, gab sich dem Scherif sanft und unterwürfig hin, ohne passiv zu sein. Sie war glücklich, ihn zu bedienen, sich vor ihm zu erniedrigen, und seine beherrschende, despotische Art gefiel ihr. Einzig unter der Eifersucht des Geliebten hatte sie oft grausam zu leiden. Die Bedürfnisse von Aschuras Leben verletzten zwar die angeborene Zartfühligkeit des Scherif, doch er war bereit, sie widerwillig zu dulden, um sich nicht durch die Zurschaustellung einer fast ehelichen Beziehung offen gegen die herrschenden Sitten aufzulehnen. Er war misstrauisch, wie alle seiner Rasse; doch was er nicht wissen wollte, was er ahnte und was ihn peinigte, weckte in ihm blinden Zorn: die *Liebe* der anderen, die *Offenheit* von Aschuras Beziehungen mit Unbekannten, die sie besuchten, wenn er, der Herr und Meister, nicht da war.

Eines Tages glaubte er auf Grund vager Indizien, Aschura habe ihn verraten. Sein Zorn, von aufrichtigem Schmerz noch verstärkt, war schrecklich. Er schlug Aschura und ging fort, ohne ein Abschiedswort, ohne ein Wort der Vergebung.

Si Mohammed el-Arbi bewohnte einen einsamen Burdsch in den Bergen, weit weg von der Stadt. Aschura ging zu ihm, zu Fuss, allein in der eisigen Winternacht, um ihn um Vergebung zu bitten. Am Morgen fand man sie erschöpft vor der Tür des Burdsch im Schnee liegen. Gerührt verzieh ihr Si Mohammed el-Arbi.

Obwohl gegenüber anderen raffsüchtig und geldgierig, zog Aschura die Anwesenheit ihres Geliebten allen Geschenken vor.

Eines Tages wurde dem Vater des jungen Mannes zugetragen, man rede über die Beziehung seines Sohnes zu einer Frau des „Dorfes".

Er kam nach Batna, und ohne Si Mohammed el-Arbi auch nur ein Wort darüber zu sagen, erwirkte er die unverzügliche Ausweisung Aschuras.

Verzweifelt flüchtete sie in die milde, duftende Wärme von Biskra, versteckte sich in einer Kneipe in der Strasse der Uled-Nail.

Trotz der Unerbittlichkeit seines Vaters nutzte Si Mohammed alle sich ihm bietenden Gelegenheiten, um in die Arme jener zu eilen, die er liebte. Und weil sie für ihre Liebe gelitten hatten, vertieften sich ihre Gefühle und wurden menschlicher.

... In den ermattenden Stunden der Siesta, halbaufgerichtet auf ihrer Matratze, verlor sich Aschura in langer Betrachtung der geliebten Züge auf einer verblichenen Fotografie, die sie mit Küssen bedeckte ... So erwartete sie die gesegneten Augenblicke seiner Anwesenheit, in denen sie die schmerzliche Trennung vergassen.

Doch Aschuras Glück war nicht von langer Dauer. Si Mohammed el-Arbi wurde in ein einträgliches Qayidat im Süden berufen und reiste ab, nicht ohne vorher Aschura hoch und heilig versprochen zu haben, sie nach Touggourt zu holen, wo sie einander näher sein würden.

Aschura wartete geduldig. Die Briefe des Qayid waren ihr einziger Trost, doch sie wurden bald spärlicher. Si Mohammed el-Arbi hatte sich dort unten, in einem neuen Land, in einem neuen Leben, das so anders war als das frühere, das ganz aus Müssiggang und Träumen bestand, von einer neuen Leidenschaft und von anderen Augen fesseln lassen. Und der Tag kam, an dem die Briefe des Qayid ganz ausblieben ... Für ihn hatte das Leben kaum begonnen. Doch für Aschura war es zu Ende.

Etwas in ihr war erloschen an dem Tag, an dem sie die Gewissheit erlangt hatte, dass Si Mohammed el-Arbi sie nicht mehr liebte. Und mit diesem Licht, das gestorben war, war Aschuras Seele in der Finsternis versunken. Um zu vergessen, fing sie an zu trinken, gleichgültig, verbittert. Dann kehrte sie nach Batna zurück, zweifellos von den Erinnerungen angezogen. Dort lernte sie in den Kneipen der Vorstadt einen Spahi kennen, der sich in sie verliebte und den sie verführte, ohne dass sie ihn geliebt hätte. Dann, als der Spahi entlassen wurde, verkaufte sie einen Teil ihres Schmuckes und behielt nur das, was der Scherif ihr geschenkt hatte. Sie gab einen Teil ihres Geldes bedürftigen Pilgern, die nach Mekka unterwegs waren, und heiratete el-Abadi, der ein Spieler und ein Trinker war und sich im Zivilleben nicht halten konnte und sich schliesslich erneut anheuern liess.

Aschura trat wieder in den Schatten der muslimischen Frauen und führt heute in der Zurückgezogenheit ein mustergültiges Leben.

Sie hat sich in die Stille geflüchtet, um ungestört an Si Mohammed el-Arbi denken zu können, an den schönen Scherif, der sie schon lange vergessen hat und den sie immer noch liebt.

10. KAPITEL: 1904

## Beni Ounif – Aïn Sefra – Algier – Tlemcen Oudjda – Algier – Aïn Sefra – Béchar Kenadsa – Aïn Sefra

*Im Februar 1904 ist Isabelle wieder in Algier. Sie ist siebenundzwanzig. Ihre Reise durch den Südwesten Algeriens hat ihre Gesundheit sehr angegriffen. Jene, die sie damals gekannt haben, sprechen von körperlichem Zerfall.*

*Das Leben in Algier ist ihr unerträglicher denn je. Offensichtlich vermag Slimènes Gegenwart sie nicht mehr zurückzuhalten.*

*In einer ihrer Novellen, die sie in Aïn Taïba kurz nach ihrer Abreise aus Algier geschrieben hat, schildert Isabelle mit bewegenden Worten ihr Zerrissensein zwischen der Liebe und deren Rivalin, der Wüstenstrasse, die in den Süden führt.*

Warum fortgehen, warum das Glück anderswo suchen, fragte sich der Wanderer, lag es denn nicht vor ihm, unergründlich, in den leuchtenden Augen der Geliebten, in denen er sich lange, lange Stunden verlor, bis der unsägliche Schauer der Sinneslust ihrer beider Seelen zermalmte?

*Nach einem kurzen Abstecher in Begleitung von Barrucand nach Oudjda auf marokkanischem Territorium reist Isabelle wieder nach Aïn Sefra.*

Lange betrachtete der Heimatlose die Landstrasse, die breite, weisse Landstrasse, die in der Ferne verschwand.

... Einmal mehr erfasste ihn die alte Sehnsucht nach der sonnentrunkenen, tyrannischen Geliebten von einst.

Und er gab sich ihr hin, mit allen Fasern seines Wesens.

*In Aïn Sefra – auch diesmal reist sie mit Barrucand – trifft sie Lyautey wieder, der aus Béchar zurück ist. Er ist im Winter weiter gegen Süden vorgedrungen und hat kürzlich die neue französische Garnison von Colomb Béchar gegründet.*

*Es ist beschlossene Sache, dass Isabelle die Zawiya von Kenadsa an der marokkanischen Grenze besuchen soll, die dem Marabut Sidi Brahim wuld Mohammed untersteht, den die Franzosen sich um jeden Preis zum Verbündeten machen wollen, denn die Ikhwans der Ziyaniyya sind Berber und widersetzen sich unbeugsam jeglichem ausländischen Vordringen auf ihrem Territorium. Si Brahim, der sich dem Sultan von Marokko angeschlossen hat, herrscht über einen richtiggehenden kleinen theokratischen Staat.*

*Barrucand reist nach Algier zurück, und Isabelle macht sich auf den Weg nach Kenadsa. Sie ist gewissermassen Lyauteys Kundschafterin, seine Abgesandte, mit der etwas vage formulierten Mission betraut, den Marabut aufzusuchen, mit ihm ein Gespräch aufzunehmen und den Weg für künftige Verhandlungen zu ebnen.*

*Kenadsa, südwestlich von Béchar, ist eine trutzige Festung, auf die Isabelle nach den lieblichen Zawaya von Guémar und El Hamel nicht vorbereitet ist. Es gilt als ganz besondere Ehre, dort zugelassen zu werden. Die junge Frau gehört zu den wenigen Europäern, die Aufnahme finden. Sie bleibt fünf Monate, von Mai bis Oktober.*

*Si Brahim gewährt Si Mahmud Gastrecht und empfängt ihn öfter zu vertraulichen Gesprächen, doch über deren Inhalt ist sozusagen nichts bekannt. Ihre Eindrücke und den Alltag in der Zawiya hingegen hat Isabelle regelmässig in ihren Manuskripten festgehalten: Seiten, die uns berühren und uns vertraut sind. Es ist der zweite Band der* Bilder aus dem Süden Orans. *Isabelle erzählt von den Begegnungen, welche sie dort zurückhalten, beschreibt die Landschaften, die sie immer wieder von neuem fesseln. Aus diesen Texten tritt uns Isabelles wacher, lebhafter und präziser Geist entgegen, doch irgendwie scheint sie ihre literarische Arbeit hinauszuzögern ... nicht mehr so ernst zu nehmen. Die Zawiya ist von der Aussenwelt abgeschlossen, ein Kokon, in den man sich einspinnt. Unwillkürlich taucht der Gedanke an die „Villa Neuve" auf, und auch, dass Kenadsa ... für Isabelle vielleicht der langersehnte Hafen gewesen sein könnte.*

*Vor ihrer Reise nach Kenadsa hat Isabelle dem dritten Heft der* Tagebuchblätter *ein paar Zeilen hinzugefügt.*

Algier, den 8. April 1904, 9 Uhr abends

Drei Jahre später, in einem anderen Exil, inmitten ebenso grosser Not, ebenso vollkommener Einsamkeit, stelle ich die tiefe Veränderung fest, die der zerstörerische Lauf der Zeit seit damals in mir bewirkt hat ...

Andere Pilgerfahrten, andere Träume und andere sonnentrunkene Stunden in der Stille, unter dem Zauber anderer Wüsten ... fernere, kahlere Horizonte haben sich über die Dinge von einst gelegt. In wenigen Tagen vielleicht *(a) so Allah will (a)* werde ich einmal mehr aufbrechen, und es wird wieder der düstere Maghreb sein, voller Geheimnisse und Todesahnung, dem ich entgegengehe ... In einem Jahr, zur gleichen Zeit, wird es mich noch geben ... und wo werde ich dann sein?

Am gleichen Abend

Heute abend beim Wiederlesen dieser vergangenen Bücher voller toter Dinge das beklemmende Gefühl schmerzlicher Erinnerung und tiefster Wehmut gehabt, beim Anblick der bereits fast vergessenen Namen: der Souf, Burdsch Ferdjeun, Ourmès und seine verzauberten Gärten, El Oued, Béhima ... Wo, wo sind sie geblieben?

In zwei Jahren, in fünf Jahren werden heute vertraute Namen ... Aïn Sefra, Figuig, Beni Ounif, Dschebel Amour ... für mein Ohr den gleichen sehnsüchtigen Klang haben.

Noch viele unentdeckte Flecken dieser afrikanischen Erde haben einen verlockenden Reiz für mich ... Und dann wird auch meine einsame und gequälte Seele verblassen, von der Erde verschwinden, auf der ich inmitten der Menschen und Dinge immer nur ein Zuschauer gewesen bin, ein *Fremder.*

## *KENADSA*

### LOSLÖSUNG

Aïn Sefra, Mai 1904

Ich hatte Aïn Sefra voriges Jahr mit den ersten Anzeichen des Winters verlassen. Die Stadt war vor Kälte starr, und jaulende Winde fegten durch die Gassen, krümmten die zerbrechliche Kahlheit der Bäume. Heute sehe ich sie in den matten Strahlen des Sommers wieder, ganz anders, unverfälscht, sehr Sahara, sehr schläfrig mit ihrem fahlen Ksar am Fusse der goldenen Düne, den geweihten Qubbas und den bläulichen Gärten.

Ja, sie war es tatsächlich, die kleine, in der Wüste verlorene, von Dünen umgebene Hauptstadt Orans, die unter der Glut der Sonne in der monotonen Unendlichkeit des Hochplateaus vor mir lag.

Damals war sie mir langweilig vorgekommen, weil der Zauber des Lichts, weil der strahlende Glanz fehlte, der den ganzen Reichtum der afrikanischen Städte ausmacht. Und jetzt, seit ich hier in einer kleinen provisorischen Unterkunft lebe, beginne ich diese Stadt zu lieben. Im übrigen werde ich nie mehr in den freudlosen, langweiligen Tell zurückkehren, und das mag wohl allein schon der Grund dafür sein, dass ich sie mit anderen Augen betrachte. Sollte ich von hier weggehen, dann nur, um weiter landeinwärts zu ziehen, Richtung Süden, wo die Hamadas unter der ewig leuchtenden Sonne schlummern.

Im Dickicht der Pappeln mit ihren weissen Stämmen, die sich in langen Alleen den ersten Wellen der Dünen anschmiegen, inmitten des vertrauten Duftes von Harz und atmenden Pflanzen habe ich das Gefühl, mich im Wald zu verirren. Es ist ein sehr wohltuendes und sehr reines Gefühl, dem hin und wieder der von der Wüste herüberwehende Atem blühender Akazien einen sinnlichen Hauch verleiht.

Wie sehr liebe ich doch das satte Grün und die lebenden, von runzliger Elefantenhaut überzogenen Stämme der von bitterer Milch angeschwollenen Feigenbäume, in deren Schatten Schwärme goldschimmernder Mücken summen!

Ich habe lange Stunden in diesem mitten in der kahlen Wüste entdeckten Garten verbracht, auf dem Rücken liegend das Gewirr der Äste betrachtend, die sich im Wind wie das Tauwerk eines sanft schaukelnden Schiffes kaum hin und her bewegten, während ich mich regungslos träumend den Liebkosungen der milden Brise hingab.

Hinter den letzten, bereits schmächtigeren und verkrüppelten Pappeln schlängelt sich der Weg durch den Sand und endet abrupt am Fusse der makellosen Düne, die aus feinem Goldstaub zu sein scheint.

Dort tummeln sich die Winde ungehindert, bauen Hügel, graben Täler, öffnen Abgründe, schaffen mutwillig immer wieder neue vergängliche Landschaften.

Auf dem höchsten Punkt des schwarzen, steinigen Kammes, kühn auf einer etwas stabileren Kuppe hingestellt, bewacht ein rötliches „Blockhaus" [im franz. Originaltext deutsch] das Tal, ein einsamer Wachsoldat mit hohlen Augen, der Heere und Räuberbanden hat vorbeiziehen sehen und der jetzt die Stille und den Frieden der endlosen Horizonte betrachtet.

Die glühende rotgoldene Düne hebt sich flammend vom unbewegten blauen Hintergrund des Dschebel Mekter ab. Der Tag geht sanft über Aïn Sefra zur Neige, geht in leichten Dunst und duftenden Rauchwolken unter. Ich spüre die süsse Wehmut und das seltsame neubelebende Gefühl des Abschieds in mir erwachen ... Alle Sorgen, die drückende Last der letzten Monate im desolaten und entnervenden Algier, meinen „Koller", alles, was meine Trübsal ausmachte, habe ich dort zurückgelassen.

In Algier gab es Dinge und Leute, denen gegenüber ich gleichgültig sein musste. Ich mag es nicht, gleichgültig zu sein. Ich möchte alles verstehen und alles entschuldigen. Warum muss man sich gegen Dummheit verteidigen, wenn man nichts mit ihr zu tun hat, wenn man nicht dazugehört?

Diese Dinge kümmern mich nicht länger: Mir bleibt die Sonne, und die Landstrasse lockt. Fast eine Philosophie könnte das sein.

Indes hatte ich Gelegenheit, in meiner nächsten Umgebung in einem Menschen, den ich für gefeiter hielt, eine reine starke Leidenschaft heranwachsen zu sehen, und ich sagte zu meinem Freund: Pass auf, wenn man glücklich ist, kann man den Schmerz der anderen nicht mehr verstehen ...

Er ging, ging seinem Glück entgegen, wenigstens glaubte er das, und ich meinem Schicksal.

Jetzt liegt Entfernung dazwischen, und ich fühle, wie die Wunde verheilt, wie meine Seele sich kindlich allen Freuden öffnet, allen zarten Sinnesempfindungen der Augen und des Traums.

Ich entdecke in der einzigen Strasse des arabischen Dorfes wieder die ruhigen Bilder, die mir das Gefühl geben, „zu Hause" zu sein ... Erinnerungen an den Monat des Ramadan ... vor einem Jahr.

Viele vertraute Gesichter auf den Bänken und den geflochtenen Matten vor den Kaffeehäusern. Viele herzliche Begrüssungen ... was heimliche Freude in mir auslöst beim Gedanken, dass ich morgen in der Frühe abreisen, dass ich all das verlassen werde, obwohl es mich heute abend zärtlich berührt und mir Spass macht.

Doch wer, wer ausser einem Nomaden, einem Vagabunden, könnte diese doppelte Freude verstehen?

Das Herz noch erfüllt von den Dingen, die mich gefesselt und die ich zurückgelassen habe, sage ich mir, dass die Liebe eine Last ist und dass man sich an das Abschiednehmen gewöhnen muss, weil Menschen und irdische Güter nur von vergänglicher Schönheit sind.

Vor den vergitterten Fenstern eines maurischen Kaffeehauses, vor den duftenden Basilikumtöpfen, sammeln sich Menschen an.

Drinnen erklingt Musik; ich gehe hinein. Die traurige, einschläfernde Melodie der Hirtenflöte wird mich in Träumereien wiegen und mir vor allem das Sprechen ersparen.

## MUSLIMISCHER TOD

Die aufgehende Sonne verklärt wie eine grosse purpurfarbene Blume den Horizont. Die mit Alfagras-Büscheln besteckte Sanddüne rund um die kleine Qubba von Sidi Bu-Dschema auf einem Hügel an der Strasse nach Beni Yaho und Sfissifa überzieht sich mit Glut. Rosige Lichter huschen über die Kronen der schwarzen Feigenbäume, und die mächtigen Weiden weinen silbrigschimmernde Tränen.

In der Nähe der Qubba erwacht eine Gruppe von Arabern. Es sind Pilger, die von weit her gekommen sind, um den Schutz des grossen Heiligen zu erflehen. Sie knien im Sand nieder, das Gesicht dem anbrechenden Tag zugewandt, und beten, lange, andächtig, mit den feierlichen, ruhigen Gebärden des muslimischen Ritus, die selbst den Ärmsten adeln.

Hinter der niedrigen Umfassungsmauer machen sich bereits die plappernden Frauen um ein Feuer aus dürrem Holz zu schaffen, es sind Nomadenfrauen, welche die Männer ihres Stammes begleiten. Ihre Gesichter sind kaum verhüllt.

Unter einem Baum psalmodiert ein zerlumpter Bettler den Koran, wirr, unzusammenhängend. Er ist schön, mit seinem hageren Gesicht und dem dunklen Haar, um das er einen weissen Stoffetzen gebunden hat, er hält seine grossen, glühenden, unruhig flackernden Augen unverwandt auf einen unsichtbaren Punkt gerichtet.

Von Zeit zu Zeit dringt aus der Gruppe der Frauen das helle „You-You" der festlichen Tage.

Doch plötzlich taucht auf dem Kamm der Düne eine Prozession auf, feierlich einherschreitende Muslims, von den langgezogenen Klängen einer wehmütigen Melodie begleitet.

Hinter der ersten Gruppe kommen vier Männer mit einer weissverhüllten Bahre auf den Schultern, und beim Anblick dieses unbekannten Toten, der im majestätischen Glanz des Morgens der Ewigkeit entgegenzieht, verstummen alle Geräusche.

Ein paar Männer betreten den uneingezäunten Friedhof.

Zwischen den in der Düne verstreuten Gräbern, zwischen den namen- und zeitlosen Steinen gähnt ein offenes Grab, ein im leichten Sand ach so mühelos ausgehobenes Grab! Der Tote wird neben die kleine Gruft gelegt, das Gesicht der Sonne zugewandt.

Jetzt stellen sich die Männer im Halbkreis um das Grab auf und stimmen mit halblauter Stimme, ohne sich in die Knie zu werfen, das letzte Gebet des Muslim an ...

Dann wird das Grab eilig über eine einfache Schicht ungebrannter Ziegel zugeschüttet, drei grüne Palmen werden in den kleinen sandigen Grabhügel gepflanzt, den der Wind bereits verweht ... und jedermann geht seines Weges.

Wie einfach ist das Sterben doch!

Neben mir stimmt Si Abdalali, ein gebildeter Mann aus

Marrakesch, ein Lied an, eine alte Klage über das Los all jener, die nicht mehr sind.

„Und jetzt bin ich tot
Meine Seele hat die irdische Hülle verlassen
Und über mir
Hat man die Tränen des letzten Tages vergossen
Vier Männer haben mich auf ihre Schultern geladen
Und Gott dem Einzigen ihren Glauben bezeugt.

Sie haben mich zum Friedhof getragen
Sie haben das Totengebet gesprochen
Aufrecht neben meinem Grab
Das letzte Gebet auf dieser Welt
Sie haben mich mit Erde zugedeckt
Und meine Freunde haben mich verlassen
Als ob sie mich nie gekannt hätten
Und ich bin allein zurückgeblieben
In der Finsternis des Grabes
Wo es weder Freude noch Kummer
Noch Mond noch Sonne gibt.

Und nur der blinde Wurm
Blieb mir als Gespan
In den Augen meiner Liebsten
Sind die Tränen versiegt
Und auf meiner Erde ist
Dornengestrüpp gewachsen
Mein Sohn hat gebetet
Gott sei ihm gnädig
Wisse, dass wer zur Barmherzigkeit

Des Schöpfers aufbricht
Gleichzeitig die Herzen der Menschen
Verlässt
Wisse, dass sich im Reich der Toten
Niemand um Abwesende kümmert.

Ach du, der du an meinem Grabe stehst
Staune nicht über mein Los
Einmal war ich wie du
Und der Tag wird kommen
An dem du sein wirst wie ich."

Die wehmütige Melodie, die wohlklingende Stimme des Taleb hüllen mich ein ... Und ich betrachte den schlichten, für Zeit und Ewigkeit in der Leere der Sandwüste verlassenen Grabhügel.

...Wir gingen nach Sfissifa, einem kleinen, ganz muslimischen Marktflecken, wo es keinen einzigen Europäer gab, nicht einmal einen Juden.

Da seid ihr ja wieder, ihr schmächtigen, blassen Bewohner der Ksur mit euren archaischen Bräuchen, mit eurer fast weibischen Kleidung; ja, da ist sie wieder, diese durch das einengende sesshafte Leben, durch die jahrhundertealte Inzucht degenerierte Rasse! Da lagen sie wieder vor mir, die zerfallenen Ksur im Schatten der lieblichen Gärten, die von der Wüste allmählich überwuchert und verschlungen werden. Und ich dachte, dass es wohl auch sterbende Völker gebe.

Bei unserer Rückkehr geht die Sonne eben unter, doch das Tal ist noch in helles, rotstrahlendes Licht getaucht.

Wir kommen wieder an Sidi Bu-Dschema vorbei.

Tiefe Stille, eine fast greifbare, beklemmende Stille liegt über der Qubba und dem Friedhof, wo zwischen den namenlosen Steinen ein paar Marabut-Gräber emporragen, schlichte quadratische Gräber aus Lehm.

Die Tür ist verschlossen, ein alter Bettler sitzt davor, neben ihm sein an die Mauer gelehnter Wanderstab. Er murmelt im Schatten seiner Blindheit halblaute, tonlose Worte vor sich hin, als ob er sich selbst etwas erzählte.

Auf der Anhöhe steigen zwei Mokhazni in schwarzem Burnus vom Pferd und verneigen sich in den letzten Strahlen des Tages zum Gebet.

Ein angeketteter Hund richtet seine spitze Wolfsschnauze mit den kleinen, schrägen, blutunterlaufenen Augen gegen den Himmel und stösst ein langgezogenes Bellen aus, eine Art unendlich traurige Klage.

## UNTERWEGS

Nach einer kurzen Mondnacht, die ich auf einer Matte vor dem maurischen Kaffeehaus im Ksar von Beni Ounif verbracht habe, erwache ich fröhlich, leicht berauscht, wie immer, wenn ich draussen schlafe, unter freiem Himmel, wie immer, wenn ich weiterziehe.

Ich setze mich am Strassenrand auf einen Stein und warte auf Dschilali Wuld Bahti, den Mokhazni, der mich nach Béchar begleiten soll.

Nach Béchar! Endlich die schicksalsträchtige Grenze von Beni Ounif überschreiten ... das genügt, damit ich mich ruhig und glücklich fühle, damit sich die Langeweile, die mich in Aïn Sefra zu übermannen drohte, endgültig zerstreut ...

Die Zeit vergeht, weit und breit kein Dschilali.

Der Tag bricht an, ein herrlicher, wolkenloser, klarer Sommertag. Eine kühle Brise, die seit dem Abend weht, hat allen Staub, allen Dunst vertrieben. Der Himmel wölbt sich sanft ozeangrün und grenzenlos tief über der Wüste.

Ein intensiveres und glühenderes Licht, das sich schnell in ein lebhaftes Orange, dann in Rot verwandelt, steigt am Horizont auf, verschmilzt mit dem goldschimmernden Grün des Morgenhimmels. Auf der anderen Seite geht der Mond, blass wie das Gesicht eines Sterbenden, im nächtlichen Westen unter.

Ganz in der Nähe zeichnet sich die grosse weisse Qubba von Sidi Suliman golden von dem noch grünen Kupfer des Himmels ab. Orange Strahlen überziehen die dunkle Erde, die halbzerfallenen Häuser, die alten Gräber.

Endlich kommt Dschilali, wir brechen auf, lenken unsere Pferde in Richtung des langsam am Horizont versinkenden Mondes.

Der Mokhazni ist ein grosser, dunkler Junge mit dem gutmütigen und ehrlichen Gesicht der Trafi von Geryville. Er ist freundlich und „aufgeweckt" und wird mir ein angenehmer Reisegefährte sein.

... Wir reiten durch das steinige Tal zwischen dem Dschebel Grouz, der noch im Morgenlicht schimmert, und den niedrigen, versengten Hügeln des Gara.

Rechts schlummert am Eingang einer tiefen Schlucht der liebliche kleine Palmhain von Mélias mit seinen „Saqiyas" und den klaren Wasserbecken.

Voriges Jahr pflegten verfolgte Räuberbanden in diesen heute so friedlich daliegenden Gärten zu rasten.

Je weiter wir uns von der kahlen Gegend um Beni Ounif entfernen, je dichter ist der sandige Boden von Alfagrasbüscheln bedeckt. Mit Sträuchern überwucherte Oueds schlängeln sich durch den Sand. Ein paar hohe Mastixbäume – der heilige Baum der glühenden Einöden – werfen kreisrunde Schatten, die mit dem Lauf der Sonne über die rote Erde wandern.

Eine Staubwolke kommt uns gegen den Wind von Westen her entgegen.

Es ist eine Kompanie der Legion: blonde, von der Sonne dunkelgebräunte, staubbedeckte Männer, die aus dem Süden zurückkehren und deutsche oder italienische Lieder singen.

Auf den hochbeladenen Planwagen liegen die Verletzten.

Von der Höhe ihres Lagers herab betrachten sie mit der dumpfen Gleichgültigkeit der Fieberkranken die Eintönigkeit der Landschaft und rechnen sich stumm aus, wann sie ungefähr in Beni Ounif ankommen werden, von wo aus man sie am nächsten Tag mit dem Zug in das Krankenhaus von Aïn Sefra bringen wird.

... Eine Stunde vergeht. Wir begegnen noch einem kleinen, von Feldschützen eskortierten Konvoi.

Die Männer haben ihr Gepäck und ihre Gewehre auf die Lafetten gelegt; sie schreiten ganz gemächlich vorwärts, einer hinter dem andern, wie Leute, die spazierengehen.

Sie ziehen vorüber. Und die Stille der Landstrasse umfängt uns wieder.

# RAST IN DER WÜSTE

Letztes Jahr führte der Weg nach Béchar östlich den Bergen entlang, an der kleinen Garnison von Bou Yala vorbei, die inzwischen aufgegeben wurde, weil die Grenzverteidigungsfront weiter nach Westen verlegt worden ist. Die erste Etappe ist jetzt Bou Aïech, fünfunddreissig Kilometer von Beni Ounif entfernt.

... Es ist zehn Uhr, und das Tal überzieht sich mit Glut. Bräunlichrote, wabernde Dunstwolken verzerren den Horizont. Die Sonne brennt unbarmherzig. Ein dünner Blutfaden rinnt aus den ausgetrockneten Nüstern unserer Stuten. Grosse Mattigkeit übermannt mich, und ich lasse mich gedankenverloren in meinem arabischen Sattel wie in einem bequemen Sessel schaukeln.

Nur noch achtundzwanzig Kilometer bis Ben Zireg, wo wir die Nacht verbringen wollen; wir brauchen uns also nicht zu beeilen.

Das „Dorf" Bou Aïech erkennt man erst, wenn man es betritt, es hebt sich kaum von der fahlen Landschaft ab.

Ein Dutzend Bretterbaracken, eine Redoute aus gelblichem Lehm und ungefähr hundert primitive geflochtene Hütten, in denen die marokkanischen Arbeiter der im Bau befindlichen Eisenbahnlinie untergebracht sind ... Hundert Meter weiter verschmilzt alles wieder mit dem Steppengras und dem Staub, und dieser Talabschnitt wirkt ebenso ausgestorben wie der Rest.

Die staatliche „Railway" endet vorläufig ein paar Kilometer nach Bou Aïech, und die Bauarbeiten geben diesem verlorenen Nest einen Anstrich von geschäftstüchtiger Regsamkeit.

Die Landschaft hat nun bereits das Aussehen der Sahara und wirkt weniger düster als in Beni Ounif; der blasse Sand unter dem grüngoldenen Mantel des Alfagrases weckt nicht das schmerzliche, manchmal fast beängstigende Gefühl der schwarzen Hamada.

In einer Baracke im „Dorf" sitzen ein paar Spanier auf einem Holztisch und trinken Anisschnaps.

Hagere, messerscharf geschnittene, glattrasierte, gegerbte Gesichter, grosse, schwarze Filzhüte, kurze, runde Westen, Bastsandalen – ein einfacher, rauher Menschenschlag, der sich unter der gnadenlosesten Sonne jeder Einsamkeit, allen Entbehrungen anpasst.

Durch einen Schalter in der Wand gibt ein Angestellter der Freizone von Beni Ounif den Arbeitern die Lebensmittel aus. Ich stelle fest, dass fast alle ihre schöne, wenn auch zerlumpte einheimische Tracht gegen die hässlichen europäischen Klamotten der „Trabadjar" getauscht haben, die so schlecht zu den dichten, weissen Turbanen passen.

Unter den Männern hat es Marokkaner aus dem Norden: tatkräftige, bärtige Gesichter, viele malerische Gestalten, harte, regelmässige Züge mit grimmig blickenden, länglichen Augen.

Ich entdecke ein paar blonde Berber mit blauen Augen, Angehörige jener besonderen Rasse, der man in der Kabylei begegnet und die wohl auf das Erbe der Vandalen zurückzuführen ist.

Einzig die Männer aus Figuig und Tafilalt haben ihre arabische Kleidung beibehalten: Gelegenheitsarbeiter; wenn sie ein paar Sous verdient haben, kehren sie so schnell wie möglich in ihre Ksur zurück.

Ein paar Legionäre knüpfen ein Gespräch mit uns an, um sich die Langeweile zu vertreiben. Das amüsiert mich zunächst, und ich muss das Lachen unterdrücken, als ich sie unter sich sagen höre:

– Ein hübscher Junge, der kleine Spahi, hast du seine zarte Haut gesehen?

Wir trinken Kaffee aus der Gamelle und plaudern, wie die Leute aus dem Süden eben zu plaudern pflegen, mit treffenden Antworten, mit harmlosen Scherzen, ohne anstössige Anspielungen.

Ein paar Kameltreiber aus dem Stamm der Doui Menia, die auf der Anhöhe unter der sengenden Sonne lagern, setzen sich zu uns. Die Mokhazni necken sie, spotten über ihre seltsame Sprache. Die Nomaden bleiben ihnen keine Antwort schuldig; offensichtlich macht es ihnen nichts aus, doch irgendwie spürt man den unterschwelligen Hass, der die Leute aus dem algerischen Hochland und die Marokkaner entzweit.

Schliesslich verabschieden sich die Sokhar, und die Mokhazni machen sich an die Zubereitung der „Mella", des Brotes, das man in der Sahara als Reiseproviant mitnimmt.

Einer von ihnen knetet Griess und Wasser auf einem zusammengefalteten Brotbeutel aus Ziegenhaut. Dschilali buddelt mit den Händen ein Loch im Sand aus, während andere Holz herbeischleppen.

– Die Mella, erklärt ein Reiter der Trafi, ist für die Menschen wie das Alfagras für die Pferde: Es macht nicht dick, gibt aber Muskeln.

Am Abend heissen mich die Unteroffiziere des 1. Ausländerregiments, die mich voriges Jahr anlässlich meines Abstechers nach Hadjerath-M'Guil kennengelernt haben, herzlich willkommen.

Ich werde sie in umso besserer Erinnerung bewahren, haben sie doch mein Inkognito voll und ganz respektiert, obwohl sie sehr genau wussten, wer ich bin.

Es ist spät geworden; wir haben uns ungezwungen und angeregt über die Sahara unterhalten, über das Blad, über die Truppenbewegungen, die Bauarbeiten, über die Zukunft dieser gottverlassenen Gegend. An diesem Abend fühlte ich mich nach dem einfachen Mahl in der Offiziersmesse mit den Soldaten aus dem Süden kameradschaftlich verbunden. Entspannt hörte ich den Geschichten dieser braven Männer zu, so wie man den Geschichten zuhört, die man sich auf dem Land an den langen Winterabenden in den Bauernhäusern erzählt, an denen man nach einer Wanderung erschöpft anklopft ...

So trage ich die Erinnerung an Familien, an häusliche Herde und Biwakfeuer in mir. In einsamen, verträumten Stunden lasse ich alles im Rauch einer Zigarette wiederaufleben, und das ist für mich weitaus wohltuender als die Erinnerung an grosse Leidenschaften, die gähnende Leere zurücklassen, und an grosse Hoffnungen, die man in die Menschen setzt und die immer, fast immer, in Ernüchterung und Versagen enden.

Daraus ziehe ich den Schluss, dass man das Glück niemals suchen darf. Es geht an einem vorbei, doch immer in der entgegengesetzten Richtung ... Zuweilen habe ich es erkannt.

Es ist dunkel geworden; die tiefblaue Nacht schlummert über der Stille des Tales.

In der Redoute bläst die Wache den Zapfenstreich. In dieser einsamen Garnison inmitten der schweigenden Einöden hat das langgezogene, wehmütige Trompetensignal etwas Ergreifendes; nachher spürt man nur noch die Wüste um sich herum ...

Die letzten Geräusche verstummen, die letzten Lichter gehen aus. Ich schlafe ein, unendlich glücklich. Morgen werde ich weiterziehen, anderen Landschaften entgegen, und wer weiss, ob ich jemals wieder hier schlafen werde, am Fusse dieser Redoute, in dieser Umgebung, in der ich mich zu Hause gefühlt habe.

## KENADSA

Kaddur Barka, das Oberhaupt der Ikhwans der Ziyaniyya von Béchar, gibt mir einen schwarzen Sklaven als Führer mit, den Haratin Embarek. Wir verlassen das Duar des Makhzen in der rosaschimmernden und zartgrünen Stunde des anbrechenden Tages. Das Wetter ist klar, kein Anzeichen von Schirokko, nur ein leichter Dunst, der die Palmgärten in der Tiefe des Oued verschleiert.

Wie alle kleinen Täler dieser Gegend zieht sich auch dieses, das wir nun durchqueren, ich zu Pferd und Embarek zu Fuss, zwischen zwei Höhenzügen dahin. Links, hinter den niedrigeren Hügeln, erhebt sich die mächtige Silhouette des Dschebel Béchar.

Goldener Sand, sanfte Wellen, immer die gleiche Landschaft, die gleiche monotone Harmonie der endlosen geschwungenen Linien, keine scharfen Umrisse, keine brüsken Formen, ja, fast topfeben.

In westlicher Richtung werden die Hügelkuppen immer niedriger.

Wir gehen die eigentümliche Düne rechts des Weges entlang, die Béchar überragt und die oben von schiefen Steinformationen gekrönt ist. Der Weg zieht sich in die Länge, während die sofort unbarmherzig brennende Sonne hinter uns aufgeht und unsere Schatten auf der verblassenden Erde verlängert.

Schliesslich erreichen wir den Gipfel eines steinigen Hügelkammes, der von Flintstein und zerbröckelndem Schiefer bedeckt ist und mich an das düstere Tal von Ben Zireg erinnert.

Am Horizont taucht hinter einem rosigen Dunstschleier Kenadsa auf: die verstreuten schwarzen Flecken der Bäume, die bläuliche Linie eines grossen Palmhaines, ein aus dem Sand ragendes, verwittertes Minarett, das in den noch schräg einfallenden Sonnenstrahlen aus rötlicher Bronze zu sein scheint ...

Dann folgen wir einem Pfad, der über mehr als einen Kilometer von einer Reihe hoher Dattelpalmen gesäumt ist, ganz einsam stehen sie da in der Leere des Tales.

In ihrem wogenden Schatten fliesst eine klare, kühle unterirdische Saqiya mit vereinzelten kleinen Schächten.

Vor uns liegt Kenadsa, ein grosses Ksar aus ungebrannten braunroten Ziegeln, und an seinem Fusse, linkerhand, breiten sich schöne sattgrüne Gärten aus. Die Zitadelle schmiegt sich in einem anmutigen Chaos von übereinandergelagerten Terrassen an den sanften Abhang eines nicht allzu hohen Hügels. Rechts erhebt sich fast schroff die goldene Düne mit ihren steinigen Kanzeln.

Eine makellos weisse Qubba beherbergt das Grab von Lella Aischa, einer Heiligen Frau aus der berühmten Familie von Sidi Mohammed ben Bu Ziyan, Gründer von Kenadsa und der Bruderschaft der Ziyaniyya.

Rund um die Qubba zahllose verstreute Gräber, die langsam im Sand versinken; eine Art Vorhof, den man durchschreiten muss, um zu den Behausungen der Lebenden zu gelangen.

Alle Städte in der Sahara betritt man durch einen Friedhof.

Wir gehen an diesem Niemandsland vorbei, an diesem menschlichen Staub, der sich über die Jahrhunderte in der Einsamkeit und im Vergessen angesammelt hat; wir schlagen den Weg ein, der um die Festung des Ksar herum führt, einer Mauer aus dunklem Lehm, ohne Zinnen und ohne Schiessscharten.

Auf einem kleinen Platz sitzen ein paar Männer, träge, halbausgestreckt, zum Grossteil Haratin, sie nehmen kaum Notiz von uns.

Man betritt das Ksar durch ein grosses, rechteckiges Tor mit schweren Türflügeln.

Wir durchqueren die Mella, das verrufene Viertel, das Judenviertel mit den ebenerdigen, engen Kramläden.

Im Gegensatz zu Figuig leben hier die Jüdinnen, die zwar die gleiche Tracht tragen wie ihre Schwestern, nicht hinter Mauern. Sie klatschen, kochen, waschen vor den Türen ihrer Häuser.

Noch eine Biegung und wir betreten eine andere, engere und reinlichere Gasse, die unter den Torbögen in einen fernen Halbschatten mündet.

Die Marabuts der Ziyaniyya sind für ihre frankreichfreundliche Haltung bekannt. Es sind friedliche und menschliche Männer, die einen gerechten Staat begrüssen. Sie liefern täglich neue Beweise ihrer Ehrerbietung und ihrer Achtung vor dem gegebenen Wort.

Kenadsa liegt jenseits der Grenze und anerkennt die Oberhoheit des Sultans von Fez. Wir befinden uns also auf marokkanischem Territorium, fünfundzwanzig Kilometer vom französischen Béchar.

In Wirklichkeit ... wo verläuft die Grenze? Wo hört Oran auf, wo beginnt Marokko? Niemand ist darauf erpicht, es genau zu wissen.

Doch was nützt eine klug gezogene Grenze? Die gegenwärtige verworrene und zwiespältige Lage entspricht dem arabischen Charakter. Sie verletzt niemanden und stellt alle zufrieden ...

Drei oder vier schwarze Sklaven heissen uns willkommen. Mein Führer wiederholt, was Kaddur ihm eingeschärft hat: Ich bin Si Mahmud wuld Ali, ein junger tunesischer Gelehrter, der von Zawiya zu Zawiya reist, um seine Bildung zu vervollkommnen ...

Man bittet mich, Platz zu nehmen; ich setze mich auf eine gefaltete wollene Decke, die auf dem Fussboden liegt, während man dem gegenwärtigen Marabut Sidi Mohammed ben Bu Ziyan meinen Besuch meldet; ich lasse ihm ein Einführungsschreiben überbringen, das mir einer seiner Ikhwans in Aïn Sefra mitgegeben hat.

Die Sklaven stehen stumm an der Wand und warten. Zwei

junge, bartlose Haratin sind darunter, sie tragen die graue Dschellaba der Marokkaner und einen weissen Schleier um den kahlgeschorenen Kopf geschlungen. Der dritte, dunkler, grösser, ganz in Weiss, ist ein Sudanese, sein Gesicht weist tiefe Brandmale von glühenden Eisen auf. Alle drei sind mit einem Kumiya bewaffnet, dem langen Krummdolch in der ziselierten Kupferscheide, den sie an einer schönen bunten Seidenkordel umgehängt tragen.

Nach einer guten Viertelstunde kommt schliesslich ein grosser schwarzer Sklave von aussergewöhnlicher Hässlichkeit mit kleinen, runden, lebhaften und listigen Augen; er küsst zur Begrüssung respektvoll die Kordeln meines Turbans.

Er führt mich in einen grossen, stillen, kahlen, leicht abschüssigen Innenhof.

Bereits umfängt mich eine friedliche, leicht beklemmende Stimmung. Diese vielen Türen, die sich eine nach der anderen hinter mir schliessen, lassen mir die Entfernung, die ich eben zurückgelegt habe, noch grösser erscheinen.

Noch eine kleine, niedrige Tür und wir betreten einen grossen, rechteckigen Raum, der aussieht wie das Innere einer Moschee. Das dämmerige Tageslicht dringt durch eine viereckige Öffnung in der aus kunstvoll angeordneten schmalen Balken gefügten Decke.

Teppiche werden ausgebreitet; hier werde ich also wohnen ... Gott weiss für wie lange.

Während die schwarzen Bediensteten Kaffee und frisches Wasser holen, gewöhnen sich meine Augen an den Halbschatten, und ich sehe mir meine Unterkunft genauer an – auch ein wenig im Hinblick auf die Sicherheit.

Eine steile, schmale, dunkle Steintreppe führt auf die Zinne. Links befindet sich eine Vertiefung, ausgestattet mit einem eisernen Kohlenbecken für die Zubereitung des Tees, darüber eine Öffnung in der Decke, durch die der Rauch abziehen kann. In der Mitte des Raumes steht ein kleines, rechteckiges Becken, daneben ein gefüllter irdener Wasserkrug: das Zubehör für die täglichen Waschungen. Die glatte Wasseroberfläche im Becken dient gleichzeitig als Spiegel. Vier in der Umfassungsmauer eingelassene Säulen stützen die Decke. Zuhinterst im Raum eine Holztür, die Füllungen sind mit verblassten Blumenmotiven bemalt.

Dieses Gästezimmer muss sehr alt sein, denn die Lehmwände und die Balken an der Decke sind mit einer grünlichschwarzen Patina überzogen, und die Säulen glänzen bis auf Mannshöhe seidenmatt ... wie glattpoliert von zahllosen Berührungen, von zahllosen Händen ...

Nach vielen anderen Reisenden werde ich nun also in dieser stillen Klause einschlummern.

## BERG DES LICHTES

„Barga" nennt man die seltsam geformte Düne, an deren Hang sich Kenadsa schmiegt und die von mächtigen Steinen gekrönt ist und da und dort von ein paar pyramidenförmigen Felsvorsprüngen.

Ich erkunde an einem klaren, frischen Morgen die Gegend.

Ich durchquere die Friedhöfe. Ich lasse die Qubba von Lella Aischa hinter mir zurück, die ganz in den keuschen

Schatten des rosigen Morgenlichts getaucht ist, und klettere den sandigen Pfad entlang, der stellenweise unter gefährlichen Steinsimsen hindurchführt.

Die Ferne dehnt sich unendlich aus und zerfliesst im durchscheinenden Licht. Am östlichen Horizont erhebt sich der Dschebel Béchar, sehr hoch, sehr blau, und überragt die ganze Gegend, von Ben Zireg bis Kenadsa.

Die Sonne steigt langsam am Himmel auf. Sie schwebt in einem Meer von karminroten Strahlen, die sich kaum merklich im grünen Gold des Zenits auflösen. Ich denke an die Bilder von Noiré, dem einzigen Maler, der es verstanden hat, die ganze zarte Schönheit des Morgens in dieser Gegend Nordafrikas einzufangen. Eine einmalige, wunderbare Farbenharmonie, die sich nach und nach in der Glut der Sonne steigert. Der Sand verwandelt sich in Gold, und die Steine schimmern perlmuttern. Grüne Strahlen, orange, rote Strahlen verwandeln die kahlen Hügel in ein Blumenmeer. Ich sehe, wie das Licht sich darin entfaltet. Das wird künftig die Farbpalette meiner Träume sein.

Das Ksar scheint eigens für meine Augen gebaut worden zu sein; ich liebe die dunklen, warmen Farben der Häuser, die sattes Violett und rötliches Braun enthalten, die paar Mauern jüngeren Datums sind noch mattgolden oder silberbeige wie der Dünensand.

Zwei oder drei hohe Häuser mit vergitterten Fernstern, in denen die Marabuts wohnen, überragen das Häusergewirr der Zitadelle.

Am äussersten Rand des Ksar, mitten auf einer Art Platz mit vereinzelten Gräbern, steht die Qubba von Lella Keltum (einer weiteren Heiligen aus der Familie von Sidi ben Bu

Ziyan), ein Rechteck aus schwärzlichem Torf. Sie ist sehr alt, mit einer Art von spitzen Hörnern verziert. In der Mitte des flachen Daches erhebt sich eine kleine, achtflächige Kuppel. Eine Frau in einer verblassten, rosafarbenen Mlahfa, wohl eine Bettlerin, sitzt auf der Schwelle. Das gelblichweisse, von der Zeit und der Sonne vergilbte Minarett schwingt sich in das goldene Licht des Himmels ... Ein paar ärmlich gekleidete und mit Flinten bewaffnete Ulad-Djella ziehen in Richtung des Guir, sie treiben ungefähr zwanzig magere Kamele vor sich her, die mit länglichen, getreidegefüllten Ballen aus schwarzem Wolltuch beladen sind.

Vor etwa zweihundert Jahren verkündete hier der glückselige Scheich Mohammed seine heilbringenden und esoterischen Lehren.

## DER ERLEUCHTETE

Auf dem Gipfel der Barga lebt ein Erleuchteter inmitten der düsteren Felsen in der Tiefe einer engen, in den Felsen gehauenen Zelle.

Der in Lumpen gehüllte, hohlwangige Einsiedler hat sein graues Haar und seinen struppigen Bart wachsen lassen. Sein Blick ist starr geworden, und seine Lippen murmeln unaufhörlich die gleichen mystischen Beschwörungen, die seit bald zwanzig Jahren seine endlose Ekstase anfeuern.

In seiner von der Verzückung noch nicht berührten Jugend ist der Erleuchtete weit herumgekommen, in Marokko, in Algerien, in der Wüste und im Sudan. Es muss eine dieser wunderbaren Reisen gewesen sein, die heutzutage nur noch die Araber zu unternehmen verstehen, von Dorf zu Dorf, um Brot und Obdach bittend auf dem Pfade Gottes, *fi sabil Allah*.

Der Eitelkeit menschlichen Wissens und der Eintönigkeit der Dinge überdrüssig, kehrte der Heilige schliesslich in die heimatliche Erde zurück und zog sich für immer in seine finstere Zelle zurück, die er dereinst nur noch auf den Schultern der Gläubigen verlassen wird, die ihn in die ewige Ruhe der unendlichen Totenstädte in der Wüste tragen werden.

Ich betrachte ihn, diesen schönen Eremiten, diesen Sohn der Sahara, und ich denke, dass die einsamen Christen der ersten Jahrhunderte in der ebenso kahlen Gegend von Thebais und der glühenden Cyrenaika wohl so ausgesehen haben mögen wie er.

## LELLA CHADDUDSCHA

Ba-Mahmadu sitzt gedankenverloren auf der Treppenstufe, während das Wasser im Teekessel leise summt. Er betrachtet den Raum und die schlichten Malereien auf der Tür im Hintergrund.

– Wo mag meine Herrin zu dieser Stunde sein! sagt er plötzlich mit einem Seufzer.

Auf meine Frage erzählt mir der Sudanese, dieses Haus gehöre einer gewissen Lella Chaddudscha, einer Verwandten von Sidi Brahim. Sehr früh verwitwet und mit zwei Kindern zurückgeblieben, einem Jungen und einem Mädchen, habe die Marabutin, eine sehr fromme Frau, in zweiter Ehe einen ihrer Vettern geheiratet, unter der ausdrücklichen Bedingung, dass sie so bald wie möglich nach Mekka aufbrächen. Der Vetter hielt sein Versprechen, und Lella Chaddudscha verliess die Zawiya; nur ihr Sohn ist zurückgeblieben.

– Am Tag, als sie Kenadsa verliess, erzählt Ba-Mahmadu, haben wir sie alle, die ganze Dienerschaft, bis zum Brunnen von Aïn-ech-Cheikh an der Strasse nach Béchar begleitet. Sie ritt auf ihrem Maultier, ihr Blick ruhte ein letztes Mal auf dem Ksar, und sie sagte uns, sie werde nie mehr zurückkehren, weil sie auf der Heiligen Erde von Hedschas leben und sterben wolle ... Vor zwei Jahren ist das gewesen ... Sie hat seither ihrem Bruder geschrieben, um ihm mitzuteilen, sie sei zu spät angekommen für die Pilgerfahrt nach Dschidda, und sie werde in Bet-al-Quds (Jerusalem) auf die nächste warten, anschliessend habe sie die Absicht, sich endgültig in einer dieser zwei heiligen Städte niederzulassen ... Gott gewähre ihr Beistand und Gnade! Sie war fromm und gütig mit uns armen Sklaven!

... Auch meine Gedanken schweifen nun zu dieser unbekannten Lella Chaddudscha, die zweifellos eine recht unternehmungslustige Seele ist, hat sie doch aus eigenem Antrieb den schläfrigen Alltag ihrer von der Aussenwelt abgeschlossenen Schwestern hinter sich gelassen, um anderswo, unter einem anderen Himmel, ein neues Leben zu beginnen.

Was ist im Herzen dieser frommen, reisefreudigen Frau vorgegangen? Warum hat sie sich plötzlich entschlossen, das heimatliche Ksar zu verlassen? Was für ein Roman ... ein Roman, den vielleicht niemand je kennen wird.

– So ist das Leben! schliesst Ba-Mahmadu. Jedermann kannte Lella Chaddudscha, man sah sie jeden Tag, man bat sie um Hilfe, und nun ist sie weit weg, so weit weg ... und wir werden sie nie wiedersehen ...

Für diesen ungebildeten Sudanesen liegen Bet-al-Quds und alle die syrischen und arabischen Städte tatsächlich am Ende der Welt ... Sie müssen ihm wohl wie Traumstädte vorkommen, fast unwirklich ...

## SUDANESISCHES FEST

Es ist vier Uhr, und endlich, ganz plötzlich, legt sich der Schirokko. Nach und nach verflüchtigt sich der Staub, eine leichte Brise weht von Osten. Man beginnt wieder zu atmen. Türenschlagen, die Leute aus den Ksur und die Marabuts zeigen sich auf den Strassen, über die der Wind ein Grabtuch aus feinem Sand gelegt hat. Ein paar letzte gräuliche Dunstschwaden segeln am glühenden Horizont.

Die Sudanesen haben durch die islamischen Jahrhunderte hindurch die Riten einer fetischistischen Vergangenheit bewahrt, einen suggestiven Zauber von Geräuschen und Gebärden, die ihren Ursprung in den von Ungeheuern bewohnten Urwäldern ihrer alten Heimat haben. Das helle Lachen der mit Lederriemen an den Handgelenken befestigten kupfernen Handklappern hebt sich grell von den dumpfen Trommelschlägen ab. An der Spitze des Zuges tanzen ein paar Schwarze. Sie tanzen ganz ausgelassen, aus reiner Freude am Herumhopsen.

Den gehüpften Tänzen haftet immer etwas Negerhaftes an, während der maurische Tanz – der sogenannte Bauchtanz – durch gewisse feierlich langsame Bewegungen die

Bedeutung eines sakralen Tanzes hat, der aus einem metaphysischeren Orient stammt.

Hinter den gestikulierenden, einen Heidenkrach vollführenden Musikanten folgt die singende Menge der Sklaven; es ist ein halb arabischer, halb sudanesischer, mit schrillen, monotonen Refrains durchsetzter Singsang.

Eine ausgelassene Kinderschar summt wie ein Fliegenschwarm. Die kleinen Negerkinder in ihren schmutzigen Hemdchen und mit ihren verfilzten Kraushaarbüscheln auf den kleinen, glänzenden Schädeln sind von Natur aus drollig. Die kleinen Weissen, winzige Marabuts in bunten Ganduras mit ihrer von der Sonne kaum kupfergetönten Haut, den feinen Gesichtszügen und dem glatten, von der Mitte ihres kahlgeschorenen Kopfes auf den Rücken herabhängenden Zopf, wirken irgendwie chinesisch. Dieses bunte Völkchen lacht und hüpft um die unerschütterlichen Sudanesen herum, die sich undeutlich erinnern, dass ihr Fest ein geheiligter Ritus ihres Volkes ist.

Die Musikanten bleiben stehen, ziehen ihre Sandalen aus und küssen zuerst das Gewand der Marabuts, dann stellen sie sich im Halbkreis auf und nehmen ihr lautes Spektakel wieder auf.

Zwei Sänger treten in den Halbkreis und beginnen, einander zugewandt mit affenartigen Sprüngen und jähem Niederkauern zu tanzen. Sie stampfen mit den Füssen, klatschen, schlagen die rosigen Handflächen über dem Kopf zusammen. Ihr altes Negerblut erwacht, brodelt, schäumt über, triumphiert über das unnatürliche unterwürfige Gehabe, das ihnen die Sklaverei aufzwingt. Sie kehren zu ihrem Ursprung zurück, primitiv und barbarisch zugleich, nach kindlichen Spielen und besinnungsloser Ekstase dürstend, der ursprünglichen Animalität sehr nahe.

Vor allem einer der Tänzer, ein wirr blickender Greis mit knochigem Kiefer und langen, gelblichen Zähnen, steigert sich in besinnungslose Erregung.

Dieses entfesselte Schauspiel inmitten dieser schlichten Kulisse vor dem fahlen Hintergrund des Ksar, das von der Sonne langsam in zartrosafarbenes, gelbliches Licht getaucht wird, hat für mich etwas sehr Bitteres.

Die Sudanesen sacken plötzlich zusammen, werfen sich erschöpft zu Boden, bleiben eine Sekunde wie tot liegen, richten sich halb auf, kauern sich mühsam vor Sidi Brahim hin.

Ein durchdringender Raubtiergeruch geht von ihren schweissdurchtränkten Schleiern, von ihrer schwitzenden Haut aus, die noch schwärzer wirkt.

Sie heben alle gleichzeitig die Hände, halten die offenen Handflächen wie ein aufgeschlagenes Buch vor das Gesicht. Sidi Brahim liest die Fatiha, die erste Sure des Korans.

Dann erfleht er den Segen Gottes und Sidi Mohammed ben Bu Ziyans für die Sklaven, für alle Anwesenden, für die Bewohner von Kenadsa, für das ganze Land, für alle Ziyaniyya und alle Muslime, für alle Männer und Frauen, tot oder lebendig.

Und anschliessend bittet der Marabut in einer rührend aufmerksamen Geste Gott, er möge Si Mahmud wuld Ali al-Dschaza'iri, Diener des Herrn und seines Propheten, schützen und ihm beistehen immer und überall ... Ich verneige mich ehrerbietig.

Ich habe hier, in diesem Ksar, wo es nicht einmal ein maurisches Kaffeehaus gibt, wo die Leute keinen anderen Treffpunkt haben als den Dorfplatz und die Lehmbänke, am Fusse der Festungsmauer an der Strasse nach Béchar, eine Kifraucherhöhle entdeckt.

Sie befindet sich in einer Art Ruine hinter der Mella: ein langer Raum, der einzig durch ein „Guckloch" zwischen den krummen, russgeschwärzten Deckenbalken erhellt wird. Die Wände sind schwarz, mit einem Netz von helleren Rissen überzogen, die wie Wunden aussehen. Auf dem staubigen Fussboden aus gestampfter Erde, der selten gekehrt wird, liegen Granatapfelschalen und Abfälle herum.

Dieser seltsame Ort dient den marokkanischen Landstreichern, den Nomaden, allem möglichen zwielichtigen Gesindel als Unterschlupf. Das Haus scheint niemandem zu gehören; eine Art verrufene Absteige, wo man ein paar ausschweifende Nächte verbringt; man glaubt sich in den Kulissen eines malerischen Theaters, in einer Art Gerümpelkammer des Verbrechens.

In einer Ecke eine saubere geflochtene Matte mit ein paar verzierten marokkanischen Lederkissen, auf der eine schwere, mit bunten Malereien verzierte Truhe steht, die als Tisch dient. Dann ein Rosenstrauch mit kleinen, blassroten Blüten, daneben ein Strauss Gartenblumen in einem grossen, mit geometrischen Mustern und Arabesken verzierten Krug aus dem Tell; etwas weiter hinten ein kupferner Wasserkessel auf einem Dreifuss, zwei oder drei Teekrüge, ein bis oben mit getrocknetem indischem Hanf gefüllter Korb. Das ist alles, das ganze Dekor, die ganze, der kleinen Runde von Kifrauchern unentbehrliche Szenerie, in der sie sich wohl fühlen.

Fast hätte ich den zahmen, an der Klaue an einem primitiven Gestänge aus Palmzweigen angebundenen Geier vergessen.

Manchmal setzen sich die Barraniyya (die Aussenseiter), die Vagabunden, die in dieser Räuberhöhle herumgeistern, zu den Kifrauchern, obwohl diese einen sehr geschlossenen kleinen Kreis bilden, in dem man nur schwer Aufnahme findet; zwar sind auch sie Wanderer, Heimatlose, die ihre Träume durch die Länder des Islam tragen, aber die Anhänger des halluzinogenen Rauchs, die sich hier in Kenadsa versammeln, gehören der gebildeten Oberschicht an.

Hadsch Idris, ein hagerer, grossgewachsener, dunkler Filali mit einem sanften, wie von einem inneren Strahlen erleuchteten Gesicht, ist einer dieser Entwurzelten ohne festen Beruf, der nirgends zu Hause ist und von denen es so viele gibt in der muslimischen Welt. Seit fünfundzwanzig Jahren irrt er von Stadt zu Stadt, arbeitend oder bettelnd, wie es sich jeweils gerade ergibt.

Er spielt Gumbri, die kleine arabische Gitarre mit dem geschnitzten Hals, deren zwei Saiten über einen Schildkrötenpanzer gespannt sind.

Hadsch Idris hat eine wohlklingende, tiefe, klare Stimme; er singt die alten andalusischen Heldensagen mit ihren wehmütigen, unendlich zärtlichen Weisen.

Si Mohammed Behuri, ein Marokkaner aus Meknès, ein noch junger, blasser Mann mit zärtlichen Augen, ist ein wandernder Poet, der auf der Suche nach Legenden und alter arabischer Literatur durch Marokko und den Süden Algeriens zieht; den Lebensunterhalt verdient er sich mit dem Dichten und Vortragen von Versen über die Wonnen und Qualen der Liebe.

Ein anderer stammt aus der Gegend des Dschebel Zerhaoun. Er ist Arzt und Wunderheiler, klein, ausgemergelt, knorrig, seine Haut ist von der Sonne des Sudan gegerbt, wo er sich lange Jahre herumgetrieben hat; er zog mit den Karawanen von der senegalesischen Küste bis nach Timbuktu. Den lieben langen Tag blättert er in alten arabischen Zauberbüchern und stellt umständlich komplizierte Mixturen zusammen.

Der Zufall hat diese Leute nach Kenadsa verschlagen. Morgen werden sie weiterziehen, getrennte Wege gehen, unbekümmert ihrem Schicksal entgegen.

Ihre gemeinsame Leidenschaft hat sie in diesem maurischen Schlupfwinkel zusammengeführt, wo sie die trägen Stunden ihres Lebens sorglos dahinfliessen lassen.

Abends dringt ein schräger, rosiger Strahl durch das „Guckloch" in den Halbschatten des Raumes. Die Kifraucher versammeln sich, ungeduldig, stecken einen duftenden Basilikumzweig in den Turban. Sie kauern sich längs der Wand auf der Matte hin und ziehen an ihren kleinen Tonpfeifen, die mit indischem Hanf und zu Pulver zerstossenem maurischem Tabak gestopft sind.

Hadsch Idris stopft die Pfeifen, reicht sie weiter, nicht ohne vorher aus Höflichkeit das Mundstück an seiner Wange abgestreift zu haben. Wenn seine Pfeife leer ist, nimmt er sorgfältig die kleine glühende Aschenkugel heraus, die zurückgeblieben ist, und steckt sie in den Mund – er spürt das

Brennen nicht –, dann, wenn die nächste Pfeife gestopft ist, facht er mit der glimmenden Asche den kleinen Herd an, der stundenlang nicht mehr ausgehen wird. Hadsch Idris ist hochintelligent, ein scharfer, von dem permanenten Halbrausch gemilderter Geist, der seine Träume mit dem betäubenden Rauch nährt.

... Die Vergessenssucher singen und klatschen träge dazu; spät in der Nacht erheben sich die verträumten Stimmen im milchigen Schein einer trüben Laterne; dann werden die Stimmen nach und nach leiser, schleppender, schläfriger; schliesslich verstummen die Kifraucher, den starren Blick entrückt auf die Blumen gerichtet.

Diese Männer sind wollüstige Epikureer, Weise vielleicht, die es verstehen, in dieser düsteren Spelunke in Gesellschaft der marokkanischen Landstreicher lockende Horizonte zu erkennen, wunderbare Städte entstehen zu lassen, in denen das Glück tanzt.

## ABENDE IN KENADSA

Gegen vier Uhr, nach dem Asr, geht die Sonne langsam hinter den steinigen Hügeln Marokkos unter.

Die überhitzte Erde atmet die grosse Ermattung des gnadenlos sengenden Tages aus; die drückenden Stunden sind vorbei. Ein Gefühl der Erleichterung überflutet mich ... wie nach einer entgangenen Gefahr ... oder wie wenn man nach einem bösen Traum aufwacht ... und ich spaziere langsam in Begleitung eines Sklaven in die kleinen Gärten, klettere über die niedrigen Mauern.

In Kenadsa gibt es keine weitläufigen, feuchten Palmenhaine wie in Figuig oder in Béchar; die Gärten stehen mitten in der Wüste und kämpfen mühsam gegen das langsame und hartnäckige Vordringen des Sandes, gegen die tödliche Trockenheit der nahen Hamada. Sie bestehen aus Gruppen von fünf oder sechs Dattelpalmen mit lichten Kronen, die aus dem gleichen Spross gewachsen sind; die Obstbäume sind mit samtenen Früchten behangen, die in die Saqiya fallen, und das spärliche Wasser fliesst in die durstigen, goldenen Felder, wo die magere Hirseernte geschnitten worden ist.

In der Nähe der Mauern, wo die Sonne weniger brennt, im Dickicht von Reben und Lianen, welche die Palmen und Granatapfelbäume umschlingen, unter den breiten, flachgedrückten Feigenbäumen hat es immerhin schattige Plätzchen, wo wohltuende Kühle herrscht.

Vereinzelte grünliche Teiche fangen das überfliessende Wasser der schmalen Bewässerungskanäle auf. Dort lassen die unzähligen Wüstenkröten ihr wehmütiges Gequake erklingen.

Die Bauern sind Halbpächter, meist Schwarze, die gegen einen Fünftel der Ernte die Gärten kultivieren. Sie verbringen lange, langsam dahinfliessende Tage im Schatten der Bäume, und sie verstehen es meisterhaft, das entzückende Chaos ihrer Pflanzungen hübsch anzulegen. Überall blüht der leuchtend orange Saflor, den die Frauen für das Färben von Geweben oder als Schminke verwenden. Da und dort schlingen sich zerbrechliche Ranken mit langen, zartblauen Dolden um die Äste eines wildwachsenden Busches. Dazwischen blühen Beete mit violetten Astern, die man in den

Oueds in der Wüste ausgegraben hat. Meine Augen können sich nicht sattsehen an den grossen, vielblütigen Rosensträuchern, die man Damaszener Rosen nennt.

Die gastfreundlichen Kleinpächter bereiten den Tee zu. Sie bringen Mandeln und goldene Aprikosen, die sie mir auf einem Zipfel ihres erdigen Burnus anbieten: Der Gast der Zawiya ist auch ihr willkommener Gast.

Eines Abends bringt mir der älteste, ein ganz gebückter alter Marokkaner aus dem Stamm der Sedscha, einen Zweig Granatäpfel und einen Bund Zwiebeln.

– Schau, die Blumen und die Früchte meines Gartens sind bescheiden; ich bin ein armer alter Mann, und ich kann dir nichts anderes zum Willkommensgruss überreichen. Nimm dieses Gemüse – Gott allein kann Reichtum spenden! –, nimm meine bescheidene Gabe und verzeih mir ...

Ich brachte es nicht über mich, dieses kindliche und rührende Geschenk abzulehnen, aus Angst, ich könnte den alten Bauern beleidigen, der ganz beschämt und demütig zu mir aufblickte, als ob er mir den Ertrag seines Gartens schuldig wäre.

Am Rand der Saqiya wachsen im Schatten Minze und Basilikum, blasse und verkümmerte Pflänzchen und dennoch heftig duftend; ihr Geruch schwebt in der noch warmen Abendluft, vermischt mit anderen, verhalteneren, undefinierbaren Pflanzendüften.

Ich finde in den Gärten von Kenadsa die Ruhe und einlullende Schläfrigkeit der Gärten in der Sahara wieder, ohne jedoch „dieses geheimnisvolle, bedrückende Etwas", das die Seele der finsteren Palmenhaine und der Wälder ausmacht.

Der Tag geht zur Neige. Die Dattelpalmen sind in das

Kirschrot des lodernden Himmels getaucht. Wir verlassen die Gärten ... bevor das Fieber aufsteigt.

Grosse, violette Schatten wachsen auf den Steinen, die in den letzten leuchtenden Strahlen rötlich glimmen.

Ewige Trunkenheit der Abende im Süden, täglich wiederkehrend und nie gleich, fast beklemmend, wenn man plötzlich fühlt, wie die Wüste sich verdunkelt und einen umfängt, als wolle sie den Eindringling nie mehr loslassen.

## FIEBERTRÄUME

Tanzende, in bläuliche Lichter gehüllte Negerinnen mit zarten, geschmeidigen Gliedern. In ihren dunklen, seltsam und verführerisch lächelnden Gesichtern blitzten perlmutterne Zähne. Ihre zerbrechlichen Körper waren in lange rote, blaue oder schwefelgelbe Schleier gehüllt, die im fremdartigen Rhythmus ihrer Schritte flatterten und manchmal fast wie durchsichtige Schatten wirkten.

Ihre dunklen Hände schwenkten die scheppernden Handklappern der sudanesischen Feste; einmal schlugen sie in einem wilden Takt, dann wieder fast lautlos.

... Doch die Negerinnen lösten sich nach und nach von der Erde und schwebten in der Luft.

Ihre Körper wurden länger, verrenkten sich, lösten sich auf, wirbelten wie der Staub in der Wüste, wenn der Schirokko bläst. Schliesslich verschwanden sie im Schatten der russigen Balken ...

Meine Augen öffneten sich mühsam. Mein Blick glitt über die Dinge. Ich suchte die seltsamen Wesen, die ein paar Sekunden vorher noch vor mir tanzten.

Ich hatte sie gesehen, ich hatte ihr kehliges Lachen gehört, das an ersticktes Schluchzen erinnerte, ich hatte auf meiner glühenden Stirn den warmen Atem gespürt, der ihre Schleier hob. Sie waren verschwunden und liessen die Erinnerung einer unsäglichen Angst in mir zurück ...

Wo waren sie jetzt?

Mein ermatteter Geist versuchte, aus dem Nebel aufzutauchen, in dem er seit Stunden oder seit Jahrhunderten schwebte ... ich wusste nicht mehr.

Es war mir, als ob ich aus einem schwarzen Abgrund auftauchte, in dem es Lebewesen gab, wo sich die Dinge nach anderen Gesetzen bewegten als jenen, die auf der wirklichen Welt herrschen, und mein fieberglühender Geist versuchte krampfhaft, die Gespenster zu verjagen, die mich quälten.

## PARADIESISCHE WASSER

Auf der ermatteten Zawiya lastete grosse Stille. Es war die tödliche Stunde des Mittags, die Stunde der Luftspiegelungen und der todbringenden Fieber. Die Hitze legte sich auf die glühenden Zinnen und auf die in der Ferne flimmernden Dünen.

Man hatte mich auf eine Matte gelegt, in einen Raum, der auf eine hochgelegene Terrasse ging. Draussen breiteten sich der bleierne Himmel und die sandige, steinige, unter der Sonne glühende Wüste aus.

An den schmalen Deckenbalken aus Palmholz hing ein kleiner Wasserschlauch aus Ziegenhaut, das Wasser tropfte langsam in einen grossen Kupferteller auf dem Fussboden.

Minute um Minute fiel ein Tropfen, regelmässig, eintönig wie das Ticken einer Krankenhaus- oder Gefängnisuhr, schlug hellklingend auf dem Metall auf, und dieses Geräusch verursachte mir einen stechenden Schmerz, es war, als ob der hartnäckige Tropfen auf meinen fieberheissen Schädel fiele.

Neben mir bewegte ein zusammengekauerter sudanesischer Sklave mit tiefen Brandmalen auf den Wangen stumm einen Fliegenwedel aus Rosshaar, der wie der Schweif eines Paradepferdes mit Henna gefärbt war.

Ich betrachtete den Sklaven. Während Sekunden, die mir vorkamen wie Jahre, malte ich mir die Erleichterung aus, die ich empfinden würde, wenn ich ihn bäte, den metallenen Teller zu entfernen, und der Wassertropfen endlich mit einem gedämpften Geräusch auf den Fussboden aus gestampfter Erde aufprallte. Aber ich konnte nicht sprechen, und der Tropfen fiel und fiel, unbarmherzig, und schlug klingend auf dem polierten Kupfer auf.

Die Balken an der Decke verschwammen im Nebel, ein Himmel tat sich vor meinen Augen auf. Jetzt waren es wogende, silbrigblaue Palmen, die über meinem Kopf raschelten.

Unter den gewölbten Kronen, um die hohen, schlanken Stämme der Dattelpalmen rankten sich dunkelgrüne Reben, und blühende Granatapfelbäume bluteten im Schatten.

Ich lag in einer Saqiya, inmitten von langen, schleimigen Wasserpflanzen, die mich ganz einhüllten wie eine seidige Haarmähne. Kühles Wasser umspülte meinen Körper, und ich liess mich wollüstig in der feuchten Liebkosung gehen.

Ganz in der Nähe meines Mundes plätscherte ein Bächlein. Manchmal floss mir das eiskalte Wasser über die Lippen, ohne dass ich mich zu rühren brauchte, ich fühlte es in meine ausgetrocknete Kehle rinnen, in meine Brust, wo es nach und nach den unerträglich brennenden Durst linderte – das wohltuende Wasser, das segenspendende Wasser der lieblichen Träume!

Ich versank in den vielen Traumbildern, in der zunehmenden Ekstase der paradiesischen Wasser ... Es gab dort riesige grünliche Teiche unter zierlichen Dattelpalmen, zahllose lieblich plätschernde Bäche, perlende Wasserfälle rieselten von den moosbewachsenen Felsen, ringsum knirschten die Wasserräder, verbreiteten kostbares Leben und Fruchtbarkeit ...

Irgendwo, sehr weit weg, erhob sich eine Stimme, eine reine, in der Stille schluchzende Stimme. Sie kam von den unbekannten Horizonten, durchbrach das Grün und die ewigen Schatten.

Die Stimme störte meine Ruhe. Ich schlug die Augen auf, liess den Blick durch das kleine Zimmer meines freiwilligen Exils schweifen.

Die Stimme schien wirklich zu sein, wurde lauter: Der Muezzin in der nahen Moschee rief zum Mittagsgebet.

Der Sklave neben meinem Lager hob den schwarzen Zeigefinger seiner rechten Hand, er bekräftigte dadurch die Einheit Gottes und die prophetische Mission seines Abgesandten, dann stand er auf, hüllte seinen muskulösen, ebenholzfarbigen Körper in die weissen Falten seines Gewandes.

Er betete. Jedesmal, wenn er sich in die Knie warf, schlug die ziselierte Kupferscheide seines Krummdolchs auf dem Fussboden auf. Er sagte: „Gott ist der Grösste." Und er verneigte sich, die Stirn im Staub, den Blick in Richtung der Heiligen Ka'aba gewandt.

Ich folgte mit den Augen den andächtigen Bewegungen des Sklaven.

Als er fertig gebetet hatte, setzte sich der Sudanese wieder neben mein Lager und schwenkte seinen langen Fliegenwedel aus hennagefärbtem Rosshaar.

Rötlichbraune Schwaden stiegen über den Zinnen empor, die zu bersten schienen. In der unbeweglichen, bleiernen, wie schmelzendes Metall glühenden Luft bewegte sich nichts, nicht der kleinste Lufthauch. Meine weissen Kleider klebten vor Schweiss, und auf meiner Brust lag eine drükkende Last. Ein brennender Durst, ein schrecklicher Durst, den nichts zu lindern vermochte, verzehrte mich. Meine zerschlagenen Glieder schmerzten, und mein schwerer Kopf fiel auf die gefaltete Decke zurück, die mir als Kopfkissen diente.

Der Sklave tauchte einen Fetzen Stoff in ein wassergefülltes Becken und netzte damit meine Stirn und meine Brust. Dann flösste er mir ein paar Tropfen lauwarmen Minzentee ein.

Ich atmete tief, streckte meine steifen Arme.

Die Stimme des Muezzin war verstummt, von der Hitze übermannt. Mein Geist entfloh erneut in nebelhafte, mit seltsamen Wesen bevölkerte Gegenden, wo die segenbringenden Wasser sprudelten.

Der flammende Tag verglomm im rosafarbenen Strahlen des Tales und der umliegenden Hügel. Auf der anderen Seite des Salzsees flackerten die Dattelpalmen wie grosse schwarze Kerzen.

Wieder rief die wehmütige Stimme des Muezzin zum Gebet. Ich war jetzt ganz wach. Meine Augen mit den schweren, schmerzenden Lidern öffneten sich schmachtend der Herrlichkeit des Abends. Plötzlich senkte sich eine unendliche Wehmut in mein Herz.

Ich war allein, ganz allein in einem verlassenen Winkel Marokkos, und ich war allein gewesen, wo immer ich gelebt hatte, und allein, wohin ich auch immer gehen würde, für immer allein ... Ich hatte keine Heimat, kein Zuhause, keine Familie ... Ich hatte vielleicht auch keine Freunde mehr. Ich war durch das Leben gegangen wie ein Fremder, wie ein Eindringling, und hatte nur Ablehnung und Entfremdung geweckt.

Und jetzt lag ich da und litt, und niemand eilte mir zu Hilfe, und um mich herum lauter Menschen, die teilnahmslos zusehen, wie alles um sie herum zerfällt, und die angesichts der Krankheit die Arme verschränken und nichts anderes als „Mektub" zu sagen wissen!

Jene, die an einem anderen Punkt dieser Erde an mich hätten denken können, beschäftigten sich zweifellos mit ihrem eigenen Los. Mein Schmerz berührte sie nicht.

Wenn ich jetzt allein war, hatte ich es denn nicht selbst so gewollt, in den klaren Stunden, in denen meine Gedanken sich über die feigen Schwächen des Herzens und des Fleisches erhoben, die beide gleichermassen krankhaft waren?

Allein sein bedeutet frei sein, und die Freiheit war das einzige unentbehrliche Glück. Ein grosser, wehmütiger und sanfter Friede.

Ein warmer Wind erhob sich im Westen, er brachte Fieber und Angst. Mein erschöpftes Haupt fiel auf das Kopfkissen zurück; mein Körper liess sich in fast wollüstiger Ermattung gehen; meine Glieder wurden ganz leicht, schwerelos ... als seien sie nicht mehr da.

Die dunkle, sternenübersäte Sommernacht legte sich über die Wüste. Mein Geist verliess den Körper und entschwebte erneut in die verzauberten Gärten und in die grossen, bläulichen Teiche der paradiesischen Wasser.

*AIN SEFRA – SEPTEMBER 1904*

*Isabelle Eberhardts letzter Text*

SCHWARZE HEITERKEIT

Manchmal dringen schrille Schreie aus den Dorfkneipen: Streit oder Gesang der zechenden Legionäre.

Hier, im arabischen Stadtteil, verstummen die letzten Geräusche.

Der Vollmond taucht die grauen Lehmhäuser, die ausgestorbenen Strassen und die schattenhafte Düne in blaues Licht.

Durch die noch halboffene Tür eines kleinen maurischen Kaffeehauses dringt ein roter Lichtstrahl, gleitet über den Sand bis zu der gegenüberliegenden Mauer.

Wilde Klänge, Tam-Tam und Lieder sind aus der kalkgetünchten Spelunke zu hören.

Wir treten ein, der Sudanese Saadun und ich.

... Man muss den Raum durchqueren, der kaum grösser ist als eine Zelle, dann durch eine Art Öffnung in der Wand schlüpfen.

Im halbzerfallenen Hof, im diffusen Licht, das von oben einfällt, räkeln sich ein paar Frauen.

Zwei im Schatten hockende alte Weiber schlagen die Tamburine und singen in ihrer unverständlichen Sprache, es ist ein unendlich schleppender Singsang, von einer Art wildem Keuchen, von heiserem, abgehacktem Röcheln unterbrochen.

Drei andere Negerinnen tanzen.

Eine ist jung und schön.

Ihr hochgewachsener, geschmeidiger Körper wiegt sich, verrenkt sich, sie wirft den Kopf mit unnatürlichem Zittern weit in den Nacken, während ihre vollen Arme eine leidenschaftliche Umarmung mimen.

Dann legt sie den Kopf auf die Schulter, und ihre grossen, dunkel glühenden Augen fallen halb zu, während sich ihre Lippen zu einem schmachtenden Lächeln öffnen und das blendende Perlmutter ihrer Zähne entblössen.

Silberne Lichter gleiten über die steifen Falten ihrer langen, himmelblauen Seidentunika, die wie grosse, luftige Flügel um ihre Schultern flattert.

Der schwere Silberschmuck klirrt leise.

Manchmal, wenn sie in die Hände klatscht, schlagen ihre Armreifen hellklingend gegeneinander.

Zwei stark geschminkte Frauen schütteln frenetisch ihre schweren, in blutrote Schleier gehüllten Glieder.

Gegenüber sitzen die Männer längs der Wand und schauen dem Tanz der schwarzen Prostituierten zu, der wie ein Ritus aus der fernen Heimat allmonatlich in der Vollmondnacht gefeiert wird.

Vier oder fünf Schwarze, darunter zwei reinrassige Sudanesen von ungewöhnlicher und trügerischer negroider Schönheit, mit gleichmässigen Gesichtszügen, mit ganz arabischen, länglichen, honigbraunen Augen. Ihre Wangen sind mit den tiefen Malen von glühenden Eisen verziert, und an ihrem rechten Ohrläppchen hängt ein silberner Ring.

Stumm sitzen sie da, unbeweglich, vom Tanz fasziniert.

Die anderen, Haratin und Mestizen, lachen mit äffischen Gebärden und Grimassen.

... Ein einziger Weisser darunter, ein Spahi, mit dem regelmässigen Gesicht des Arabers aus dem Hochland, es ist der Liebhaber der schönen Negerin.

Er liegt halbaufgerichtet auf seinem gefalteten roten Burnus und sieht ihr schweigend zu.

Wenn die Negerin, die ihm von Zeit zu Zeit zulächelt, in Ekstase zu sein scheint, lehnt sich der muskulöse Körper des Spahi entspannt zurück, und wenn sie den Lachen und Scherzen der Neger Aufmerksamkeit schenkt, zucken die gepflegten Hände des Nomaden krampfhaft.

Und er sieht uns nicht einmal eintreten. Er setzt seine ganze Seele in den Anblick dieser Frau, die ihn alles hat vergessen lassen, sein Heim, seine Kinder, seine Freunde ... die ihn gefesselt hat und ihn hier in ihrer halbzerfallenen Spelunke zurückhält.

Nebenan, in einem kleinen, kuppelüberdachten Raum, flackert eine Kerze in einer Nische in der kahlen, weissen Wand.

Etwa zehn Neger sitzen auf geflochtenen Matten, auf bunten, zerschlissenen Tüchern.

In ihrer Mitte Teegläser und kleine Kifpfeifen auf einem Kupfertablett.

Weisse Lumpen um schwarze Körper mit hervortretenden, straffen Sehnen, schmutzige Schleier um Gesichter mit vorspringendem Unterkiefer und wulstigen Lippen; da und dort das Scharlachrot einer Schaschiyya ...

Die zwei Sudanesen, die im Hof sassen, folgen uns.

Sie setzen sich im rückwärtigen Teil des Raumes auf den Fussboden.

Der eine nimmt ein Bendir, ein arabisches Tamburin, und der andere eine Hirtenflöte.

Dann bringt eine der schwarzen Frauen ein Becken aus gebranntem Ton mit glühender Kohle, auf der Benzoe und Zimtrinde glimmen.

Der leichte blaue Rauch steigt zur gewölbten Decke empor und erfüllt den Raum mit stickiger Wärme.

Die zwei Schwarzen beginnen zu spielen, zuerst langsam, fast träge.

Dann steigern sie sich nach und nach. Auf ihren Stirnen perlen Schweisstropfen, die dunklen Pupillen weiten sich, sogar ihre Nasenflügel beben. Sie lehnen sich zurück, wälzen sich wie betrunken auf der Matte.

Der Mann mit dem Tamburin schwenkt mit hocherhobenen Armen sein Instrument und schlägt und schlägt ... einen dumpfen Rhythmus, immer schneller, immer schneller ... steigert sich bis zur Raserei.

Der Flötenspieler hält die Augen geschlossen, wiegt den Kopf mit dem hohen, kordelngeschmückten Turban der arabischen Nomaden.

Die anderen singen, hören nicht auf zu singen, gönnen sich keine Atempause, und es ist der gleiche keuchende, unheimliche Gesang, der vorher in den schwitzenden Körpern der Negerinnen wilde Leidenschaft weckte.

Die Kifpfeifen werden herumgereicht.

Nach und nach, vom Minzentee, vom duftenden Rauch, vom Geruch der Negerhaut, von der Musik und der erstikkenden Hitze im Raum ... scheint ein Hauch von Wahnsinn über die schweissglänzenden Stirnen der Schwarzen zu gleiten.

Sie winden sich in krampfhaften Zuckungen.

Ganz plötzlich gerät der schöne Sudanese, der das Tamburin schlug, in Raserei. Er schleudert das Bendir auf das glimmende Kohlebecken.

Das dünne Fell zerbirst.

Wildes Gelächter ringsum. Mit einer Art Wut zerfetzen die Schwarzen das Instrument.

Und die Hirtenflöte weint, weint ... es ist eine unendlich traurige, herzzerreissende Melodie.

Ich gehe hinaus, mein Kopf glüht.

Im Hof haben die Frauen aus dürren Palmzweigen ein Feuer angezündet, das mit gnadenloser Helle ihre lasziven Bewegungen beleuchtet.

Aufgestützt auf seinem roten Burnus liegend, betrachtet der Spahi seine tanzende Geliebte, und je weiter die Nacht vorrückt, desto sinnlicher und leidenschaftlicher werden ihre Bewegungen. Er hat sich nicht von der Stelle gerührt, aber die harte Falte zwischen seinen Brauen hat sich vertieft.

Eine heftige Sinnlichkeit, die sich bis zum Wahnsinn steigert und die einen schliesslich aufwühlt, geht von dieser schwarzen Lasterhöhle aus.

... Draussen ist alles still, alles träumt, alles ruht im kalten Licht des Mondes.

Es tut gut, im Galopp über die ausgestorbene Strasse

durch die kühle Mitternachtsbrise zu reiten, dem düsteren Rausch dieser beklemmenden schwarzen Orgie zu entfliehen.

*In Kenadsa verschlechtert sich Isabelles bereits sehr angegriffene Gesundheit, das Fieber verzehrt sie und gönnt ihr keine Atempause. Si Brahim überredet sie, nach Aïn Sefra zurückzukehren, wo sie bessere Pflege hat.*

*Anfangs Oktober 1904: Vom Krankenhaus aus schreibt sie an eine Freundin:*

Der Grund meines Schweigens ist nicht eben heiter. Ich bin seit zwei Wochen im Krankenhaus, und ich werde noch lange hier bleiben müssen. Es ist das auf meinen Reisen in sumpfigen Gegenden aufgelesene Fieber, das mich niedergestreckt hat. Nichts Ernstliches also. Ich kann bereits aufstehen und ganz langsam im Hof herumspazieren. Das Krankenhaus liegt auf einer Anhöhe, die Aussicht ist schön. Der Herbst hat begonnen, der klare Himmel und die milde Sonne vergolden die Wüste, wo das Alfagras zu grünen beginnt.

Ich habe viel gearbeitet und endlich das Manuskript der *Bilder aus dem Süden* fertiggestellt. Sobald ich gesund bin, reise ich in die Sahara, besuche die Oasen, Beni Abbès, Timimoun, In Salah, und bringe einen zweiten Band zurück. Da ich die Absicht habe, den Winter in Timimoun zu verbringen, werde ich dort *Trimardeur* abschliessen, das Buch könnte also im Frühjahr erscheinen. Bevor das nicht alles erledigt ist, keine Aussicht auf eine Rückkehr nach Algier.

Si Mahmud

*Isabelle ist geschwächt, Isabelle braucht Slimène. Sie schreibt ihm und bittet ihn zu kommen. Sie hat für sie beide ein kleines Haus im arabischen Stadtteil von Aïn Sefra gemietet.*

*Sie hält das Eingesperrtsein nicht aus, und die junge Frau verlässt entgegen dem Rat der Ärzte das Krankenhaus, um sich zu ihrem Lebensgefährten zu begeben.*

*Ein paar Stunden später findet Isabelle in der „Katastrophe von Aïn Sefra" den Tod.*

*TODESERKLÄRUNG*

*Aïn Sefra*
*Am 25. Oktober des Jahres 1904 ... sind vor dem Unterzeichneten Designy Charles, Hauptmann ... in seiner Funktion als Standesbeamter ... erschienen: Bourqui Jules, Schriftführer, und Orsini Jean Martin, Generalstabssekretär ..., welche zu Protokoll gegeben haben, dass am 21. Oktober, 11 Uhr vormittags, in Aïn Sefra Isabelle-Marie-Wilhelmine Eberhardt verstorben ist, Gattin des Suliman Ehnni ..., geboren in Genf, 27 Jahre alt, Tochter des (nicht ausgefüllt) und der (nicht ausgefüllt). Nachdem wir uns des eingetretenen Todes persönlich vergewissert haben, wurde das vorliegende Dokument ausgestellt und nach Prüfung durch die anwesenden Zeugen von denselben und von uns unterzeichnet ...*

11. KAPITEL

# Epilog

*1907 stirbt Slimène an Schwindsucht. 1914, zehn Jahre nach Isabelles Tod, begeht Augustin Selbstmord, und 1924, ein Jahrzehnt später, nimmt sich seine Tochter das Leben.*

*Isabelle Eberhardt hat keine Nachkommen. Ihre ungewöhnliche Ausstrahlung – so ungewöhnlich wie die Persönlichkeit der jungen Frau selbst – beruht auf der Intensität ihres kurzen Lebens und ihres knappen schriftstellerischen Werkes.*

*In Algerien lebt Isabelle ganz selbstverständlich in der Erinnerung fort: In Colomb-Béchar, in Aïn Sefra und in Algier hat man Strassen nach ihr benannt.*

*Es ist viel über Isabelle Eberhardt geschrieben worden, und doch liegt über ihrem Leben ein tiefes Schweigen, das man immer wieder pietätlos zu durchbrechen versucht hat.*

*Ihre Freunde und Biographen haben selbst in der Schilderung ihres Todes auf eine peinliche, geradezu schamlose Ausführlichkeit Wert gelegt ... als müssten sie die unerbittliche Härte von Isabelles Schicksal beziffern ... als müssten sie um jeden Preis Dinge ans Tageslicht zerren, die Isabelle uns verschwiegen hätte. Man hat nie aufgehört, sie misszuverstehen.*

*Manche haben in ihrem frühen Tod ein gnädiges Schicksal gesehen, welches das Bild einer ungewöhnlichen, ausserhalb aller Konventionen lebenden Frau festgehalten hat, bevor die Zeit es hätte trüben können. Das bedeutet jedoch, Isabelle Eberhardts schriftstellerische Begabung zu verkennen, und die überspitzte Polemik um die Legitimität von Barrucands Rolle zielte eher auf eine Aneignung der Person hin, denn auf die Verteidigung ihrer literarischen Integrität.*

*1903, anlässlich ihres letzten Besuches bei Lella Zaynab in Bou Saada, schreibt Isabelle* Pleurs d'Amandier. *Sie schildert darin den friedlichen Lebensabend von Sa'adiyya und Habiba, zwei ehemaligen Prostituierten, doch sie hat in diesen Seiten auf ihre ganz eigene Art auch ihre Jugend und ihren Lebensdrang formuliert:*

... Es ist Frühling, und unter der sanften Abschiedswehmut der Dinge glimmt das Leben, heftig, voller Glut und Liebe, der übermächtige Lebenssaft steigt aus den geheimnisvollen Brunnen der Erde, um schon bald in der Trunkenheit des Wiedererwachens zu knospen und zu blühn ...

*Und ein paar Stunden später deutet die subtile Schilderung eines Sonnenaufganges über Bou Saada den Tod Habibas an ... und Isabelles Bereitschaft, die* zärtliche Abschiedswehmut der Dinge *anzunehmen.*

... Die rote Sonne steigt langsam hinter den von leichten Dunstwolken verhüllten Bergen empor. Ein purpurnes Leuchten gleitet wie ein schamhafter Schleier über das Antlitz der Dinge. Die keimenden Strahlen übergiessen die Gipfel der Dattelpalmen mit feurigen Federbüscheln, und die silbernen Kuppeln der Grabmäler verwandeln sich in pures Gold. Einen Augenblick lang sind die fahlen Häuser der Altstadt in ein Flammenmeer getaucht, es ist, als seien sie in der Glut eines inneren Feuers erstarrt, während die tiefergelegenen Gärten, das Bett des Oued und die schmalen Pfade noch im Schatten liegen, in einem vagen, bläulichen Rauch, der die Umrisse auflöst, alle harten Konturen verwischt und zwischen den ziselierten Stämmen der Dattelpalmen und den niedrigen Mauern den Blick auf geheimnisvolle Fernen freigibt ... Die zu duftigem Schnee erstarrten Tränen der in Nachdenken versunkenen Mandelbäume unten am Fluss färben sich rosa im karminroten Licht des anbrechenden Tages.

*Schreiben war für Isabelle eine innere Notwendigkeit, eine Arbeit, auf die sie nicht verzichten konnte, unermüdlich, von schöpferischer Kraft getrieben.*

*Robert Randau hat es richtig ausgedrückt: „Isabelle schrieb nicht, weil Schreiben ihr Beruf war; es war ihre Empfindsamkeit, die sich in ihrer literarischen Arbeit ausdrückte, weil sie eine in ihr schlummernde Betroffenheit durch Schreiben bestätigen, rechtfertigen und ins Gleichgewicht bringen musste."*

*Mit anderen Worten: Leben und Schreiben sind in Isabelle Eberhardts Leben unabdingbar miteinander verbunden. Im einen wie im anderen spiegelt sich ihr Schicksal, und ihr rastloses, verwirrendes Leben hat in beiden Erfüllung gefunden.*

## MAGHREB

Was für eine Erleichterung, ja geradezu eine sinnliche Lust, wenn die Sonne untergeht, wenn die Schatten der Häuser und der Dattelpalmen länger werden, den Boden entlang kriechen und die letzten Lichter auf der Erde auslöschen!

Die trübsinnige Teilnahmslosigkeit, die mich in den ermattenden Stunden erfasst, verflüchtigt sich, und begierig und hingerissen nehme ich das Bild der täglich wiederkehrenden Pracht einer bereits vertrauten Umgebung in mir auf. Die verhaltene Schönheit dieses kargen Landes schmückt sich mit warmen und zugleich transparenten Farben. Ein flimmerndes Erzittern steigt aus der unfruchtbaren Erde empor und hebt brüsk die Monotonie der Dinge im Vordergrund hervor, während dahinter die fernen Horizonte im perlmutternen Dunst strahlend leuchten.

Alle niedergedrückten Wesen richten sich in dieser Stunde auf, sind grösser, schöner in der sanften allabendlichen und unendlich tröstlichen Wiedergeburt der Seele.

In den Gärten fliesst die letzte warme Stunde des Tages für mich in ruhiger Betrachtung dahin, ausgefüllt mit trägen, von langem Schweigen unterbrochenen Gesprächen.

Im Maghreb, wenn die Sonne untergegangen ist, gehen wir zum Gebet in die Hamada an der Pforte zu den grossen Friedhöfen, wo die makellose Qubba der glückseligen Lella Aischa in den zarten Farben des Regenbogens schillert.

Ringsum tiefe Stille, alles träumt, alles lächelt in dieser magischen Stunde.

Frauen eilen barfuss zum Brunnen von Sidi Embarek. Die Männer, die halbausgestreckt auf der Erde sitzend plauderten, erheben sich mit der immer wieder eindrücklichen Würde einer täglichen Wiederauferstehung.

Ein inbrünstiges, feierliches Raunen steigt aus diesem Flecken Wüste am Fusse des Ksar und der Barga auf.

Das Gebet ist zu Ende, einzelne Grüppchen verharren versunken auf den ausgebreiteten Burnussen, die schwarzen, die roten Rosenkränze gleiten durch die Finger ... und die mit halblauter Stimme rezitierten Bittgebete des Propheten fliessen von den Lippen.

... Körperliches Wohlsein, von Staub und Schmutz befreit nach dem Bad im kühlen Wasser, Demut und unerschütterlicher Glaube, nie mit sich selbst im Hader sein, furchtlos und geduldig die unvermeidliche Stunde der Ewigkeit erwarten – das ist der Friede, das Glück des Muslim, und ... wer weiss? ... vielleicht ist das die Weisheit ...

Hier fliessen die eintönigen Stunden mit der sanften Trägheit eines Flusses in der Ebene dahin, in dem sich nichts widerspiegelt ausser den Farben der Wolken, die heute vorüberziehn, die morgen wieder vorüberziehn, die uns immer von neuem mit Staunen erfüllen.

... Kurze Zeit später habe ich gespürt, wie alle Bitternis und alles Begehren in mir verstummten. Ich habe meinen Geist von den Wellen forttragen und meinen Willen einschlummern lassen.

Gefährliche und köstliche Erstarrung, die unmerklich, aber unausweichlich zur Schwelle des Nichts führt.

Diese Tage, diese Wochen, in denen nichts geschehen und

nichts unternommen worden ist, in denen man sich träge hat treiben lassen, in denen man keinen Schmerz verspürt und kaum gedacht hat ... muss man sie aus der Erinnerung verbannen und die Leere beklagen, die sie zurücklassen? Muss man ihnen, im Gegenteil, nach dem unvermeidlichen Erwachen nachweinen, als ob diese Zeit die beste des ganzen Lebens gewesen sei?

Ich weiss nicht mehr.

Habe ich nicht vor kurzem noch von immer ferneren Reisen geträumt, hat es mich nicht zu Taten gedrängt? Und jetzt, jetzt bin ich so weit, dass ich mir wünsche, obwohl ich es mir noch nicht freimütig eingestehe, die Schläfrigkeit und die Trunkenheit der Stunde möchten andauern, wenn auch nicht für immer, so doch für lange Zeit.

Aber ich weiss, dass das Fieber mich wieder packen wird, dass ich wieder aufbrechen werde; ja, ich bin mir bewusst, dass ich von der Weisheit der muslimischen Fakire und Anachoreten noch sehr weit entfernt bin.

Es ist nicht die besonnene Stimme meines Herzens, die in mir spricht, mich beunruhigt und mich morgen erneut auf die Strasse des Lebens drängt, nein, es ist mein unsteter Geist, für den die Erde zu eng ist und dem es nicht gelungen ist, sein Universum in sich selbst zu finden.

Was viele Träumer gesucht haben, haben schlichte Gemüter gefunden. Jenseits der Wissenschaft und des Fortschritts der Jahrhunderte, hinter dem emporgezogenen Vorhang der Zukunft sehe ich den künftigen Menschen vorübergehen ... und ich weiss, dass man das Ende in der Stille und im Frieden einer Zawiya im Süden erwarten kann, ein Ende in der Verzückung, wunschlos, ohne Bedauern, angesichts der herrlichen Horizonte.

# ANHANG

# Zur Schreibweise arabischer Wörter

Das Schicksal von Isabelle Eberhardts Manuskripten ist ebenso ungewöhnlich wie das der Autorin selbst. So war es nicht einfach, die zahlreichen, im Text verstreuten arabischen Wörter einwandfrei zu identifizieren; einmal, weil sie im Laufe der Zeit durch wiederholtes Abschreiben offensichtlich verstümmelt worden sind, dann aber auch, weil Isabelle Eberhardt sie weitgehend orthographisch der französischen Sprache angepasst hat. Da die arabischen Schriftzeichen nicht dem lateinischen Alphabet entsprechen, mussten die einzelnen Wörter phonetisch zurückarabisiert und sinngemäss einem arabischen Begriff zugeordnet werden, was nicht immer einfach war, denn in den arabischsprechenden Ländern gibt es für ein und dieselbe Schrift – die Schrift des Korans – viele Sprachen, die sich in der Aussprache stark voneinander unterscheiden. Isabelle Eberhardt selbst sprach kein einheitliches Arabisch, vor allem nicht das klassische Hocharabisch. Daher haben wir uns in den meisten Fällen für die nordafrikanische Variante entschieden und wo nötig daneben auch die hocharabische Version erwähnt.

Hinsichtlich der Schreibweise haben wir uns an das für die deutsche Sprache allgemein gültige Transliterationssystem gehalten (zum Beispiel ğ = dsch), dies vor allem auch, um dem deutschen Leser die Aussprache der arabischen Wörter zu ermöglichen, ohne dass der Lesefluss gestört wird. Arabische Wörter, die bereits in den deutschen Sprachgebrauch eingegangen sind (zum Beispiel Mohammed), haben wir entsprechend übernommen. Auch das unter Übersetzern vieldiskutierte Wort „Allah" haben wir belassen und nicht mit „Gott" übersetzt, denn die Autorin spricht ja von Allah (und nicht von „dieu"), ganz abgesehen davon, dass sie zum Gott des Islam ein ganz anderes Verhältnis hatte als zum christlichen Gottesbegriff.

Es ist uns vielleicht nicht immer gelungen, eine konsequente, sprachlich einwandfreie Schreibweise einzuhalten, was Arabisten und Puristen uns nachsehen mögen. Uns ging es ja vor allem darum, die ergreifende Persönlichkeit Isabelle Eberhardts einem breiten Leserpublikum nahezubringen.

Die Übersetzerin möchte es nicht unterlassen, Herrn Edward Badeen für seine wertvolle, einfühlsame und akribische Mitarbeit ganz herzlich zu danken.

Giò Waeckerlin Induni

# Erläuterungen zum Text

**Arabisches Büro:** oberste, für die Eingeborenen zuständige Kolonialbehörde, von drei Offizieren und einem Dolmetscher geführte Verwaltungsstelle unter der Leitung des Militärkommandanten; dem AB unterstand die Rechtssprechung und die Kontrolle der Eingeborenen, die zwar die französische Nationalität besassen, aber keine Vollbürger waren.

**Bewohner Nordafrikas** (bzw. im Text erwähnte Begriffe)

– **Araber:** ursprünglich Kamelnomaden, die der semitischen Sprachgruppe angehörten, breiteten sich von Arabien nach Südwestasien, Ost- und Nordafrika und zeitweise bis nach Spanien aus. Nach der Gründung des Islam wurden die Araber zu Vermittlern zwischen den Kulturen Asiens und Europas; waren einst in Afrika gefürchtete Sklavenhändler.

– **Bedscha:** nomadisierende Stämme zwischen Nil und Rotem Meer, gehören der kusitischen Sprachgruppe an; zu den Bedscha gehören die **Ababda,** die **Beni-Amer,** die **Bischarin,** die **Hadendoa** und die **Amarar.**

– **Beduinen** (Badw = Wüstenbewohner): Sammelbezeichnung für arabischsprechende Halb- und Vollnomaden.

– **Berber** (Beni Hilal): Sammelbezeichnung für eine grosse Zahl von Völkergruppen von der marokkanischen Küste bis Ägypten; Urbewohner Nordafrikas (Weissafrika), gehören zur hamitischen Sprachgruppe; übernahmen von den Arabern den muslimischen Glauben, die Sprache, Sitten und Bräuche. Zu den Berbern gehören die marokkanischen Berberstämme (Schlöch, Beraber, Rifkabylen), die eigentlichen Kabylen Algeriens, die Berber der Matmata und der Insel Djerba in Tunesien, die Beni M'zab (Mozabiten) im Süden Algeriens und die Tuaregs.

– **Falascha:** äthiopische Juden.

– **Filali:** berberische Stämme in der Oase Tafilalt im Südosten Marokkos; von I.E. im Text oft auch als **Trafi** bezeichnet.

– **Kabylen:** Stammesverband der Berber an der Mittelmeerküste im Norden Algeriens; **Rifkabylen:** Berberstämme entlang der gebirgigen Mittelmeerküste östlich der Strasse von Gibraltar.

– **Mauren:** Sammelbezeichnung für die arabisch-berberischen Stämme in der West-Sahara, im Süden Marokkos und bis Senegal und Timbuktu (zum Teil mit Negriden gemischt)
– auf Sri Lanka: die Mischlinge zwischen Arabern südarabischer Abstammung und Singhalesen.
– im Altertum: Bezeichnung für die Berber, im Mittelalter namentlich die Bevölkerung der seit der islamischen Eroberung ansässigen Araber und arabisierten Berber (Moros); als diese aus Spanien vertrieben wurden, gingen sie nach Nordafrika und siedelten sich in den Mittelmeerhäfen an.

– **Beidan:** „weisse" Mauren berberisch-arabischer Abstammung.

– **M'zab** (Mozabiten): mit Christen und Juden durchsetzte islamische Berber-Sekte.

– **Sha'amba** (Chaamba): Saharabewohner arabischen Ursprungs, am Nordrand der Sahara längs der marokkanischen Ostgrenze bis über die tunesische und libysche Westgrenze hinaus angesiedelt; berüchtigt für ihre grausamen Beutezüge; die französische Armee rekrutierte die Kamelreiter (Mehari) aus den Sha'amba-Stämmen.

– **Tuareg** (Targi), nennen sich selbst **Imuschagh:** nomadisierende Berberstämme in der westlichen Zentralsahara, gehören zur hamitischen Sprachgruppe, einst gefürchtete Räuber; unterteilen sich in geistlichen Adel, weltlichen Adel und in fünf weitere gesellschaftliche Klassen; besitzen eine eigene Schrift libyschen Ursprungs.

**Bicot** (vom arab. *arbi, arbico*): Schimpfname für die Nordafrikaner.

**Bou-Amama** (Marabut): Anführer der aufständischen Eingeborenenstämme im algerisch-marokkanischen Grenzgebiet.

**Edough** (Dschebel): ... **der finstere Edough:** Berg bei Annaba.

Mission **Flatters:** s. Personenregister.

**Gärten** im Souf (bzw. in der Wüste): um tiefgelegene Brunnen zwischen den Dünen angelegte Gärten, die durch komplizierte Bewässerungssysteme aus unterirdischen Quellen irrigiert werden und die besonders im Souf eine sehr üppige Vegetation aufweisen.

**Gegenden Nordafrikas:** Um dem Leser die Orientierung zu erleichtern, haben wir uns weitgehend an heute gebräuchliche Bezeichnungen gehalten; dort, wo die alten Namen sich sehr von den neuen Ortsnamen unterschieden, haben wir die alten Namen aus der Zeit von I.E. genommen, bzw. die vor der Unabhängigkeit Algeriens üblichen Ortsnamen; es war allerdings nicht immer möglich, die im Text erwähnten Ortschaften zu identifizieren.

– **Constantine:** Handelsstadt im Nordosten Algeriens auf einem Kalkplateau des **Tellatlas** gelegen; Hauptstadt des Departements Constantine.

– **Erg** (in geogr. Namen): Staubwüste, vor allem in Nordwestafrika: **Westlicher Grosser Erg** (Oued Saoura, Beni Abbès, El Golea); **Östlicher Grosser Erg:** Souf (El Oued); **Erg Iguidi** (Toumassine); **Erg Chech** (Touat).

– **Oran:** Hafenstadt und Departement im Westen Algeriens; Ausgangspunkt der Wüstenstrassen nach dem Süden, wichtiger Umschlagplatz; im Süden Orans kam es anfangs Jahrhundert an der Grenze zu Marokko zu blutigen Zusammenstössen zwischen aufständischen Eingeborenenstämmen und den französischen Kolonialtruppen, die von den marokkanischen Makhzen-Truppen unterstützt wurden.

– **Sahara** (arab. Wüste): Sammelbezeichnung für den afrikanischen Teil des subtropischen Wüstengürtels der nördlichen Halbkugel; die Sahara wird im Norden durch das Atlasgebirge begrenzt, im Osten durch das Rote Meer, im Süden durch die Steppe Sudans, im Westen durch den Atlantischen Ozean; die Sahara ist das grösste zusammenhängende Wüstengebiet der Erde.

– **Souf** (in der Berbersprache Fluss): Oasengruppe in der algerischen Sahara inmitten einer Dünenlandschaft südöstlich von Biskra, nördlich des Grossen Erg.

– **Tell** (Tellatlas): arab. Hügel; nördlicher Teil des Atlasgebirges.

**hanefitisch:** ... dem **hanefitischen** Ritus geweiht ...: eine der vier Schulrichtungen des Islam, nach ihrem Begründer Abu Hanifa benannt; von der überwiegenden Mehrheit der Muslims befolgte Richtung im Islam.

**Hedschra** (Hidschra): ... das Jahr der Hedschra: Auswanderung Mohammeds von Mekka nach Medina im Jahre 622; Beginn der islamischen Zeitrechnung.

**In-Salah:** Oase in der westlichen Sahara an der Strasse nach Timbuktu, wichtiger Umschlagplatz von Westen nach Osten; wurde 1899 von den Franzosen unter General Pein nach einer blutigen Schlacht erobert, unter dem Vorwand, eine geologische Forschungsexpedition schützen zu müssen.

**Islamische Bruderschaften** (Ikhwans): zwischen dem 8. und 10. Jahrhundert entstandene religiöse Gemeinschaften; im Zuge der islamischen Renaissance erfuhren die Islamischen Bruderschaften im 18. und 19. Jahrhundert eine eigentliche Wiederbelebung; die Ikhwans berufen sich auf die Tradition des islamischen Mystizismus und besassen eigene religiöse Zentren mit angeschlossenen Schulen und Siedlungen. Dazu gehören

– die **Qadiriyya,** im 12. Jahrhundert von Abdalqadir Dschilani, dem Heiligen aus Bagdad, gegründet;

– die **Tidschaniyya,** im 18. Jahrhundert von Abu l'Abbas Ahmad b. Muhammad b. al-Muhtar at-Tigani in Algerien gegründet (s. **Sufismus**);

– die **Rahmaniyya,** 1878 von Muhammad ibn Muhammad ibn Mascud Abdarrahman al-Fasi gegründet;

– die **Ziyaniyya,** Zweig der Tidschaniyya (s. **Sufismus**).

Während die **Tidschaniyya** militant antikolonialistisch eingestellt war, war die **Qadiriyya,** der I.E. angehörte, frankreichfreundlich gesinnt und zur Zusammenarbeit mit Frankreich bereit.

**Jungtürken:** 1876 gegründete nationaltürkische Reformpartei, die einen Staat nach westeuropäischem Vorbild anstrebte.

**Margueritte:** 1902 kam es im Norden Algeriens in der Gegend von Margueritte zu einem Aufstand, der von den Franzosen niedergeschlagen wurde; die Führer wurden festgenommen und in Frankreich vor Gericht gestellt, was heftige Kritik an der französischen Kolonialpolitik auslöste; als Folge davon wurde eine für die Eingeborenen Algeriens zuständige Gerichtsbarkeit im Lande selbst geschaffen.

**Moxa** (Brennkraut): kleiner Kegel oder Zylinder aus leicht brennbaren Pflanzen (zum Beispiel Artemiskraut), der auf der Haut abgebrannt wird, um die Zirkulation anzuregen und zum Beispiel bei Gicht zu heilen.

**Nahada** (Renaissance): islamische Reformbewegung.

**Saflor** (aus Safran und Flor): Färberdistel (Carthamus tinctorius), Korbblütler mit safrangelben, später roten, streng riechenden Blüten; der rote Farbstoff wurde auch als Schminke verwendet.

**Sufismus, Sufi:** mystisch-theosophische Richtung im Islam, die ihre Wurzeln in den asketischen Strömungen hat, die sich bereits früh in Kreisen des orthodoxen Islam gebildet haben; zum Sufismus gehören u.a. die Orden der **Derwische.**

**Trimardeur** (von franz. *trimarder*): Stromer, Strolch, im weitesten Sinn auch Nomade, Heimatloser.

# Glossar arabischer Wörter und Begriffe

| | |
|---|---|
| Abu, Bu | (je nach Aussprache): Sohn von ... (*Bu* meist nordafrikanische Anrede) |
| Adan | Ruf zum Sonnenuntergangsgebet |
| Af'aa | Schlange, Hornviper |
| Aga | Herr |
| Aïn | Quelle, Brunnen; im Zusammenhang mit anderen Bezeichnungen Ortsname oder Bezeichnung eines Grundstücks: *Aïn Sefra* |
| Al | nordafrik. *El:* der, die, das |
| Alfagras | (Halfagras, Diss, Esparto): (Stipa tenacissima), binsenartiges, äusserst zähes Steppengras, wird für die Herstellung von Schiffstauen, Flecht- und Korbwaren verwendet |
| Allah | Gott |
| Allahu Akbar | Gott ist der Grösste |
| Amin | Amen; Schlussformel der 1. Sure des Korans |
| Asr | der Nachmittag (ab 15 Uhr); das Nachmittagsgebet |
| Ayna'am | Ja, jawohl |
| Babudsch | Pantoffeln, leichte, weiche Schuhe |
| Bardaq | Krug |
| Barga | grosse Düne |
| Barraniyya | ursprüngl. Bedeutung: Aussenseiter, wird auch für Fremder, Ausländer verwendet |
| Ben | (nordafrikanisch): Sohn des ... (hocharabisch *Ibu*) |
| Bendir | (Benadir): arabisches Tamburin |
| Bent | Tochter des ... |
| Bet-al-Quds | Jerusalem (hocharabisch *Bayt al-Maqdis*) |
| Bir | Brunnen, im Zusammenhang mit anderen Bezeichnungen auch Ortsname oder Bezeichnung von Grundstücken |
| Bismillah | Im Namen Gottes (bevor man eine Arbeit oder ein Vorhaben in Angriff nimmt) |

| | |
|---|---|
| Blad el-Barud | Land des (Schiess-)Pulvers |
| Bu | siehe *Abu* |
| Burdsch | Turm, Fort an den Wüstenstrassen, meist in der Nähe eines Brunnens gelegen |
| Bzayim | Spange, Schnalle (hocharab. *Abazim*, plur. *Ibzim*) |
| Daoud, Dawud | David |
| Dar | Haus |
| Dar el-Islam | Haus des Islam |
| Dayira | Beamter der Lokalverwaltung, hat Polizeifunktion |
| Diyafa | Begrüssungsmahlzeit |
| Dschami' | Grosse Freitagsmoschee |
| Dscharid | dürrer Palmzweig, Zweig mit abgestreiften Blättern |
| Dschebel | Berg |
| Dschellaba | langer, weiter wollener Mantel mit weiten Ärmeln und Kapuze |
| Dschema Dscheddid | (Djema El Djeddid): eine der grossen Moscheen von Algier |
| Dschemaa | Ältestenrat eines Stammes oder beratende Versammlung in einem *Ksur* |
| Dschesch | plur. *Dschyusch:* Räuberbande; Strassenräuber, Wegelagerer, auch im Sinne von Aufständische; eigentlich *Armee des Landes des Schiesspulvers* |
| Duar | Zeltdorf, Dorf aus einfachen Hütten aus Palmzweigen |
| El-hel hal Allah | wörtl.: Die Lage ist die Lage Gottes |
| El-Hadsch | die Pilgerfahrt |
| Fakir | wörtl.: arm, aber auch im Sinne von Mystiker, herumziehender Derwisch |
| Falaschen | äthiopische Juden |
| Fallak | plur. *Fallakun:* Bauer; ackerbautreibende arabisch sprechende Landbevölkerung, im Gegensatz zu den nomadisierenden Beduinen (von *fallaha:* pflügen) |
| Fantasia | bei grossen festlichen Anlässen stattfindende Reiterkampfspiele, bes. in Nordafrika und Arabien |
| Fatiha | die erste Sure des Korans, wird als einzige mit *Amin* beschlossen |
| Fennek (Fenek) | Wüstenfuchs, kleinste Fuchsart mit grossen Ohren, Nachttier (Fennecus Zerda) |

| | |
|---|---|
| Fi sabil Allah | um Gottes und seiner Religion Willen |
| Foggara | unterirdische Sammelkanäle in der Wüste, durch die das Wasser in die Gärten geleitet wird |
| Funduq | Gasthaus, Raststätte, Herberge |
| Gandura | weiter wollener Umhang |
| Gerba | Wasserschlauch aus Ziegenhaut |
| Gmira | kleine Steinpyramide in der Wüste, Meilenstein, Wegweiser |
| Gourbi | kleine Strohhütte mit spitzem Dach |
| Hadsch | Mekka-Pilger |
| Hakem rumi | europäischer oder christlicher Gouverneur |
| Hamada (Hammada) | Steinwüste, steiniges Hochplateau (vor allem im Südwesten Algeriens) |
| Haram | das Verbotene (die Sünde) |
| Haratin | Sudan-Neger: freigelassene Sklaven negrider Abstammung bzw. deren Nachkommen |
| Hark | militärische Operation (vor allem der Rebellenstämme) |
| Hayik (Haik) | gewobener Umhang mit Kapuze, auch Gesichtsschleier |
| Hendi | in Nordafrika Kaktusfeige; sonst indisch, Inder |
| Hiram | wollenes Tuch, das um Kopf und Körper gewikkelt wird |
| Hodscha | Sekretär, Verwaltungsbeamter, hat auch Dolmetscherfunktion |
| Hudschadsch | Pilger, auch Volksstamm |
| Ikhwan | Mitglied einer religiösen Bruderschaft |
| Imam | Vorbeter in der Moschee |
| In scha Allah | So es Gott gefällt |
| Ka'aba | (Würfel); Heiligtum in Mekka, das seit ältester Zeit von einem grossen Teil der arabischen Stämme als Zentrum des Islam verehrt wird; von Mohammed zum Mittelpunkt des islamischen Glaubens bestimmt; Ziel der für jeden Muslim vorgeschriebenen Pilgerfahrt |
| Kafan | Leichentuch |
| Kalif | Nachfolger, Bezeichnung für islamischen Herrscher |
| Kasbah | Zitadelle, Altstadt, Eingeborenen-Viertel |
| Khalifa | Stellvertreter, Abgeordneter |
| el Khyan | Dieb, Bandit; eigentl. Treuloser, Verräter (hocharab. *Huwan*) |

| | |
|---|---|
| Ksar | plur. *Ksur:* befestigtes Dorf; mehrere zu einer Festung zusammengeschlossene Dörfer (Zitadelle) = *Ksur* |
| Lella | Frau, Dame |
| ma bidri ... | denn sie wissen nicht ... |
| Madschba | Kopfsteuer |
| Maghreb | der Sonnenuntergang oder Gebet zum Sonnenuntergang, eines der fünf Gebete, die der Muslim täglich verrichten muss; bzw. Nordafrika |
| Makhzen | (nordafrikanisch): Regierung des marokkanischen Sultans, bzw. des französischen Generalgouverneurs in Algier |
| Maqam | Grab eines Heiligen, heiliger Ort |
| Marabut | Heiliger, Weiser, auch Grab eines Heiligen |
| Matwi | Beutel |
| Maymun | Moses |
| Mehara | Reitkamel |
| Mehari, Meharisten | Kamelreiter; die *Meharisten* der französischen Besatzungsmacht setzten sich vorwiegend aus Sha'amba zusammen |
| Mektub | Schicksal, von Gott bestimmt |
| Mella (Mellah) | Religionsgemeinschaft, aber auch Nation, Nationalität (hocharabisch *Milla*) |
| Mella | (nordafrikanisch) Brotfladen aus Hirse |
| min el Dschebel el Kebir | vom grossen Berg; im Text wahrscheinlich im Sinne von „angesichts des grossen Berges" gemeint (hocharabisch *min al-Gabal al-kabīr*) |
| Misbah | Lampe, Licht, aber auch Name |
| Mlahfa | wollener Übermantel |
| Mokhazni | dem Arabischen Büro unterstellter Soldat, Angehöriger der Eingeborenentruppen |
| Muezzin | Gebetsrufer |
| Mufti | Rechtsgelehrter |
| Mulay | Herr, Richter, angesehene Persönlichkeit |
| Mulla | Geistlicher, Lehrer, Prediger |
| Muqaddam | Vorsteher einer örtlichen Bruderschaft, eigentl. Vorgesetzter |
| Muslim, muslimisch | Mohammedaner, mohammedanisch |
| M'zanat | Schimpfwort für die Marokkaner im Süden, eigentl. Renegat, Verräter |
| (Abu) Naddara | der Brillenträger |
| Nafra | Schreck, Flucht |

| | |
|---|---|
| Nayib | Stellvertreter, Abgeordneter |
| Nefzaoua | Oase am westlichen Rand des Schott el Dscherid im Süden Tunesiens (el Jérid / Kebili-Douz; im Text *die Nefzaoua:* Bewohner dieser Gegend |
| Oued, auch Wadi | Fluss, Flussbett |
| Pascha | türkisch-osmanischer Titel für obersten Beamten oder Offizier (heute in der Türkei nur noch für höchste militärische Ränge) |
| Qayid (Kaid) | Anführer, Kommandant, Polizeioffizier |
| Qibla | Gebetsrichtung nach Mekka |
| Qubba | Kuppel, kleine Moschee, Kapelle |
| Rhazu | Beutezüge der Sha'amba; ging als „Razzia" in die europäischen Sprachen ein |
| Ruh | Kosenamen für Slimène, bedeutet Seele, Herz |
| Sabhka | Salzsumpf |
| Salam alaiki, Habiba | Guten Tag Liebste; eigentl. „Heil sei über dir ..." |
| Saqiya (Seguia) | Bewässerungskanal |
| Si | Anrede (Herr) |
| Sidi | Anrede (Herr, Meister) |
| Sokhar | Kamelführer, Karawanenführer |
| Soufas | arabische Stämme im Wadi Souf in der nordöstlichen Sahara |
| Spahi | Angehöriger der aus Eingeborenen bestehenden Kavallerie der französischen Armee in Nordafrika |
| Suk, Souk | Markt (bes. in Tunesien) |
| Sunna | (arabischer Brauch) die in der islamischen Überlieferung gesammelten Handlungsweisen des Propheten, die für den gläubigen Muslim als Richtschnur gelten |
| Scharif | Nachkomme des Propheten |
| Schaschiyya (Schesch) | ca. 4 Meter langes Turbantuch, Kopfbedeckung der Araber |
| Scheich | Sippenältester, Stammesführer, geistlicher Würdenträger, auch Ehrentitel für Persönlichkeit von Rang |
| Scherif, Schorfa | (nordafrikanisch) Titel der Nachkommen Mohammeds, kann aber auch Adliger bedeuten |
| Schott | ausgetrockneter Salzsee |
| Schuf Rabbi | Gott wird sehen |
| Ta'am | Essen, Festmahl, auch im Sinne von Erntedankfest |

| | |
|---|---|
| Talaba | Ältestenrat der M'zabiten |
| Taleb (Talib, Tolba) | Schüler, Novize, kann auch Bettler, Landstreicher bedeuten |
| Tarbusch (Fez) | Kopfbedeckung |
| Tayfawi | Angehöriger des Stammes der Tafilalt |
| Tub | Lehmziegel, Lehm |
| Uled ... | Kinder von ...; in Zusammensetzung mit anderen Bezeichnungen Namen von Stämmen |
| Umm ... | Mutter von ...; in Zusammensetzung mit anderen Bezeichnungen auch Eigenname |
| Wizara | Gerichtshof |
| Wuld ... | Sohn von ...; in Zusammensetzung mit anderen Bezeichnungen auch Eigenname |
| Zawiya | plur. *Zawaya:* Klause, Kloster, Sitz der islamischen Bruderschaften, Koranschule, Sitz des Marabut, Gebetsort, auch islamischer Gerichtshof |
| Ziyara (Siara) | Pilgerfahrt bzw. Opfergabe |

**Für die Übersetzung konsultierte Literatur**


Der Heilige Qur-ân (Verlag Der Islam, Zürich 1959)
Die Zwingli-Bibel (Zwinglibund Zürich)
Wolfgang Lindig: Völker der Welt (Fink/Schöning, München 1981)
René Gardi: Blaue Schleier – Rote Zelte (Orell Füssli, Zürich 1950)
Die Sahara (Time-Life, 1975)
Nouvelles Frontières, L'Algérie (éd. j. a. 1985)
Times Weltatlas (deutsche Bearbeitung 1984, Droemer Knaur, München)
Neuer Weltatlas 1949 (Fraumünster-Verlag AG, Zürich)
Karten Nordafrika Brockhaus 1898 und 1931

# Personenregister

**Brieux,** Eugène (1858–1932), Journalist und Schriftsteller, umstrittene Persönlichkeit.

**Flatters,** Paul (1832–1881), französischer Offizier, leitete zwei französische Expeditionen, um die Möglichkeiten für den Bau einer Bahnlinie durch die Sahara zu erkunden; wurde auf seiner zweiten Expedition von den Tuaregs ermordet.

**Fromentin,** Eugène (1820–1876), französischer Maler und Schriftsteller, Verfasser ausführlicher Schilderungen Algeriens und des Orients.

**Goncourt,** Edmond-Louis (1822–1896) und Jules Alfred (1830–1870), französische Literaten, verfassten gemeinsam Studien und Romane, die vor allem auf Grund ihrer naturalistischen Beschreibungen grosse Beachtung fanden, ihr „Journal" (Tagebücher) ist von grossem kulturhistorischem Wert und hat eine ganze Generation geprägt.

Dr. **Grenier,** französischer Abgeordneter, der sich aus rein opportunistischen Gründen zum Islam bekehrte.

**Leontieff (Leontjew),** Konstantin (1831–1891), Schriftsteller, russischer Konsul im Balkan und Berater des Zaren, starb als Mönch.

**Le Roux,** wahrscheinlich ist **Leroux,** Gaston (1868–1927) gemeint, Journalist und Reporter, schrieb zahlreiche Abenteuer- und Kriminalromane.

**Loti,** Pierre (1850–1923), (eigentl. Julien Viaud), französischer Erzähler, Verfasser spannender Reiseberichte, in denen er eindrücklich Landschaften und gesellschaftliche Verhältnisse schildert, sehr von Rousseau beeinflusst, Wegbereiter des exotischen Romans.

**Nadson,** Semen Jakowlewitsch (1862–1887), russischer Lyriker.

**Noiré,** Maxime, französischer Landschaftsmaler, hielt sich längere Zeit in Nordafrika auf, I.E. bewunderte ihn sehr, widmete ihm eine Novelle.

**Randau,** Robert (Pseudonym Arnaud), französischer Schriftsteller, veröffentlichte ein Buch über I.E.: „Isabelle Eberhardt. Notes et Souvenirs" (Paris, 1945).

**Richepin,** Jean (1849–1926), französischer Schriftsteller, in Algerien geboren, Mitglied der Académie Française; vielseitiges Talent, Bohemien.

**Rimbaud,** Arthur (1854–1891), skandal- und sagenumwitterter französischer Dichter, führte ein unstetes und abenteuerliches Leben, verliess 1875 Europa und bereiste als Waffenhändler und Handelsagent Arabien, Ägypten und Abessinien; lehnte sich gegen Gesellschaft, Religion und überlieferte Kunstformen auf; Wegbereiter der modernen Lyrik.